LES
MARINS FRANCAIS

LES
MARINS FRANÇAIS

DEPUIS LES GAULOIS JUSQU'A NOS JOURS

Récits anecdotiques.
Combats et Batailles. — Biographies, etc.

PAR

DICK DE LONLAY

OUVRAGE ILLUSTRÉ DE 110 DESSINS PAR L'AUTEUR

PARIS
GARNIER FRÈRES, LIBRAIRES-ÉDITEURS
6, RUE DES SAINTS-PÈRES, 6

1886

LES MARINS FRANÇAIS

Combat naval entre les Vénètes et les Romains. (56 avant J.-C.)

CHAPITRE PREMIER

GAULOIS ET FRANCS.

Les Rhodiens. — Les Phocéens. — Fondation de Marseille. — Les navigateurs Pythéas et Euthymènes. — Voyages au pôle Nord. — L'île de Thulé. — Un second Nil. — Migrations des Gaulois. — La conquête romaine. — Les Vénètes. — Combat naval entre les Vénètes et les Romains — Siège de Marseille. — Les Francs. — Le chant des légionnaires d'Aurélien. — De la mer Noire à la Baltique.

Bien avant la domination romaine, les Gaulois avaient acquis la réputation d'excellents et d'intrépides marins. Du reste, en pouvait-il être autrement avec cette race indomptable qui prenait les armes contre la tempête et marchait, l'épée à la main, au-devant des fleuves débordés ou de l'Océan en courroux.

L'importance maritime du pays, qui forme aujourd'hui la France, est comprise dès la plus vieille époque gauloise et tente d'aventureux étrangers à qui le pays doit ses premiers établissements sur les côtes de la Méditerranée.

Vers l'an 600, la puissante tribu des Ségobriges dont le territoire s'étendait sur la côte gauloise, à l'est du Rhône, était gouvernée par un puissant roi du nom de Nann.

Par un beau jour de printemps, une foule nombreuse se pressait autour de la maison de ce chef qui allait marier sa fille.

Tout à coup, des vigies annoncent qu'un navire vient d'apparaître à l'horizon et se dirige rapidement vers le golfe où s'élève leur campement. Bientôt on distingue une longue galère à cinquante rames, qui aborde au rivage. Les marins qui la montent sont vêtus de clamydes de laine blanche. Ce sont des Phocéens, reconnaissables à la figure d'un phoque sculptée à l'avant de leur navire.

Le roi Nann accueille ces étrangers avec la plus grande cordialité et emmène Euxène, leur chef, à sa maison où un grand repas est préparé.

Au centre d'une vaste salle aux murailles crépies de terre glaise, se dresse une table en pierre, fort basse, couverte de plats d'argent et de cuivre, remplis de venaison, d'herbes cuites et de poisson aspergé de vinaigre et de cumin.

Autour se forment deux cercles : le premier, celui des maîtres, princes galls et ligures, prétendants à la main de la fille de Nann; le second, celui des servants d'armes qui portent les boucliers et les lances de leurs maîtres; car la parure du Gaulois ce sont ses armes.

Les convives s'accroupissent sur des peaux de loup et de chien et commencent le festin en dépeçant les quartiers de venaison avec un petit couteau dont la gaîne est attachée au fourreau de leur sabre. A côté d'eux sont des foyers flamboyants avec des chaudières et des broches garnies d'énormes pièces de viande.

La jeune princesse ne paraît pas pendant le repas. La coutume ibérienne veut qu'elle ne se montre qu'à la fin, portant une coupe pleine à la main : celui à qui elle présentera à boire devra être réputé l'époux de son choix.

Le festin s'achève, la jeune fille, toute blonde et toute gracieuse dans ses longs vêtements de lin, s'avance : tous les cœurs sont émus, toutes les espérances s'éveillent. Mais la fille du puissant roi s'arrête devant l'étranger et lui tend la coupe d'or des fiançailles.

Superstitieux comme tous les barbares, Nann croit reconnaître dans ce choix imprévu, une inspiration supérieure, un ordre des dieux. Le Phocéen devient son gendre et reçoit, comme dot, le golfe où il a pris terre.

Euxène renvoie aussitôt à Phocée son vaisseau, avec quelques-uns de ses compagnons qu'il charge de recruter des colons dans la mère patrie. En attendant leur retour, il jette les fondements d'une ville qu'il appelle Massalie (Marseille). Elle est construite sur une presqu'île creusée en forme de port vers le midi et attenant au continent par une langue de terre étroite.

Cependant, exaltés par les récits des messagers d'Euxène, les jeunes gens de Phocée s'enrôlent en foule, et bientôt les longues galères entrent dans la rade de la nouvelle ville aux cris d'admiration des grossiers habitants de ces rives fertiles.

La jeune cité phocéenne s'épanouit vite sous le soleil

de la Provence. Les coteaux qui l'entourent, rapidement défrichés, lui forment une ceinture de vignes et d'oliviers ; la mer lui apporte les richesses des Étrusques et du Levant.

Bientôt les Massaliotes dominent, sans contrôle, sur toute la côte, entre les Pyrénées et les Alpes. L'île de Rhodes se met sous leur protection. Ils ne craignent pas de se poser en rivaux des Carthaginois qui, battus sur mer en plusieurs rencontres, doivent implorer la paix, et les rostres d'airain de leurs galères sont exposées en signe de triomphe sur les places publiques de Massalie.

Les Massaliotes, à l'exemple des Phéniciens, leurs prédécesseurs, qui avaient passé le détroit d'Hercule, aujourd'hui détroit de Gibraltar et découvert l'océan Atlantique, entretinrent des relations commerciales avec la côte occidentale de la Gaule.

L'antique Massalie, peut citer, comme un de ses plus beaux titres de gloire, deux célèbres navigateurs, nés dans son sein, Pythéas et Euthymènes qui vécurent plus de trois cents ans avant l'ère chrétienne.

Le premier, homme d'études profondes et de calculs prodigieux, précise, à quarante secondes près des calculs modernes, la latitude de sa ville natale, devine et explique les causes des marées par l'influence de la lune, et décrit, après ses hardis voyages, quelques-unes des étoiles voisines du pôle.

Jusqu'alors, toutes les navigations étaient à peu près renfermées dans la Méditerranée, cette goutte d'eau relativement aux mers à présent connues, et l'on ne parlait, que comme de souvenirs vagues, confus, fabuleux, des tentatives qui avaient été faites par les Phéniciens au-delà des colonnes d'Hercule, où l'on avait même assis les colonnes de ce demi-dieu, comme pour assigner des bornes infranchissables à des entreprises réputées terribles et sans retour.

Pythéas, avec les faibles secours que les navigateurs possédaient de son temps, veut ouvrir de nouvelles routes au commerce de sa patrie; il part, dépasse les colonnes herculéennes, longe les côtes occidentales de la péninsule hispanique et des Gaules, affronte les caps périlleux de la vieille Armorique, les tempêtes de la Manche, se risque à la franchir, et, après avoir côtoyé la partie orientale des îles britanniques, pousse jusqu'à une île qu'il nomme Thulé et que l'on suppose être l'Islande.

Forcé de reculer devant de flottantes montagnes de glace, et devant des cieux pleins de nuit, il revient et pénètre dans la Baltique, par le détroit du Sund, jusqu'au fond des golfes de Finlande et de Bothnie.

Vers le même temps, Euthymènes, son contemporain, passe aussi les colonnes d'Hercule, mais prenant la route opposée, il explore les côtes occidentales de l'Afrique, et par-delà le cap Noun, il reconnaît l'embouchure d'un grand fleuve qu'il appelle un second Nil, et qu'on croit être le Sénégal.

Du reste, les migrations et colonisations des Gaulois dans l'antiquité sont nombreuses, importantes, et le nom de ceux-ci, longtemps imposé à une province d'Asie, la Galatie, et encore conservé par la Galice, en Espagne, et le pays de Galles dans les Iles Britanniques, l'atteste suffisamment.

Durant la conquête des Gaules, Jules César, trouve sur les côtes occidentales de notre pays, des navigateurs hardis et expérimentés. L'an 56 avant l'ère chrétienne, il est obligé de soutenir une lutte maritime des plus terribles contre les Vénètes ou habitants de Vannes. Ce peuple possédait un grand nombre de vaisseaux, trafiquait incessamment avec les habitants de la Grande-Bretagne, et surpassait tous ses voisins dans l'art naval.

Jules César fait aussitôt construire des galères sur la Loire, lève des rameurs chez les Gaulois, rassemble des matelots, des pilotes, et confie le commandement de sa flotte improvisée, au jeune Brutus qui ne s'aventure pas sans crainte dans cet océan inconnu, et le long de ces côtes, battues par une mer orageuse et remplies de récifs sauvages, asiles sacrés des Druidesses, dont les paroles apaisent ou soulèvent les tempêtes.

Enfin, un grand combat s'engage en vue des rivages de l'Armorique, sous les yeux mêmes de César et de son armée qui occupent les falaises voisines.

La flotte des Vénètes est formidable d'aspect, avec ses deux cents navires, à la carène de chêne énorme et massive, aux proues et aux poupes élevées, aux voiles en peaux amincies et bien préparées. Sur les bancs, l'élite des guerriers vénètes, coiffés de casques d'airain ornés de cornes, de figures en relief, qui leur donnent un aspect tout fantastique. Les uns portent la cuirasse, d'autres combattent nus jusqu'à la ceinture.

Les trompettes des Gaulois retentissent et rendent un son rauque et approprié au tumulte de la guerre, les guerriers chantent les prouesses de leurs ancêtres et agitent leurs énormes boucliers blancs pour effrayer leurs adversaires.

Au premier abord, les petites galères romaines semblent devoir être perdues : leur éperon se brise contre l'épais bordage des vaisseaux ennemis, dont les hautes tours dominent le pont de leurs adversaires.

Dans ce moment critique, les Romains ont l'heureuse inspiration de fixer à de longues perches des faux extrêmement tranchantes, et coupent, avec ces engins improvisés, les cordages qui joignent les vergues aux mâts des vaisseaux des Vénètes; les vergues tombent, et les navires, ne pouvant plus manœuvrer, restent à la merci de l'ennemi.

Les Romains en viennent sur-le-champ à l'abordage. Les rudes guerriers gaulois brandissant leurs longues épées et leurs *saunies* (lourdes piques), se battent corps à corps avec les légionnaires aux brillantes armures. Le combat est acharné : malheureusement, les épées des Gaulois, en airain mal trempé, s'émoussent et se plient sur les boucliers à foudres de cuivre, ou sur les casques bombés des Romains, qui, ripostant à coups de pointe, avec leurs glaives, massacrent de nombreux ennemis. Toutefois, il faut le nombre et toute la science militaire des Romains pour venir à bout d'aussi terribles adversaires.

Cette grande bataille navale dure depuis dix heures du matin, jusqu'au coucher du soleil. La plus grande partie de la flotte des Vénètes est détruite, et leurs équipages préfèrent se jeter dans les flots plutôt que de tomber en servitude.

Lors de la lutte entre César et Pompée, Massalie prend ouvertement parti pour ce dernier. Jules César l'assiège par terre et par mer, et fait construire une flotte dont les bâtiments, imités de ceux des habitants de la Grande-Bretagne, ont la quille en bois très léger et les bordages en osiers tressés et recouverts de cuirs.

C'est encore Brutus, qui, avec cette flotte, attaque les galères pontées des Massaliotes. On combat des deux côtés avec un égal courage. Les Gaulois cherchent à envelopper leurs adversaires et à briser les rames de ceux-ci.

Battus dans cette première rencontre, ils livrent une seconde bataille navale avec un courage indomptable. Jeunes gens et vieillards sont accourus en foule pour défendre leur liberté. Deux trirèmes massaliotes, reconnaissant à son pavillon le vaisseau que monte Brutus, l'attaquent des deux côtés, et celui-ci ne peut leur échapper qu'à force de rames.

Abandonnés par leurs alliés, les Gaulois se défendent longtemps avec la fureur du désespoir, mais finissent par succomber. Toutes leurs galères sont prises ou coulées, à l'exception d'une seule, qui échappe à la catastrophe et va porter à la ville éplorée la nouvelle de ce désastre.

Vers l'an 241 de l'ère chrétienne, apparaissent, venant du Nord, de nouveaux guerriers à la haute stature, à l'aspect martial, avec les longues moustaches qui tombent de chaque côté de la bouche. Vaillants à l'excès, ils prennent orgueilleusement et à juste titre, le nom de Francs.

Salut à nos ancêtres !

Aurélien, alors tribun légionnaire, bat un corps de ces Francs, après un furieux combat, et comme ses soldats sont appelés, après ce succès, à marcher en Orient contre les Perses, ils chantent :

— Nous, qui avons tué mille guerriers francs, nous ne craignons pas des millions de Perses !

Les navires francs se jettent de tous côtés sur la Gaule : ce sont de petites barques d'osier, doublées à l'intérieur d'un cuir de bœuf, longues et étroites, manœuvrées par des rames, et pouvant naviguer de l'avant ou de l'arrière sans changer de bord.

Avec ces frêles esquifs, on rencontre ces hommes du

Nord, aux cheveux roux, dans la Méditerranée, dans le Bosphore et jusque dans la mer Noire : « Il n'y avait, dit Eumenius, nul lieu assuré contre la témérité de ces pirates, dès que leurs navires pouvaient y aborder. »

En 256, une bande de Francs traverse toute la Gaule, franchit les Pyrénées, pille l'Espagne pendant deux ans, puis va se perdre en Afrique. Probus, qui reprend les cités gauloises, envahies par les Francs, à la mort d'Aurélien, transporte une colonie de ce peuple sur la mer Noire (277). Mais, fatigués bientôt de cet exil, ils se saisissent de quelques barques, passent les détroits, franchissent la Méditerranée, en pillant tour à tour les côtes d'Asie, de Grèce et d'Afrique, jusqu'aux colonnes d'Hercule, et, tournant l'Espagne et la Gaule, viennent conter à leurs compatriotes des bords du Rhin la faiblesse du grand empire, qu'ils ont impunément traversé de part en part.

Barque de pirates francs.

Siège de Paris par les Normands (885)

CHAPITRE II

LES NORMANDS.

Charlemagne et les Normands. — Les *garde-côtes*. — Navires normands. — Le roi des mers. — La route des Cygnes. — Courage et façon de combattre des Normands. — Le comte Eudes. — Rollon. — Le traité de Saint-Clair-sur-Epte. — Tancrède de Hauteville et ses douze fils. — En Sicile. — Guillaume Bras de Fer. — Un coup de poing prodigieux. — Bataille de Lebento. — Robert Guiscard. — Bataille de Civitella. — Le comte Roger. — Combat naval de Bari. — Conquête de la Sicile. — La tempête de Dyrrachium. — Combat naval de Dyrrachium. — Fondation du royaume des Deux-Siciles. — Guillaume le Conquérant. — Sa flotte. — Départ de Saint-Valery-sur-Somme. — Bataille d'Hastings.

Vers la fin de son règne, Charlemagne se trouvait dans une ville bâtie sur le bord de la Méditerranée, quand tout à coup, apparaissent dans le port même, des navires aux formes bizarres, affectant la structure de dragons et de serpents. Ceux qui les montent se jettent à terre, et marchent la torche d'une main, l'épée de l'autre. Ce sont les terribles Northmans ou hommes du Nord.

L'alarme est aussitôt donnée : les cloches sonnent le tocsin, la garnison accourt et chasse les pirates qui se rembarquent au plus vite.

Le grand empereur, qui s'est mis à la fenêtre du palais, d'où il a regardé le combat, demeure longtemps le visage inondé de larmes.

Comme personne n'ose l'interroger, il dit aux grands qui l'entourent :

— Savez-vous, mes fidèles, pourquoi je pleure amèrement ? Certes, je ne crains pas qu'ils me nuisent par ces misérables pirateries, mais je m'afflige de ce que, moi vivant, ils ont manqué de prendre cette ville, et je suis tourmenté d'une vive douleur, quand je prévois tout ce qu'ils feront de maux à mes neveux et à leurs peuples.

Drakar normand.

Les Northmans ou Normands, pirates redoutés, étaient des hommes que la faim, la soif du pillage, l'amour des aventures, chassaient chaque année des stériles régions de la Norvège, de la Suède et du Danemark. En trois jours, un vent d'est amenait aux bouches de la Seine, leurs *drakars* (dragons et *snekkars* (serpents) navires à rames, à une seule voile carrée, à la forme allongée, à la poupe souvent roulée et à la proue figurant parfois un dragon ailé.

Là, ils descendaient dans leurs *holkers*, petites barques légères, et remontaient le fleuve, jetant la désolation et l'effroi fort avant dans l'intérieur des terres.

Chaque flotte obéissait à un *konung* ou *roi de mer*.

Égaux sous un pareil chef, les pirates normands cheminaient gaiement sur la *route des cygnes*, comme disent les vieilles poésies nationales. Tantôt, ils côtoyaient la terre et guettaient leurs ennemis dans les détroits, les baies et les petits mouillages, ce qui leur fit donner le nom de *wikings*, ou enfants des anses; tantôt ils se lançaient à sa poursuite à travers l'Océan.

Les violents orages des mers du Nord, dispersaient ou brisaient leurs frêles navires; tous ne rejoignaient pas le vaisseau du chef au signal de ralliement; mais ceux qui survivaient à leurs compagnons naufragés, n'en avaient ni moins de confiance, ni plus de souci; ils se riaient des vents et des flots qui n'avaient pu leur nuire.

— La force de la tempête, chantaient-ils, aide le bras de nos rameurs; l'ouragan est à notre service; il nous jette où nous voulons aller! — (Aug. Thierry.)

Charlemagne avait vu de loin ces terribles envahisseurs Sous Louis le Débonnaire ils s'enhardissent.

Nef normande.

A partir de 843, on les voit arriver chaque année. Ils remontent sur leurs *holkers* par l'embouchure des fleuves, par l'Escaut, la Somme, la Seine, la Loire et la Gironde, jusque dans l'intérieur du pays. Quand ils ont trouvé une station commode, ils descendent de leurs *holkers*, les amarrent ou les tirent à sec, et se répandent comme un torrent dévastateur; de marins qu'ils étaient, ils se font cavaliers et laissent, en se retirant, de déplorables marques de leur passage.

L'an 911, un roi de mer illustre entre tous, Rollon,

vient mettre le siège devant Paris. Ce chef fameux est un véritable géant, qui ne va jamais qu'à pied, n'ayant pu trouver de cheval capable de lui servir de monture.

Charles le Simple députe vers lui l'archevêque de Rouen, qui offre, de sa part, un territoire aux Normands, à condition qu'ils reconnaîtront la suzeraineté du roi de France et qu'ils embrasseront le christianisme.

Guerriers normands.

Le pirate jusqu'ici indompté, le roi de mer, terreur de tant d'États, s'incline et s'empresse d'accepter l'offre pour lui et les siens, et le traité de Saint-Clair-sur-Epte signé l'an 912, met fin à ces courses dévastatrices qui durent depuis un siècle.

Les Normands sont autorisés à s'établir sur le territoire qui s'étend depuis l'Epte jusqu'à la mer, et prend dès lors le nom de Normandie.

Ces fiers enfants des Scandinaves, tiennent à grand honneur d'être comptés comme Français ; bientôt ils oublient leur langue, leur férocité, mais gardent un peu de cet esprit d'aventures, de cet amour du gain qui les ont poussés à travers tant de pays, et qui vont leur faire prendre un jour l'Italie méridionale, et un autre jour l'Angleterre.

Avant que le duc Guillaume de Normandie ait conquis l'Angleterre, avec l'aide de tous les Français, en 1066, mais alors que déjà les hommes du Nord, établis dans la vieille Neustrie, sont fiers de compter parmi les Francs, une conquête restée moins fameuse, quoique plus extraordinaire certainement, est commencée en Italie par des corsaires du Cotentin, contrée de la Normandie, alors renommée entre toutes pour les audacieux et excellents marins qu'elle produisait.

Vers l'an 1037, vivait dans son château de Hauteville, près de Coutances, un vieux seigneur normand du nom de Tancrède, qui, pour toutes richesses, comptait des deux femmes qu'il avait successivement épousées, douze fils, dont cinq du premier lit qui étaient Guillaume, qu'on surnomma Bras de Fer, Drogon, Onfroi, Godefroi ou Geofroi et Serlon : sept du second lit qui étaient Robert, surnommé pour sa ruse et son habileté Guicard (l'avisé), Mauger, Guillaume, Alverède, Humbert Tancrède et Roger non le moins célèbre de tous, que l'histoire a surnommé le Grand Comte.

Ces jeunes gens, excités par les récits que leur font des compatriotes qui reviennent de guerroyer en Sicile, sur la richesse du pays, ne rêvent que d'aller combattre dans ces contrées.

Bientôt en 1038, les trois premiers fils de Tancrède de Hauteville, Guillaume, Drogon et Onfroi, partent pour la Sicile avec trois cents bons compagnons, et vont prendre du service dans l'armée de l'empereur de Constantinople. En peu de temps Messine et Syracuse sont pris et la Sicile reconquise sur les Sarrasins, qui sont écrasés dans deux grandes batailles. Guillaume, par les coups terribles et multipliées qu'il appesantit sur les Sarrasins dans cette campagne, a mérité le surnom de *Bras de Fer*.

Les Grecs, lâches, perfides et corrompus s'emparent de tout le butin gagné par leurs alliés et refusent de leur en donner la part promise. Remplis d'indignation, les Normands repassent le détroit de Messine et prennent la résolution de se tailler un État dans ce qui reste encore à l'empire d'Orient, dans la Pouille et la Calabre.

Les Grecs ont l'audace d'envoyer un héraut d'armes pour leur offrir la liberté de se retirer ou le combat pour le lendemain.

— Tu ne sais donc pas à quels hommes tu as affaire? dit un guerrier du nom de Hugues ; tiens apprends à nous connaître, — et d'un seul coup de poing, il tue net le cheval du héraut qui tombe de sa monture et qu'on relève au milieu des éclats de rire des Normands. On lui donne un nouveau cheval beaucoup plus beau et plus richement caparaçonné et on le renvoie avec cette brève réponse : — Le combat !

La bataille s'engage sur les rives du Lebento. Cinq cents hommes à pied et sept cents hommes d'armes à la longue et blonde chevelure, dispersent soixante mille Grecs.

Sur ces entrefaites, arrive en Italie l'aîné des enfants du second lit de Tancrède de Hauteville, Robert Guiscard qui vient prêter main forte à ses frères.

Robert Guiscard et Roger le Grand Comte.

La Pouille et la Calabre tombent aux mains des Normands. Cette dernière province est conquise par le plus jeune des fils de Tancrède de Hauteville, le brave et vaillant Roger.

Avec soixante hommes seulement, ce jeune héros quitte Reggio, se jette dans des barques, passe le détroit de Messine, disperse des nuées de cavaliers sarrasins et parcourt en maître la campagne de Sicile. Assiégé dans Traina, on le voit renouveler les exploits des preux du Tasse et de l'Arioste. Un jour, il est entouré par les Sarrasins, son cheval est tué sous lui, mais sans perdre contenance il dégage la selle, la met sur la tête, afin qu'elle ne reste pas en trophée à l'ennemi, et, tout chargé qu'il est de ce fardeau, il s'ouvre un passage avec son épée à travers les Sarrasins, confondus de tant d'audace.

Il interrompt lui-même le cours de ses succès en Sicile, et va à l'aide de son frère qui assiège Bari, le dernier rempart des Grecs dans cette province. L'empereur de Constantinople envoie au secours de son armée une flotte nombreuse, qui arrive la nuit en vue de Bari.

A l'aspect des feux, Roger cingle vers la flotte ennemie avec les navires de son frère. Les Grecs croient que ce sont des navires de Bari qui viennent à leur rencontre pour les piloter : mais ils sont cruellement désabusés en recevant le choc aussi furieux que soudain des Normands. L'impétueux Roger reconnaît la galère capitane aux deux fanaux qui l'éclairent ; il l'aborde, saute dedans, l'enlève et fait son chef prisonnier.

Dans un second combat, devant Palerme, il détruit la flotte des Sarrasins et en fait un horrible incendie, dont le vent porte les tourbillons de fumée jusque sur les murs de Palerme, avec les hurlements des infidèles qui se noient en brûlant.

Robert et Roger profitent de cette victoire pour livrer un dernier assaut à la ville épouvantée et entrent dans Palerme le 10 janvier 1072, après six mois de siège.

L'île entière est désormais conquise, et Roger prend le titre de comte de Sicile. Le monde, étonné de ses exploits, l'appelle Roger le Grand Comte.

De son côté, Robert Guiscard se jette sur l'Orient, s'empare de l'île de Corfou, puis se dirige contre Dyrrachium (aujourd'hui Durazzo) dont la prise lui assurera la possession de toute la navigation du golfe Adriatique.

La flotte des Normands, poussée par un vent favorable, cingle dans le meilleur ordre; les vaisseaux avec leurs tours de bois, enveloppées de peaux de bœufs, que Robert y a fait élever pour faciliter l'escalade, ressemblent à une fière cité que les flots emportent, après l'avoir détachée de terre.

Tout à coup, au détour d'un promontoire qui leur cache Dyrrachium, ils sont assaillis par une tempête aussi épouvantable qu'imprévue.

En un instant les rames sont brisées, les voiles déchirées, les mâts abattus, les cordages rompus, les peaux, qui enveloppent les tours, ramollies et relâchées sous des torrents de pluie, se détachent en nappes, frappées par le vent et forment une nouvelle voilure qui, manquant de toute direction, fait pirouetter quelque temps les navires, puis les précipite au fond de la mer avec tous leurs équipages; les tours aussi, en s'écroulant, hâtent le moment fatal.

Seul, Robert Guiscard n'est pas épouvanté, et donne l'exemple du plus étonnant sang-froid. Avec son vaisseau amiral il surmonte le danger et gagne le rivage, où chaque flot apporte, avec des débris, de nouveaux cadavres.

Robert rassemble ses soldats échappés au naufrage et va mettre le siège devant Dyrrachium.

Vers la fin de juillet 1084, une flotte vénitienne arrive au secours des Grecs. Son armement est des plus formidables. Au haut de chaque mât sont établies des espèces de hunes assez larges pour donner place à trois ou quatre hommes, et à des tas de pierres et de javelots. En outre, ces navires sont munis d'un nouvel engin des plus dangereux : ce sont des billots de bois, d'une coudée de hauteur, appelés *moutons* et armée d'une pesante pointe de fer, que l'on peut, à l'aide d'une poulie au bout des vergues, décharger d'aplomb sur les vaisseaux adverses.

Au point du jour, le jeune prince Bohémond, fils de Robert, s'avance avec son vaisseau en parlementaire; les Vénitiens l'accueillent par des huées et des injures.

Furieux et sans s'inquiéter si son escadre le suit, il fond sur les Vénitiens et les attaque à l'abordage. Déjà il accroche un des plus forts vaisseaux ennemis, quand un énorme *mouton* est précipité d'une grande hauteur sur son navire qui s'ouvre, percé jusqu'à la quille. L'eau entre à flots, le vaisseau s'enfonce, l'équipage se jette à la nage, mais périt presque tout entier. Bohémond est assez heureux pour se sauver sur un autre navire.

Navires normands.

Les Vénitiens pressent l'escadre normande, mais bientôt le gros de la flotte, commandé par Robert, les accable d'une grêle de traits lancés des tours des vaisseaux et les force à se retirer.

En 1082, la flotte normande attaque, entre Corfou et Céphalonie, les vaisseaux grecs et vénitiens. Les premiers sont facilement chassés, mais les seconds, véritables citadelles navales, résistent longtemps ; enfin, les Normands poussent contre elles et les heurtent avec tant de violence, que sept sur neuf sont coulées bas; les deux autres sont enlevées et treize mille ennemis périssent dans les flots.

Malheureusement, Robert Guiscard meurt d'une fièvre ardente, et après sa mort, les Normands ne tardent pas à abandonner toutes leurs conquêtes dans la Grèce, et jusqu'à la ville de Dyrrachium.

Après le décès de son frère, Roger le Grand Comte devient le chef de la famille de Hauteville.

Le fils de celui-ci, Roger II, ayant fini par réunir sous sa puissance tous les états normands d'Italie et de Sicile, se fait nommer roi et achève la fondation du royaume de Naples et des Deux-Siciles.

Il y avait plus d'un siècle et demi que les Normands ne faisaient plus qu'un seul et même peuple avec les Français, quand le duc de Normandie, Guillaume, fils naturel de Robert le Diable, entreprend de son côté la conquête de l'Angleterre.

Le 27 septembre 1066, il part de Saint-Valery-sur-Somme avec une flotte formidable, composée de plus de trois mille bâtiments à fond plat, n'ayant qu'un faible tirant d'eau, et dans leur construction ingénieuse, ressemblant assez à de grands cygnes qu'on verrait se jouer majestueusement sur l'onde.

Parmi ces nombreux navires, on compte environ quatre cents nefs, dont quelques-unes portent, sur la poupe, des châteaux en charpente ou espèces de plate-formes crénelées pour des archers ou des frondeurs ; quelques autres ont des ceintures de fer, terminées à l'avant par un éperon ; la plupart ont des boucliers rangés sur les bords pour servir de remparts à ceux qui les montent.

De grands fanaux élevés sur les hunes, précaution nécessaire pour une traversée de nuit, doivent servir d'autant de phares de ralliement à toute la flotte.

La flotte de Guillaume le Conquérant (1066)

La nef du duc Guillaume vogue en tête, portant au haut de son mât une bannière envoyée par le pape et une croix sur son pavillon. Sa voile brille de couleurs variées, selon l'usage des anciens chefs scandinaves, de ces chefs que l'on appelait rois de mer, et l'on y voit peints en plusieurs endroits les trois lions qui distinguent l'enseigne de Normandie. Une figure d'enfant, tenant un arc tendu avec la flèche prête à partir, est sculptée à la proue de ce vaisseau.

Le 28 septembre de l'année 1066, les navires normands abordent tous ensemble à Pevensey, près de Hastings, et le 13 octobre suivant, dans une seule bataille, l'armée de Guillaume conquiert l'Angleterre.

Armoiries de la famille de Hauteville.

Débarquement de l'armée de saint Louis devant Damiette (1249).

CHAPITRE III

SAINT LOUIS ET LES CROISADES.

La marine pendant les Croisades. — Prise de Constantinople par les croisés. — Les nefs. — Les galères ou galées. — Départ de saint Louis d'Aigues-Mortes. — A Chypre. — En vue de Damiette. — Premier engagement. — Aspect de la flotte égyptienne et de la flotte française. — Le débarquement. — Les lances en terre. — Prise de Damiette. — La seconde Croisade de saint Louis. — Le premier amiral français. — Découverte de la boussole.

Les Croisades commencent toute une série d'expéditions favorables au développement de la marine, quoique, à vrai dire, les vaisseaux ou galères ne servissent guère que comme moyens de transport, sans prendre une part directe à la guerre.

En 1204, les croisés s'en vont, en suivant l'antique

chemin de la Toison d'Or, attaquer Constantinople. Trois cents galères portant l'élite de la chevalerie d'Occident, glissent au gré des vents, toutes pavoisées de bannières et de penons, au-dessus desquels brille la croix. Derrière le rempart d'airain des boucliers rangés comme des palissades sur les flancs du navire, les archers et les arbalétriers sont assis à côté de leurs arcs au repos, tandis que debout sur le pont, dans leurs armures de fer, les chevaliers contemplent les côtes de l'antique Grèce. Le prêtre entonne souvent un psaume interrompu par les chants guerriers qui vont réveiller, dans les montagnes de la Morée, les échos assoupis des hymnes de Tyrtée.

Constantinople apparaît avec sa double enceinte et dans son magnifique panorama. Ces rudes hommes, venus du pauvre Occident, sont éblouis devant ces palais fastueux, ce monde de colonnes, de statues, ces dômes d'or brillant au soleil; ils frémissent en regardant leurs épées, sentant bien que le moment de s'en servir est venu.

Les trompettes sonnent de toutes parts, les ancres sont levées, on se jette à l'eau jusqu'à la ceinture, le heaume lacé en tête et la lance au poing; la tour de Galata est emportée. Les ponts des galères s'abattent sous la pluie de feu grégeois, de pierres et de traits qui tombent des remparts. Les croisés pénètrent pêle-mêle dans la ville avec les fuyards et leur cohorte d'airain écrase contre les murailles les brillants et légers escadrons de l'armée grecque.

Saint Louis donne une attention sérieuse à la marine, sans doute en vue de ses expéditions lointaines; il fait même construire sur la Méditerranée le port d'Aigues-Mortes, et, en 1248, y rassemble une flotte nombreuse, qui compte autant de bâtiments français que de navires génois et italiens.

Là, on voit côte à côte les *nefs*, avec leurs voiles et point de rames ; leurs deux hauts mâts, leur château de bois sur l'avant, leurs bords couronnés de remparts crénelés, leurs trois ponts, dont un coupé, leurs larges flancs, leurs joues, leur poupe, leur ventre arrondi ; les *galères*,

Nef croisée.

ou galées, longues, dégagées, alertes, s'aidant de voiles et de rames ensemble.

Le 25 août 1248, le roi, la reine Marguerite, sa femme, deux de ses frères et toute l'armée des croisés s'embarquent, et, à un signal donné, un immense *Veni, creator*, entonné entre le ciel et l'onde par des milliers de voix, annonce qu'en Dieu seul il faut placer son espoir.

Aidée par un vent favorable, la flotte gagne le large et cingle vers l'Orient. Quelque temps encore, on entend de la terre les chants harmonieux et mourants des matelots italiens, catalans et provençaux, se mêlant au bruit cadencé de la multitude des rames qui frappent l'onde; puis on n'entend plus rien, on ne voit plus rien. La France tout entière est au loin sur les flots dans la personne de son roi.

Le 21 septembre, saint Louis débarque à l'île de Chypre et y passe l'hiver avec son armée.

L'été venu, il part pour l'Égypte avec une flotte si nombreuse, que toute la mer, autant que l'œil peut en embrasser, est couverte de voiles de vaisseaux, au nombre de dix-huit cents tant grands que petits.

Après quatre jours de traversée, le pilote du vaisseau qui vogue en tête s'écrie :

— Dieu nous aide ! Dieu nous aide ! nous sommes devant Damiette !

Ces paroles sont aussitôt répétées de vaisseau en vaisseau et toute la flotte entoure la nef la *Monnaie* que monte saint Louis. Les principaux chefs passent à son bord et reçoivent ses encouragements et ses ordres.

La flotte chrétienne a été aperçue du haut des remparts de Damiette, qui n'était alors située qu'à une demi-lieue de la mer, sur un des bras du Nil.

Quatre galères musulmanes que montent d'habiles pirates, sont envoyées pour reconnaître les forces des croisés. Nos galères se dirigent vers elles à force de rames, les musulmans veulent s'enfuir et rentrer dans le Nil; mais les croisés les serrent de près et les accablent de traits enflammés, de pierres et de vases remplis de chaux lancés au moyen de machines appelées *mangonaux*. Les traits percent les pirates et leurs vaisseaux, les pierres enfoncent les bordages et les ponts, la chaux brûle tout ce qu'elle touche.

Trois des galères ennemies sont ainsi coulées à fond. La quatrième s'éloigne entièrement délabrée, et va raconter aux musulmans rassemblés sur le rivage que le roi de France arrive avec une armée considérable.

La flotte chrétienne, toute couverte d'étendards au signe de la croix, s'avance pendant ce temps en ordre de bataille, et vient, au milieu du jour, jeter les ancres à un quart de lieue de la côte. La flotte égyptienne, chargée de soldats et de machines de guerre, défend l'entrée du Nil, et au milieu de ceux qui la montent, resplendit, comme un soleil étincelant, le Soudan, commandant en chef de l'armée sarrasine, tout couvert d'armes d'or enrichies de pierreries. Les trompes recourbées des ennemis et leurs *nacaires*, espèces de timbales énormes, font entendre leurs sons assourdissants.

Le roi, dans un conseil de guerre tenu sur la plate-forme du château de sa nef, décide que le débarquement aura lieu le lendemain.

Toute la nuit on se tient en garde; la flotte est illuminée de flambeaux; quelques galères s'avancent près de l'embouchure du Nil pour surveiller les mouvements des Sarrasins.

Dès le point du jour, les ancres sont levées. Les musulmans se tiennent en armes sur le rivage, au lieu où ils pensent que la descente sera tentée; l'infanterie, formée en gros pelotons; les cavaliers, les vêtements aux couleurs éclatantes brodés d'or, le carquois et l'arc à l'arçon de la selle, caracolent sur le sable, en agitant leurs étendards à crinières rouges.

Les vaisseaux s'étant approchés de la côte, les croisés en descendent dans les barques et bateaux plats, et se rangent sur deux lignes.

Le roi se place à la pointe de droite avec ses deux frères et l'élite des chevaliers; le cardinal-légat se tient à ses côtés avec la croix dans les mains; une barque les précède, où flotte l'étendard de France, d'azur, parsemé de fleurs de lis d'or.

A la pointe de gauche, vers l'embouchure du Nil, sur une galère toute dorée, se distingue le comte de Jaffa. Trois cents rameurs font voler sur l'onde ce léger bâtiment, qui étale à la proue et à la poupe d'illustres armoiries, et qui déploie autour de son pavillon des banderolles de mille couleurs.

Gérard de Brienne, entouré d'une troupe choisie dans laquelle est le sire de Joinville, historien de saint

Louis, occupe le centre de la ligne avec Beaudoin, de Reims.

Princes, barons et chevaliers, sont debout sur les bateaux, l'œil fixé sur le rivage, la lance en main et leurs chevaux à côté d'eux. Sur le front et sur les ailes de l'armée, une foule d'arbalétriers ont été placés dans des barques pour écarter les ennemis.

Dès qu'on est à portée de l'arc, il part à la fois du rivage et de la ligne des croisés une nuée de pierres, de traits et de javelots.

Les croisés paraissent un moment ébranlés; mais le roi, pour leur donner l'exemple, s'élance tout armé au milieu des vagues, qui l'enveloppent jusqu'aux épaules, et marche en agitant son épée, le heaume en tête et l'écu au cou.

A cette vue, toute l'armée l'imite et se précipite à travers les eaux, en criant : *Montjoie, Saint-Denis!* — Les bataillons sarrasins ne peuvent arrêter cet élan.

Joinville et Beaudoin de Reims touchent la rive les premiers, suivis d'une troupe d'élite. La cavalerie musulmane les charge à bride abattue, mais nos chevaliers,

Le sire de Joinville.

sans se laisser émouvoir par les hurlements affreux que poussent leurs ennemis, plantent dans le sable la pointe de leurs écus, ainsi que le fût de leurs lances, et s'apprêtent tranquillement à recevoir l'attaque. A la vue de ce rempart improvisé, la cavalerie tourne bride et s'enfuit au plus vite.

A mesure que les croisés débarquent, ils se rangent en bataille, sous les traits mêmes des musulmans; ils pressent leurs rangs, et, imitant la manœuvre de Joinville, présentent la pointe de leurs lances.

L'étendard royal arboré sur la côte annonce que le roi est proche. Tout se range autour du monarque, qui se jette à genoux pour remercier Dieu, et fait bientôt déployer sa tente, d'un rouge éclatant, en face de l'ennemi.

Sur tous les points de la côte, un combat acharné s'engage, tandis que les deux flottes sont aux prises vers l'embouchure du Nil. La flotte du Soudan est dispersée, plusieurs des vaisseaux qui la composent sont coulés à fond; les autres remontent le fleuve le plus loin possible. En même temps, les musulmans du rivage sont, de toutes parts, contraints de lâcher pied; ils abandonnent leur camp; c'est parmi eux un sauve-qui-peut général, et les croisés restent maîtres des bords de la mer et des deux rives du Nil.

Au lieu de poursuivre leur succès, les croisés restent cinq mois et demi dans Damiette à épuiser leurs forces, et se décident trop tard à reprendre les opérations, qui aboutissent au désaste de Mansourah et à la captivité du roi.

Après avoir payé une forte rançon, saint Louis est rendu à la liberté et passe près de trois années en Palestine.

Lors de la seconde croisade de saint Louis, qui ne devait pas être plus heureuse, la flotte paraît avoir été composée surtout de vaisseaux français; elle était commandée par Florent de Varennes, qui, le premier (en France) porta le titre d'amiral.

Ce titre, qui a été donné, dit-on, en Sicile, sous le roi normand Roger, dès l'an 1142, a été emprunté par les Européens, selon toute apparence, aux Arabes, qui ont encore le mot émir, chef, personnage revêtu d'un commandement.

La découverte de la boussole, que l'on fait remonter au temps de Philippe-Auguste, contribue de beaucoup à faciliter les expéditions lointaines en donnant de la hardiesse aux navigateurs qui ne craignent plus autant de perdre les côtes de vue.

Cette aiguille s'appela d'abord *marinette* en raison de son utilité nautique et *calamite* parce qu'avant qu'on eût imaginé de suspendre et de balancer sur un pivot l'aiguille aimantée, on l'enfermait dans une fiole à demi-remplie d'eau, pour l'y faire flotter sur un corps léger, sur une paille ordinairement, comme une calamite ou grenouille. Dans la première moitié du quatorzième siècle, la marinette se perfectionna, passa de l'eau dans une simple boîte sur un pivot et prit le nom de boussole.

Amiral de Franco (1260).

Bataille de l'Écluse (1340).

CHAPITRE IV

LES GUERRES DE CENT ANS.

Origines de la guerre de Cent ans. — La rixe de Bayonne. — Les représailles en mer. — Débarquement à Douvres. — Bataille de Zeriksée. — Prise de Plymouth et de Southampton. — Prise des nefs *Édouard* et *Christophe*. — Bataille de l'Écluse. — Imprudence des amiraux français. — Mort de Jehan Godefroy. — Assassinat de Béhuchet et de Hugues Quiéret. — Siège de Calais. — Jean de Vienne. — Combat devant la Rochelle. — Premier usage des brûlots. — Les chaînes de Pembroke. — Incendie de Rye. — Descente en Écosse. — Premier usage du canon sur mer (1386). — Les Caraques. — Les galéaces. — Les Dieppois en Guinée. — Le Petit Dieppe. — Expédition contre Tunis. — Bataille de Nicopolis. — Mort de Jean de Vienne. — Combat du Ras. — Guillebert de Fretin. — Descente de Darmouth. — Mort héroïque de du Châtel. — Danger couru par le roi d'Angleterre. — Bombardement de Harfleur. — Les boulets de pierre. — Prise de Rouen. — Le Normand Braquemond. — Une ruse des Abbevillois. — Le siège de Cherbourg. — Prise de Bordeaux. — Jehan de Bethencourt. — Les Canaries.

Sous Philippe le Bel, commence par une querelle de matelots anglais et français cette longue rivalité qui devait faire tant de fois se choquer sur l'Océan les flottes des deux nations.

Un beau jour, deux marins, un Anglais et un Normand, se prennent de dispute sur le port de Bayonne, et vident leur différend avec les armes naturelles : au milieu de la lutte, l'Anglais, qui a le dessous, joue du couteau et blesse mortellement son adversaire.

Des matelots des deux nations arrivent pour se mettre de la partie, et c'est bientôt une mêlée de Français et d'Anglais qui met en émoi le port et toute la ville de Bayonne. Les Anglais étant de beaucoup les plus nombreux, les marins normands sont, en conséquence, les plus maltraités.

A leur retour en France, ils portent plainte au roi de France qui les autorise à user de représailles contre les Anglais, dans l'occasion. Les Normands n'attendent pas qu'elle se présente; ils se mettent en mer et courent après. A la première rencontre qu'ils font d'un navire anglais, ils l'attaquent, le prennent et pendent, entre deux chiens morts, le principal de ceux qui le montent.

C'est comme un signal général pour les deux nations : elles se cherchent mutuellement sur les flots et se battent dès qu'elles s'y rencontrent. Les Anglais perdent beaucoup de navires dans cette petite guerre, qui, chaque jour, gagne de l'espace, et va bientôt engager les deux gouvernements eux-mêmes dans la lutte.

Devant le refus d'Édouard d'Angleterre de comparaître devant le parlement du roi, à Paris, Philippe le Bel s'empare de toute la terre de celui-ci en France. La guerre est déclarée. Une flotte française, commandée par Mathieu de Montmorency et Jean d'Harcourt, armée principalement dans les ports de Normandie et de Saint-Malo, opère un débarquement près de Douvres et brûle cette ville.

En 1304, a lieu la première grande bataille navale livrée par une flotte française. L'action s'engage à peu de distance de Zériksée.

Guy de Namur, qui commande la flotte flamande, a

sous ses ordres quatre-vingts nefs et autres vaisseaux plus légers appelés coques. La flotte de France, qui a pour amiral le génois Regnier de Grimaldi, ne se compose que de vingt nefs ou vaisseaux ronds, armées à Calais et de seize galères d'Italie.

Guy confiant dans l'immense supériorité de ses forces, ne doute pas de sa prompte et facile victoire. Le choc des deux armées navales est violent et terrible. Regnier de Grimaldi a besoin de toutes les ressources de son habileté consommée pour échapper à l'effort des nefs et des coques flamandes, dont la grande élévation au-dessus de ses galères, semble le menacer d'une ruine certaine. Il appelle la ruse à son aide, feint de déserter le champ de bataille et laisse les vingt nefs calaisiennes généreusement engagées dans la lutte disproportionnée d'un contre quatre.

Déjà les Flamands se croient vainqueurs, quand Regnier de Grimaldi, qui a observé la marée, ramène, avec le reflux et l'actif jeu des rames, ses galères lancées comme des chevaux au galop et attaque soudainement l'ennemi. Les arbalètes et les mousquets à dards font perdre beaucoup de monde aux nefs et coques flamandes.

Ces bâtiments ne peuvent même pas rejoindre le port, la mer perdant toujours et luttant contre les efforts des voiles. Quatre galères s'attachent alors à la grande coque qui porte l'étendard de Guy et finissent par s'en emparer, ainsi que de la personne du chef flamand, qui est emmené à Calais et de là à Paris, dans la prison du Louvre.

Sous le règne malheureux de Philippe VI commence la terrible guerre de Cent ans en 1336. Dès son début, elle nous montre les premiers succès et les premiers malheurs de la marine française.

Les Normands prennent et brûlent de nombreux vaisseaux jusque dans les ports d'Angleterre, jetant l'effroi tout le long des côtes qui regardent la France ; ils débarquent à Plymouth et mettent le feu à cette place.

Vers le même temps une flotte, composée de vaisseaux normands, picards, bretons et génois, commandée par l'amiral Hugues Quiéret, le trésorier de la couronne Nicolas Béhuchet, et un fameux corsaire de Gênes, nommé Barbavara, cingle vers le port de Southampton. L'entrée de ce port est forcée : une descente est opérée dans la ville, qui est livrée au pillage et réduite en cendres.

Les Français viennent déposer à Dieppe le riche butin qu'ils ont fait et reprennent aussitôt la mer. L'hiver même n'arrête pas leurs expéditions ; on les voit incessamment courir de leurs ports à ceux de Douvres, de Sandwich, de Winchelsea et de Rye, dont ils sont la terreur.

C'est au point, que nul navire ne peut sortir des ports anglais sans être aussitôt signalé, attaqué et pris.

Dans une de ces rencontres, nos corsaires s'emparent de deux magnifiques nefs que l'on appelait, l'une *Édouarde*, en l'honneur du roi d'Angleterre, et l'autre *Christophe*. Le combat dure un jour entier et coûte la vie à plus de mille ennemis ; les Français ne perdent que très peu de monde.

La *Christophe*, belle et grosse nef, qui a coûté des sommes considérables au roi Édouard est emmenée triomphalement en France, encore toute chargée de la riche cargaison de laine et autres objets de commerce qu'elle destinait à la Flandre.

Ainsi, nous réussissons déjà dans la guerre de course, mais nous sommes battus dans la guerre d'escadre.

Le 22 juin 1340, Édouard III, qui, pour mieux défier Philippe VI et montrer qu'il le tient pour un usurpateur, a écartelé de France les armes d'Angleterre, part avec une flotte de deux cent soixante voiles et cingle droit vers Sluys ou l'Écluse, pour aller seconder les Flamands.

La flotte française, toujours commandée par Hugues Quiéret, Béhuchet et Barbavara, et forte de plus de cent quarante nefs, au lieu de tenir la haute mer pour empêcher les Anglais de passer, s'est enfermée dans une anse étroite entre Blankenberg et l'Écluse, sur une côte entourée de bancs de sable, où les vaisseaux se touchent presque et présentent à l'œil une forêt de mâts.

L'amiral Hugues Quiéret.

Édouard III prend aussitôt ses dispositions d'attaque avec la plus grande habileté, gagne le vent sur les Français et met ceux-ci le soleil devant les yeux.

En voyant ces préparatifs, Barbavara, marin expérimenté, dit à Béhuchet et à Hugues Quiéret :

— Seigneurs, voici le roi d'Angleterre avec toute sa flotte qui vient sur nous. Si vous m'en croyez, vous gagnerez la haute mer, car si vous restez ici, comme ils ont l'avantage du vent, du soleil et du flot, ils vous tiendront si courts que vous ne pourrez vous aider !

Ses collègues ne tiennent aucun compte de son avis, obstinés à rester près de terre.

— Eh bien ! reprend Barbavara, puisque vous ne voulez pas m'en croire, je ne me perdrai pas du moins avec vous, et je vais me tirer avec mes quatre galères de ce trou.

Et il le fait comme il dit.

Les Français prennent d'abord les manœuvres d'Édouard pour de l'hésitation, mais ils sont bientôt détrompés, quand ils voient sa flotte donner tout à coup sur eux à pleines voiles.

Nos marins soutiennent vaillamment le choc. Un des vaisseaux d'Édouard, tout chargé d'écuyers, qui veulent en ce jour, gagner les éperons d'or de chevalier, vient s'engager le premier contre la nef *la Riche,* de l'ancien port normand de Leuré, qui est commandée par un vaillant officier du nom de Guillaume de Grosmesnil. On en vient sur-le-champ à l'abordage et le vaisseau anglais est pris avec tous ceux qui le montent.

Le roi d'Angleterre, après cette affaire d'avant-garde, qui lui a été si peu favorable, engage toute sa flotte et la bataille devient générale. Elle est terrible de part et d'autre. Les archers et les arbalétriers se lancent des deux côtés leur flèches et leurs dards : les chevaliers s'efforcent de s'approcher les uns des autres pour se combattre corps à corps; les nefs, cherchent, au moyen de grappins attachés à des chaînes, à s'accrocher pour en venir à l'abordage.

La Christophe, cette grosse nef tant regrettée des Anglais est détachée contre la ligne des vaisseaux ennemis, pour tâcher de la rompre et d'arriver jusqu'où l'on suppose que se trouve le roi Édouard III. S'avançant, au bruit des trompettes, elle est reçue avec un cri immense, accompagné d'une épaisse nuée de flèches sous laquelle elle semble un moment disparaître.

Tous les efforts des Anglais se portent de ce côté. Après un combat acharné, la *Christophe,* engagée seule contre cent, et n'étant pas soutenue, retombe au pouvoir de ses anciens maîtres; elle ne leur apporte pas de prisonniers : tous ceux qui la montaient sont morts avant de la rendre. Au pied du grand mât, est étendu, enroulé dans son pavillon fleurdelisé, le cadavre de Jehan Godefroy, son capitaine pour le roi de France.

Quant à la masse des vaisseaux français, surchargés de combattants et resserrés dans un étroit espace, ils ne peuvent manœuvrer librement et s'embarrassent l'un l'autre, bien loin de se porter secours. Attaqués par les vaisseaux légers et rapides des Anglais, ils sont réduits à n'avancer ni reculer, et sont obligés de se laisser ruiner sur place.

Quoique leur première ligne soit écrasée, ils se défendent avec un courage indomptable, quand un renfort de vaisseaux de Flandre sortis des ports voisins, venant en aide à la flotte anglaise, arrive tout à coup sur la deuxième et la troisième ligne des Français et déterminent leur défaite.

La quatrième ligne, composée surtout de marins normands, se défend avec une énergie telle que les ennemis ne peuvent l'entamer et qu'elle sauve tout ce qui échappe au massacre.

Malheureusement les trois quarts de notre flotte sont détruits, et plus de vingt mille hommes ont péri dans les flots ou par le fer. La perte des Anglais a été aussi très grande ; Édouard III lui-même s'est vu blessé à la cuisse. La bataille a duré depuis six heures du matin jusqu'à midi.

Telle est la bataille de l'Écluse que fit perdre l'imprudence des généraux, malgré le courage des soldats et des matelots et la vaillance des chefs eux-mêmes.

L'amiral Hugues Quiéret, dont les Anglais ont éprouvé la valeur dans plus d'une rencontre, est fait prisonnier après une résistance acharnée et assassiné de sang-froid.

Par un étrange abus du droit de la guerre, alors trop commun, Béhuchet est pendu au mât de son vaisseau.

Quant à Barbavara, la pleine mer l'a sauvé avec ses

quatre galères. Trente vaisseaux français environ, parviennent à s'échapper à la faveur de l'obscurité. Quelques-uns doivent recommencer une lutte de désespoir, quand ils ont repris la facilité de leurs mouvements.

Le *Jacques*, de Dieppe, soutient ainsi un combat toute la nuit contre plusieurs nefs anglaises, et ne tombe en leur pouvoir que lorsqu'il n'y a plus un seul matelot normand vivant à bord.

Le 5 décembre 1346, Édouard III vient mettre le siège devant Calais que défend le vaillant Jean de Vienne, qui ouvre bien véritablement la longue et glorieuse suite de ces marins illustres qui sont à bon droit l'honneur et l'orgueil des Français.

Le nom de ce vaillant homme mériterait de passer à la postérité, ne fût-ce que pour sa noble conduite pendant ce siège à jamais illustré par le dévouement d'Eustache de Saint-Pierre et de ses compagnons.

Citons aussi les noms de deux braves marins d'Abbeville, nommés Marant et Mestriel, qui, pendant ce siège, parvinrent à introduire souvent des vivres dans Calais, au péril continuel de leur vie et en dépit de la chasse incessante que leur donnaient les vaisseaux anglais.

Le commandement d'une place de cette importance prouve que Jean de Vienne, quoique jeune, avait su mériter la confiance du roi. Il la devait à ses qualités personnelles non moins qu'à l'illustration de sa famille, l'une des plus anciennes de la Bourgogne.

Jean de Vienne, seigneur de Roulans-Clairvaux, né en 1322, fit très jeune encore la guerre de Flandre où, par sa bravoure comme par la maturité précoce de son jugement, il attira sur lui l'attention du roi.

Quelques années après, nous le retrouvons à Calais avec le titre d'amiral qui, paraît-il, se donnait indifféremment aux hommes de guerre, même sans qu'ils eussent navigué.

Jean de Vienne, d'ailleurs, prouve bientôt qu'il est digne de cet honneur. La flotte qu'il commande, unie à celle du roi de Castille sous les ordres du grand amiral Ambrosio Bocanegra, fait une rude guerre aux Anglais, qui sont défaits dans deux batailles consécutives, les 23 et 24 juin 1372 devant la Rochelle. Les Franco-Castillans ayant, par leurs habiles manœuvres, enlevé à l'ennemi l'avantage du vent et de la marée, lancent de petits bateaux tout remplis de bois qu'ils ont graissé d'huile et d'autres matières combustibles ; des plongeurs expérimentés dans l'art de conduire ces sortes de barques, les font couler, tout en feu, sous les plus gros vaisseaux anglais, qui sont incendiés au nombre de treize.

Le vaisseau amiral d'Angleterre, sur lequel commande le comte de Pembroke, est attaqué avec furie et écrasé d'une grêle de dards, de flèches et de pierres énormes ; il s'ouvre et va couler à fond avec son équipage d'élite, quand l'amiral fait amener son pavillon.

Un des bâtiments capturés se trouve chargé de toute la solde des troupes que le roi d'Angleterre entretient dans le Poitou et la Saintonge. Tout ce qui n'est pas brûlé ou coulé de la flotte anglaise est contraint de se rendre : huit mille marins du roi Édouard sont faits prisonniers. De nombreuses chaînes sont trouvées à bord des navires ennemis ; Pembroke et ses capitaines les avaient préparées pour y jeter les Français ; mais c'est à leur propre captivité qu'elles servirent.

Jean de Vienne inspire au roi Charles V le désir et la volonté d'encourager la marine nationale. Lui-même à la tête d'une belle flotte, apparaît sur les côtes de l'Angleterre, et promène partout la flamme, l'épouvante et le désespoir. Les Anglais sont terrifiés par les coups hardis que leur porte le défenseur et le vengeur de Calais. La ville de Rye est incendiée, et ses habitants chassés, ne pouvant emporter qu'un bâton blanc à la main, en mémoire de Calais.

Boucicaut et Jean de Vienne.

Au retour de cette campagne, Jean de Vienne va jeter l'ancre avec ses vaisseaux chargés de butin dans le hâvre de Calais pour montrer aux nouveaux possesseurs de cette ville, naguère française, que les habitants chassés par l'impitoyable Édouard, ont trouvé un vengeur dans leur ancien gouverneur lui-même.

Quand Charles V meurt en 1380, sa marine, grâce à Jean de Vienne, a pris un caractère si formidable, qu'à peine les Anglais osent sortir de leurs ports.

Une nouvelle expédition se prépare contre l'Angleterre. Jean de Vienne fait armer soixante vaisseaux dans le port de l'Écluse où ils sont assaillis par une affreuse tempête; les troupes de débarquement sont effrayées. Le grand amiral les rassure dans un bref et énergique langage.

—Soldats, leur dit-il, quand je suis fier de mes braves marins, voudriez-vous que j'aie à rougir de vous, qui êtes aussi mes enfants?

On lui répond par des acclamations qui témoignent à la fois du repentir et d'un généreux enthousiasme dont profite Jean de Vienne. L'armée navale cingle si droit et si heureusement, qu'en moins de trois jours, au mois de mai 1385, on arrive sur les côtes d'Écosse où le roi de ce pays l'a appelée.

Le débarquement a lieu près d'Édimbourg; douze cents chevaliers français bardés de fer et trois mille montagnards aux vêtements bariolés des couleurs de leurs clans, envahissent le nord de l'Angleterre. De nombreux châteaux forts sont enlevés d'assaut, pillés et brûlés, en commémoration de Calais. Les comtés sont dévastés, rançonnés et la flotte de l'amiral rentre dans les ports français surchargée du grand butin qu'elle a ramassé en Angleterre.

Jean de Vienne ayant acquis par cette expédition la preuve que les Anglais sont facilement vaincus dans leur propre pays, et d'après ses conseils, Charles VI fait préparer, en 1386, pour envahir l'Angleterre, la plus gigantesque expédition qui se soit encore vue.

Par ses soins treize cent quatre-vingt-sept vaisseaux sont réunis entre l'Écluse et Blankenberg.

Cette formidable entreprise, qui a jeté la terreur en Angleterre, échoue par la lâcheté du duc de Berry et la trahison de Montfort, duc de Bretagne.

Jean de Vienne pleure de rage en voyant lui échapper une si magnifique occasion de s'illustrer en mettant pour toujours la France à l'abri des attaques de l'Anglais.

Pour se dédommager, l'année suivante, à la tête des chevaliers normands montés sur la flotte d'Harfleur, Jean de Vienne s'empare des vaisseaux de Hugues Spencer et le fait prisonnier. C'est, paraît-il, pour la première fois, dans ce brillant combat naval, qu'il est question de l'emploi du canon. Une révolution dès lors s'opère dans la construction navale. Les dommages que ces nouveaux et puissants projectiles occasionnent, exigent qu'on donne aux vaisseaux plus de force et de solidité.

On voit apparaître à cette époque les *caraques*, bâtiments d'un très fort tonnage. Les premières caraques n'ont que deux mâts, puis trois et enfin quatre; à trois ponts primitivement, elles arrivent successivement jusqu'à sept. La proue et la poupe des caraques sont en forme de château, portant chacun trente-cinq et quarante canons. Viennent ensuite les *galéaces* et les *galères*. Les premières peuvent porter vingt canons et ont quelquefois trente-deux bancs garnis chacun de six ou sept forçats.

Caraque.

L'usage des galéaces remonte au règne de Philippe le Bel, c'est-à-dire, vers 1322 à 1328.

Sous le règne de Charles V, et bien avant les Portugais, les Dieppois, qui font alors un grand commerce découvrent la Guinée en Afrique.

En 1363, deux vaisseaux dieppois dépassent les Canaries et le cap Vert, mouillent dans la baie, appelée pendant des siècles *Baie de France*, arrivent ensuite à Sierra-Leone, et s'arrêtant à l'embouchure d'une petite rivière où se trouve un village qu'ils nomment le *Petit Dieppe* à cause de la ressemblance du hâvre et du village situé entre deux côteaux. La quantité d'ivoire qu'ils apportent de ces côtes, donne l'idée aux Dieppois d'y travailler, et ils y réussissent si bien que la sculpture en ivoire demeure encore de nos jours une industrie particulière à la ville de Dieppe.

Les expéditions devenant plus fréquentes, explorent une partie considérable de la côte occidentale de l'Afrique, la *Côte-des-Dents*, la *Côte-de-l'Or*.

Comme on a créé un *Petit Dieppe*, on crée un *Paris*. Au dix-septième siècle on voyait encore à la *Mine*, établissement des Hollandais, un château assez bien bâti dont on attribuait la construction aux Français, et qui portait les armes de France.

Ainsi, nos Dieppois étaient un siècle avant les Portugais, sur la route du cap de Bonne-Espérance et de l'Inde. Malheureusement, l'essor de notre marine est arrêté par les calamités qui fondent sur la France pendant le règne de Charles VI.

Le commerce d'Afrique tombe et finit par disparaître. Toutefois, au commencement du xvie siècle, on retrouvera les Normands à la tête des explorations du nouveau monde.

En 1390, une trêve ayant été convenue avec l'Angleterre, et les Génois dont le commerce a à souffrir des courses des Barbaresques, étant venus solliciter le secours de Charles VI, une expédition est décidée contre Tunis, sous les ordres de Jean de Bourbon, comte de Clermont, amiral de Naples. Jean de Vienne en fait partie avec Philippe d'Artois, comte d'Eu, les sires de Coucy, de la Trémouille, d'Harcourt, d'Albert et beaucoup d'autres chevaliers.

La flotte part de Gênes. Jean de Vienne, en qualité *d'amiral de la mer* préside au mouvement général. Les rameurs font voler les galères, et il semble que le flot appelle les chevaliers vers l'Afrique. Quand on aperçoit la terre et les tours du cap où fut autrefois Carthage, trompettes et clairons se mettent à sonner sur les nefs et galères.

Vers neuf heures du matin, le débarquement commence. Au premier rang se placent les *brigantins*, nouveaux vaisseaux qui sont armés de canons, car le canon vient de s'introduire dans la marine. Ils sont chargés d'ouvrir le port et y pénètrent, en tirant, sans éprouver aucun dommage. Après deux mois de combats, l'expédition impose un traité avantageux aux Tunisiens et revient en France.

Armoiries de Boucicaut et de Jean de Vienne

En 1403, la guerre recommence entre la France et l'Angleterre. Le sire de Penhert, amiral de Bretagne, attaque au mois de juillet, vers le Ras, la flotte anglaise, qui veut lever l'ancre pour l'éviter. Pressés d'un côté par l'escadre de Guillaume du Châtel, et de l'autre par celle de l'amiral de Bretagne, les navires anglais, au nombre de quarante et un, amènent pavillon.

Dans le même temps, on voit un habitant de l'ancien comté de Guines, du nom de Guillebert de Fretin, vendre tout ce qu'il possède, réunir toutes ses ressources et celles de ses amis, et venir à bout d'équiper deux vaisseaux, avec lesquels il ose défier le roi d'Angleterre en personne, et fait aux marins de cette nation une guerre de corsaire des plus actives et des plus heureuses.

Une flotte de Bretons et de Normands, met à la voile

de Saint-Malo, sous le commandement de Guillaume du Châtel et des sires de Châteaubriant et de la Jaille, emportant avec elle deux mille chevaliers et écuyers, presque tous jeunes et braves jusqu'à la témérité.

On débarque au port de Dartmouth. Les Anglais, qui ont été avertis, se tiennent assemblés au nombre de plus de six mille hommes d'armes sur la grève et retranchés derrière un profond fossé, que le reflux a laissé rempli d'eau de mer.

L'avant-garde française s'avance au nombre de deux cents hommes d'armes, commandés par Guillaume du Châtel et de la Jaille. Le premier conseille d'attendre le reste des troupes et les archers, et d'attaquer de flanc, plutôt que de front, le retranchement ennemi.

La Jaille jette sur son collègue un coup d'œil mêlé de reproche et de dédain, en lui disant :

— Est-ce que tu as peur, du Châtel?

Du Châtel, vivement offensé par ces mots, oublie toute prudence, et s'élance en avant en criant à de la Jaille :

— Fais donc comme moi, et viens apprendre à mourir sans demander quartier !

L'attaque commence : au premier abord, les Anglais éprouvent quelque trouble, mais, voyant que les assaillants sont dépourvus d'archers, ils reprennent courage et les accablent d'une furieuse décharge de flèches et de traits de toutes sortes. Les Français essayent de franchir le fossé, mais beaucoup périssent submergés par la pesanteur de leurs armures.

L'ennemi fait alors une sortie et anéantit les survivants qui font payer chèrement leur vie et laissent avant d'expirer, près de quinze cents Anglais sur la grève. Guillaume du Châtel, entre autres, manie avec une rare dextérité une pesante masse d'armes et abat tout ce qui se présente à portée de son bras. Ses forces faiblissent, on lui crie de se rendre :

— Non, répond-il, en jetant un regard sur la Jaille, je ne veux ni grâce, ni merci : c'est ainsi que je l'ai juré ! — et il tombe percé de mille traits, en essayant toujours de frapper l'ennemi de son bras épuisé. Il respire encore : les Anglais, fiers d'une telle conquête, l'emportent à Dartmouth pour lui faire prodiguer des soins. Peine inutile, au premier appareil il succombe.

Les Bretons ont à cœur de prendre une éclatante revanche ; en moins d'un mois, le frère de Guillaume, Tanneguy du Châtel, qui acquit depuis une si grande célébrité historique, équipe une nouvelle flotte avec l'aide de quatre cents gentilshommes dévoués, qui reprennent la mer avec lui. Il cingle droit vers Dartmouth, où, depuis la dernière affaire, l'ennemi se tient avec la plus complète sécurité, débarque à l'improviste, et entre dans la ville qu'il réduit en cendres. Pendant deux mois, il court une partie de la côte d'Angleterre, faisant expier à la sauvage manière du temps, par l'incendie et le fer, la mort de Guillaume du Châtel et des deux cents chevaliers français.

A la même époque, le roi d'Angleterre est sur le point d'être pris par les corsaires normands en se rendant par mer du comté de Kent à celui de Norfolk. Quatre vaisseaux, chargés de ses bagages, sont capturés, et celui qu'il monte, a toutes les peines du monde à échapper par la fuite.

Une flotte anglaise débarque des troupes près de Guérande. Vigoureusement attaqué par le maréchal de Rieux, l'ennemi est obligé de se rembarquer au plus vite et laisse sur place son commandant en chef, que

Tanneguy du Châtel, toujours occupé de venger la mort de son frère, a étendu raide et sans vie d'un seul coup de hache.

L'année suivante, 1405, le maréchal de Rieux, Renaud de Hangest, grand maître des arbalétriers, et le Boigne de la Heuse, débarquent à Milford, dans le comté de Pembroke et ravagent le pays.

En 1419, le normand Braquemont bat une flotte anglaise et va chercher en Écosse les cinq à six mille soldats qui vainquent, à Baugé, les Anglais, leurs mortels ennemis.

En 1436, les Anglais, qui occupaient le fort du Crotoy, possédaient deux gabares avec lesquelles ils inquiétaient continuellement les habitants d'Abbeville. Résolus de s'en débarrasser, plusieurs marins abbevillois se rendent, pendant la nuit, avec un bateau aux abords de Crotoy, et se jetant à la nage, grappinent les deux gabares par-dessous l'eau, puis, au moyen de longues cordes attachées aux grappins, ils amènent tout doucement les équipages endormis jusqu'à Abbeville. Le lendemain matin, les Anglais, à leur réveil, sont tout surpris de se trouver au milieu d'un port français, et se rendent sans résistance.

La Normandie, purgée de la présence des Anglais, Charles VII envahit la Guyenne; la flotte française, en 1453, bloque l'embouchure de la Gironde et s'empare, sans combat, de la flotte anglaise ancrée au-dessous de Bordeaux.

Malgré la guerre de Cent ans, les Français, pendant le quinzième siècle, ne renoncent pas aux expéditions lointaines. Dans les premières années de ce siècle, ils conquirent au profit définitif de l'Espagne les îles Canaries, longtemps appelées îles Fortunées, situées à la hauteur du cap Noun, un peu au-delà de la côte occidentale du Maroc.

Ces îles étaient connues des anciens; on suppose même qu'elles n'étaient autres que ces délicieuses Hespérides, qui, selon la fable antique, furent le théâtre des exploits de Jason et des Argonautes.

Le 1ᵉʳ mai 1402, un courageux marin normand, Jehan de Béthencourt, quitte le port de la Rochelle avec son associé le chevalier Gadifer de la Salle, et à la tête de cinquante-trois volontaires normands et gascons, aborde à Lancerote, l'île principale des Canaries, que domine le grand pic de Ténériffe, couronné de neiges éternelles.

Jehan de Béthencourt.

Cette île est habitée par les Guanches, peuple problématique qui, avec son teint et sa blonde chevelure, ressemble à quelque antique colonie égarée. Depuis, cette belle et infortunée race a été complètement anéantie par la barbarie espagnole.

Béthencourt, après avoir commencé à se fortifier à Lancerote, jugeant que ses cinquante-trois compagnons ne lui suffiront pas pour conquérir les îles Fortunées, retourne en France et implore vainement des secours; il est obligé de s'adresser à Henrique III de Castille, à qui il fait hommage de ce qu'il nomme d'avance sa conquête.

Il obtient un navire portant quatre-vingts soldats; avec ce faible renfort, il conquiert tout le groupe des îles, qui formeront une des plus belles colonies du royaume de Castille.

Galéace.

Défense de Malte contre les Turcs (1565).

CHAPITRE V

LES ORDRES RELIGIEUX ET MILITAIRES.

Origine des chevaliers hospitaliers de Saint-Jean de Jérusalem. — Combat de Modon. — Boucicaut. — Première attaque de Rhodes. — Une fière réponse. — Préparatifs de défense. — Pierre d'Aubusson. — Défense de la tour Saint-Nicolas. — Courage du grand-maître. — Incendie de la flotte turque. — Mort du gendre du Sultan. — Dernier assaut. — Retraite des Turcs. — Villiers de l'Ile-Adam. — Martiningue. — Prégent de Bidoux. — Attaques de Soliman. — L'assaut général. — Vaincre ou mourir. — Travaux de mines. — La capitulation. — Départ des chevaliers de Rhodes. — En Italie. — Les chevaliers de Malte. — Villegagnon et les chevaliers à l'attaque d'Alger. — Trait de courage et mort du prince de Savignac. — Parisot de la Valette. — Combat de Djerba. — Descente de Zoara. — Attaque de Malte. — Défense héroïque du fort Saint-Elme. — Sa prise. — Cruautés des Turcs. — Mort de Dragut. — Attaques des estacades. — Assaut des Algériens. — Fuite des Turcs. — Fondation de la Valette.

Dans ce chapitre, nous croyons intéressant de rappeler les prouesses des plus fameux des chevaliers de Saint-Jean de Jérusalem ou de Malte, dont l'existence se passa tout entière en courses héroïques contre les musulmans à l'époque de leur grandeur, ou en luttes surhumaines pour la défense des îles de Rhodes et de Malte. Nous avons seulement conservé tout ce que cette histoire offre d'intéressant pour des Français; en effet, l'ordre de Malte, tombé depuis la fin du siècle dernier, à l'insignifiance d'un ruban qui s'achète, ne saurait plus être qu'une page, mais une belle, une admirable page dans l'ensemble des événements historiques.

L'ordre des chevaliers hospitaliers de Saint-Jean de Jérusalem, appelé depuis chevaliers de Rhodes et enfin de Malte, qui a jeté longtemps un si grand lustre sur la marine de la chrétienté, est de création toute française.

Le 7 octobre 1403, Boucicaut et le grand-maître de Rhodes, Philibert de Naillac sont attaqués à l'improviste et au mépris des traités par la flotte vénitienne de Carlo Zani, près d'une petite île voisine de Modon.

Boucicaut encourage les siens par quelques paroles brèves mais chaleureuses, et tournant sa proue vers les Vénitiens, il ordonne une décharge d'artillerie. Après quoi on en vient à l'abordage. Ce n'est plus un combat mais un affreux carnage. Chaque pont offre le spectacle de corps sanglants, mutilés, de tronçons épars, d'hommes enlacés les uns aux autres, s'étreignant par la gorge et les flancs, s'insultant et s'enfonçant le poignard dans le cœur et dans la bouche, au moment où celle-ci s'ouvre pour proférer une dernière injure. Les Français et les Génois, justement irrités de la perfidie des Vénitiens, font des prodiges de valeur pour balancer le nombre des vaisseaux et des hommes.

Boucicaut a détaché trois de ses galères sous le commandement de Château-Morand, vice-amiral de la flotte, pour aller attaquer la capitane vénitienne, que monte Carlo Zani.

Cet ordre est exécuté avec la plus grande résolution. Après avoir lancé une multitude de traits, les galères jettent leurs grappins sur la capitane ennemie, l'accrochent et les Franco-Génois sautent sur le pont de Zani de trois côtés à la fois. Ils cherchent cet amiral, mais comme il ne porte aucune marque distinctive ils ne peuvent le reconnaître.

Cependant la capitane vénitienne va être prise avec ceux qu'elle porte, quand une heureuse inspiration de Zani la sauve. Cet amiral fait aussitôt passer tous ses forçats et ses soldats sur le côté droit de la galère; ce bord étant plus chargé que l'autre s'abaisse à fleur d'eau, tandis que le côté gauche se relève en proportion. L'escalade devient impossible dans ce combat; de nombreux assaillants, surpris de ce mouvement soudain, tombent à l'eau, tandis que le plus grand nombre, croyant que la capitane va couler, se hâte de l'abandonner.

La flotte vénitienne arrive au secours de son chef, et celui-ci dégagé, attaque à son tour et presse furieusement la galère de Boucicaut qui est également délivrée.

Sous la maîtrise de Jean Bonpar de Lastic, de la langue d'Auvergne, les musulmans osent pour la première fois venir attaquer Rhodes. Le 25 septembre 1440, on signale la flotte du Soudan d'Égypte qui somme le grand maître de rendre l'île de Rhodes, comme étant, prétend-il, aussi bien que l'île de Chypre, une ancienne dépendance de l'empire d'Égypte.

Sur le refus péremptoire de Jean de Lastic, la flotte égyptienne se met en devoir d'opérer un débarquement, quand la flotte de la *Religion*, commandée par Guillaume de Lastic, neveu de Jean, sort du port en bonne ordonnance, et, bien qu'inférieure en nombre, marche hardiment contre les galères ennemies. Celles-ci se retirent précipitamment dans une anse. Guillaume les poursuit et dit aux siens :

— Je m'ensevelirais plutôt sous la mer que d'avoir vu de si près les infidèles sans leur montrer ce que vaut le courage des chrétiens !

Le combat commence : la défense s'élève à l'énergie de l'attaque. Les mahométans combattent avec une fureur de désespérés. Guillaume, dont le sang coule à flots, par cinq blessures, continue à combattre et va achever sa victoire, quand la nuit met fin à la bataille et sauve les Égyptiens qui s'enfuient à la faveur des ténèbres.

En 1453, Mahomet II s'empare de Constantinople et envoie bientôt sommer le grand maître de Rhodes de le reconnaître pour souverain, et de lui payer, comme vassal, un tribut annuel de deux mille ducats.

— Nous ne relevons que du pape, lui répond fièrement Jean de Lastic, et nous sacrifierons avec joie notre vie plutôt que d'obéir à tes volontés.

Le 23 mai 1480, la flotte ottomane, forte de cent soixante bâtiments, portant cent mille hommes de troupes de débarquement, sous les ordres du vizir Messihh, renégat grec

Armoiries de Pierre d'Aubusson.

de la famille impériale des Paléologues, paraît devant Rhodes. Les Turcs débarquent leur artillerie et se retranchent sur la colline de Saint-Étienne, à deux milles de la ville.

Le grand maître Pierre d'Aubusson ayant heureusement remarqué que la mer est quelquefois basse du côté du môle et que les Turcs peuvent y monter aisément, fait jeter au fond de l'eau des planches hérissées de pointes de fer et environne la tour Saint-Nicolas de brûlots tout prêts à mettre le feu aux galères ennemies si elles s'approchent. Elles s'approchent en effet avec des troupes nombreuses. L'attaque est vive, mais la défense l'est encore plus.

Une foudroyante artillerie retentit de part et d'autre. Les brûlots lancés par le grand amiral vont enflammer les galères ennemies ; les matelots turcs se jettent à l'eau mais tombent sur les pointes de fer qui leur déchirent les membres ; peu d'entre eux parviennent à se sauver.

Le vizir veut attaquer une seconde fois la tour de Saint-Nicolas, et comme elle est séparée de son camp par un canal, il entreprend d'y faire parvenir ses troupes au moyen d'un pont volant pouvant laisser passer six hommes de front. Pour faire parcourir le trajet à ce pont que des bateaux supportent et lui faire toucher l'autre rive, le vizir, à la faveur de la nuit, envoie jeter, près du môle de la tour, une ancre qu'un câble rattache à la tête de ce pont qui doit être halé et mis en situation à l'aide d'un cabestan posé sur le rivage.

Les chrétiens découvrent la manœuvre : un matelot se jette à la mer, nage entre deux eaux et coupe le câble. Ce plan échoué, le vizir, toujours à la faveur de l'obscurité, fait remorquer le pont par une multitude de barques qui réussissent à l'entraîner et à l'appuyer jusque sur le môle. En même temps, il fait mettre à terre, par ses galères et ses bateaux plats, un grand nombre de soldats, qui se précipitent à l'assaut avec une rage incroyable.

Heureusement le grand maître veille : prévoyant quelque nouvelle tentative, il a renforcé la garnison de la tour et bordé les murailles d'intrépides arquebusiers ainsi que d'une puissante artillerie.

Au bruit que font les Turcs en se jetant sur le môle, une furieuse décharge part de la tour Saint-Nicolas et renverse de nombreux assaillants. Ce tableau sanglant n'est éclairé que par la lueur sinistre de l'artillerie, des pots à feu, des grenades et de l'artillerie.

Le pont et les galères des ennemis vomissent sans cesse de nouveaux combattants sur le môle, qui se jettent dans la mêlée aux cris de mille fois répétés : *Allah illah Allah!* (Il n'y a de Dieu que Dieu!) Les Turcs sont encore excités par la brillante conduite d'un des plus proches parents du sultan, qui s'est élancé un des premiers aux échelles et se fait un rempart de cadavres chrétiens jusque sur la brèche.

C'est là aussi que le grand maître d'Aubusson se trouve comme à son ordinaire; là, qu'il fait l'office de général et celui de soldat. Ses armes sont faussées en plusieurs endroits; un éclat de pierre fait tomber son casque; il le remplace, sans paraître ému, par le chapeau du premier homme qui se trouve près de lui.

Comme ses chevaliers le pressent respectueusement de se retirer et de leur laisser le soin de défendre la brèche :
— C'est ici, leur répond-il avec fermeté, le poste de l'honneur, c'est celui de votre grand maître! — Son héroïsme passe dans tous les cœurs.

Les chevaliers se pressent autour de lui, bordant la brèche, et au défaut de la muraille qui s'écroule, forment un rempart avec leurs poitrines que la croix à huit pointes décore.

La bataille s'est aussi engagée sur mer. Les galères des chrétiens sont arrivées sur celles des ennemis qui battent la tour; elles remorquent des brûlots qu'elles attachent aux bâtiments turcs, les brûlots éclatent : leur terrible effet est encore plus rapide que la première fois ; la partie de la flotte ottomane qui se trouve engagée n'offre plus en un clin d'œil qu'un flottant incendie qui se déroule, au milieu de la nuit, sur la mer enflammée.

Cependant l'artillerie de la tour de Saint-Nicolas rompt avec fracas le pont en trois endroits, et abîme sous les vagues une brillante élite de janissaires qui s'est précipitée à l'envi pour gâgner victorieusement le môle.

Les Turcs combattent encore, quand les premiers rayons du jour viennent éclairer leur désastre. A ce spectacle ils s'arrêtent et contemplent avec un morne désespoir les rames brisées, les débris fumants des vaisseaux, les arcs, les flèches, les turbans, les cadavres mutilés, calcinés, qui flottent sur le canal. Trois mille des leurs ont péri.

Le gendre du fils du sultan, resté presque seul sur la brèche n'a pas voulu en descendre; après s'être entouré des cadavres de plusieurs chevaliers, et comme il décharge encore un coup de sabre sur un soldat qui vient de le blesser, son âme s'évanouit dans ce dernier effort.

Le 27 juillet 1480, un peu après le lever du soleil, les Turcs s'avancent en bon ordre et dans le plus grand silence, montent sur la partie des remparts qui est le plus démantelée et s'en rendent maîtres à la faveur de leurs échelles, de leurs diverses machines et d'une artillerie terrible qui les soutient. Fiers de ce premier succès, ils arborent leurs étendards et se fortifient.

Il semble que c'en est fait de la place.

Mais d'Aubusson ordonne de déployer sur-le-champ le grand étendard de la *Religion*, et, s'adressant aux chevaliers qu'il connait pour être des plus déterminés.

— Voici l'heure, mes frères, s'écrie-t-il, de vaincre pour la foi, ou de nous ensevelir sous les ruines de Rhodes!

Et, tout en prononçant ces mots, il entraîne ces braves dans un héroïque élan, les mène à la brèche que près de trois milles Turcs occupent, prend une échelle, l'appuie lui-même contre les ruines de la muraille du côté de la ville, et monte le premier, une demi-pique à la main, disputer à l'ennemi les décombres de Rhodes. Les chevaliers l'imitent, tâchent de le suivre et de gagner avec lui le haut du rempart.

Pierre d'Aubusson.

On voit dans cette occasion, contre l'ordinaire de ce qui se pratique dans les sièges, les assiégés eux-mêmes montant à l'assaut et les assaillants se tenant sur la défensive. Les musulmans repoussent les chrétiens à coups de mousquets, de flèches, ou en roulant sur eux des blocs de pierre. Les chevaliers plient sous le nombre et sous les coups formidables de leurs ennemis.

Le grand maître lui-même reçoit deux blessures et deux fois est renversé. Mais, malgré la mort qui l'assiège de toutes parts, il se relève sous le feu de la mousqueterie, sous une grêle de flèches et de pierres, s'élance de nouveau comme échauffé par le sang, qui coule de tout son corps, et se jette enfin sur le terre-plein que les Turcs occupent.

Alors le combat devient plus égal. Les chevaliers, à la suite de leur grand maître, fondent l'épée à la main sur les infidèles. Une horrible mêlée s'engage ; on se saisit corps à corps sur la brèche. C'est à qui conservera le sommet du rempart. On entend le bruit des corps qui tombent et sont précipités de l'un et l'autre côté des décombres couverts de restes sanglants.

D'Aubusson frappe et tue de sa main plusieurs officiers Turcs. La victoire commence à se déclarer pour lui. Le vizir, qui s'en aperçoit, envoie pour soutenir les siens un corps de janissaires, et, lui-même, se tient sur les ailes animant ceux qui persévèrent, tuant ceux qui reculent.

Reconnaissant le grand maître, plus encore à la valeur qu'il déploie qu'à son armure dorée, il lance contre lui, en leur promettant de magnifiques récompenses s'ils le tuent, douze de ses soldats les plus déterminés.

Tous les douze se jettent dans la mêlée, s'ouvrent un passage, et, malgré les chevaliers qui l'entourent, pénètrent jusqu'à d'Aubusson, lui portent plusieurs coups et lui font à la fois cinq larges blessures.

L'ardeur dont le grand maître est animé l'empêche d'abord de les sentir, et il combat encore quelque temps avec la même énergie. Mais les chevaliers s'étant aperçus que ses forces vont se retirer avec son sang, le supplient de se retirer.

— Est-il une plus belle mort que celle qui nous attend ici, mes frères, leur répond-il. Acceptons-la plutôt que de reculer ! — et il continue à combattre d'une main défaillante.

Ses chevaliers s'inspirent de ses sentiments dangereux, de ses discours héroïques, de l'aspect même de ses blessures et du sang qui l'inonde.

Aucun ne paraît vouloir survivre à son chef, et tous, comme de sublimes désespérés, se ruent au travers du plus épais des bataillons ennemis. Les Turcs pensent alors que quelque chose de surnaturel s'est emparé des chevaliers.

En vain, le vizir tâche de les rassurer. Ils perdent à la fois le courage, l'esprit et le jugement. Tous prennent la fuite, et, dans cette confusion, ils se tuent les uns les autres pour s'ouvrir un passage. Les chevaliers profitent de cette panique, et, non contents d'avoir reconquis la brèche, ils sortent et poursuivent les fuyards.

Le vizir est lui-même entraîné dans la déroute générale et s'estime trop heureux de trouver un refuge dans son camp. Bientôt levant le siège, il remonte sur ses vaisseaux avec les restes de son armée et regagne la côte de l'Anatolie.

En 1521 seulement, les Turcs songent de nouveau à la conquête de Rhodes.

Le grand maître, qui est, en ce moment, à la tête de l'ordre, est le fameux Jacques Villiers de l'Ile-Adam, chambellan du roi de France et garde de la prévôté de Paris, né en 1464, dans un vieux château fortifié sur les bords

Villiers de l'Ile-Adam.

de l'Oise, près de la petite ville qui porte son nom. Sa famille est une des plus anciennes et des plus illustres de l'Ile-de-France. Ses mérites et ses services l'ont fait nommer grand maître de Rhodes, bien qu'à cette époque il fût en France.

Le nouveau grand maître n'a pas plutôt appris l'insigne honneur qui vient de lui être fait par ses *frères* qu'il s'embarque aussitôt à Marseille pour revenir dans son île. A la hauteur de Nice le feu se déclare à son bord et menace de dévorer le navire ; grâce à la présence d'esprit de l'Ile-Adam, on étouffe ce terrible fléau.

Peu de jours après un nouveau danger le menace. Une terrible tempête assaille le navire : le pilote n'est plus maître du gouvernail. Le tonnerre ébranle l'air ; ses éclairs incessants font pâlir les plus courageux matelots ; la foudre se dégage, et de son rapide sillon vient frapper l'épée du grand maître et en brise le pommeau. Neuf hommes sont tués autour de lui.

Rien ne l'émeut : il rassure tout le monde en montrant que la foudre a respecté la lame et n'a pas endommagé le fourreau.

Après avoir fait radouber le bateau en Sicile, il évite un troisième péril, en traversant la nuit, sans être aperçu, toute l'escadre du fameux et redoutable corsaire barbaresque Curtogli, qui l'attend au passage pour en faire sa proie et le livrer au sultan, et entre dans le port de Rhodes, au milieu des acclamations des chevaliers.

Un grand ingénieur français, Gabriel Martinengue, nommé surintendant général des fortifications, augmente encore les travaux intérieurs et extérieurs de la place.

Une insolante sommation de Soliman reste sans réponse. L'avant-garde des Turcs, composée de trente galères, est battue par le célèbre Prégent de Bidoux, qui rejoint le grand maître, en traversant toutes les escadres ottomanes qui sillonnent la mer.

Bientôt on signale le gros de l'armée navale des Turcs, commandée par le corsaire Curtogli et forte de quatre cents bâtiments qui portent deux cent mille hommes de troupes de débarquement aux ordres du visir Mustapha, gendre de Soliman, qu'un renégat épirote, Péri-Pacha, assiste de ses conseils.

Le débarquement de cette multitude d'ennemis avec leur artillerie, demande treize jours, et pendant ce temps, pour montrer aux Turcs combien leur nombre l'effraye peu, de l'Ile-Adam fait arborer ses étendards de la Religion sur les tours et les bastions, au son des fifres, des tambours et des trompettes.

Les commencements du siège ne sont pas heureux pour l'ennemi dont les travaux sont détruits par les fréquentes sorties des assiégés et foudroyés par l'artillerie que dirige Prégent de Bidoux.

L'habile Martinengue rencontre dans Achmet-Pacha, l'ingénieur turc, un adversaire digne de lui. C'est entre ces deux hommes, une lutte incessante de travaux d'attaque ou de défense, de ruses ou d'inventions. Achmet fait creuser des mines, qui, pour produire plus d'effet, viennent par différentes ramifications aboutir au même point; mais Martinengue les évente au moyen de peaux tendues et de tambours; c'est à lui, paraît-il, que l'on doit cette découverte. Toute son adresse pourtant ne peut empêcher les Turcs de faire jouer deux de leurs mines.

Une masse énorme de la muraille se détache, les décombres remplissent le fossé, et la brèche se montre large et béante.

— En avant! mes frères, dit le grand maître, et mourons, s'il le faut, pour la défense de notre foi!

En disant ces mots, il court aux remparts, la pique à

la main, s'élance sur la brèche, au sommet de laquelle les Turcs ont déjà planté sept étendards, arrache, foule aux pieds ces insolentes marques de triomphe et regagne tout le terrain perdu.

Le vizir Mustapha sort de la tranchée le sabre à la main, tue les premiers fuyards, ramène les autres à l'assaut et monte lui-même sur la brèche.

Le combat recommence et devient une horrible mêlée; les épées et les mousquets sont maintenant des armes gênantes : on se prend à la gorge et c'est avec le poignard qu'on se tue. En outre, les Turcs qui se pressent au pied de la brèche sont criblés d'arquebusades, de grenades, de pots à feu et de pierres.

Devant une telle résistance, il faut une seconde fois lâcher prise. Trois mille Turcs sont tués dans cet assaut.

Péri-Pacha donne un second assaut sur ce même point, que l'Ile-Adam repousse en criant aux siens — Ne craignons pas des gens à qui nous sommes accoutumés à faire peur !

Dans un troisième assaut, où Prégent de Bidoux est blessé d'un coup de mousquet à la gorge, les Turcs laissent encore deux mille hommes autour de la brèche.

Dans un grand conseil tenu par Soliman, on décide qu'il n'y a rien à espérer des assauts partiels, mais qu'un assaut général, forçant les chevaliers à se disséminer sur tous les points de la place, a seul des chances de succès.

Le sultan, pour exciter l'ardeur de son armée, fait échafauder un trône sur une colline pour s'y placer et se montrer à tous les regards durant l'action.

L'assaut général commence. Les Turcs, sous les yeux de leur prince, affrontent la mort avec une sorte de rage et se jettent à corps perdu sur les remparts. Mais les chevaliers, la garnison et les Rhodiens, vieillards, femmes et enfants, luttant à l'envi les uns des autres, les massacrent sur la brèche où les précipitent avec leurs échelles dans les fossés.

Villiers de l'Ile-Adam anime les siens par de généreuses paroles à poursuivre leur victoire. — C'est votre liberté, celle de vos familles, vos fortunes, votre honneur, votre foi, que vous défendez, leur dit-il, c'est tout ce qui doit vous être plus cher que la vie.

Un poste est près de succomber sous une surprise: il y court, fait pointer des canons contre l'ouverture pratiquée par l'ennemi, se jette au milieu des infidèles, lutte l'épée à la main contre l'Aga des janissaires et, aidé du commandeur de Bourbon, relève les enseignes de l'Ordre, abat celles des Turcs et culbute les derniers qui essaient de lui résister.

Pour cacher la honte de la fuite, le sultan fait sonner la retraite, après avoir laissé, chiffre incroyable en raison du petit nombre des assiégés, plus de quinze mille de ses soldats sur la brèche et au pied des murs.

Le sultan fait alors construire un grand logement sur une éminence, pour montrer aux assiégés qu'il est résolu de passer l'hiver devant leurs murs. En même temps, il nomme Achmet-Pacha commandant en chef de son armée et le siège est repris pour la troisième fois.

Les assiégeants, grâce à des galeries recouvertes de peaux de bœuf fraîches, sur lesquelles les grenades et les pots enflammés des Rhodiens n'ont aucune action, s'avancent à couvert jusqu'au pied de la muraille et la sapent, pendant que des compagnies de pionniers et de mineurs travaillent continuellement à pénétrer sous les bastions de la place et à y établir des chambres et des fourneaux destructeurs.

La sape ayant fait tomber une partie de la muraille, les Turcs recommencent leurs assauts. Dans cette situation de plus en plus terrible pour les assiégés, l'ingénieur Martinengue est atteint dans l'œil d'un coup de feu tiré au hasard, au moment où il examine par une meurtrière, les travaux de l'ennemi. Pendant les trente-quatre jours que dure sa guérison, le grand maître le remplace à son poste périlleux, établi dans le bastion le plus maltraité, sans prendre de repos que quelques minutes de temps à autre, en se jetant sur un matelas déposé au pied même de ce retranchement.

L'artillerie des Turcs ne cesse de battre la place de tous côtés; ce ne sont qu'assauts sur assauts. Les murailles sont rasées en plusieurs endroits, et les brèches sont devenues si larges, qu'on voit les assaillants y monter rangés en bataillons. Les chevaliers et les soldats chrétiens survivants se tiennent debout, pressés l'un contre l'autre, l'épée à la main sur les remparts écroulés, et faisant en quelque sorte de leurs corps un nouveau parapet.

Dans les derniers jours de novembre, les Turcs tentent un effort considérable : l'alarme est à son comble dans la ville. Les cloches sonnent à toute volée, annonçant le péril où se trouve Rhodes.

Les blessés eux-mêmes, Prégent de Bidoux et Martinengue en tête, se traînent, malgré leurs blessures à peine fermées, sur la brèche, pour y mourir les armes à la main. Malgré tant de courage, c'en est peut-être fait ce jour-là de Rhodes; mais des torrents de pluie surviennent tout à coup, et entraînent les terres servant d'épaulement à la tranchée des ennemis. Les artilleurs de la place, voyant alors les Turcs à découvert, en tuent un grand nombre, et le reste regagne le camp avec précipitation et dans le plus grand désordre.

Depuis six mois, une poignée de héros tient en échec toute l'armée musulmane, mais hélas! la position n'est plus tenable : les troupes ottomanes sont logées sur les principaux bastions de Rhodes, et ont avancé leurs travaux jusqu'à plus de quarante pas en avant dans l'intérieur de la place.

Quoiqu'il ne se défende plus que sur un monceau de poussière et de pierres, Villiers de l'Ile-Adam soutient ce dernier assaut avec l'énergie dont il n'a pas un instant cessé de faire preuve. Lui, et le peu de chevaliers survivants vont, pour ainsi dire au-devant des coups, et, plutôt que de survivre à la prise de Rhodes, ils cherchent évidemment la mort. Mais la mort semble les fuir! et les Turcs sont encore une fois repoussés.

Enfin, sur les nouvelles supplications des habitants, Villiers de l'Ile-Adam signe une capitulation des plus honorables. Soliman vient le visiter dans les ruines de son palais, vante son courage, sa persévérance et, se sentant ému devant une si noble infortune, ne peut se défendre de dire à ses officiers :

— Ce n'est pas sans quelque peine que j'oblige ce chrétien, à son âge, à sortir de sa maison!

Le 1er janvier 1523, toute la flotte de Rhodes appareille et suit le vaisseau du grand maître portant à son grand mât, à la place du pavillon de l'Ordre, une bannière sur laquelle on lit, autour de l'image de la Vierge ayant son fils mort entre ses bras, cette inscription en latin : — Dans mon extrême affliction, il est mon unique espérance!

Enfin, par un traité en date du 24 mars 1530, l'empereur Charles-Quint donne à la *Religion*, l'île de Malte et celle de Gozzo; et le 26 octobre de la même année, le grand maître et les principaux officiers de l'Ordre en prennent possession. Désormais, les membres de l'ordre de Saint-Jean sont appelés *chevaliers de Malte*.

Armoiries de Villiers de l'Ile-Adam.

En 1541, l'empereur Charles-Quint débarque près d'Alger et marche sur la ville avec ses vieilles bandes espagnoles; en tête les chevaliers de Malte, magnifiquement parés de leurs *sopravestes* en damas ou velours cramoisi, sur lequel brille la croix blanche. Ils combattent à pied, le casque en tête, la cuirasse sur la poitrine, la pique ou l'esponton à la main. La majesté éclatante de ce bataillon de capitaines d'élite semble en imposer aux ennemis.

Hassein-Pacha attaque à l'improviste l'armée impériale, repousse l'infanterie, et vient se heurter aux chevaliers de Malte. Ces valeureux capitaines, quoique à pied, se précipitent avec une telle furie au milieu des cavaliers musulmans qu'ils les ont bientôt tous démontés.

Villegagnon, qui dirige ce bataillon d'élite, et que signale sa haute taille aux ennemis, se jette comme un lion à travers leurs escadrons; un cavalier maure lui perce le bras gauche avec sa lance, et tourne son cheval pour lui porter un second coup. Villegagnon veut riposter avec sa pique et le manque ; il semble qu'il n'a plus qu'à périr, mais il saute sur la croupe du cheval de son adversaire, poignarde le Maure, le renverse à terre, et se sert de sa monture pour frapper à coups redoublés sur les musulmans qu'il épouvante et poursuit avec ses compagnons jusqu'aux portes d'Alger. Peu s'en faut qu'ils entrent dans la place à la suite de l'ennemi, mais Hassein fait fermer les portes et sacrifie ainsi une partie des siens. Un autre chevalier français, Ponce de Savignac, qui porte l'étendard de l'Ordre, furieux de se voir ainsi arrêté, plante son poignard en signe de défi dans la porte Bab-Azoun.

Les ennemis, du haut des remparts, accablent cette poignée de héros d'une grêle de flèches empoisonnées. Ponce de Savignac est atteint; il sent le poison gagner son cœur, et pourtant, il a encore le courage et l'énergie de tenir toujours d'une main son étendard levé, tandis que de l'autre, il s'appuie expirant sur un soldat ; ce n'est qu'en rendant le dernier soupir, qu'il laisse tomber son enseigne qu'un autre chevalier relève.

A la suite de cette expédition, Villegagnon est élevé à la dignité de commandant de son ordre.

Une nombreuse flotte ottomane, conduite par le célèbre Dragut, paraît devant Malte, et y opère une descente. La *Cité-Noble* (c'est ainsi qu'on appelait l'ancienne capitale de l'île) est assiégée et va succomber. Le commandeur-Villegagnon veut aller la secourir et demande dans ce but au grand maître cent chevaliers pour l'accompagner. Celui-ci ne lui en concède que six, et voyant quelque hésitation en lui, le lui fait remarquer par des paroles amères :

— Seigneur, s'écrie Villegagnon, je vous ferai voir que la peur ne m'a jamais fait fuir le péril !

A ces mots, le commandeur avec les six chevaliers qui sont Français comme lui, se jette à cru sur des chevaux qui paissent dans les fossés du château Saint-Ange, arrivent pendant la nuit au pied des murailles de la Cité-Noble, sont reconnus par la garnison et hissés avec des cordes. La présence de ces sept braves électrise tellement les assiégés que les Turcs, croyant qu'un renfort considérable s'est introduit dans la place, se hâtent de lever le siège et de se rembarquer.

Le dernier grand maître de l'ordre de Saint Jean, dont l'illustre carrière mérite d'être ici retracée, descendait de la très ancienne et très noble maison de Cernusson, en Quercy. Dès qu'il fut en âge, Jean Parisot de La Valette, fit ses preuves, fut reçu dans la *Religion*, se voua désormais tout entier à elle, et ne quitta Malte que pour aller en course contre les mahométans.

Parisot de La Valette.

Le jeune La Valette se distingue dans un combat acharné, livré par trois galères de la *Religion*, contre trois galères barbaresques, près de l'île de Djerba. L'action s'engage au point du jour; les ennemis font force de voiles et de rames pour atteindre quelque refuge, mais les chevaliers leur coupent le chemin, les joignent et les abordent le sabre à la main.

La première galère barbaresque coule bas sous le poids des musulmans, qui se sont tous précipités du même côté; la seconde, après avoir été forcée par les chevaliers, coule à son tour sous le poids mal contre-balancé des vaincus et des vainqueurs qui s'égorgent encore avec fureur quand le flot les recouvre d'un même linceuil.

La troisième, la plus grande, qui a pour capitaine un corsaire fameux, nommé Scander, se consume en efforts pour gagner Zarra, quand le chevalier de La Valette, avec sa galère, lui donne vivement la chasse et le rejoint. Le combat s'engage ; la galère, avec ses griffes de fer, s'accroche à la galiote barbaresque.

La Valette est en butte aux ennemis, deux flèches l'atteignent, font couler son sang ; il ne s'en aperçoit pas dans la chaleur de l'action ; mais, bientôt après, un coup de mousquet lui fracasse la jambe et le jette sur le tillac.

Loin d'être affaibli, La Valette puise dans cet état un héroïque délire, et par ses cris, par ses gestes, par ses ordres qu'il ne cesse de donner, pousse les siens contre les infidèles, et parvient à les faire entrer dans la galiote de Scander. Les musulmans se rallient autour de leur chef, se défendent avec la fureur du désespoir et obligent les chrétiens à lâcher prise.

Déjà Scander a pris le large et continue sa route sur Zarra, quand La Valette, furieux de voir sa proie lui échapper, la rejoint dans un effort désespéré, et lui livre un troisième combat qui est décisif. Voyant que c'en est fait d'eux, les musulmans, réduits à un petit nombre, se jettent à la mer pour essayer de gagner la côte à la nage. La plupart, et Scander avec eux, périssent dans ce dernier effort. La Valette s'empare de la galiote sur laquelle se trouvent deux cents chrétiens qui sont rendus à la liberté.

En 1552, une surprise tentée par trois cents chevaliers

de Malte, dirigés par La Valette, sur Zoara, sur la côte d'Afrique, réussit au premier abord; mais, attaqués par quatre mille cavaliers turcs, ils sont forcés de battre en retraite au milieu de nombreux dangers.

Une petite troupe de chevaliers, au milieu desquels le commandeur français Jean de La Cassière soutient l'étendard de la religion, protège la retraite. Les Turcs chargent avec rage les chrétiens qui leur présentent un front redoutable de piques et d'épées; de leurs larges cimeterres, ils coupent le bois des lances, brisent les épées des chevaliers, à qui il ne reste bientôt plus d'autres armes que leurs poignards. Cette noble élite de la chrétienté tient toujours bon. La Cassière, qui est blessé, ne lâche pas la noble enseigne qu'on lui a confiée. La petite troupe arrive enfin au bord de la mer, où attend l'escadre chrétienne et se jette à l'eau, poursuivie par la mousqueterie des Turcs. L'intrépide La Cassière, soutenu par quelques braves, tient toujours sa bannière élevée, et c'est ainsi, sous une grêle de balles dont il est le point de mire, qu'il gagne les chaloupes et parvient jusqu'aux vaisseaux de la *Religion*, où mille acclamations le saluent.

Au bruit des exploits des chevaliers, le grand sultan, qui est encore Soliman le Magnifique, ordonne des préparatifs pour aller les chasser de l'île de Malte, comme autrefois il a fait de Rhodes.

De son côté, La Valette, qui vient d'être nommé grand maître, se dispose de la manière la plus énergique à recevoir les ennemis.

Le 18 mai 1565, on signale la flotte des musulmans. Pendant la nuit, les Turcs débarquent et attaquent le fort Saint-Elme. La garnison, qui a pour mission de s'ensevelir sous les ruines de la place plutôt que d'en livrer la moindre pierre, se défend héroïquement; de nombreux volontaires partent chaque jour du fort Saint-Ange, traversent la rade sur des bateaux à rames et vont remplacer leurs camarades, que le canon ennemi ensevelit sous les ruines du premier fort.

Le bailli de Négrepont et le commandeur de Broglie, bien que tous deux très âgés et gravement blessés, refusent de sortir du fort et déclarent qu'ils veulent mourir à leur poste d'honneur.

Le commandeur de Broglie, le visage défiguré par l'ardeur du soleil et par la poudre, est vu en tout endroit où le péril est le plus grand, vole au secours de ses frères près de succomber, et porte lui-même de la terre et des pierres sur les points qu'il faut fortifier.

Le 16 juin, Mustapha, de concert avec Dragut, livre un assaut général au fort Saint-Elme, après avoir renversé la muraille jusqu'au ras du roc qui, naguère, lui servait d'assise.

Les Turcs, au son des tambours, des nacaires et de leurs autres instruments de guerre, entrent dans le fossé qu'ils ont presque comblé, et le signal ayant été donné par un coup de canon, ils s'élancent à l'assaut avec fureur. Outre l'artillerie de la flotte ottomane et les batteries dressées à terre, quatre mille archers et arquebusiers secondent ce mouvement en tirant sur tous les chrétiens qui se présentent à la défense de la brèche.

En arrivant au sommet de cette brèche, les Turcs se heurtent à la muraille des soldats de la *Religion* plus impénétrable que des remparts de pierres; ils tombent renversés sous les piques et les espontons qui la garnissent, sous les projectiles de toutes sortes qui en partent, et surtout sous les cercles enflammés de l'invention de La Valette, que l'on jette au milieu d'eux, qui les tiennent embarrassés et souvent les consument tout vifs.

Enfin, après six heures d'assaut, le fort Saint-Elme est encore abandonné par les Turcs avec une perte, pour eux, de plus de deux mille hommes. Un nouveau renfort entre dans ce sanglant réduit.

Comme les généraux ennemis examinent les approches du fort Saint-Elme, un éclat de pierre, occasionné par un boulet de canon parti du château Saint-Ange, atteint à côté de l'oreille droite le fameux Dragut, qui tombe à terre mortellement blessé.

Malgré cette perte irréparable, les Ottomans pressent leurs travaux d'investissement, et enferment le fort Saint-Elme, dont aucune barque ne peut plus désormais approcher, sans être aussitôt arrêtée ou coulée bas.

C'est alors qu'on voit un spectacle unique dans les fastes militaires du monde, une scène d'héroïsme et de dévouement qui laisse bien loin derrière elle la généreuse conduite des Spartiates aux Thermopyles, une scène, enfin, telle que le sentiment de la foi chrétienne est seule capable de la produire.

Les défenseurs du fort Saint-Elme, désormais complètement abandonnés à eux-mêmes, prévoyant un dernier assaut, se préparent à mourir bravement, sans même penser à demander une capitulation honorable qui ne leur serait pas refusée.

Après s'être fait administrer, comme des agonisants, les derniers secours de la religion, ils s'embrassent l'un et l'autre en se montrant le ciel, puis chacun se retire au poste qui lui est assigné pour mourir avec honneur et gloire.

Celui-ci, qui ne peut marcher, faute d'une jambe, se fait porter dans sa chaise jusqu'au bord de la brèche;

celui-là, à qui les forces manquent, se fait asseoir au poste du péril, et tient à deux mains l'épée avec laquelle il doit vendre chèrement sa vie. Tous ces grands mutilés, couverts encore du sang de leurs récentes blessures, se tiennent ainsi à la brèche, les uns assis ou à genoux, les autres appuyés sur deux de leurs serviteurs, dans l'attente de l'assaut qui va être livré à la pointe du jour.

A peine les premiers rayons du soleil ont-ils éclairé la journée du 23 juin, que de grands cris annoncent l'irruption des Turcs.

Les chevaliers les reçoivent avec une indomptable énergie. Ceux qui ne peuvent marcher, se battent à coups de mousquet, et, quand ils ont consommé toute leur poudre, ils essaient encore, dans un dernier effort, d'en chercher dans les fournimens de leurs camarades tués à leurs côtés.

Après quatre heures d'assaut, les défenseurs de la brèche se voient réduits à soixante.

Un moment, on croit que ces soixante héros vont faire lâcher prise à toute l'armée des Turcs. Un moment d'arrêt dans l'attaque, dont les assiégés profitent pour bander leurs plaies, afin de pouvoir prolonger quelque temps la défense.

Le grand maître La Valette aperçoit de loin, avec des yeux pleins de larmes, ce long et sublime martyre que souffrent les assiégés pour sauver leurs frères : le désespoir de ne les pouvoir secourir augmente encore sa profonde douleur.

A onze heures du matin, les Turcs reviennent à l'assaut avec une nouvelle fureur. Le bailli de Négrepont, tout ce qui reste de chevaliers et de soldats chrétiens, tombe ainsi au poste d'honneur ; l'assaut ne finit que par la mort du dernier des assiégés. Le séraskier Mustapha, en entrant dans le fort Saint-Elme, qu'il n'a que si difficilement conquis, ne peut s'empêcher de s'écrier, en pensant au château de Saint-Ange.

— Que ne fera pas le père, puisque le fils, qui est si étroit et si petit, nous coûte nos plus braves soldats!

L'armée ottomane avait perdu plus de huit mille hommes au siège particulier du fort Saint-Elme.

Furieux de tant de pertes, le farouche Mustapha pour intimider les chrétiens; fait ouvrir la poitrine des quelques chevaliers respirant encore, leur fait arracher le cœur, et pour insulter au signe de la foi chrétienne qu'ils portent, le barbare ordonne qu'on découpe leur corps en croix, puis revêtus de leurs sopravestes et attachés sur des planches, il les fait jeter à la mer pour que le flot les porte au pied du château de Saint-Ange.

A cet horrible spectacle, La Valette rempli d'indignation use de représailles pour apprendre aux musulmans à ne pas faire la guerre en bourreaux. Tous ses prisonniers sont fusillés, puis il charge ses canons de leurs têtes et de leurs membres qui vont tomber tout sanglants jusque dans le camp ennemi.

Néanmoins Mustapha fait sommer La Valette de se rendre. Le grand maître répond avec mépris. Par son ordre, un chevalier conduit l'envoyé des ennemis jusqu'à la contrescarpe et lui montrant les fosses profondes de la place:

— Voilà, lui dit-il, le seul endroit que nous soyons disposés à céder à celui qui t'envoie: nous le réservons pour l'y ensevelir avec tous ses janissaires.

Les Turcs forment alors le projet d'entrer dans le port en traînant leurs barques armées sur le sable, afin d'éviter le canon du château de Saint-Ange.

Aussitôt de nouvelles estacades sont établies, les chaînes du port renforcées : le capitan-pacha, homme d'énergie et de talent, n'en essaye pas moins d'arriver à son but. Par son ordre, des nageurs musulmans, portant une hache à leur ceinture, se dirigent vers ces estacades pour en couper, en enlever les pieux, et ouvrir ainsi un passage à la flottille turque.

Mais bientôt, de non moins bons nageurs maltais, tout nus et l'épée aux dents, joignent les musulmans, les attaquent corps à corps sur l'estacade à laquelle ils commencent à travailler et mettent en fuite tous ceux qu'ils ne tuent pas.

Le lendemain, cette lutte singulière se renouvelle : les nageurs mahométans réussissent à attacher des câbles aux mâts et aux antennes qui forment les estacades, et à l'aide de cabestans posés sur le rivage, ils tâchent d'ébranler et d'enlever ces grosses pièces de bois. Comme ils n'ont été cette fois que tardivement aperçus, ils croient leurs succès assuré, quand les nageurs maltais surviennent de nouveau, coupent avec leurs sabres les câbles des Turcs, et rendent inutile cette seconde tentative du capitan-pacha.

Le vieux Mustapha ordonne alors à la fois une attaque par mer et par terre.

Les esclaves et leurs chiourmes passent à bras dans le grand port un nombre prodigieux de barques qui, avec un grand bruit de tambours et d'instruments barbares, s'avancent contre les estacades. Elles sont précédées d'une longue embarcation remplie de prêtres musulmans; les uns font entendre des prières et des chants, les autres tiennent des livres ouverts et y lisent des imprécations horribles contre les chrétiens.

Les Algériens et les Turcs s'avancent ainsi avec fierté jusqu'à la première estacade, qu'ils se flattent d'ouvrir et de rompre : mais accueillies par une grêle de mousqueterie et de mitraille, leurs barques tourbillonnent, s'entrechoquent et coulent à fond.

Candelissa, renégat grec, qui commande cette tentative et que le danger exaspère, profite du moment où les chrétiens rechargent leurs pièces pour débarquer avec une troupe de soldats déterminés qu'on appelle les braves d'Alger.

Les Algériens, le sabre d'une main et une échelle de l'autre s'épuisent en vains efforts pour monter sur le retranchement. Après cinq heures de combats, ils parviennent enfin à y planter sept étendards, mais accablés d'une grêle de pierres que leur lancent avec la fronde de tous jeunes garçons, et chargés par une troupe de renfort à grands coups de piques, ils sont culbutés du retranchement et se précipitent vers leurs barques.

Beaucoup sont submergés avec les embarcations sur lesquelles ils se jettent en trop grand nombre ; les autres, se voyant cloués au rivage, implorent le vainqueur et demandent la vie.

En représailles de l'odieuse conduite de Mustapha à l'égard de ses prisonniers, il leur est donné pour toute réponse ce qu'on a appelé depuis la *paye de Saint-Elme*. Ils sont tous taillés en pièces. Des quatre mille qui ont été embarqués pour cette entreprise, cinq cents en échappent à peine.

De nombreux assauts sont sans cesse repoussés. Enfin voyant arriver une flotte au secours des assiégés, les Turcs se rembarquent avec précipitation en septembre

1565, abandonnant toute leur grosse artillerie. Parisot de La Valette jette alors sur les décombres, les fondations d'une ville nouvelle qui prend le nom de Cité-la-Valette, et lui-même en pose la première pierre, le 28 mars 1566.

Cette nouvelle ville devient bientôt la capitale et la place la plus importante de l'île, par les admirables fortifications que le grand maître y fait construire et dont il a lui-même tracé les plans.

L'ordre de Malte a rendu les plus grands services au commerce de la chrétienté jusque dans la première moitié du xviie siècle, et même au delà. En outre, ses escadres sont restées longtemps la meilleure des écoles de marine, de la France particulièrement ; elles ont été une pépinière de grands capitaines de mer d'où l'on verra, dans la suite de notre récit, sortir les Tourville, les d'Hocquincourt, les Valbelle, les Suffren et bien d'autres, qui sont encore, par leur immortelle renommée, la gloire de la marine française.

Armoiries de La Vallette.

Bataille du Conquet. La galère de Prégent attaque la nef de l'amiral Howard (1513).

CHAPITRE VI

LA RENAISSANCE.

Bataille de Rapallo. — Premier emploi des boulets de fer. — Prise d'Ischia. — Prégent de Bidoux. — Ses combats dans la Méditerranée. — Bataille du Conquet. — Mort de l'amiral Howard. — Bataille de Saint-Mathieu. — Héroïque dévouement de Hervé Primoguet. — Mort de Prégent de Bidoux. — Invention des sabords. — Défense de Marseille. — Bataille de Capri. — Polain, baron de la Garde. — Son enfance. — Un rapide avancement. — Combat devant Portsmouth. — Le *Grand-Harry*. — Ango devant Lisbonne. — Combat devant Boulogne. — Une ruse de Polain. — Combat de Dieppois contre les hourques hollandaises. — Les guerres de religion. — Jacques Sore. — Combats devant la Rochelle. — Trait de bravoure de Miran. — Mort de Polain.

Dans cette même année 1493, où le Génois Christophe Colomb revient annoncer à l'Europe la découverte faite par lui, le 12 octobre 1492, d'un nouveau monde, Charles VIII, excité par une sorte de fièvre chevaleresque et conquérante, se dispose à revendiquer par les armes l'héritage de Naples et de Sicile, qui a été légué, en titre, sinon en fait, à son père, en même temps que l'Anjou et la Provence.

Des ordres sont donnés pour qu'une flotte appuie par mer la marche de l'armée française. On arme en conséquence dans les ports de Provence et à Gênes. Dix-huit galères, huit galéaces, colosses de la famille des vaisseaux à rames du xve et du xvie siècle, et neuf autres bâtiments sont préparés pour le transport de quinze cents chevaux et d'une infanterie considérable. Une galère royale, dont la poupe étincelle d'or, et qu'une riche tenture de soie, surmonte comme un dais dans toute sa longueur, est destinée au commandant de la flotte française, le duc d'Orléans qui régna depuis sous le nom de Louis XII.

De son côté, Alphonse II, roi de Naples, met son frère, don Frédéric, à la tête d'une flotte de trente-cinq galères, dix-huit grands vaisseaux et douze moindres bâtiments, avec mission de s'opposer à la marche de la flotte française.

Le combat s'engage à hauteur de Rapallo; l'artillerie des vaisseaux français, qui lance des boulets de fer et non de pierre, comme on s'en sert encore chez les autres nations, coule bientôt à fond les galères ennemies dont les équipages sont impitoyablement passés au fil de l'épée.

En 1501, à la seconde conquête du royaume de Naples, la flotte française, commandée par Philippe de Clèves-Ravestein, s'empare de l'île d'Ischia ; citons, parmi les vaisseaux de cette flotte, la caraque amirale la *Charente*, qui porte à elle seule douze cents soldats, sans compter les matelots et deux cents pièces d'artillerie.

Durant les guerres de Flandres et d'Italie qui marquèrent tout le règne de Louis XII, des combats ont lieu sur mer. On ignore trop que notre marine ne date pas de Colbert.

Nos marins gascons, bretons et normands ont bien des fois, avant Jean Bart et Duguay-Trouin, donné la chasse aux corsaires anglais et barbaresques et visité les côtes d'Angleterre.

Depuis le commencement des guerres d'Italie, les matelots de Provence et les galères de Marseille avaient rendu à la France d'importants services, surtout le brave et habile Prégent de Bidoux, nommé capitaine général des galères de France, à la création de cette charge en l'année 1497.

En 1501, il va au secours des Vénitiens contre les Turcs, avec une flotte composée de galères, de brigantins et de quelques galions, genre de vaisseaux dont la coupe, svelte et robuste à la fois, tenait de la nef pour la force et de la galère pour la vitesse.

En 1503, Prégent paraît devant Naples; la flotte espagnole saisie de terreur en présence d'un aussi redoutable ennemi, va se réfugier dans le port d'Ischia dont elle obstrue l'entrée en coulant quelques caraques.

Gênes s'étant insurgée en 1506, Prégent se présente devant le port et s'empare de la flotte ennemie.

En 1513, Prégent est appelé de la Méditerranée dans l'Océan, avec quatre galères pour s'opposer aux courses des Anglais sur nos côtes occidentales.

Avec ses quatre galères seulement, il traverse fièrement toute la flotte d'Angleterre, commandée par le grand amiral lord Édouard Howard et composée de quarante-deux voiles dont il coule même un bâtiment à fond.

Prégent va ensuite, par le terrible passage du Four, se poster dans l'anse du Conquet, entre deux rochers, située non loin de Brest, et sous la protection d'un double retranchement garni d'artillerie.

C'est là que sir Édouard Howard, jaloux de faire voir qu'il n'est pas moins intrépide que Prégent, décide de l'attaquer le 25 avril 1513. L'amiral d'Angleterre s'embarque sur une galère, se fait suivre d'une autre aux ordres de lord Ferers et laisse à William Sidney le soin de seconder, avec deux ramberges et plusieurs barques légères, les gros vaisseaux ne pouvant approcher à cause du peu d'eau.

Quant à lui, visant droit à la galère de Prégent, il l'aborde et saute sur le gaillard d'avant, suivi de dix-sept hommes d'élite. Quinze des siens ont attaché au cabestan de leur bâtiment le câble de l'ancre qu'ils ont jetée dans la galère française pour s'y accrocher, avec le dessein de filer ce câble si le feu vient à prendre aux galères.

L'équipage de Prégent s'aperçoit heureusement de ce stratagème, coupe le câble, et lord Howard voit sa galère s'éloigner et le laisser avec ses dix-sept hommes sur le bâtiment français. Prégent le reconnaissant pour un personnage de distinction à son écu doré, se jette sur lui, le saisit à bras-le-corps et engage avec lui une lutte effroyable ; plusieurs fois les deux amiraux tombent l'un sur l'autre et se relèvent couverts de sang.

Enfin, voyant son adversaire terrassé, Prégent lui tend une main généreuse et lui offre la vie ainsi qu'aux dix-sept hommes qui l'ont suivi. Howard refuse : nouvelle et plus terrible lutte encore ; assaillis à coups de piques, les Anglais se jettent par-dessus le bord pour se sauver à la nage : leur amiral fait comme eux; on l'aperçoit encore qui nage tout sanglant et crie à sa galère d'arriver à lui; mais voyant qu'elle ne peut venir à temps, il prend le sifflet de commandement qu'il porte autour de son cou, l'entortille de son cordon, le lance à la mer, puis ses compatriotes ne le distinguent plus : il a coulé dans l'abîme.

D'attaqué, Prégent se fait à son tour attaquant, coule bas la galère que montait naguère Édouard Howard, force à une fuite précipitée celle de lord Ferers et disperse toutes les chaloupes armées d'Angleterre.

Bientôt il aperçoit un vaisseau qui s'est détaché du gros de la flotte ennemie et qui vogue vers lui morne et silencieux, déployant de loin un drapeau blanc en signe de pacification. Les Anglais viennent demander des nouvelles du grand amiral d'Angleterre. Prégent ne peut répondre aux envoyés anglais qu'en leur montrant la mer et des cadavres encore flottants; dans la chaleur du combat, on ne fait pas de prisonniers.

Dans une seconde bataille où Prégent perd un œil, il disperse la flotte anglaise aux ordres du nouvel amiral d'Angleterre, Thomas Howard, frère d'Édouard.

Ce valeureux marin, qui appartient à cette même famille de Prégent, laquelle a précédemment donné à la France un amiral, le sieur de Coëtivi et de Retz, tué d'un coup de canon au siège de Cherbourg en 1450, rejoint avec ses galères la flotte de Bretagne.

Le 10 août, Prégent livre un furieux combat à la flotte anglaise que commande Thomas Knewet à la hauteur de Saint-Mathieu, à la pointe de la presqu'île de Bretagne.

Les Français n'ont qu'une vingtaine de navires bretons et normands, sous le commandement de Hervé Primoguet, et les quatre galères de Prégent de Bidoux. Les Anglais, qui viennent de débarquer l'armée de Henri VIII à Calais, sont deux ou trois fois supérieurs en nombre, mais leurs adversaires prennent l'avantage du vent, et se décidant franchement à l'abordage, attaquent résolument. Au premier choc, près de la moitié des vaisseaux ennemis sont fracassés et coulés à fond.

Une grande et belle caraque française, richement décorée, fait surtout merveille; elle a déjà, à elle seule, coulé à fond presque autant de vaisseaux ennemis que le reste de notre flotte, et maintenant elle se voit entourée de douze des principaux vaisseaux anglais qui ont réuni tous leurs efforts contre elle.

C'est la *Belle-Cordelière*, que la reine de France, Anne de Bretagne, a fait construire elle-même à Morlaix et orner à grands frais. Elle en a confié le commandement au plus digne capitaine breton qui soit alors, au vaillant Primoguet.

La *Belle-Cordelière*, dans son isolement contre tant d'ennemis, lutte avec un courage qui tient du prodige; sur les douze vaisseaux qui l'entourent, elle met les uns hors de combat en les démâtant et fait reculer les autres. Son triomphe va être complet quand, de la hune d'un vaisseau anglais, on lui jette une masse de feux d'artifice qui l'embrasent en un instant.

Une partie des soldats et des matelots peuvent se sauver dans des chaloupes; mais, malgré les prières des siens, le capitaine Primoguet refuse de quitter son bord. Sa vie, elle est liée tout entière à l'existence du vaisseau que la reine lui a confié; elles doivent finir irrévocablement l'une avec l'autre. Du moins veut-il que sa mort coûte cher à l'ennemi.

Soudain la *Belle-Cordelière* avise la *Régente*, de mille tonneaux, que montent l'amiral d'Angleterre, sir Thomas Knewet, écuyer de Henri VIII, et une nombreuse noblesse ; comme un volcan impitoyable, la caraque française va sur elle, s'y attache avec ses grappins d'abordage, et vaste torche incendiaire, la revêt de sa robe enflammée.

Bataille de Saint-Mathieu (1513).

La poudrière de la *Régente* saute, et avec elle le vaisseau ennemi, celui qui le commande et des milliers de membres brûlés et en lambeaux. Presque aussitôt la *Belle-Cordelière* satisfaite et superbe encore dans son désastre, éclate aussi, puis comme une trombe de feu et de fumée, s'évanouit dans les flots avec son immortel capitaine Henri Primoguet.

La flotte anglaise, privée comme au 25 avril de son chef, prend la fuite et est chassée jusque sur les côtes d'Angleterre, où l'illustre Prégent opère une descente victorieuse.

A la fin de la même année, la paix est conclue avec l'Angleterre. Prégent, qui a fait l'honneur de la marine française durant tout ce règne, repasse le détroit avec ses galères, et se rappelant alors qu'il appartient aussi à l'ordre des Hospitaliers de Rhodes, va prendre part à la défense de cette place contre l'armée de Soliman.

Cinq ans après la prise de cette île fameuse, ce vieux marin, couvert de cicatrices, trouve une fin digne de sa vie entière en enlevant, à l'abordage, un vaisseau turc, sur lequel gémissent dans les fers plus de cent cinquante chrétiens ; au milieu de sa victoire, il reçoit plusieurs blessures dont il va mourir à Nice, au mois d'août 1528.

Le chevaleresque et brillant François Ier, attache, dès le début de son règne, une très haute importance à la marine, et songe à créer en France une marine royale, ce dont Henri VIII commence dans le même temps à doter l'Angleterre.

C'est à cette époque, qu'un Français, de Brest, nommé Descharges, invente l'usage des sabords, et son système pour l'aération et la disposition des batteries subsiste encore de nos jours.

Le félon connétable de Bourbon ayant envahi la Provence en 1524, avec les armées de Charles-Quint, Prégent et ses galères, enfermés dans le port de Marseille, tiennent à distance la flotte espagnole pendant le siège de cette ville.

Cette même année, les Normands ne voient pas l'ennemi chez eux, mais ils vont le chercher chez lui. Leurs corsaires font pour deux cent mille écus d'or de prises sur les Espagnols.

En 1528, à la bataille navale de Capri, quatre cents Français, commandés par du Croc, sont embarqués sur les galères génoises de Philippin Doria. Nos compatriotes déploient une brillante valeur et s'acharnent contre mille Espagnols d'élite qui montent la capitane de Don Hugues de Moncade : c'est parmi les ennemis à qui défendra à son tour l'étendard du dernier porte-enseigne succombant, et ils se relèvent ainsi successivement jusqu'à ce qu'il en soit tombé plus de cinq cents ; c'est, entre les Français, à qui vaincra ou périra le plus héroïquement, et de quatre cents qu'ils étaient au début de l'action, il ne va bientôt plus en rester que soixante. Enfin, la capitane espagnole désemparée amène son pavillon et Moncade périt sous une grêle d'arquebusades.

François Ier, comme nous l'avons déjà dit, posséda une véritable marine. Il équipe des galères sur la Méditerranée, et cette flotte est assez forte et assez bien conduite par le capitaine Polain, baron de La Garde pour que le pavillon français paraisse en maître dans cette mer.

Polain, baron de la Garde.

Avant que Jean Bart eût paru, le nom le plus populaire, on pourrait même dire le seul vrai nom populaire de la marine française, était celui du capitaine Polain.

Dans les premières années du XVIe siècle, un caporal d'une compagnie passant par le bourg de la Garde en Dauphiné, voit un joli enfant, à l'air éveillé, qui s'attache à ses pas et demande à le suivre. Les parents de cet enfant, qui se nomme Antoine Escalin et sont de pauvres artisans, refusent de le laisser partir. Peine inutile ; Antoine Escalin se sauve, rejoint le caporal et l'accompagne à son corps, où il sert d'abord comme valet de régiment, pendant environ deux ans et prend ensuite l'arquebuse de simple soldat.

A cette époque ses camarades, à cause de ses allures jeunes et vives, lui donnent le surnom de Polain, qui signifie poulain et qui devait être plus tard, en y ajoutant son titre de capitaine, son nom de guerre, son nom populaire.

Bientôt le jeune arquebusier devient enseigne, lieutenant et capitaine d'infanterie. Dans ce siècle si rempli de préjugés nobiliaires, le fait d'un simple soldat devenu commandant d'une compagnie est si extraordinaire que le capitaine Polain attire sur lui l'attention général.

Non seulement il s'est rapidement formé au métier des armes, mais, en même temps, grâce à la finesse et aux ressources de son esprit, il a acquis une solide instruction.

Du Bellay devine dans l'intrépide soldat d'autres capacités encore que celles de guerrier et l'emploie plusieurs fois comme négociateur auprès du marquis de Guasto, gouverneur du Milanais.

Envoyé par François Ier comme ambassadeur de France auprès de Soliman à Constantinople en 1548, il détermine celui-ci à conclure une alliance offensive et défensive. Spectacle étrange pour l'époque. On voit les fleurs de lis s'unir au croissant.

Le capitaine Polain, qui a pris place dans la flotte musulmane sur la galère de Barberousse, sent auprès de ce grand marin s'éveiller en lui toutes ses aspirations maritimes. Il prend part avec les Turcs à la prise de Reggio, protège les églises du pillage et arrive avec eux à Marseille.

Là il prend le commandement de galères françaises et va avec Barberousse assiéger Nice. A l'issue de cette campagne, François Ier lui donne le cordon de Saint-

Michel et le comte de Grignan, gouverneur de Provence, s'étant pris pour lui d'une amitié et d'une admiration aussi grandes que méritées, lui donne, par acte du 28 juillet 1543, à titre d'héritier d'adoption, la seigneurie des Aymares et la baronnie de la Garde de laquelle Polain est parti capitaine de régiment et où il revient haut et puissant seigneur.

En 1545, la paix avec l'Espagne venant de se conclure, François Ier n'a plus pour adversaires que Henri VIII et l'Angleterre.

Toute l'action va se concentrer sur les côtes de la Manche. Le capitaine Polain passe dans l'Océan avec vingt-cinq magnifiques galères, à cinq rameurs par banc et qu'il a fait construire sous sa direction. Son escadre, après une traversée qui fait l'admiration de tous les hommes de métiers, se réunit au Hâvre-de-Grâce aux grosses caraques que commande l'amiral Charles d'Annebaut.

Le *Grand-Harry*

Le 18 juillet, les vaisseaux français paraissent devant l'île de Wight et découvrent la flotte anglaise rassemblée à Portsmouth. Le capitaine Polain va la reconnaître avec quatre galères et parvient à en attirer une partie au large.

Cette première attaque est si vive et si heureuse que la *Marie-Rose*, un des plus grandes caraques ennemies, est coulée à fond; des cinq à six cents hommes qui la montent il n'en échappe que trente-cinq.

Le *Grand-Harry*, ce navire merveilleux que Henri VIII

a monté pour venir à l'entrevue du Camp du Drap d'or, qui est armé de cent vingt bouches à feu, dont les voiles et les banderolles sont de drap d'or et que monte l'amiral d'Angleterre périrait aussi s'il n'était promptement secouru.

Un fort coup de vent interrompt la lutte et les ramberges anglaises se hâtent de rentrer dans le canal de Portsmouth, derrière les bancs de sable qui bordent la côte.

Les Français, maîtres du champ de bataille, descendent dans l'île de Wight. Dans plusieurs autres engagements les Anglais sont encore battus et se hâtent de signer la paix.

François Ier tout en commençant à former une marine royale, fut loin de négliger la marine du commerce et sut en tirer de signalés services. Il l'honora comme jamais encore elle ne l'avait été, dans la personne du plus illustre des armateurs particuliers de son règne, c'est déjà avoir nommé le fameux Jean Ango, de Dieppe.

Jean Ango était fils unique d'un riche négociant de cette ville. Dès qu'il a hérité de son père, il arme des navires, prend des capitaines à sa solde, les envoie dans les Indes et dans l'Amérique. Bientôt il décuple ses richesses et a sous ses ordres de véritables flottes avec lesquelles il pourrait faire la guerre pour son propre compte.

C'est du reste ce qui lui arrive. En 1530, un de ses navires ayant été attaqué et pris par les Portugais alors en paix avec la France, Ango arme dix vaisseaux qui se trouvent dans le port de Dieppe, ajoute aux équipages huit cents volontaires et envoie cette escadre sur les côtes du Portugal, où elle bloque le Tage et incendie et s'empare des nombreux bâtiments de cette nation.

Le roi de Portugal, croyant que c'est au roi de France qu'il a affaire, lui dépêche en toute hâte deux conseillers pour demander des explications sur cette violation de la paix. François Ier leur répond :

— Messieurs ce n'est pas moi qui fais la guerre ; allez trouver Ango et arrangez-vous avec lui.

Les deux conseillers se rendent en effet auprès de l'armateur dieppois qui exige et obtient une forte indemnité.

Ango bloque le port de Lisbonne (1530).

Aussitôt monté sur le trône, l'ardent successeur de François Ier, Henri II, engage la lutte avec les Anglais. Une flotte française va chercher en Écosse la jeune reine Marie Stuart.

En même temps (1549), douze galères françaises s'avancent vers Boulogne qu'il faut reprendre à tout prix aux Anglais. Une flotte anglaise s'avance pour secourir la garnison. Nos galères l'attaquent le 1er août et profitant du calme plat qui règne alors, abordent les gros vaisseaux ronds d'Angleterre dont le feu de l'artillerie trop élevée, passe au-dessus des équipages français sans les atteindre, tandis que nos canons tirant à fleur d'eau, ne perdent pas un seul coup. Une partie de la flotte anglaise est coulée bas, le reste se réfugie à Guernesey, et Boulogne nous ouvre ses portes.

La paix conclue avec l'Angleterre, la guerre éclate avec Charles-Quint; le capitaine Polain se met aussitôt à la tête de ses galères; dans un premier combat, il attaque avec deux galères seulement onze vaisseaux espagnols et en coule deux (1551).

Quelques jours après, avec ces deux mêmes galères, il tombe au milieu d'une flotte espagnole de vingt-quatre vaisseaux conduisant à Gênes dix mille soldats. Tout autre se croirait perdu; mais lui, avec cette présence d'esprit qui ne l'abandonne jamais, fait arborer le pavillon impérial et dépêche un de ses officiers pour annoncer aux Espagnols qu'il conduit en Espagne la reine de Hongrie, sœur de Charles-Quint qui y est attendue et demande pour elle une salve de toute l'artillerie et l'obtient sans peine.

C'est ce qu'attend Polain qui, sur ses galères, a donné l'ordre aux canonniers de se tenir, mèche allumée, près de leurs pièces chargées jusqu'à la gueule. Pendant que les navires espagnols sont encore enveloppés de la fumée de leurs salves, Polain fait avancer ses deux galères bord à bord et tout à coup se lance au milieu d'eux avec furie et crie d'une voix tonnante : « Feu de partout! »

Le pavillon royal fleurdelisé d'or est alors envoyé au sommet des mâts, et à la grande stupeur des Espagnols qui n'ont pas eu le temps de recharger leurs pièces. La mitraille et les boulets pleuvent soudain sur leurs navires dont deux sont coulés immédiatement. Quinze bâtiments richement chargés sont enlevés à l'abordage par les Français qui s'emparent d'un butin de quatre cent mille écus d'or, pendant que le reste de la flotte plus ou moins désemparée prend la fuite.

Ce fut encore Polain qui commanda la flotte transportant l'armée chargée de la conquête de la Corse. Il ne tint pas à lui que dès lors cette ville devint française, mais l'activité de Doria et la retraite inopinée de Dragut firent manquer l'entreprise.

En revenant en France, Polain, trompé par un épais brouillard, va donner tout au beau milieu de la flotte d'André Doria. Mais comme toujours, par son sang-froid et l'habileté de ses manœuvres, il se tire du péril, et rentre à Marseille, sans avoir perdu un seul de ses vaisseaux.

Pendant que nos galères combattent si brillamment dans la Méditerranée, notre marine marchande arme des corsaires dans la mer du Nord, et attaque les ports de la Flandre espagnole.

En 1555, seize navires normands, armés en course, sous le commandement de Louis de Bures, sieur d'Espineville, sortent de Dieppe le 5 août, et, escortés de deux galions du roi, battent le détroit, à la recherche de l'ennemi.

Le 11 août, on découvre vingt-quatre vaisseaux des Pays-Bas qui se disposent à passer le pas de Calais. Ce sont des *hourques*, genre de bâtiments de transport très en usage en Hollande. A la vue des Français, les Flamands mettent leurs vergues en bataille, bastillent leurs hunes et se préparent en toute diligence.

Les Dieppois chargent avec fureur leurs nombreux adversaires. Le combat est terrible : le capitaine Boquet, de la *Barbe*, est atteint d'un coup d'arquebuse. Les navires normands tournent autour des hourques des Pays-Bas, qui semblent des colosses auprès d'eux et s'en emparent de quatorze, les seules qui aient pris part à la bataille.

Ces hourques renferment de grandes richesses, principalement de l'argent monnayé. Les dix hourques qui n'ont pas encore combattu arrivent alors sur nos navires fort délabrés par le premier combat.

La bataille recommence plus acharnée que jamais. Sur le *Nicolas*, d'Espineville, qui se tient au fort du danger, tombe pour ne plus se relever, frappé d'un coup d'arquebuse à crochet. A côté de son corps sanglant et inanimé, et au milieu d'une foule de morts et de mourants, on voit un reste de forme humaine s'agiter valeureusement pour le venger ; c'est un brave du nom de Dommenil. Blessé en plusieurs endroits, la jambe emportée par un boulet, couché en travers du pont, il combat et tire des coups de pistolet aux huniers de l'ennemi ; des hunes on lui lance une grêle de pierres pour l'achever, il combat encore et pare les pierres avec son bouclier.

Le capitaine Denis Guillas, commandant le galion royal l'*Esmérillon*, à qui revient le commandement de la flottille depuis la mort d'Espineville, n'a à sa disposition sur le pont de son navire, qu'une dizaine d'hommes, tandis que les canonniers sont à leurs pièces dans les batteries. Bientôt il n'en reste plus que six. L'ennemi enhardi veut envahir l'*Esmérillon* par la poupe. Seul, Guillas leur tient tête, frappant sans relâche avec sa longue pertuisane quiconque essaye de dépasser le couronnement. Un boulet coupe le fer de son arme : il saisit alors une lance armée de feux d'artifice, arrête enfin les assaillants et les jette dans leurs hourque. Dans la chaleur du combat, il ne s'est même pas aperçu qu'il a reçu deux balles dans le bras droit.

Le capitaine Jean Le Roux, de l'*Ange*, est tué, et son enseigne, Claude Doublet, a la poitrine affreusement labourée par un boulet. Enfin, les Normands prennent l'offensive et sautent en foule dans les hourques qui sont prises en un instant. Quatre seulement nous échappent. Malheureusement, le feu se déclare à bord d'un des navires ennemis et se propage si rapidement, que quinze hourques et plusieurs de nos bâtiments sont entièrement consumés par les flammes. Le roi Henri II envoie aux Dieppois une lettre de félicitations.

Sous le règne des trois derniers Valois la marine française tombe dans un profond état de décadence.

En 1566, la guerre civile est sur le point d'éclater avec plus de fureur que jamais, entre les huguenots et les catholiques romains. La Rochelle devient le refuge et le boulevard du parti protestant et ses escadres courent les mers revenant sans cesse chargées des dépouilles des marchands catholiques.

A la tête des forces navales de la Rochelle, est un armateur célèbre nommé Jacques Sore, à qui Jeanne d'Albret a donné le titre d'amiral de Navarre. Ce vaillant marin s'est acquis la réputation du plus redoutable corsaire de l'Océan par ses audacieuses expéditions contre les Espagnols : bientôt il y joint celle d'un des plus habiles marins et manœuvriers qu'il y ait alors. Il est impitoyable à l'égard des persécuteurs de son parti. Une fois s'étant rendu maître d'un vaisseau espagnol qui portait un grand nombre de membres de la compagnie de Jésus, il les fait tous mettre à mort et jeter ensuite à la mer.

Attaqué dans les parages de la Rochelle, par les galères du capitaine Polain, il oblige même à la retraite cet illustre marin dont l'étendard porte cette devise en grec :

—Bien que je sois et que j'ai été agité violemment, jamais je n'ai tombé, ni changé !

En 1572, après l'affreux massacre de la Saint-Barthelemy, la guerre civile recommence. La Rochelle est bloquée par mer et par terre. Le capitaine Polain vient mouiller dans la rade avec ses galères, s'empare d'un haut vaisseau dont Jacques Sore avait tiré un grand parti dans la guerre précédente, l'échoue à l'embouchure du hâvre de la Rochelle, après l'avoir percé à jour et chargé de cailloux et de sable. Rendu ainsi massif et solide, ce bâtiment devient au milieu des eaux une véritable redoute que l'on appelle le fort l'Aiguille et que les Rochellois essaient plusieurs fois, mais en vain, d'incendier.

Les huguenots continuant quand même leurs sorties, Polain essaye de les enfermer en élevant, au moyen de bâtiments coulés, une estacade dans laquelle on peut trouver le principe de la fameuse digue que jeta Richelieu lors du siège qui eut lieu sous Louis XIII. La Rochelle commence à manquer de vivres et de munitions. Personne du dehors n'ose se hasarder à traverser cette estacade, quand un matelot nommé Miran, homme aussi brave qu'entreprenant, à qui les Rochellois viennent de donner le commandement de deux petits navires armés en guerre, se rend maître de quatre bâtiments catholiques, qui portent des vivres et des munitions, trompe la vigilance des croiseurs, durant la nuit du 15 au 16 février 1573, entre à pleines voiles dans la rade, passe au milieu de la flotte royale, force l'estacade, essuie le feu du fort de l'Aiguille, et pénètre dans le port sans perdre un seul homme.

A la suite de la capitulation de la Rochelle, Polain se

retire dans son pays natal où il meurt à l'âge de quatre-vingt-trois ans. Quand il voit sa fin approcher, il se fait lever, se place sur son siège, et, tirant son épée il dit :

— J'ai toujours vécu dans le service militaire, et j'aurais souhaité de tout mon cœur mourir les armes à la main pour mon Dieu et mon roi ! — ; à peine a-t-il prononcé ces belles paroles, qu'il rend le dernier soupir.

Armoiries de Polain, baron de la Garde.

Jacques Cartier découvre le Canada (1534).

CHAPITRE VII

LES GRANDS EXPLORATEURS DE LA RENAISSANCE. — LES FLIBUSTIERS.

Les Basques à Terre-Neuve. — Les Normands en Guinée. — Cousin. — Paulmier de Gonneville. — Découverte de Madagascar. — Mort des frères Parmentier. — Jacques Cartier. — Découverte du Canada. — Jean de Ribaut en Louisiane. — Prise de Charles-Fort. — Un horrible massacre. — Patriotisme de Dominique de Gourgues. — De justes représailles. — Samuel de Champlain. — Fondation de Québec. — Boucaniers et flibustiers. — Les frères de la Côte. — L'île de la Tortue. — Montauban. — Combat d'Angola. — L'Olonnais. — Michel le Basque. — Prise de Maracaïbo et de Gibraltar. — Montbars l'Exterminateur. — Un brillant début. — Combat de Saint-Domingue.

Tout le moyen âge avait suivi pour le commerce les routes tracées par les Grecs et les Romains. Cependant, la civilisation, arrivée aux dernières terres de l'Occident, tourne les regards des peuples qui bordent l'Atlantique, vers l'étendue mystérieuse de cette mer inconnue. La Méditerranée ne peut être le centre de leur action; ils se sont familiarisés avec les flots de l'Océan et ont pris confiance dans la boussole.

Les Basques, en poursuivant les baleines qui se jouent dans leur golfe, poussent leurs étapes et leurs navires vers le nord, et, en compagnie des Bretons et des Normands, fondent des pêcheries à Terre-Neuve, dès l'année 1504.

Les Normands, tournant au sud-est, longent les côtes d'Espagne et, arrivés en face du détroit de Gibraltar, au lieu d'entrer dans la Méditerranée, ne craignent pas de s'aventurer vers les rivages africains.

Dès 1488, un capitaine dieppois du nom de Cousin, fréquente les côtes de Guinée et, six ans à peine après que Vasco de Gama a doublé le cap de Bonne-Espérance, un navigateur normand Binot-Paulmier de Gonneville, parti de Honfleur en juin 1503, suit la trace du célèbre navigateur portugais.

Il double comme lui le terrible et fameux cap; il est assailli par une des grandes tempêtes ordinaires à ces parages, perd sa route et découvre une terre jusqu'alors inconnue, qui n'est autre que l'île de Madagascar.

Le 2 avril 1529, les deux frères Jean et Raoul Parmentier partent de Dieppe, passent l'équateur, découvrent une terre qu'ils appellent l'île Française et qu'on croit être la Trinité, doublent le cap de Bonne-Espérance, mouillent à la grande île de Sumatra, et meurent tous deux au retour.

En 1535, un excellent pilote de Saint-Malo, Jacques Cartier, mu par le désir de perpétuer glorieusement son nom, offre d'explorer l'Amérique septrionale. Il s'adresse à l'amiral de France Brion-Chabot, qui se fait son intermédiaire auprès de François Ier.

Ce monarque, passionné pour tout ce qui est grand et aventureux, autorise Jacques Cartier à partir avec deux vaisseaux de soixante tonneaux chacun. L'expédition met à la voile le 20 avril 1534, aborde le 10 mai à Terre-Neuve et découvre l'île des Oiseaux.

De cette île, Cartier, remontant toujours vers le nord, découvre l'embouchure du Saint-Laurent, prend possession des côtes du Canada au nom de François Ier, et y plante une croix de trente pieds de haut, fabriquée par ses matelots et portant au milieu un écusson orné de fleurs de lis avec ces mots en grosses lettres « entaillées » : *Vive le roi de France !*

Le 18 mai 1552, un ancien officier de marine, Jean de Ribaut, natif de Dieppe, et appartenant à la religion réformée, quitte le port de cette ville avec deux bâtiments. L'expédition aborde en Louisiane et construit Charles-Fort en l'honneur du roi Charles IX. En 1565, de nouveaux vaisseaux, commandés par René de Laudonnière, viennent renforcer la colonie naissante.

Le 4 septembre de la même année, six grands navires espagnols apparaissent en vue de la colonie. Comme les deux nations ne sont pas en guerre, les deux capitaines français ne s'en inquiètent pas tout d'abord. Bientôt, à leur grand étonnement, l'amiral espagnol Don Menandez les fait sommer de se rendre à discrétion, déclarant avec insolence qu'il traitera humainement les catholiques, mais que les huguenots ne doivent espérer ni grâce ni merci.

De Ribaut fait aussitôt embarquer tous les hommes

valides à bord de ses navires et va au-devant de l'escadre espagnole, laissant dans le fort Laudonnière avec une centaine de malades, dont vingt tout au plus ont la force de tenir un mousquet.

Grâce à la nuit, l'amiral espagnol évite les navires de Jean de Ribaut, débarque avec cinq cents hommes et marchant sous une pluie torrentielle à travers des marais où ses hommes ont de l'eau jusqu'à la ceinture, et des forêts, où ils sont obligés de se frayer un passage, la hache à la main, et arrive de grand matin jusqu'au fort de la Caroline.

A la faveur d'épais nuages, les Espagnols se glissent jusqu'au pied du fort, répondent «France!» au qui-vive des sentinelles et les égorgent sans pitié. Un soldat donne enfin l'alarme et crie: «Aux armes!» A cet appel, Laudonnière, qui est accablé par la fièvre, saute à bas de son lit, appelle ses compagnons et l'épée à la main, se jette au milieu des Espagnols qui se ruent en foule dans le fort. Son héroïque courage ne peut les contenir tous. Ces farouches ennemis massacrent tout, hommes, femmes et enfants.

Bien que blessé de plusieurs coups de piques, et secondé seulement par un seul des siens, nommé de Morgues, il protège la retraite du peu de ses compatriotes qui ont échappé au massacre. Demi-nu, exténué de faim, perdant son sang, il conduit les siens jusqu'à l'embouchure du fleuve où ils s'embarquent sur un des petits navires laissés en arrière par Jean de Ribaut.

Pendant ce temps, ce malheureux officier, a vu son escadre assaillie par la tempête, et ses vaisseaux brisés, à l'exception d'un seul, avec lequel il revient vers le fort de la Caroline sur les remparts duquel flottent déjà les

7

couleurs espagnoles. Ne pouvant engager la lutte avec un bâtiment délabré et faisant eau de toutes parts, de Ribaut envoie un parlementaire à l'amiral Menendez.

Cet espagnol, avec une mauvaise foi inique, répond que les Français n'ont qu'à venir à lui avec confiance et qu'il leur fournira un bon navire, bien équipé, pour retourner en France. Huit cents de nos compatriotes se confient à la parole de Menendez qui les fait aussitôt égorger.

Quant à Ribaut, les Espagnols poussent la barbarie jusqu'à l'écorcher vif et à envoyer sa peau ainsi que sa barbe à Séville, comme des trophées de victoire. La tête du commandant français est coupée en quatre et exposée sur autant de piquets. Enfin, les Espagnols rassemblent tous les cadavres et les pendent aux arbres avec cette inscription, qui porte bien le cachet des suppôts de l'inquisition :

« *Ceux-ci n'ont pas été traités de la sorte comme Français, mais comme hérétiques et ennemis de Dieu.* »

La vengeance ne se fait pas longtemps attendre. C'est un simple gentilhomme gascon, Dominique de Gourgues, qui se charge d'aller laver dans le sang espagnol l'injure faite à la France. Cet officier, ce qui relève encore la grandeur de sa conduite, n'est pas protestant; c'est un brave soldat, qui, en combattant les Espagnols en Italie, a appris à les détester pour leur caractère fanatique et féroce.

Il vend tout son bien, fait un emprunt à ses amis, et part de Bordeaux le 2 août 1567 pour la Louisiane, afin de punir d'une façon exemplaire les meurtriers de Jean Ribaut.

A la tête de quatre-vingts matelots, et de cent cinquante

volontaires, il débarque à quinze lieues du fort de la Caroline et dit aux siens :

— Amis, je compte sur vous pour punir ces assassins: me suis-je trompé ?

— Non, répondent tous ces braves gens. Des Indiens se joignent à eux et on marche à travers les bois sur le fort que défendent quatre cents Espagnols.

A peine en vue, de Gourgues fait sonner la charge. Un premier fortin armé de deux couleuvrines l'arrête un instant, mais le chef des Indiens, nommé Olocotora, s'empare de l'artillerie en sautant dessus. Un second fortin est aussi rapidement enlevé.

A cette vue, la garnison du grand fort veut prendre la fuite, mais entourée de toutes parts, elle est faite prisonnière. De Gourgues se fait aussitôt amener les Espagnols, leur rappelle leur perfidie, leur manque de foi, leur cruauté, leur infamie enfin, puis il les fait tous pendre à ces arbres de sombre mémoire, dont les rameaux ont naguère plié sous les restes mutilés des malheureux compagnons de Ribaut, et à la place de l'ancienne inscription de Menendez, il attache celle-ci au-dessus des nouveaux suppliciés :

« *Je ne fais ceci comme à des Espagnols : mais comme à traîtres, voleurs et meurtriers.* »

Les premières années du règne de Henri IV, en promettant une politique ferme et stable, encouragent les navigateurs à tenter de nouveaux voyages.

En 1591, La Court-Précourt-Ravillon reconnaît les îles Saint-Pierre et de Miquelon.

En 1598, le marquis de La Roche, gentilhomme breton, avec un vaisseau guidé par un habile pilote normand, nommé Chedotel, reconnaît les côtes de l'Acadie.

Au commencement du dix-septième siècle, un gentilhomme saintongeois, du nom de Samuel de Champlain, explore de nouveau le Canada, et fonde en 1608 la ville de Québec sur les bords du fleuve Saint-Laurent.

Les Français ne s'occupent pas de coloniser que sur le continent de l'Amérique.

Pendant l'année 1630, quelques aventuriers français s'établissent sur la côte septentrionale de Saint-Domingue. Comme les bois et les campagnes fourmillent de bœufs et de porcs, ces nouveaux colons s'occupent de les chasser et d'exploiter leurs peaux. Ils reçoivent bientôt le nom de *boucaniers*, parce qu'ils se réunissaient après leurs chasses pour *boucaner* à la manière des sauvages, c'est-à-dire cuire ou sécher la viande à la fumée.

Leur habillement, des plus typiques, consistait en une chemise toute imbue du sang des animaux qu'ils tuaient, un caleçon encore plus crasseux, une ceinture de cuir d'où pendait le sabre court et épais nommé manchette.

Bientôt les Espagnols, qui occupent la partie principale de l'île, entreprennent de les chasser de la côte. Après une longue guerre, cruelle et implacable, les Espagnols ne pouvant triompher des boucaniers, font une battue générale dans l'île et la dépeuplent presque entièrement de bœufs. Ne pouvant plus y subsister, les boucaniers se font *flibustiers* ou comme on disait dans les premiers temps *friboutiers*, du mot anglais *freebooter*, qui se prononce *fribouter*, qui signifie proprement un forban, un corsaire.

Dans le principe, les *frères de la Côte,* comme s'appellent entre eux les flibustiers n'ont à leur disposition que neuf frêles canots avec lesquels ils ne peuvent s'éloigner bien loin de l'île de la Tortue, leur place forte. Plus tard ils s'emparent de solides vaisseaux espagnols et font une guerre acharnée aux flottes de cette nation.

Dans cette foule d'hommes énergiques et audacieux beaucoup sont restés célèbres. Citons rapidement quelques-uns d'entre eux :

Montauban, ainsi nommé du lieu de sa naissance, qui, pendant vingt ans, fut la terreur des Anglais et des Espagnols, de 1680 à 1700. En 1691, commandant un navire monté par cent vingt hommes seulement, il s'empare de Sierra-Leone protégée par une nombreuse garnison et une forteresse armée de vingt-quatre canons. Avec sa corvette le *Loup*, il enlève une première fois quatre navires anglais et une seconde trois navires de guerre hollandais.

Quelques jours après, rencontrant un navire anglais, chargé de nègres captifs, il délivre ceux-ci et pend l'équipage aux vergues.

En 1695, sur la côte d'Angola, il attaque un grand navire anglais, armé de cinquante-deux canons. Montauban fait fermer ses sabords, se laisse accrocher, puis démasquant ses canons, balaye le pont ennemi par une terrible bordée; en même temps les flibustiers sautent à l'abordage et chargent à grands coups de hache les matelots anglais, qui bientôt demandent quartier.

— Lâches, poltrons, misérables, leur crie le capitaine anglais, vous n'échapperez pas plus que ces brigands de flibustiers, — et se précipitant dans la soute aux poudres, une mèche allumée à la main, il la plonge dans un tonneau dont il a arraché le couvercle.

Une effroyable explosion retentit, les deux navires sautent à la fois.

Montauban par bonheur se trouve sur le pont; enlevé

comme un fétu de paille, il est lancé à plus de deux cents toises de là, et retombe cruellement brûlé. Quoique étourdi de la chute, il saisit une épave qui se trouve sous sa main, revient à lui, et aperçoit quelques-uns des siens échappés comme leur capitaine au massacre.

— Courage, mes amis, courage, leur crie Montauban, Dieu nous protège. Comptez sur votre capitaine.

A sa voix, les naufragés redoublent d'ardeur et au nombre de seize, ils atteignent, avec leur chef, une chaloupe qui n'a pas sombré avec les navires, y montent, et après trois jours d'une navigation pénible, attérissent à une côte habitée par des nègres dont plusieurs ont fait partie de la cargaison d'esclaves délivrée dans le temps par Montauban.

Celui-ci est reconnu, fêté, et enfin recueilli et rapatrié par un navire portugais.

L'*Olonnais*, qu'on appelait ainsi parce qu'il était des Sables d'Olonne, et dont les entreprises d'une audace fabuleuse, provoquent l'étonnement.

Une tempête fait échouer son navire sur la côte de Campêche. Après une résistance désespérée contre les Espagnols, tous ses compagnons sont tués ou blessés: quant à lui, se barbouillant le visage de sang, il fait le mort; puis à la faveur de la nuit, et grâce aux vêtements pris sur un Espagnol tué, il arrive à la côte, s'empare d'un canot et gagne l'île de la Tortue où on le croyait mort.

Avec vingt-cinq hommes montés sur deux petits canots, il va croiser devant Cuba. Les Espagnols envoient contre le *Fléau*, comme ils l'appellent, une frégate légère portant dix canons et quatre-vingt-dix hommes d'équipage, l'élite de la jeunesse havanaise.

En voyant arriver l'ennemi, l'Olonnais débarque avec

ses flibustiers, fait tirer ses canots sur le sable, et s'abritant derrière, ouvre le feu sur les Espagnols qui couvrent le pont de la frégate. Puis remettant leurs canots à flot, les flibustiers accostent la frégate, grimpent comme des chats le long des bastingages et se rendent maîtres de l'équipage qui est impitoyablement massacré.

Bientôt, avec une petite flotte composée de six vaisseaux, portant quatre cents hommes d'équipage, et que son ami, *Michel le Basque* commande avec lui, l'Olonnais va attaquer Maracaïbo, défendue par une forteresse armée de dix canons et par une garnison de deux cent cinquante hommes.

A peine débarqué, Michel le Basque emporte la forteresse d'assaut, et les flibustiers occupent Maracaïbo, que les Espagnols abandonnent pour se réfugier non loin de là, à Gibraltar, dans des retranchements armés de soixante canons et que défendent plus de six cents hommes d'élite.

Après quinze jours de repos, les flibustiers s'embarquent pour traverser le lac qui les sépare de l'ennemi. Arrivés sur l'autre bord, ils s'embourbent jusqu'aux genoux dans la vase, pendant que l'artillerie ennemie les couvre de mitraille. Les flibustiers hésitent un seul instant, puis à l'aide de branches d'arbres coupées en toute hâte et jetées sur le sol mouvant, ils arrivent jusqu'au pied des retranchements, les escaladent et font un épouvantable massacre des Espagnols. Les flibustiers reviennent avec un immense butin, emportant tout, même les cloches des églises, pour orner une chapelle qu'ils érigèrent à l'île de la Tortue.

Après de nombreuses prouesses, l'Olonnais tomba entre les mains des naturels des îles de Barou, qui le massacrèrent et le mangèrent ensuite.

Montbars l'exterminateur. — Cet aventurier n'était pas comme les autres, qui ne combattaient que pour le butin; il ne combattait que pour la gloire et pour punir les Espagnols de leurs cruautés envers les Indiens.

Étant tout jeune enfant, il s'exalta en lisant le récit des massacres commis par les Espagnols au Pérou, au Mexique, etc.

Ses études terminées, son père lui offre le choix d'une carrière honorable. Le jeune Montbars n'a qu'un vœu, une réponse : « Combattre les Espagnols. »

Son père refuse; Montbars n'y tient plus, s'échappe de la maison paternelle et se dirige vers le Havre, où il sait qu'en ce moment se trouve un de ses oncles, officier de la marine royale, commandant un vaisseau qui va mettre à la voile et partir pour une croisière contre les Espagnols. L'oncle l'accueille à merveille et finit par obtenir le consentement du père.

On met à la voile; quelques temps après un navire espagnol paraît. Montbars, ivre de joie, bondit à l'abordage, fond, le sabre à la main, sur les ennemis, et passe deux fois d'un bout à l'autre du vaisseau renversant tout sur son passage, et contribue à la prise de ce navire.

Après ce combat, livré dans les eaux de Saint-Domingue, le vaisseau français relâche au Port-Margot. Avec l'autorisation de son oncle, Montbars va rejoindre les boucaniers, attaque à leur tête la cavalerie espagnole et la met en déroute, en chargeant presque seul tout un escadron.

Le combat terminé, Montbars revient suivi des boucaniers, qui montent avec lui à bord du vaisseau pris aux Espagnols, et dont son oncle lui a donné le commandement.

Bientôt ces deux navires sont attaqués par quatre vaisseaux espagnols de haut bord; le combat est terrible; depuis plus de trois heures, on se mitraille avec acharnement, quand, résolu à en finir, le vieil oncle de Montbars fait charger toute son artillerie jusqu'à la gueule, s'approche tour à tour, par une rapide volte-face, des deux navires espagnols, qui le serrent de plus près, leur lâche à bout portant toute sa bordée et les coule l'un après l'autre. Mais lui-même, dont le navire a été percé à jour, coule peu d'instants après les ennemis, enseveli ainsi dans son triomphe.

Montbars, qui a vu la catastrophe, sent redoubler son courage, et veut venger son oncle à tout prix. En un clin d'œil il coule un troisième vaisseau, et presque aussitôt saute le premier à l'abordage à bord du quatrième. Pendant quelque temps il reste seul au milieu des Espagnols. Électrisés par son exemple, ses hommes font un suprême effort, le dégagent et jettent l'ennemi par-dessus le bord.

Montbars, l'exterminateur.

La flotte anglaise repoussée devant la Rochelle (1628).

CHAPITRE VIII

RICHELIEU ET LA ROCHELLE.

Attaque de la Rochelle. — Jean Guiton. — L'amiral de Guise. — Bataille de Ré. — Défense de la *Marguerite*. — Héroïsme du galion-amiral. — L'amiral de Soubise. — Une ruse déloyale. — Henri de Montmorenci. — Deuxième bataille de Ré. — Explosion de la *Vierge*. — Reprise d'Oléron. — Richelieu devant la Rochelle. — La grande digue. — Secours anglais repoussés. — Belle défense de Toiras à Ré. — Pierre Lanier. — Reddition de la Rochelle. — Mort de Jean Guiton et de Brezé.

La marine, qui avait été délaissée sous le règne de Henri IV à un tel point que ce roi n'avait pas un seul vaisseau, se relève promptement sous le règne de Louis XIII.

Bientôt la flotte de la Méditerranée compte vingt galères

et vingt vaisseaux ronds, et celle de l'Océan plus de soixante bien équipés.

Notre marine royale se distingue, sous ce règne, aux diverses attaques contre la Rochelle, qui était devenue le point de ralliement, le quartier général, le boulevard du parti protestant. Depuis le commencement de la guerre civile et religieuse, il n'y avait jamais eu de paix sincère entre les deux partis. A peine Henri IV était-il mort, que toutes les vieilles haines religieuses, qui couvaient sous la cendre, s'étaient de nouveau rallumées.

La guerre civile éclate entre les catholiques et les protestants. Forts d'une marine de commerce bien organisée, les Rochelais poussent leurs courses jusque dans la Gironde et aux abords de Bayonne. Bientôt ils s'attaquent aux vaisseaux des rois de France et d'Espagne, et Jean Guiton, échevin de la Rochelle, amiral de la confédération protestante, orne sa demeure des enseignes aux armoiries des deux couronnes qu'il a enlevées en divers combats.

En 1622, un armement considérable est fait contre la Rochelle sous les ordres du duc Charles de Guise, fils du Balafré. Dans une première rencontre, près de la Gironde, avec la flotte aux pavillons bleus et blancs de la Rochelle, de Guise lui coulé deux vaisseaux.

Le 27 octobre, une grande bataille navale s'engage en vue de la rade de Saint-Martin-de-Ré. La flotte royale se compose du galion du duc de Guise, du grand galion de Malte, ayant à bord trois cents illustres chevaliers de l'ordre, de dix galères de Marseille, de dix-huit navires de Saint-Malo, enfin de huit navires équipés dans les ports de Guienne, ces derniers sous les ordres du capitaine Barault.

Cette flotte est divisée en trois escadres : celle d'avant-garde commandée par de Saint-Luc, l'arrière-garde par le sieur de Manti et le corps de bataille par l'amiral duc de Guise; les galères sont sous les ordres du duc de Joigny.

La flotte s'ébranle par un vent très doux. Les galères découvrent la flotte de la Rochelle, qui s'avance en bon ordre, composée de trente-neuf vaisseaux.

La bataille commence à trois heures de l'après-midi. Le navire le *Postillon-Rochelois*, monté de deux cents hommes, est coulé bas d'un coup de canon, qui brise la pièce principale de son avant. Quatre capitaines protestants s'accrochent au grand vaisseau *Marguerite*, et y font entrer leurs équipages. Les royaux vont succomber, quand ils sont secourus et délivrés par le grand galion de Malte. Aucun des matelots rochelais, entrés à bord de la *Marguerite*, ne peut s'échapper. Le capitaine huguenot Braigneau, à qui cet événement ne laisse plus sur son vaisseau que vingt hommes d'équipage sur cent soixante qu'ils étaient auparavant, s'éloigne au plus vite et envoie demander des hommes à la Rochelle. Dans cette ville, tout homme est soldat et marin; le navire de Braigneau reçoit bientôt tous les volontaires dont il a besoin.

Cependant l'avant-garde royale qui, sous les ordres de Saint-Luc, soutient à elle seule tout l'effort de la flotte rochelaise, est sur le point de succomber.

Charles de Guise veut aller lui-même à son secours; on lui représente que son corps de bataille, étant sous le vent, ne pourra le suivre. N'importe, digne fils du grand Balafré, il se jette seul en avant et est bientôt enveloppé par toute la flotte ennemie, qui l'accable d'une effroyable canonnade.

Bien plus, les Rochelais accrochent deux brûlots aux haubans du galion amiral et y mettent le feu.

Charles de Guise fait preuve d'un magnifique sang-froid dans le désespoir de la défense. D'un côté, il fait éteindre le feu qui menace de l'envahir; de l'autre, il repousse les assaillants, qui le foudroient de toute leur artillerie. Il place Tarannes à la proue, Carsé à la poupe, La Rochefoucauld au grand-mât; lui-même se trouve partout, ordonne et combat, ayant le feu sur sa tête, et sous ses pieds la mer prête à l'engloutir.

Ses marins coupent les amarres des grappins des deux brûlots et poussent ceux-ci au large; par une fatalité terrible, le vent, aux cris de joie des huguenots, les rejette sur la poupe du galion, qui vient à peine de s'en débarrasser.

Le feu, rapide comme un serpent, glisse, monte ou descend le long des cordages, s'engouffre dans les voiles, en ressort plus furieux après les avoir partagées, déchirées en mille flammèches incendiaires, et déjà, comme trois torches colossales, menace de s'élever jusqu'à la pointe des mâts,

Quelques officiers, devant cet effroyable péril, pressent le duc de Guise de se jeter dans une chaloupe et de se retirer. — Non, répond-il avec magnanimité, je ne puis quitter des hommes qui combattent si généreusement, et s'ils doivent périr, mon contentement et ma gloire seront de mourir avec eux.

De nouveau, il combat d'un côté ses adversaires, et de l'autre la flamme. Enfin, quelques volées de canon tirées à fleur d'eau écartent une seconde fois les brûlots, et le galion amiral, après une lutte de plus de deux heures, rebute par une si indomptable résistance ses adversaires qui se retirent.

On ne se sépare qu'à la nuit. Guiton, dont le navire a été horriblement maltraité, s'est vu obligé de se retirer avant la fin de l'action.

Le lendemain, nos galères vont poursuivre la flotte rochelaise dans la retraite qu'elle a choisie. Macquin, vice-amiral huguenot, y perd la vie. Une grande tempête, qui éclate dans la soirée et dure jusqu'au 6 novembre, empêche l'anéantissement de la flotte de Guiton.

La paix de Montpellier suspend les hostilités, qui recommencent en janvier 1625. Le prince de Soubise, grand amiral des protestants, s'empare de l'île de Ré, et enlève devant le Blavet sept grands vaisseaux, équipés par le duc de Nevers. Bloqué dans ce port par le duc de Vendôme, Soubise en sort avec ses prises, en coupant à coups de hache la chaîne et le câble qui ferment l'entrée de la rade.

Néanmoins, il ne parvient pas à débloquer la Rochelle; en revanche, il entre dans la Gironde, et, le 6 juillet, obtient un succès naval, grâce à une supercherie dont on ne peut lui faire honneur. La flotte royale se compose en grande partie de vaisseaux hollandais; il engage secrètement ceux-ci, sous la promesse de réciprocité, à le ménager, comme coréligionnaire; mais, quand il croit l'instant favorable, il ne tient aucun compte de sa promesse, et les charge eux-mêmes avec impétuosité.

L'amiral de France, Henri II, de Montmorenci, *la gloire des Braves*, comme l'appellent ses marins, reçoit l'ordre d'aller attaquer, avec une flotte de soixante-huit vaisseaux français et hollandais, celle des huguenots que Guiton commande, pendant que Soubise défend l'île de Ré contre une descente du duc de La Rochefoucauld, de Saint-Luc et de Toiras.

L'amiral de Montmorenci, est au centre de la ligne de bataille et veut combattre à bord avec l'amiral hollandais, pour le forcer par sa présence à ne pas ménager ses adversaires.

François Faucon, commandeur du Ris, commande l'avant-garde, monté sur une ramberge anglaise, armée de vingt-quatre canons de fonte; de Manti à l'arrière-garde.

La bataille s'engage d'une manière terrible. La *Vierge*, un des vaisseaux que Soubise a capturés naguère dans le port de Blavet et qui est resté aux huguenots, est entouré par quatre vaisseaux de Montmorenci qui tiennent à honneur de le reprendre.

Ce sont : le *Haarlem*, vaisseau hollandais, commandant le chevalier de Villeneuve ; le *Saint-Louis*, commandant le chevalier de Razilli; le *Saint-François*, commandant Kerquéser ; l'*Olonnais*, commandant Veillon.

Ces quatre vaisseaux abordent la *Vierge*, et les quatre capitaines, suivis de leur monde, sautent sur le pont l'arme au poing.

Les huguenots font alors sauter le tillac ; de ce premier coup, nombre d'hommes déjà perdent la vie. Razilli gagne alors le second pont où les huguenots se sont retirés; mais au même instant, ce pont saute comme le tillac, avec un monde considérable.

Cinquante soldats nouveaux se précipitent alors dans les débris du vaisseau, que les huguenots retranchés dans tous les coins, continuent à défendre comme des lions. Cinq ou six matelots, parmi lesquels les nommés Bernicard et Durand, de l'île de Ré, se réfugient dans un dernier retranchement, au bas du château de poupe dans le magasin à poudre. L'un d'eux crie aux assaillants :

— Donnez la vie, ou vous ne tenez rien !
— Point de quartier ! répondirent les marins du roi.
— Point de quartier, eh bien !... les matelots n'ont point achevé, qu'un tonnerre épouvantable éclate ; ils viennent de mettre la mèche à près de deux cent cinquante barils de poudre.

Les quatre vaisseaux du roi ont sauté avec le leur. Aux combattants des deux cultes, l'explosion a fait un même trépas ; le flot roule, confondus et méconnaissables, les membres noirs et brûlés que la poudre a arrachés de leurs corps.

De tous les hommes qui, naguère, faisaient partie des quatre vaisseaux du roi, il n'y a que le capitaine Kerquéser du *Saint-François* et un gentilhomme du bas Poitou, nommé Chaligny, qui échappent. Le premier gagne une chaloupe à la nage, le second est tiré de l'eau par les rameurs d'un canot. Le flux pousse sur la côte près de sept cents cadavres.

L'amiral Guiton, après la défaite de sa flotte, fait échouer son vaisseau qu'il lui est impossible de conserver et se retire à la Rochelle sur un esquif. L'île de Ré est soumise ; Montmorenci fait une descente à Oleron qu'il reprend ; Soubise passe en Angleterre. Une nouvelle paix est signée le 6 février 1622, mais sa durée ne devait pas être plus longue que les précédentes.

Les protestants s'étant assuré l'alliance de l'Angleterre recommencent les hostilités en 1627. Cette fois Richelieu vient lui-même mettre le siège devant la Rochelle. Cette fois les Rochelais vont avoir affaire à un ennemi aussi persévérant, aussi infatigable que Guiton. Le grand cardinal les emprisonne dans leur cité par terre et par mer à la fois, au moyen d'un blocus hermétique et d'une digue fameuse qui s'élève infranchissable, devant leur port.

Guiton attend chaque jour des secours de l'Angleterre, qui en a promis de considérables, et chaque jour, une lunette d'approche à la main, va sur le rivage pour tâcher de découvrir les pavillons britanniques.

Trois fois pourtant ces pavillons se montrent; la première fois, avant que la digue soit élevée, sous la conduite du duc de Buckingham, ministre favori du roi d'Angleterre; la seconde fois, après la construction de la digue, sous les ordres du comte de Denbigh, et la troisième fois, qui est la dernière, le 28 septembre 1628, sous ceux du comte de Lindsey. Mais ces apparitions tournent toujours à la honte des Anglais dont les brûlots sont coulés à coups de canon par la flotte royale.

Buckingham attaque l'île de Ré, y descend et bloque la citadelle de Saint-Martin que défend le brave Toiras. Après un mois de siège, les assiégés, exténués de fatigue et mourant de faim, vont capituler. Trois soldats se jettent dans la mer et essaient de gagner à la nage la terre ferme, afin d'avertir l'armée royale de la situation critique de Toiras. L'un se noie; l'autre est pris par un croiseur anglais; le troisième, nommé Pierre Lanier, soldat du régiment de Champagne, malgré les poursuites d'une chaloupe ennemie, gagne enfin le continent et avertit Richelieu.

Le 7 octobre 1627, un grand convoi, escorté par quinze *pinasses*, petits bâtiments à voiles et à rames, longs, étroits et légers, part des Sables d'Olonne et ravitaille la citadelle. En même temps quatre mille trois cents soldats d'élite, avec trois cents maîtres pris dans les compagnies des gardes du roi, montent sur des barques, sous les ordres du maréchal de Schomberg, pour descendre dans l'île de Ré. Une foule de gentilshommes volontaires prennent part à cette expédition. Avant de partir, toute la troupe se met en prières, et les mousquetaires, dont bon nombre ressemblent pourtant un peu aux mousquetaires d'Alexandre Dumas, se préparent au combat par la communion. Le 6 novembre, l'ennemi est culbuté, mis en déroute. La nuit seule le sauve. Le jour montre les Anglais remontés sur leurs vaisseaux, et la terre jonchée de leurs morts.

Cette retraite des Anglais livre la Rochelle sans autre défense que ses propres forces, et l'héroïque cité, après avoir épuisé jusqu'à ses extrêmes et dernières ressources, est contrainte d'ouvrir ses portes à Richelieu, le 29 octobre 1628. Plus tard, Guiton rentre en grâce auprès de Richelieu, est nommé capitaine des vaisseaux du roi, et meurt en 1646 à la bataille navale de Télamone, qui voit aussi la mort du valeureux Brezé.

L'amiral de Montmorenci.

L'armée française s'embarque pour reprendre les îles de Lérins (1637).

CHAPITRE IX

LES GUERRES DE LA MÉDITERRANÉE.

Richelieu organise notre marine. — Construction des arsenaux de Brest. — Cadet la Perle. — Escoubleau de Sourdis. — Reprise des îles Lérins. — Les premières armes de Duquesne. — La *Concorde*. — Bataille de Guétaria. — Incendie de la flotte espagnole. — Le capitaine Paul. — Combat de galères françaises et espagnoles. — Brillante conduite de Pontcourlai. — Humanité du marquis de Brézé. — Une fière réponse de Sourdis. — Bataille de Carthagène. — Mort de l'amiral de Brézé. — Les exploits du capitaine Paul. — Sa générosité. — Héroïsme du chevalier de Valbelle. — Porçon de la Barbinais. — Mort du duc de Beaufort.

Une des suites du siège de la Rochelle a été un premier essai d'organisation pour notre marine.

De nombreux vaisseaux sont armés, et dans la guerre de Trente ans, les flottes de France dominent sur l'Océan et la Méditerranée.

En 1635, la guerre éclate entre la France et l'Espagne. Les Espagnols envoient aussitôt une flotte et des troupes de débarquement s'emparer des deux îles de Lérins, Sainte-Marguerite et Saint-Honorat, et s'y fortifient d'une façon redoutable et menaçante pour le midi de la France.

Richelieu charge d'aller les reprendre le comte d'Harcourt, en qualité de lieutenant général de la flotte, et l'archevêque de Bordeaux en qualité de chef des conseils du roi en l'armée marine.

Henri de Lorraine, comte d'Harcourt et d'Armagnac, surnommé *Cadet-la-Perle*, parce qu'il est le cadet de la branche de Lorraine-Elbœuf et qu'il porte une énorme perle à l'oreille, est un général très renommé.

Quant à l'archevêque de Bordeaux, ce fameux Escoubleau de Sourdis, c'est une des figures les plus étranges de cette époque, où les prélats jouent un grand rôle dans la marine de France; car le clergé du pays, s'inspirant de Richelieu, son prince le plus éminent, semble revenu aux premiers temps du moyen âge, où les mêmes mains qui bénissaient et qui portaient la crosse, faisaient le geste du commandement militaire et portaient bravement l'épée.

L'archevêque de Bordeaux d'Escoubleau de Sourdis.

Henri d'Escoubleau de Sourdis, d'un caractère violent et irascible, est déjà célèbre par ses querelles avec le vieux duc d'Épernon, gouverneur de la Guienne, qui a été forcé de lui faire amende honorable à la porte de l'église métropolitaine de Bordeaux. Un homme de cette espèce semblait beaucoup mieux fait pour être placé à la tête d'une armée que pour conduire un pieux et résigné troupeau de fidèles.

C'est ainsi qu'en juge Richelieu, en l'appelant à concourir au fameux siège de la Rochelle en 1627 et 1628, comme intendant de l'artillerie. Plus tard, théoricien consommé en art maritime, il prend une grande part à l'expédition des îles de Lerins.

Ces îles ont été fortifiées d'une façon formidable par les Espagnols : il n'y a pas là une motte de terre, qui ne soit couverte de retranchements.

Les vaisseaux français s'approchent jusqu'à portée de pistolet de l'île Sainte-Marguerite, le 24 mars 1637, et on commence aussitôt le bombardement. L'infanterie française débarque avec le plus grand entrain, chargés d'échelles, de fascines, de planches, de madriers, occupe les premiers retranchements démantelés par le feu de notre artillerie, et s'y installe bravement.

Durant une trêve de deux heures, qui est convenue pour enlever les morts de part et d'autre, le commandant espagnol, ayant convié les seigneurs français à boire à la santé des rois des deux nations en guerre, le marquis de Janson et de nombreux officiers acceptent cette offre courtoise ; puis le combat recommence de plus belle.

Le 12 mai, les Espagnols rendent Sainte-Marguerite, deux jours après Saint-Honorat, et le 15 mai il ne reste plus un seul ennemi dans les îles de Lérins.

Dans cette expédition, apparaît pour la première fois dans l'histoire le grand nom du Dieppois Abraham Duquesne. Il est alors âgé de vingt ans et a le grade de capitaine de vaisseau. Pendant qu'il est au siège de

Sainte-Marguerite, il apprend que son père, brave officier de marine aussi, vient d'être tué à bord de son vaisseau par les Espagnols en escortant un convoi de Suède en France. Abraham Duquesne jure, de ce jour, une haine implacable à ceux qui lui ont enlevé le cher objet de sa piété filiale qui a dirigé sa jeunesse et deviné son avenir.

L'année suivante, 1638, une armée française entre en Espagne par le pas de Behobie; une flotte puissante, commandée par l'archevêque de Bordeaux, seconde les opérations et débarque un corps d'infanterie au Passage.

En tête de la flotte marche le superbe vaisseau la *Couronne*, armé de soixante-douze bouches à feu, et portant le vice-amiral de l'Aunay-Razilli. Ce magnifique vaisseau, dont on a longtemps parlé, a été construit à la Roche-Bernard, en Bretagne, par un Dieppois, nommé Charles Morien. C'est un admirable voilier, malgré son énorme volume. Cinq cents matelots d'élite le montent, outre son état-major, les pilotes et les maîtres d'équipage.

Cette flotte, composée de quarante-quatre galions, de deux bonnes pataches et de plusieurs brûlots, en tout soixante-quatre voiles, arrive devant Fontarabie, y détache une croisière, et part au nombre de dix galions et de cinq brûlots pour aller attaquer la flotte ennemie dans la rade même de Guetaria, où elle s'est fortifiée.

Cette flotte, composée de quatorze galions et de quatorze frégates, protégée par les batteries de la côte, se croit inattaquable et insulte par mille sifflements, gestes et moqueries, les matelots français, empêchés d'avancer par un calme plat.

Tout à coup, le 22 août, une brise agréable vient du large; quelques moutons blanchissent au loin : la houle croît et fait rouler avec majesté les vaisseaux français : le vent semble assurer la victoire.

A onze heures du matin, l'archevêque de Bordeaux donne le signal de l'attaque; la joie rayonne sur tous les visages. Les prières à Dieu étant faites, l'escadre se met en marche.

Six galions français s'avancent en première ligne, suivis de cinq brûlots dirigés par le capitaine Duquesne.

L'*Europe* s'approche bord à bord d'un galion espagnol, et lâche la première sa bordée; les autres l'imitent pendant que l'artillerie des vaisseaux ennemis, et les batteries de la côte leur répondent. Pendant une demi-heure, les deux flottes sont enveloppées d'une fumée si épaisse qu'elles ne peuvent se voir.

A ce moment, deux brûlots, poussés par un fort vent arrière, arrivent en plein au milieu des Espagnols. Le feu sort en épais tourbillons par tous les sabords de ces brûlots, saisit les galions ennemis, s'attache à la proue, gagne les cordages et en un instant les environne de flammes.

Un cri lamentable et plein d'horreur s'élève des vaisseaux embrasés.

L'horreur redouble, un troisième, un quatrième, un cinquième brûlot, arrivent coup sur coup, allument de nouveaux incendies et changent toute la flotte espagnol en une forêt qui brûle. Les bouffées de flammes sautent d'un bord à l'autre, s'élèvent jusqu'au sommet des mâts, d'où les pavillons et les mâts de huniers tombent avec un fracas sec et déchirant. Les soutes à poudre éclatent, font sauter ponts et tillacs avec un bruit épouvantable, et portent jusqu'au ciel des fumées de toutes couleurs.

Les infortunés Espagnols courent éperdus sur leurs

navires embrasés, criant, hurlant, sous la pluie de feu qui leur tombe d'en haut avec des lambeaux de toile embrasés, tandis que la mitraille et les boulets les poursuivent encore. Leurs propres canons s'allument et foudroient ceux qui essaient de les secourir. La plupart sont jetés en l'air, et, à moitié brûlés, retombent dans les eaux où ils se noient. Trois mille soldats d'élite périssent de cette affreuse manière.

Le galion amiral, sur lequel se trouve le brave don Lopez, commandant en chef de la flotte espagnole, est encore intact à l'abri d'une montagne, quand un nouveau brûlot, commandé par le sieur des Jardins de Brouage, se dirige sur ce seul reste d'une flotte naguère si majestueuse. Le brûlot, battu par toute l'artillerie de la côte a son gouvernail coupé. Des Jardins, désespérant de pouvoir aborder amiral espagnol et de lui jeter le grappin, met le feu à sa propre chaloupe, la confiant au vent qui la pousse près d'une barque ennemie qu'elle embrase. Celle-ci étant voisine de l'amiral, lui communique presque aussitôt l'incendie.

Les flammes du galion de don Lopez s'étendent à tout ce qui les environne; de la mer, l'incendie passe sur la terre et gagne une partie de la ville qui se trouve à proximité. La montagne contre laquelle l'amiral s'abrite, s'allume comme un volcan. Le feu s'acharne même sur la quille des vaisseaux et ne fait plus d'eux en totalité que des tisons qui couvrent les flots et portent au loin les preuves de ce désastre.

Le capitaine de Chastellux, du vaisseau français le *Cygne*, s'est héroïquement comporté dans cette bataille.

Le chevalier Paul, l'un des plus habiles marins ne s'y est pas moins signalé, ainsi que l'intrépide Duquesne.

qui a fait là, comme depuis, comme toujours, exploits et merveilles.

Le 1er septembre de la même année, Pontcourlai, neveu de Richelieu et capitaine-général des galères de France dans la Méditerranée, attaque, près de Gênes, avec quinze de ses navires, un pareil nombre de galères espagnoles et siciliennes.

Le nombre des vaisseaux étant égal, chaque galère choisit, comme dans un duel, son adversaire. Dès le premier choc six galères espagnols sont enlevées. La *Cardinale* perd bientôt tous ses officiers, un jeune volontaire, le chevalier de Margallet est obligé de les remplacer. Sur l'*Aiguebonne*, le jeune baron de La Garde, petit-fils de l'illustre général des flottes de François Ier, est tué en s'élançant à l'abordage. Les sieurs de Montolieu, des Roches et de Valbelle, commandants des galères la *Patronne de France*, la *Cardinale* et la *Valbelle*, vieux marins expérimentés sont tués au poste d'honneur.

La *Guisarde*, galère-capitane de France, sur laquelle se trouve Pontcourlai, aborde la capitane ennemie et fait jouer son artillerie à portée seulement de pistolet, et cela avec tant de bonheur, que du premier coup tous les canons ennemis sont démontés et les artilleurs tués sur leurs pièces. Les deux éperons se heurtent et s'enferrent. Pendant une heure, Français, Espagnols et Siciliens luttent à l'abordage sur leurs ponts couverts de morts et de blessés. On se bat avec un acharnement incroyable. Au fort du combat, on voit même les hommes de la chiourme de la *Guisarde*, s'agiter dans leurs fers, se dresser sur leurs bancs et frapper de leurs avirons Espagnols et Napolitains.

Le sieur de Querville, capitaine du régiment des galères,

est tué. Le chevalier de Félix-Luxembourg, qui commande la proue, est blessé mortellement; se faisant soutenir par deux Turcs de la chiourme, il reste ferme à son poste, où il expire en donnant des ordres.

Pontcourlai et don Rodriguez de Velasquez, capitaine des galères ennemies, se cherchent dans la mêlée pour se mesurer, car ils comprennent bien que de leur mort à l'un ou à l'autre dépend l'issue du combat. Six fois, Pontcourlai se jette l'épée à la main sur don Rodriguez, et six fois la victoire demeure incertaine. Enfin, d'un furieux coup de pointe, le général français jette son ennemi frappé à mort sur le pont.

La victoire est à nous, et Pontcourlai revient triomphalement à Marseille avec son escadre victorieuse, pavoisée de bas en haut, et traînant à sa suite les six galères ennemies, avec leurs bannières, guidons et étendards traînants.

En 1639, le vaillant archevêque de Bordeaux, emporte d'assaut Loredo et Santona. Dans la première affaire, le capitaine Duquesne est blessé d'une mousquetade au menton. Quatre drapeaux conquis sur les Espagnols sont portés en grande pompe et triomphalement appendus dans la cathédrale de Bordeaux.

Un autre neveu du grand Richelieu, le jeune marquis de Brézé, mis à la tête des galères de France dans la Méditerranée, attaque, en 1640, la flotte d'Espagne, à portée de pistolet, brûle plusieurs de ses vaisseaux, la met en fuite, lui donne la chasse, la détruit en partie et la force à se réfugier dans la baie de Cadix.

Ce jeune général, à peine âgé de vingt et quelques années, s'honore par un caractère plein de générosité et d'humanité. Une fois, on le voit envoyer en grande hâte ses chaloupes au secours de huit cents malheureux Espagnols qui se noyaient, par suite de l'incendie de leur vaisseau ; une autre fois, le neveu de l'amiral d'Espagne s'étant fait reconnaître parmi les prisonniers, de Brézé lui donne un de ses habits, un riche baudrier et le renvoie en liberté avec nombre de ses compatriotes.

Pendant ce temps, l'archevêque de Bordeaux, qui veut sans doute essayer de son génie naval partout, remplace d'Harcourt et Brézé dans le commandement de la flotte de la Méditerranée et va chercher l'ennemi sur les côtes de Naples et de la Sicile. Ayant ouï dire que le duc de Fernandinez, amiral pour l'Espagne, est près de Gênes et répand le bruit qu'il a couru toute la mer sans pouvoir le rencontrer, il lui envoie ce cartel des plus curieux, surtout quand on songe au caractère du personnage qui l'adresse.

Armoiries de Sourdis.

— Monsieur, si vous êtes allé chercher aux îles Sainte-Marguerite les dix-huit galères que j'ai l'honneur de commander, avec pareil nombre, comme toute l'Italie le publie, je m'assure que vous aurez joie que je vienne pour vous en faciliter la rencontre !

L'archevêque ne reçoit pas de réponse, et la flotte du duc n'ose tenir la mer.

En 1642, le jeune marquis de Brézé remplace Sourdis dans son commandement, et, dans un combat livré aux flottes d'Espagne et de Sicile, on le voit, avec un sentiment mêlé de terreur et d'admiration, faire passer sa galère à travers tous les vaisseaux ennemis et leur détachant de ses deux bords un tonnerre de coups de canon.

Cette même année, Richelieu étant mort, Brézé remplace son oncle dans sa haute charge de grand maître, chef et surintendant de la navigation et du commerce en France.

En 1643, cet intrépide marin bat la flotte d'Espagne et de Sicile, en vue de Carthagène, bien qu'elle ait sur lui l'avantage du nombre, brûle l'amiral de Naples, ainsi que deux gros vaisseaux et enlève à l'abordage le vice-amiral d'Espagne.

A l'occasion de cette victoire, une médaille est frappée avec cette légende: Présage de *l'empire de la mer*. En effet, le règne de Louis XIV commence.

Malheureusement, dans un combat naval, livré le 14 juin 1646 devant Orbitello, le marquis de Brézé, après avoir fait reculer la flotte ennemie, est coupé en deux par un boulet de canon, au moment où, monté sur le tillac, il excite les siens à la poursuite. Cet intrépide général était à peine âgé de vingt-sept ans.

Un illustre marin, né sur les flots de la Méditerranée pendant une tempête, le capitaine Paul, est sans contredit le plus vaillant marin français de l'époque de la minorité de Louis XIV. Duquesne, très jeune encore, n'était pas encore alors arrivé à ce comble de gloire qu'on lui vit par la suite.

Mousse à bord d'un navire de commerce, Paul, ardent et aventureux, s'engage bientôt comme volontaire dans les troupes de Malte; il passe ensuite comme quartier-maître à bord d'un brigantin armé en course, et dans les combats livrés contre les corsaires de Tunis et d'Alger, fait preuve d'un courage et d'un sang-froid extraordinaires. Aussi son capitaine ayant été tué dans une rencontre, Paul est élu d'une voix unanime par l'équipage pour le remplacer et devient bientôt la terreur des Turcs. Il s'établit dans un mouillage de l'ancienne Lesbos, que domine une vieille tour garnie d'artillerie, et dont le canon foudroie les vaisseaux ennemis, quand ils se risquent de trop près.

Un jour, du haut du *Capitan-Paul*, comme on appelle cette tour, il aperçoit cinq galères turques en observation à une distance respectueuse.

— Puisque la montagne ne vient pas à nous, il faut aller à elle, prétend Mahomet! dit-il à ses hommes; allons-y!

Les matelots enthousiasmés se jettent avec lui dans son brigantin qui court seul sur les galères et les force à une fuite honteuse.

Passé au service de la France, il est nommé chef d'escadre à la mort du marquis de Brézé.

Cette même année 1646, le nouveau commandant s'empare de plusieurs bâtiments à l'ancre sous le môle même de Naples. Furieux de cette insulte, le duc d'Arcos envoie contre lui toute son escadre, avec ordre de vaincre ou de périr. Le combat s'engage en vue même de Naples. Le combat dure plusieurs jours; malgré le petit nombre de ses navires, le chevalier Paul (titre que lui a décerné le grand maître de Malte) résiste intrépidement aux forces décuples des Espagnols. Après avoir tenu ses fanaux allumés la nuit, en signe de défi, Paul recommence l'action chaque matin. Enfin, bien que n'ayant que six vaisseaux, il force la flotte ennemie, forte de treize navires et onze galères, à rentrer dans le port de Naples, et dans un tel état, après ces cinq jours de combat, que trois sont hors de service pour longtemps.

En avril 1650, le vaisseau vice-amiral *la Reine*, que monte le chevalier Paul, se trouve tout à coup entre le cap Corse et l'île Capraja, en présence de cinq vaisseaux de guerre qui lui barrent le passage ; le chevalier réunit tout son équipage sur le pont :

— Mes enfants, leur dit-il, aujourd'hui plus que jamais, il vous faut prouver ce que vous êtes. Cinq contre un, c'est beaucoup sans doute. Mais se peut-il qu'un vaisseau français recule devant l'ennemi ? Moi vivant, je n'y consentirai jamais ; plutôt la mort que cette honte !

Les marins, dignes de leur chef, lui répondent par leurs acclamations. Après un combat acharné, où la *Reine* reçoit plus de cent cinquante boulets dans son bord, ce vaisseau oblige les navires ennemis à se retirer tout désemparés.

Une autre fois, se trouvant sur l'*Hercule*, de 28 canons, séparé tout à coup de son escadre, et ayant à bord le duc de Beaufort et de nombreux volontaires, il est attaqué par vingt-cinq corsaires tunisiens et se défend contre eux toute une journée avec succès. La nuit venue, il fait attacher un fanal dans la direction du vent, sur le mât élevé de sa chaloupe, puis l'*Hercule*, éteignant tous ses feux, prend une autre route.

Le lendemain matin, les corsaires, qui s'apprêtent à recommencer le combat, aperçoivent seulement devant eux une vieille chaloupe vide.

Toutes ces actions héroïques élèvent le capitaine Paul aux premiers grades de la marine ; il devient lieutenant général et vice-amiral des mers du Levant.

Ce héros avait un cœur des plus nobles et des plus généreux. Un seul fait le prouve. Un jour, comme il passait dans les rues de Toulon, suivi d'un brillant état-major, il aperçoit un matelot, qui, par respect, se tient à distance. Il le reconnaît, s'approche et lui dit :

— Pourquoi donc me fuyez-vous, un tel ? Croyez-vous

donc que la fortune me fasse oublier mes anciens amis ? — et lui prenant la main qu'il serre, il se tourne vers son escorte :

— Messieurs, dit-il aux officiers, voilà un de mes anciens camarades ; nous avons été mousses sur le même navire ; la fortune m'a été favorable et à lui contraire. Je ne l'en estime pas moins.

En 1655, le chevalier de Valbelle, bien que la France soit en pleine paix avec le protecteur Olivier Cromwell, est attaqué par quatre vaisseaux anglais qui exigent de lui le salut.

Valbelle accepte un combat inégal, plutôt que l'abaissement de son pavillon et va s'échouer sur un banc pour ne pas se rendre. Touché de tant d'énergie, l'amiral anglais envoie au brave chevalier une barque pour qu'il se retire en France avec les quelques marins qui lui restent.

De 1661 à 1665 de nombreuses expéditions

Dévouement de Porçon de la Barbinais.

sont tentées contre les Algériens, les Tunisiens, les Tripolitains, sous la conduite du fameux *Roi des Halles*, François de Vendôme, duc de Beaufort, qui, avec quinze vaisseaux, porte l'incendie dans leurs repaires d'Alger et de Tunis et force ces barbares à respecter le nom de la France et le commerce des chrétiens.

Un beau dévouement honore cette guerre. Le dey d'Alger avait parmi ses captifs un officier malouin nommé Porçon de la Barbinais : il l'envoie porter au roi des propositions de paix, lui faisant jurer de revenir s'il échouait ; les têtes de six cents chrétiens répondent de sa parole.

Mort du duc de Beaufort.

Les propositions sont inacceptables. Porçon le sait ; il va à Saint-Malo, met ordre à ses affaires, puis revient à Alger certain du sort qui l'attend ; le dey lui fait couper la tête. Cet homme vaut Régulus et personne ne le connaît.

Louis XIV aida même les Vénitiens à défendre Candie. De 1645 à 1669, plus de cinquante mille Français en différentes fois y passèrent. Leur dernier chef, le duc de Beaufort le fameux roi des Halles, y périt en 1659.

Armoiries de Valbelle.

Bataille d'Agosta (1676).

CHAPITRE X

COLBERT ET DUQUESNE.

Colbert ministre de la marine. — Création de la rade de Toulon. — L'inscription maritime. — Les gardes-marines. — Abraham Duquesne. — Combat de Stromboli. — Bataille d'Agosta. — Lutte de la *Concorde* et du *Saint-Esprit*. — Mort de Ruyter. — Les honneurs à la dépouille de Ruyter. — Vivonne. — Bataille de Palerme. — Incendie de la flotte hispano-batave. — Horrible spectacle. — Petit-Renau et les galiotes à bombes. — Expéditions contre Alger. — Destruction de la ville. — Bombardement de Gênes. — Mort de Valbelle. — « Ne demandez jamais le salut. » — Mort de Duquesne.

Sous Colbert, la marine militaire devient redoutable et atteint à son apogée. Ce grand ministre fait d'abord réparer le peu de vaisseaux que Mazarin a laissés dans nos ports; il en achète en Suède et en Hollande; il attire des constructeurs et des cordiers de Hambourg, de Riga et de Dantzig, établit des chantiers à Dunkerque, au Havre et à Rochefort, qui est bâti sur la Charente au centre du golfe de Gascogne. Nos navires se transforment peu à peu; les *châteaux d'avant* et *d'arrière* des vaisseaux s'abaissent et font place aux gaillards.

Vauban entoure Brest de formidables défenses et exécute aussi d'immenses travaux à Toulon, qui font de cette ville un des plus beaux ports du monde. La nouvelle darse qu'il creuse peut à elle seule contenir cent vaisseaux de ligne.

Pour recruter les équipages des vaisseaux de la marine militaire, Colbert crée l'*inscription maritime* ou le *système des classes*, que nous gardons encore et qui assujettit la population maritime de nos côtes, en retour de certains avantages, à fournir les recrues nécessaires à nos navires et la distribue, d'après l'âge et la position de la famille, en diverses classes, qui sont successivement appelées suivant les besoins du service.

Le premier recensement, celui de 1670, fait connaître 36,000 inscriptions de matelots, mais en 1683, on en compte 77,852.

Les armements peuvent alors se multiplier. En 1661, la flotte de guerre ne se composait que de 30 bâtiments; en 1678, elle en a 120 et cinq ans plus tard, 176. En 1692 le roi a 131 vaisseaux, 133 frégates et 101 autres bâtiments.

Des intendants, l'un à Rochefort pour l'Océan, l'autre à Toulon pour la Méditerranée, veillent à la conservation de cet immense matériel. Le corps des gardes-marines, composé de mille gentilshommes, est institué en 1672 pour préparer de bons officiers; une école de canonniers pour former de bons pointeurs; une école d'hydrographie pour donner aux navires des cartes exactes; un conseil supérieur de la marine et un conseil des constructions navales pour éclairer le ministre.

Un des plus célèbres marins qui ont illustré le règne de Louis XIV est l'illustre Abraham Duquesne, qui naquit en 1610, à Dieppe, ville glorieuse par la naissance de tant de vaillants capitaines. D'abord armateur et corsaire, il s'engage ensuite au service de la Suède où il acquiert de la réputation; revenu en France, pour entrer dans la marine royale, il fait ses premières armes sous les

Duquesne.

ordres de Sourdis et du marquis de Brézé, passe par tous les grades, devient lieutenant général, mais ne peut monter plus haut parce qu'il est protestant.

Lors de la révolte de Bordeaux en 1653, Duquesne, qui a armé une escadre à ses frais pour venir se joindre au duc de Vendôme, rencontre chemin faisant une flotte anglaise dont le commandant lui fait dire de baisser pavillon.

— Le pavillon français ne sera jamais déshonoré tant que je l'aurai à ma garde, répond Duquesne; et la fierté anglaise pourra bien céder aujourd'hui à la valeur française.

Ce qu'il espérait arrive ; les Anglais, quoique fort supérieurs en nombre, sont mis en fuite après un combat meurtrier.

Duquesne s'occupe surtout avec Colbert de réorganiser la flotte. Aussi celle-ci se trouve-t-elle parfaitement en mesure d'entrer en lutte avec la marine de Hollande, lorsque, en 1672, la France déclare la guerre à cette puissance,

Duquesne va avoir à combattre un ennemi digne de lui, le fameux Ruyter dont la réputation est européenne.

Parti de Toulon avec vingt vaisseaux le 17 décembre 1675, il se dirige vers les îles Lipari où, d'après ce qu'il sait, se trouve l'amiral hollandais. Celui-ci interrogé par un capitaine anglais sur ce qu'il fait dans ces parages, répond : — J'attends le brave Duquesne !

Duquesne ne se fait pas attendre longtemps, et les flottes se trouvent en présence.

Un premier combat près de l'île Stromboli reste indécis (1676). Duquesne cependant fait reculer son adversaire. Il est à bord du *Saint-Esprit* et l'amiral à bord de la *Concorde*. Les deux vaisseaux se rencontrent, et après une canonnade terrible, la *Concorde* plie doucement, toujours en ordre, comme peut se décider à plier celui qui la commande.

La flotte hollandaise, très maltraitée, est remorquée par les galères espagnoles, qui ne peuvent guère que remplir « cet office d'infirmiers ! » Duquesne, toutefois, unissant la prudence à la hardiesse et ne voulant point commettre aux hasards d'un second combat sa flotte, qui a besoin de réparations fait le tour de la Sicile pour gagner Messine et entre dans le détroit par le sud au lieu d'y entrer par le nord.

Les deux flottes se radoubent chacune de leur côté et se cherchent de nouveau. Elles se rencontrent à hauteur d'Agosta, le 22 avril 1676, en vue du gigantesque Etna. Pendant que les deux flottes sont en présence, on voit avec un étonnement mêlé d'admiration, un vaisseau français qui passe superbement entre les deux lignes pour venir prendre sa place au corps de bataille de Duquesne. C'est la *Sirène*, que le chevalier de Béthune amène du port d'Agosta où les escadres d'Espagne et de Hollande n'ont pu parvenir naguère à la brûler et qui n'entend pas qu'il se livre une grande bataille sans elle.

La mer ressemble ce jour-là à un lac, ce qui doit favoriser grandement les bons canonniers. Ruyter arrive le premier sur les deux heures de l'après-midi avec toute sa division et tombe sur l'escadre du duc d'Almeiras. Le choc est terrible et soutenu de part et d'autre avec une puissance prodigieuse. Les officiers de l'avant-garde française qui ne se sont pas flattés d'avoir à combattre personnellement Ruyter, se montrent d'autant plus ardents qu'ils voient maintenant que cet honneur leur est acquis.

Le chef d'escadre d'Almeiras est emporté d'un boulet de canon, alors que tout glorieux d'avoir à soutenir le feu de la division de Ruyter, il vient de désamparer quatre vaisseaux ennemis.

Duquesne s'indigne à son corps de bataille de ne pouvoir attirer plus près de lui les Espagnols, et trouvant que c'est trop peu de si misérables ennemis, il prend le parti, sans paraître les négliger complètement, d'aller partager le feu d'enfer que soutient son avant-garde contre Ruyter.

L'escadre de l'amiral batave a déjà beaucoup souffert

et s'éclaircit de quart d'heure en quart d'heure; c'est à ce moment que l'amiral hollandais tombe avec son vaisseau la *Concorde* en travers du *Saint-Esprit* où Duquesne a arboré son pavillon.

Jamais ces deux grands hommes de guerre ne se sont rencontrés de si près pour se combattre. La lutte est entre eux, pour ainsi dire d'homme à homme ; il faut que l'un des deux y reste. Bientôt on voit quelque chose d'extraordinaire se passer sur la *Concorde* ; son feu chancelle. Elle revire de bord à la faveur des nuages épais que forment de part et d'autre les canonnades.

Ruyter, celui que les marins de Hollande appellent leur bon père, vient de tomber frappé à mort par un boulet qui lui a fracassé les deux jambes. Cette nouvelle jette le désordre dans la flotte hollandaise, qui se réfugie à grand'peine dans le port de Syracuse.

Peu de temps après, le cœur de Ruyter est envoyé aux Provinces-Unies sur une frégate légère. Duquesne apercevant cette frégate dont il ne connaît pas la mission, lui donne la chasse et parvient à la prendre. Cet illustre marin, apprenant alors ce qu'elle renferme, passe à bord de la frégate et dans la chambre tendue de noir du capitaine ; là, il s'approche du vase d'argent qui contient le cœur de Ruyter et les mains élevées vers le ciel, prononce ces paroles qui ne lui font pas moins d'honneur qu'au vaincu de Syracuse.

— Voilà donc ce qui reste d'un grand homme.

Louis XIV s'honore en ordonnant qu'on rende les honneurs militaires dans tous nos ports au vaisseau qui rapporte en Hollande les restes de Ruyter.

Dans une dernière rencontre, en vue de Palerme, Duquesne, Vivonne et Tourville écrasent les flottes ennemies.

Les brûlots français lancés sur les navires espagnols et hollandais y portent l'incendie. La galère réale la *Patronne* d'Espagne, quatre autres galères et douze vaisseaux sont la proie de ce terrible fléau.

Le port de Palerme n'offre bientôt plus que le spectacle d'un vaste embrasement. La mer est toute rouge comme une fournaise, et de gros nuages d'une fumée noirâtre et épaisse, mêlée de sinistres langues de feu, sortent par les écoutilles et toutes les ouvertures des vaisseaux ennemis. Les voiles se déchirent et tombent en nappes de feu, les mâts s'écroulent comme les flèches d'une cathédrale que la foudre a frappée et consumée ; on les voit parfois, comme de gigantesques colonnes de feu, s'abattre tout d'une pièce et s'évanouir dans les flots.

De temps à autre, une épouvantable explosion se fait entendre, c'est quelque poudrière qui vient d'être gagnée par le feu, et qui, sautant elle-même, fait sauter avec fracas le vaisseau et les malheureux qui s'y trouvent.

Sur les galères atteintes par la flamme, les misérables rameurs, presque nus, font des efforts de damnés pour s'arracher aux fers, qui, pour ainsi dire, les fixent par les pieds à l'incendie.

La ville de Palerme n'offre pas, de son côté, un moins affreux tableau que le port. A mesure que les vaisseaux de Hollande et d'Espagne brûlent, leurs canons, qui partent d'eux-mêmes, détruisent les maisons, les édifices publics ; les grenades qui se trouvent à bord des vaisseaux incendiés, sautent et pleuvent comme grêle, couvrant la ville de débris, bien que la châsse de Sainte-Agathe, la patronne de Palerme, ait été exposée.

Une foule de nobles espagnols, et parmi eux le général Don Diégo d'Ibarra et l'amiral Florès succombent d'une manière affreuse ; l'amiral hollandais de Haan, celui qui a ramené, de la bataille de Syracuse, la flotte naguère commandée par Ruyter, disparaît aussi dans les flammes.

Les débris de la flotte ennemie se réfugient à Naples, escortant un lugubre vaisseau tout peint en noir, et couvert de pavillons funèbres. C'est la *Concorde* qui porte le corps du grand Ruyter.

Les Français éprouvent des pertes insignifiantes dans cette brillante victoire, qui leur donne pour quelques temps l'empire de la Méditerranée.

Les corsaires barbaresques ont recommencé leurs courses dans la Méditerranée, d'où, par suite de la paix, nos grandes flottes se sont retirées. Duquesne conduit, en 1681, une flotte devant Tripoli, dont les corsaires, châtiés rudement, se hâtent de demander la paix. Mais les Algériens, plus encore que les Tripolitains, ont donné de grands sujets de plainte : de nombreux prisonniers enlevés sur les côtes de France et d'Italie, gémissent dans les bagnes de ces pirates.

Duquesne reçoit du roi l'ordre d'armer une flotte pour mettre un terme à la longue impunité des forbans d'Alger. Au mois de juillet 1682, il part de Toulon avec onze vaisseaux, quatre galères et cinq galiotes construites d'après le modèle d'un marin obscur Bernard Renau, qui vient d'inventer un terrible engin de destruction pour les places maritimes.

Depuis longtemps les bombes étaient en usage ; on en faisait remonter l'invention à 1588. L'invention des mortiers était aussi très ancienne, mais on ne croyait pas que ces engins pussent servir sur les vaisseaux ; le mouvement de la mer paraissait un obstacle.

Bernard Renau d'Elçagaray, plus connu sous le nom de

Petit-Renau, à cause de l'exiguité de sa taille, offrit de faire construire des petits bâtiments forts de bois, sans pont, ayant un fond plat pour pouvoir s'approcher de terre, et sur lequel fond on établirait, en maçonnerie, un appareil creux pour recevoir les mortiers.

D'abord on se moque de l'inventeur; c'est l'usage, mais Duquesne prend son parti et obtient qu'on lui laisse construire suivant ses plans cinq bâtiments qu'il lui amène devant Alger.

Un premier essai ne réussit pas, les galiotes sont placées trop loin de la ville. En outre, les bombes crèvent toutes au sortir des mortiers. Bien plus sur la galiote où se trouve Petit-Renau, un mortier chargé d'une bombe ardente fait long feu, et la bombe s'enflammant sans partir, on croit l'incendie de la galiote inévitable. Presque tous les marins effrayés se jettent à l'eau ou dans les embarcations.

Petit-Renau, resté à bord avec Pointis et quelques autres officiers, recouvre de cuir vert quarante autres bombes ardentes qui peuvent s'enflammer pareillement, et jette sur celle qui est en feu une si grande quantité d'eau qu'il parvient à l'éteindre.

Il semble qu'il n'y a plus d'espérance de succès pour Petit-Renau; le conseil de guerre qui s'assemble se prononce hautement contre lui, mais Duquesne, qui aime sa fermeté et ses raisonnements, s'engage à donner à Petit-Renau la facilité d'une nouvelle épreuve.

Le 30 août, au soir, les cinq galiotes, la *Cruelle*, la *Brûlante*, la *Menaçante*, la *Bombarde* et la *Foudroyante* sont amenées contre la ville. Elles font merveille. C'est la nuit et la côte paraît tout embrasée. Les effets de ces nouveaux engins de destruction sont terribles.

Au lever du soleil, l'aspect d'Alger est horrible : de nombreuses maisons se sont écroulées, les habitants sont affreusement mutilés, plusieurs quartiers sont la proie des flammes. Les Algériens tirent plus de douze cents coups de canon sans réussir à couler ces bateaux plats. Ils entreprennent de les enlever à l'abordage ; l'artillerie des vaisseaux les écarte. Les mauvais temps sauvent Alger ou plutôt retardent sa ruine.

Au mois de juin de l'année suivante, Duquesne reparaît avec une flotte plus considérable et sept galiotes, sous la conduite de Petit-Renau, de Tourville et de Léry. Cette fois les mosquées et la Casbah du Dey sont renversées avec un nombre considérable de maisons ; plus de mille personnes sont ensevelies sous les ruines. Une seule bombe démonte plusieurs pièces de canon et tue cinquante hommes qui les servent ; une autre tombe sur une barque et l'enfonce avec cent hommes qui la montent. Fous de terreur, les Algériens allument un grand nombre de feux à la côte, afin de mieux observer les galiotes pendant la nuit, mais cette clarté même leur est fatale et sert aux bombardiers français à mieux diriger leurs coups.

Le dey, Baba-Hassan, menacé de mort par le peuple s'il ne traite pas, envoie à Duquesne un ancien capitaine de vaisseau de Beaujeu, alors captif au bagne, et un courageux missionnaire, le Père Levacher, qui a rempli les fonctions de consul à Alger. Sur la demande de l'amiral français, les captifs chrétiens sont mis en liberté et envoyés à bord de la flotte. La paix va se conclure, quand une insurrection de palais fait périr Baba-Hassan et met à sa place le farouche Mezzo-Morto, qui force la flotte française à recommencer les hostilités.

Une grêle effroyable de bombes s'abat sur Alger,

dont il semble qu'il ne va pas rester pierre sur pierre.

Furieux de l'impuissance de leur artillerie mal dirigée et mal servie, les Algériens attachent les captifs français qui leur restent à la bouche de leurs canons et les lancent sur notre flotte.

Cependant la ville n'est plus qu'un amas de débris et

Duquesne devant Alger (1683).

de ruines. Les Algériens font une tentative avec une galère pour enlever la galiote la *Fulminante*, commandée par le marquis de La Bretesche, qui est tué dans cette affaire, mais l'ennemi est repoussé.

Le dey lui-même, estropié par un éclat de bombe, va capituler, quand l'auxiliaire des pirates, le mauvais temps, force Duquesne à se retirer. D'ailleurs, les munitions commencent à manquer. Toutefois, pour montrer aux Algériens qu'il compte revenir, il laisse Tourville en croisière devant le port, Alger bloqué, et, comprenant qu'il n'aura pas de merci, le dey implore la paix. Elle est signée le 25 avril 1684.

Parmi les esclaves détenus se trouvent un grand nombre d'Anglais, qui, étant déjà sur nos vaisseaux, soutiennent que c'est en considération du roi d'Angleterre qu'ils ont été mis en liberté. Alors Tourville fait appeler les Algériens et remettant les Anglais à terre :

— Ces gens-ci, dit-il, prétendent n'être délivrés qu'au nom de leur roi ; le mien ne prend pas la liberté de leur offrir sa protection ; je vous les remets ; c'est à vous de montrer ce que vous devez aux Anglais ! — Les Anglais sont tous remis aux fers.

Bombardement de Gênes (1684).

Une ville chrétienne est traitée comme ces repaires de pirates. Les Génois ont vendu des armes et de la poudre aux Algériens et ils construisent dans leurs chantiers quatre vaisseaux de guerre pour l'Espagne qui n'en a plus. Duquesne et Seignelay arrivent le 17 mai 1684 devant

Gênes avec une flotte nombreuse dont dix galiotes à bombes, armées chacune de deux mortiers.

En quelques jours quatorze mille bombes sont lancées sur la ville et renversent une partie des somptueux palais de Gênes-la-Superbe.

Défense du vaisseau le *Bon* contre trente-cinq galères espagnoles (1684).

Nos matelots descendent à terre, armés de haches, chargés de barils de poudre et d'artifices et incendient les faubourgs.

Il faut que le doge vienne implorer le pardon du roi à Versailles, où il fait cette réponse fameuse, alors qu'on lui demande ce qu'il y voit de plus curieux : — C'est de m'y voir!

La même année, le capitaine de Relingue avec un seul vaisseau, le *Bon*, qu'il commande, est surpris par un calme plat, près de l'île d'Elbe. Trente-cinq galères espagnoles sortent de Gênes et attaquent de Relingue pendant plus de cinq heures, sans qu'une seule parvienne à l'aborder. Le vaisseau français, après en avoir désemparé et coulé plusieurs, profite du vent qui s'est élevé pour donner la chasse aux autres et se retire glorieusement à Livourne.

Citons aussi un vaillant marin de cette période, le chevalier de Valbelle, qui, dans un combat naval à hauteur de Gênes, malgré ses soixante-dix ans, va successivement avec sa galère à l'abordage des bâtiments ennemis, en prend et en coule plusieurs, puis à son tour, entouré de tous côtés refuse obstinément de se rendre, et, atteint de douze coups de feu, ne pouvant plus se soutenir, se fait attacher à son mât, et continue de commander et d'exciter les siens, jusqu'à ce que sa vie se soit écoulée avec la dernière goutte de son sang.

Le chevalier de Valbelle.

Nous avons raconté la courageuse conduite de son fils près des îles Majorque, où il se fit couler avec son navire plutôt que de donner le salut à la flotte anglaise de l'amiral Banks.

Un jour, Valbelle rencontre cet amiral, qui se promenait à Paris après la paix, avec l'ambassadeur d'Angleterre. Comme les deux officiers échangent un salut de connaissance, l'ambassadeur demande à l'amiral Banks quel est ce gentilhomme.

— C'est le chevalier de Valbelle! répond l'amiral.

— Est-ce celui du combat de Majorque? interroge l'ambassadeur.

— Lui-même, repartit Banks.

— Puisqu'il accorde si gracieusement le salut sur terre, reprend le diplomate, on ferait bien de ne le lui jamais demander sur mer.

L'expédition contre Gênes, est la dernière de Duquesne. Ce grand homme, par soixante ans de signalés services, aurait bien eu le droit de passer son reste de jours dans la paix et le bonheur de la famille. Malheureusement la révocation de l'édit de Nantes, prive cet illustre vieillard de tout ce qui lui est le plus cher au monde, de ses enfants eux-mêmes, et seul excepté de la commune proscription, il meurt de chagrin à Paris, le 2 février 1688, dans la soixante-dix-huitième année de son âge.

Armoiries de Duquesne.

Jean Bart attaque la flotte anglo-hollandaise (1694).

CHAPITRE XI

D'ESTRÉES. — JEAN BART.

Les deux d'Estrées. — Une nouvelle tactique navale. — Combat de Tabago. — Trait d'audace de d'Estrées. — Prise de Tabago. — Bataille de Velez-Malaga. — Jean Bart. — Sa jeunesse. — Une évasion hardie. — Jean Bart à Versailles. — Une naïveté. — L'Anglais déloyal. — Jean Bart attaque la flotte hollandaise. — Prise des pavillons ennemis. — La France sauvée de la disette. — Mort de Jean Bart. — De dignes descendants.

Deux grands hommes se succédant de père en fils et se signalant dans une même carrière, ce n'est point une chose commune assurément et que l'on puisse rappeler sans un grand intérêt. Tels sont les deux vice-amiraux du nom de d'Estrées. Ils appartenaient à une vieille famille de Picardie qui, dès le règne de saint Louis, avait compté parmi ses membres plusieurs maréchaux et grands maîtres de l'artillerie de France.

Jean d'Estrées, fils du maréchal François-Annibal d'Estrées, sert d'abord sur terre, se distingue au siège de Gravelines, à Lens et à Valenciennes. Plus tard, il obtient une des deux charges de vice-amiral de France qui viennent d'être créées par la nouvelle administration de Colbert.

Vice-amiral du Ponant ou de l'Océan, d'Estrées, guidé par le vieux Duquesne, exerce en 1673 la marine naissante de la France en luttant dans quatre batailles contre Ruyter. Avant cette époque, les Français ne savaient pas ranger une armée navale en bataille. Leur expérience consistait à faire battre un vaisseau contre un vaisseau, et non à en faire mouvoir plusieurs de concert et à imiter sur la mer les évolutions de l'armée de terre dont les corps séparés se soutiennent et se secourent mutuellement.

En 1676, les Hollandais s'emparent de Cayenne et ravagent nos établissements des Antilles. Le vice-amiral d'Estrées arme à ses frais huit bâtiments que le roi lui confie, moyennant réserve des prises, et est envoyé dans les mers d'Amérique. Son fils, Victor-Marie d'Estrées, qui a commencé comme lui par se signaler sur terre, mais qui doit entrer assez jeune dans la marine pour y acquérir la plus haute expérience et la plus grande renommée, l'accompagne et, pour la première fois, sert sur les vaisseaux.

En décembre, Cayenne est repris et la garnison faite prisonnière de guerre. En mars 1677, le vice-amiral d'Estrée, détruit dans le port de Tabago, où elle se croit en sûreté, une flotte hollandaise de dix vaisseaux.

Ce combat de Tabago est un affreux carnage. L'espace est resserré; les canons sont pour ainsi dire bouche à bouche. Il règne en outre ce jour-là un vent brûlant tel que celui qui court les déserts d'Afrique. L'escadre française entre dans le port en défilant une à une et va droit aux vaisseaux ennemis.

— A quel vaisseau voulez-vous aller? demande le pilote à d'Estrées.

— Au plus grand et au plus fort! répond le vice-amiral.

— A vos souhaits, monseigneur, reprend le pilote.

Et le *Glorieux* que monte d'Estrées, arrive sur le contre-amiral hollandais et s'en rend maître en moins d'un quart d'heure. Le pavillon batave est amené; mais tandis que les matelots, passant sur le vaisseau captif, se mettent à crier: « Vive le roi! » un boulet rouge vient mettre le feu à ce vaisseau, tout près de la chambre des poudres.

Alors le *Glorieux* se débat de sa toute-puissance pour se séparer de ce trophée funeste auquel il s'est lui-même attaché; il en est à peine à une distance de deux brasses, quand le feu se met aux poudres de la prise, accable les Français de toutes sortes de débris de canons et de bois enflammé, démembre tout l'arrière du *Glorieux* et le change lui-même en un théâtre d'incendie.

Dans cette extrémité, le vice-amiral ne doit son salut qu'à un garde-marine nommé Bertier et à un matelot qui se jettent à la nage et vont enlever une chaloupe des Hollandais, jusque sous l'éperon d'un de leurs vaisseaux qui ne s'aperçoit pas qu'il brûle lui-même et continue de tirer sur le *Glorieux*. Le vice-amiral s'y embarque avec son état-major. La chaloupe veut atteindre un des autres vaisseaux français; un coup de canon la crève, la remplit d'eau et l'on est obligé d'employer les chapeaux pour la vider un peu; on est forcé de se jeter à terre et il faut se mettre dans la mer jusqu'à la ceinture pour atteindre le rivage. Un matelot prend sur ses épaules le vice-amiral d'Estrées, qui est blessé à la tête et le dépose sur la plage. Là, suivi seulement d'une douzaine d'hommes, il fait, par un coup d'audace, mettre bas les armes à quatre-vingts matelots hollandais, mais, pendant ce temps, le *Glorieux* saute avec son malheureux équipage.

Un autre spectacle horrible est donné par le *Précieux*, qui a abordé et pris un des vaisseaux ennemis. Les matelots hollandais viennent d'être enfermés à fond de cale quand le feu se déclare; ils brûlent dans leur prison.

De l'escadre hollandaise il ne reste que deux vaisseaux désemparés; mais l'attaque par terre a échoué. Au mois de décembre, d'Estrées revient devant Tabago avec une flotte nouvelle. Nos marins opèrent leur descente sans rencontrer d'obstacles sérieux et dressent leur première batterie sur une éminence qui commande un peu le fort. La troisième bombe qui est tirée tombe en un lieu qui sert à la fois de magasin pour la poudre et de logement pour le gouverneur. Le vice-amiral hollandais Binken, qui se trouve alors à table avec ses principaux officiers, saute en même temps qu'eux et presque aussitôt après la garnison de Tabago, se rend prisonnière de guerre.

En 1678, d'Estrées enlève encore tous les comptoirs hollandais au Sénégal. Le pavillon français règne alors sur l'Atlantique comme sur la Méditerranée. Le vainqueur de Tabago, reçoit le bâton de maréchal de France en 1681, trois ans environ après le glorieux traité de Nimègue. Il est le premier marin français qui ait été revêtu de cette dignité. Il n'en garde pas moins celle de vice-amiral du Ponant dont il obtient même la survivance pour son fils Victor-Marie.

En 1686, il est envoyé contre Tripoli de Barbarie avec les galiotes de Château-Renaud, réduit à merci ce nid de pirates, et reçoit la croix du Saint-Esprit. Cet illustre amiral, transformé en marin à l'âge de cinquante ans, meurt en 1707, dans sa quatre-vingt-troisième année.

Jean d'Estrées, Victor-Marie d'Estrées.

Victor-Marie d'Estrées, que l'on a vu déjà servir dans la marine, sous les ordres de son père, était né en 1660. Il se distingue sous les ordres de Duquesne au bombardement d'Alger. A peine âgé de vingt-quatre ans, il attaque un fort vaisseau espagnol, saute le premier à l'abordage et s'en empare la hache à la main.

En 1690, après la célèbre bataille de Beveziers, il commande un corps de débarquement en Angleterre, s'empare du port de Tygnmouth, et y brûle douze vaisseaux de guerre. La même année, il bombarde Barcelone, et, en 1693, seconde puissamment Tourville à la bataille de Lagos ou du cap Saint-Vincent.

Mais la plus belle page de la vie de Victor-Marie d'Estrées est sans contredit la campagne navale de 1704. Le 22 août de cette année, la flotte, que commande le jeune comte de Toulouse, fils légitimé de Louis XIV et grand-amiral de France, mais dont d'Estrées, a en réalité la conduite et la direction, rencontre, près de

Velez-Malaga, la flotte bien supérieure en nombre des Anglo-Hollandais, et la défait dans un brillant combat. Dans cette bataille navale, la dernière livrée sous Louis XIV, d'Estrées se serait emparé de vingt-cinq vaisseaux, si, au lieu de rentrer, dans Toulon après le combat, il eût poursuivi l'ennemi.

Armoiries des d'Estrées.

Parcourez tous les pays maritimes du monde, traversez toutes les mers, nulle part, vous ne trouverez un nom aussi populaire que l'est encore celui de Jean Bart. Ce nom, personne ne l'ignore, depuis le palais des grands, jusqu'à la cabane des pêcheurs.

Valeur, générosité, habileté, génie même, il répond à tout. On a vu la noblesse le revendiquer comme lui appartenant, et le peuple fier de ses grands hommes, soutenir avec ardeur que c'était une usurpation tentée après coup sur sa gloire. La vérité est que Jean Bart naquit à Dunkerque le 21 octobre 1650, d'une famille d'armateurs à la course, qui, depuis longtemps, donnait de vaillants et excellents marins à la Flandre.

Dès l'âge de douze ans, Jean Bart commence la vie de bord et sert sur les flottes hollandaises. En 1672, la guerre ayant éclaté entre la France et la Hollande, Jean Bart se fait corsaire et le commerce anglais et hollandais a singulièrement à souffrir dans la mer du Nord, de ses courses hardies qui ont fait de lui le marin le plus populaire de la France. Nul ne connaissait comme lui les passes, les courants, l'heure des marées de la Manche et de la mer du Nord; les plus braves égalaient à peine son courage. Le total des prises déclarées bonnes faites par Jean Bart dans la seule année 1676, ne s'éleva pas à moins de dix-sept, dont cinq portant ensemble soixante-dix-sept canons. Il commence à cette époque à fixer l'attention de Colbert et du roi lui-même, qui lui envoie une chaîne d'or.

Bientôt, Jean Bart, à la recommandation du célèbre Vauban, est attaché à la marine royale et de capitaine corsaire devient lieutenant de vaisseau. En 1689, Jean Bart et Forbin, montés sur deux petites frégates partent de Dunkerque pour escorter un convoi de vingt bâtiments. Par le travers de l'île de Wight, deux énormes vaisseaux anglais s'avancent pour s'emparer de celui-ci. Afin de lui donner le temps de s'échapper, Jean Bart et Forbin, avec leurs petits navires, se ruent à l'escalade des colosses anglais, et pendant deux grandes heures chargent leurs adversaires exaspérés d'une si héroïque résistance. Enfin, les deux tiers des équipages français sont étendus morts sur le pont des frégates, rasées de l'avant à l'arrière et horriblement fracassées. Jean Bart, atteint à la tête, ainsi que Forbin, ne peuvent plus se battre et sont obligés de se rendre, mais le convoi est sauvé.

Internés à Plymouth, ils guérissent rapidement de leurs blessures, se procurent une lime, scient les barreaux de leur prison, s'évadent pendant la nuit, s'embarquent sur un petit canot, traversent la rade en répondant en anglais au qui-vive de plus de vingt bâtiments, et après avoir fait en moins de quarante-huit heures plus de soixante-quatre lieues sur la Manche, prennent terre près de Saint-Malo.

Nommé capitaine de vaisseau, il prend part à la bataille

de Beveziers gagnée par Tourville (1690), et à la campagne du *Large* de cet illustre amiral (1691). La même année, Jean Bart organise une flotte dans le port de Dunkerque. A la nouvelle de cet armement, trente-cinq à quarante vaisseaux ennemis accourent pour fermer les passes de cette ville. Jean Bart, sort une nuit avec sept frégates et un brûlot sans que l'ennemi ose l'attaquer. Le lendemain, celui-ci veut lui donner la chasse ; mais Jean Bart est déjà hors de vue, parcourt en maître la mer du Nord, enlève de nombreux navires, opère même une descente sur les côte d'Écosse, brûle plus de quatre-vingts bâtiments, et rentre à Dunkerque avec quinze cent mille francs de prises.

Après cette campagne, Louis XIV veut voir à Versailles le brave capitaine dont tout le monde parle et lui annoncer lui-même qu'il le fait chef d'escadre. — « Sire, vous avez bien fait, répond le marin. Les courtisans rient aux éclats de cette naïveté. Les ennemis n'en rirent pas.

Pendant la précédente campagne, il arriva à Jean Bart la fameuse aventure que tout le monde connaît. Se trouvant à Bergue (Danemark), un Anglais qui commande deux vaisseaux s'y arrête, descend à terre, et va provoquer Jean Bart pour un combat en pleine mer.

Le corsaire français accepte : l'Anglais ajoute que se trouvant dans un port neutre, ils ne peuvent que se battre au large, mais qu'auparavant il l'invite à déjeuner à son bord. Brave et sans défiance, Jean Bart se rend à l'invitation du capitaine anglais. Le déjeuner terminé, il veut retourner à son bord.

— Vous êtes mon prisonnier, lui dit alors l'Anglais ; j'ai promis de vous prendre et de vous amener en Angleterre.

Furieux de cette trahison, Jean Bart, allume sa mèche, en criant : « A moi ! » renverse les Anglais, et courant vers un baril de poudre qu'on vient de tirer par hasard de la Sainte-Barbe, pose sa mèche au-dessus et s'écrie :

—Non, je ne serai pas prisonnier ! le vaisseau va sauter.

Les Anglais, saisis d'effroi, n'osent s'avancer. Pendant ce temps les marins français, qui ont entendu leur capitaine, se jettent dans les chaloupes, montent à l'abordage et s'emparent du vaisseau que Jean Bart emmène avec lui à Dunkerque.

A cette époque la France manquait de blé et la disette semblait imminente. Jean Bart, malgré les croisières anglaises, fait entrer à Dunkerque une flotte chargée de grains. Un second convoi, plus fort, est pris par les Hollandais qui le conduisent dans les ports de Hollande.

A cette nouvelle, Jean Bart fait force de voiles vers l'ennemi pour lui arracher sa proie.

— Mes amis, dit-il à ses officiers, il faut avancer et combattre, c'est-à-dire vaincre. Le salut de la France l'exige !

Dès qu'on est à portée de canons.

— Point de canons ! Point de fusils ! s'écrie-t-il, à l'abordage ! à l'abordage ! je vais vous donner l'exemple et me charge du contre-amiral.

En effet, il va droit à ce navire qui l'accueille par un feu terrible. Jean Bart, sans répondre, approche jusqu'à portée de pistolet, lâche sa bordée tout entière, puis le premier saute sur le pont ennemi. Là, tout aussitôt il se trouve en face du contre-amiral Hyde de Frise, un vrai marin, brave et énergique. Tous deux armés du terrible sabre d'abordage, luttent corps à corps ; la lutte menace de se prolonger, quand Jean Bart jetant son arme, saisit vivement ses deux pistolets à sa ceinture et les décharge à bout portant sur son adversaire, qu'il renverse à ses pieds mortellement atteint. L'équipage hollandais, découragé, se rend et amène son pavillon. Deux autres vaisseaux sont enlevés de la même manière.

Avant d'aborder le contre-amiral hollandais, Jean Bart avait dit à ses marins qu'il donnerait dix pistoles à celui qui lui apporterait le pavillon du contre-amiral, et six à celui qui prendrait le pavillon de poupe. Un jeune matelot provençal, s'élance un des premiers sur le vaisseau ennemi et grimpe au

Jean Bart.

grand mât pour en enlever le pavillon amiral. Un contre-maître hollandais l'aperçoit et lui tire deux coups de fusil, dont l'un lui perce la main et l'autre la cuisse. Le marin, avec un sang-froid presque incroyable, enveloppe sa main avec son mouchoir, sa cuisse avec sa cravate, continue de monter, enlève le pavillon et s'en fait une ceinture, puis descend, et va sur la dunette pour arracher le pavillon de poupe. Il l'a détaché à moitié, quand le contre-maître ennemi l'aperçoit de nouveau, et lui porte un coup d'esponton. Le matelot se retourne, prend une hache d'armes qu'il porte à son côté, en donne un coup du pic au contre-maître, lui crève un œil, le renverse par terre, continue de détacher le pavillon, et va les porter à Jean Bart qui lui donne la récompense promise. Aujourd'hui, ce brave, au lieu de ces seize pistoles, recevrait la croix de la Légion d'honneur ou la médaille militaire.

La flotte, chargée de blé, reste aux mains de Jean Bart qui la conduit à Dunkerque. Le blé, qui valait trente livres le boisseau, tombe à trois livres. Ainsi ce grand homme a ramené par son courage et son habileté, la joie dans toute la France, que la disette avait plongée dans la désolation. Une médaille est frappée en mémoire de ce grand événement. Louis XIV, peu après, confère à Jean Bart des lettres de noblesse, lui donne la croix de Saint-Louis et nomme son fils, François Bart, enseigne de vaisseau.

En 1696, l'inaction pesant à Jean Bart, il montre encore ce que la France peut faire avec la guerre de course. De nombreuses flottes marchandes sont capturées ainsi que les vaisseaux de guerre qui les escortent.

La consternation est générale dans les villes de la Hollande. Si d'aventure un mauvais plaisant ou un poltron s'avise d'y crier tout à coup :

— Voilà Jean Bart !

Tous ceux qui l'entendent s'empressent de fuir comme saisis d'une terreur panique.

Un jour, le prince d'Orange ayant avec lui, cinq vaisseaux est rencontré par quatre navires de guerre français. Il s'informe quel est celui qui les commande.

— Jean Bart ! lui répond-on.

— Si cet homme ou ce démon, dit ce prince, savait que je suis sur ce navire, il risquerait tout pour le prendre, et il ordonna de s'éloigner au plus vite.

La campagne de 1693, coûte aux Hollandais une perte de six à sept millions, somme énorme pour l'époque. Cette même année, Jean Bart est chargé de conduire en Pologne le prince de Conti, prétendant au trône du grand Sobieski. L'escadre, composée de six vaisseaux et une frégate, évite dix-neuf vaisseaux de guerre hollandais postés au nord de Dunkerque, passe fièrement devant neuf autres, mouillés devant la Tamise, et continue sa route.

Lorsque le danger est passé, le prince de Conti lui dit :

— S'ils nous avaient attaqués, ils auraient pu nous prendre.

— Cela est impossible, répond Jean Bart.

— Comment auriez-vous fait ?

— Plutôt que de me rendre, j'aurais fait sauter le vaisseau. Mon fils se tenait par mon ordre à la Sainte-Barbe, tout prêt à y mettre le feu au premier signal.

— Hé, dit le prince non sans quelque émotion, le remède est pire que le mal ; je vous défends de vous en servir, Jean Bart, tant que je serai sur votre vaisseau.

Jean Bart s'incline, mais le navire ne fait aucune autre mauvaise rencontre, et entre le 26 septembre 1697 dans la rade de Dantzig, où le prince de Conti reste peu de temps, et revient en France avec Jean Bart.

Une pleurésie enleva à cinquante ans, ce grand homme de mer, en 1702, au moment où il eût été le plus nécessaire à la France. Les Anglais se souvenaient de lui, quand ils demandaient la destruction de Dunkerque.

François Bart, son fils aîné, mourut vice-amiral en 1755.

La valeur était naturelle dans la famille de Bart.

En 1759, Pierre Bart, petit-neveu du héros, commandant la *Danaé*, dont son fils est le second, est attaqué par deux gros vaisseaux anglais. La lutte est impossible.

— N'importe, dit Bart à son fils, il faut combattre au moins pour l'honneur du pavillon. Allons, mes enfants, à vos pièces ! et feu sur l'Anglais !

La canonnade commence. Bart, debout sur le pont encourage ses marins, quand un boulet lui fracasse les deux jambes. Son fils accourt et veut le faire porter dans sa chambre pour le faire panser.

— Non, mon ami, dit le père, ma blessure est mortelle. Tant que je conserverai un souffle de vie, je veux demeurer ici, sur mon banc de quart. Quand je serai mort, vous prendrez ma place et le commandement. Souvenez-vous de soutenir toujours l'honneur du pavillon français et celui de notre famille.

Presque aussitôt il expire. Fidèle à sa recommandation, son fils, dominant sa douleur pour ne songer qu'au devoir, prend le commandement et tombe bientôt lui-même, frappé à mort. Le *Danaé* doit se rendre après six heures d'un combat acharné.

Jean Bart, comme on voit, n'a pas eu à rougir de sa postérité.

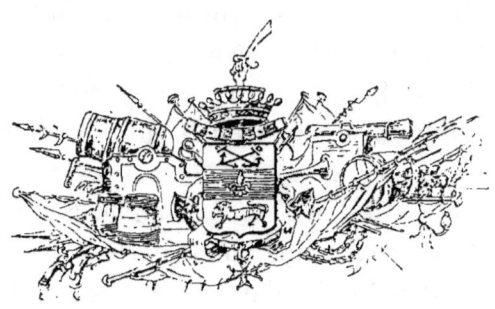

Armoiries de Jean Bart.

Bataille de Bévéziers (1689).

CHAPITRE XII

TOURVILLE. — FORBIN.

Les débuts de Tourville. — L'*Adonis*. — D'Hocquincourt.—L'art des signaux. — Bataille de Bévéziers. — Panique à Londres. — La campagne du Large. — L'incapable Ponchartrain. — Bataille de la Hougue. — Défense du *Soleil-Royal*. — La retraite. — Vaisseaux brûlés. — Bataille du cap Saint-Vincent. — Prise du grand convoi. — Combats devant Cadix et Gibraltar. — Combat de Velez-Malaga. — Mort de Tourville. — La jeunesse de Forbin.— Son évasion d'Angleterre. — Campagnes de 1706 et 1707. — Sainte Pompe.

Tourville, avec Duquesne, a été le plus grand homme de mer du règne de Louis XIV.

Anne Hilarion de Cotentin, comte de Tourville, naquit

à Tourville, en 1642. Son père était premier gentilhomme de la chambre de Louis XIII. A quatorze ans, il est reçu chevalier de Malte. Il s'embarque à dix-huit ans, sur une frégate de Marseille, qui, à peine sortie du port, rencontre deux corsaires algériens. Ceux-ci sautent à l'abordage, mais sont si rudement reçus qu'ils se hâtent de quitter la partie. Tourville montre dès cette première affaire une rare bravoure.

— Que ferais-je de cet Adonis? avait dit son capitaine, obligé de le recevoir à bord. Il avait, en effet, des cheveux blonds, des traits fins et délicats qui eussent fait merveille à Versailles.

D'Hocquincourt, commandant du navire français, poursuit ses deux ennemis; en les rejoignant il leur lance les terribles grappins d'abordage et dit aux volontaires:

— Mes enfants, il y a trop longtemps que cela dure ! à l'abordage! il faut qu'avant peu ce navire soit à nous ! Les braves jeunes gens lui répondent par leurs acclamations. Tourville, la *demoiselle*, comme l'appellent aussi les autres gardes-marine, s'élance le premier bientôt suivi de ses camarades. Quoique blessé trois fois, il ne paraît pas s'apercevoir que son sang coule. Il sabre tout ce qui lui fait obstacle; et chacun de ses coups étend un ennemi sur le carreau. Ses yeux lancent des éclairs; les Turcs, terrifiés, jettent bientôt leurs armes et demandent grâce.

D'Hocquincourt, quoique resté sur son navire, a suivi de loin les détails du combat: aussi, l'affaire terminée, il n'hésite pas à déclarer que c'est au jeune Tourville qu'est due la prise du vaisseau.

Pendant six années, tantôt seul, tantôt en compagnie de d'Hocquincourt, Tourville continue ses courses dans les mers du Levant contre les Turcs et les Algériens. Il fait partie de l'expédition de Candie en 1669, sert avec une rare distinction sous d'Estrées, à Southwold (1672), et sous Duquesne à la bataille d'Agosta (1676); il commande l'avant-garde de Vivonne à celle de Palerme (1677).

Il dirige ensuite, avec Duquesne, le bombardement d'Alger, de Tripoli et de Gênes. Nommé en 1689 vice-amiral du Levant, il se réunit au comte de Château-Renaud, et, avec soixante-douze vaisseaux, rencontre, le 10 juillet, à la hauteur du cap de Bévezier, près de Dieppe, les flottes combinées d'Angleterre et de Hollande, fortes de cent douze navires.

Tourville, qui depuis quelque temps s'occupe de perfectionner l'art des signaux pour

Tourville.

les armées navales et qui s'en est servi avec un grand succès dans ses dernières manœuvres, en use encore avec avantage dans la bataille qui s'engage.

L'avant-garde des alliés, toute composée de Hollandais, que commandent les amiraux Evertzen et Vander-Putt, s'abandonne trop, force de voiles et dépasse celle des Français, que commande Château-Renaud.

Tourville profite de cette imprudence et coupe en deux la ligne ennemie. Les Hollandais, attaqués à demi-portée de pistolet, sont en partie démâtés et désemparés. Les Anglais, conduits par l'amiral Russel, viennent au secours de leurs alliés. Lui-même se jette sur le *Soleil-Royal*, monté par Tourville, mais doit se retirer précipitamment à demi démâté et trop heureux d'échapper à l'aide de ses remorqueurs.

Après huit heures de combat, les ennemis battent en retraite pour échapper à une ruine complète. Dix-sept vaisseaux sont brûlés ou s'échouent à la côte. Le reste se réfugie dans la Tamise ou parmi les bancs de la Hollande.

La panique est extrême à Londres; l'absence seule de pilotes qui connussent bien l'entrée de la Tamise, empêche Tourville d'aller achever les vaincus sous les yeux mêmes des habitants de la capitale d'Angleterre.

C'est la première fois que la marine française triomphait dans un même combat, des deux nations à qui, jusque-là, avait appartenu l'empire des mers. Le succès couronnait ainsi les efforts persévérants de Colbert et de son jeune fils, le marquis de Seignelay.

Les Français furent maîtres absolus de la mer pendant tout le reste de la campagne et tinrent en quelque sorte les forces des ennemis bloquées dans les ports d'Angleterre. Aussi une médaille fut-elle frappée à l'occasion de la victoire de Béveziers et de ses suites; elle portait pour légende : « *Imperium maris assertum !*

Déjà le 10 mai 1689, quatre-vingts vaisseaux partis de Brest, avaient mouillé dans la baie de Bantry; déjà la moitié de nos troupes avaient débarqué, quand apparaît la flotte ennemie.

L'avant-garde anglaise s'approche jusqu'à portée de fusil; les Français font alors une telle décharge de mousqueterie que l'ennemi est obligé de fermer ses sabords et empêché ainsi de se servir de ses canons. Aussi, cette avant-garde, criblée par nos boulets, se retire entraînant avec elle le reste de la flotte de l'amiral Herbert.

La campagne de 1691, dite du *Large*, est le chef-d'œuvre de Tourville comme tactique navale. Cet intrépide amiral, ayant l'ordre d'éviter tout engagement, en tenant pourtant la mer libre, sait contenir toutes les forces navales de l'Angleterre et de la Hollande qu'il empêche d'aller secourir les Espagnols, alors que lui-même fait passer en Irlande de nouveaux secours aux partisans de Jacques II.

L'année suivante devait être moins heureuse, mais non par la faute du vaillant marin.

Louis XIV, à cette époque, fait préparer une nouvelle descente en Angleterre. Vingt mille hommes sont rassemblés entre Cherbourg et la Hougue; trois cents navires de transport sont tenus prêts à Brest. Tourville doit les escorter avec quarante-quatre vaisseaux qu'il commande, et trente autres que d'Estrées lui amène de Toulon. Mais le vent change, la flotte de la Méditerranée ne peut arriver à temps. Louis XIV, habitué à forcer la victoire, et comptant d'ailleurs, d'après Jacques II, sur la défection d'une partie des capitaines ennemis, ordonne à Tourville d'aller chercher les Anglais et les Hollandais, forts de quatre-vingt-dix-neuf voiles.

Tourville prévient le ministre de la marine qu'il est prudent d'attendre l'arrivée de l'escadre de Toulon. Celui-ci, qui est l'incapable Pontchartrain, répond avec la présomption de la témérité :

« Ce n'est point à vous de discuter les ordres du roi; c'est à vous de les exécuter et d'entrer dans la Manche. Mandez-moi si vous le voulez faire, sinon le roi commettra à votre place quelqu'un plus obéissant et moins circonspect que vous ! »

A cette brutale épître, Tourville, frémissant d'indignation, rassemble ses officiers :

— Vous voyez, messieurs, leur dit-il, qu'il n'est plus question de délibérer, mais d'agir. Si l'on nous accuse de circonspection, du moins que l'on ne nous taxe pas de lâcheté !

La flotte met à la voile, quitte Brest, et le 29 mai 1692, livre la bataille de la Hougue aux deux flottes ennemies, qui ne comptent pas moins de quatre-vingt-dix-neuf vaisseaux de ligne et trente-sept frégates, portant sept mille canons et quarante mille hommes, soldats et marins.

Nos forces ne vont pas à la moitié de celles de l'ennemi. Néanmoins, il faut obéir aux ordres du roi. Le signal du branle-bas est donné. Tous ces vaillants, qui s'appellent La Galissonnière, Gabaret, Coëtlogon, d'Amfreville, Château-Morand, s'apprêtent à vaincre ou à mourir.

La canonnade, dont un vaisseau hollandais donne le signal, commence, et, pendant quatorze heures, elle se continue toujours aussi violente. La nuit venue, on se bat aux clartés de la lune comme à la lueur des flammes.

A plus de six lieues de distance, le bruit des canons est entendu par l'armée campée sur la côte de Normandie. Nos marins combattent avec leur courage ordinaire, et se montrent meilleurs manœuvriers encore que d'habitude.

Tourville, entouré par le gros des ennemis, défend avec intrépidité son vaisseau, où flotte le pavillon blanc fleurdelisé d'or et son guidon d'amiral. Ce vaisseau, dont la poupe a été sculptée par les célèbres frères Coysevox, passe pour le plus beau du monde, et, par allusion à l'emblème favori de Louis XIV, qui est représenté en or à son arrière, on l'appelle le *Soleil-Royal*. Les matelots anglais, qui prétendent qu'il est orné d'une image du grand monarque, représenté comme à la place des Victoires de Paris, avec les nations vaincues à ses pieds, sont particulièrement ardents pour s'en emparer. Tourville, dans cette position critique, encourage ses marins du geste et de la voix, calme, serein, intrépide, sur le pont de son navire, tout couvert de débris, de morts et de mourants.

Le brave *Soleil-Royal*, entouré d'ennemis, semble une haute forteresse au milieu des flots,

Le *Soleil-Royal*, vaisseau-amiral de Tourville.

vomissant de tous côtés la mort par ses cent quatre sabords. Il est si formidablement armé que toutes les tentatives d'abordage échouent. En revanche, il coule bas un des navires ennemis, pendant qu'un autre saute.

Longtemps après le coucher du soleil, il se débarrasse de tous ses assaillants et gagne la côte de Normandie. Le sang coule de tous ses dalots; il a tant souffert que Tourville transfère à la hâte son pavillon à bord d'un autre vaisseau de quatre-vingt-dix canons, l'*Ambitieuse*.

Les Anglo-Hollandais, malgré leur nombre, sont encore plus maltraités que nous. Mais il n'est pas possible de renouveler le lendemain cette héroïque témérité.

Tourville, s'il avait eu un port derrière lui, aurait pu faire du moins une glorieuse retraite. Dans la Manche, la nature s'est montrée avare de bons ports pour la France, tandis que de l'autre côté elle a été prodigue envers l'Angleterre. Si la digue de Cherbourg, actuellement terminée, eût été construite, un grand désastre aurait été évité.

Tourville fait le signal de se retirer sur Brest et Saint-Malo. Sept de ses vaisseaux gagnent le premier port, le reste de la flotte s'engage dans le canal que forme à l'ouest de la côte du Cotentin, les bas-fonds du large; vingt-deux franchissent le raz Blanchard et entrent à Saint-Malo; mais la marée venant à manquer, les autres sont empêchés de les suivre et trois s'arrêtent à Cherbourg, où les capitaines, ne pouvant les défendre, les brûlent. Douze se réfugient dans la rade de la Hougue, qui n'est pas mieux préparée pour offrir un abri.

Tourville en retire les canons, les munitions, les agrès, et, à l'approche des Anglais, fait mettre le feu aux coques de ces navires. L'ennemi ne put se vanter d'en avoir pris un seul.

Le roi Louis XIV s'écria tout d'abord, quand on lui apprit la défaite de la Hougue :

— Tourville est-il sauvé?

— Oui, sire.

— A la bonne heure! car des vaisseaux on peut en retrouver; mais on ne retrouverait pas facilement un officier comme lui! — Et il fit envoyer au glorieux vaincu le bâton de maréchal de France.

L'année suivante, Tourville prend sa revanche. Le 1er juin 1693, le comte d'Estrées sort avec une escadre du golfe de Rosas pour rejoindre Tourville, qui l'attend au cap Saint-Vincent avec soixante et onze navires de guerre.

Le 26 au soir, deux navires de garde viennent annoncer à Tourville, l'approche d'une flotte de cent quarante voiles. Le maréchal fait lever l'ancre ; on va vent arrière toute la nuit et le matin, on se trouve à douze lieues de Lagos, ayant devant soi la flotte marchande expédiée par les Anglais et les Hollandais à Cadix et à Smyrne.

Armoiries de Tourville.

Tourville donne le signal de l'attaque, et force lui-même de voiles pour aller aux ennemis. Du premier choc, deux vaisseaux hollandais de soixante-quatorze canons amènent pavillon après une heure de résistance.

La flotte ennemie, profitant d'un vent favorable, bat en retraite. Toute la nuit, on essaye de gagner le vent, et le lendemain, 28 au matin, l'armée navale de France, formant un formidable demi-cercle, enveloppe une partie de la flotte des alliés entre elle et la terre.

Tourville et ses capitaines, qui ont à faire payer aux ennemis le désastre des quinze vaisseaux brûlés à la Hougue et à Cherbourg, poursuivent, la flamme et la poudre à la main, tous ces infortunés débris d'un convoi naguère si beau.

Ce ne sont que navires sombrant sous l'artillerie qui les ouvre de toutes parts, sautant par groupe avec les brûlots qu'on détache sur eux, disparaissant, marquant encore par une colonne de fumée la place où ils s'évanouissent, où fuyant éperdus quelque division française pour aller tomber dans une autre non moins impitoyable, qui les consume ou les engloutit sans grâce ni merci.

Soixante-quatorze bâtiments, tant anglais que hollandais, périssent ainsi; quarante-six sont la proie des Français, ainsi que trois vaisseaux de l'escorte. La perte totale des alliés s'élève à une valeur d'au moins trente-six millions.

Le reste de cette flotte, composé de cinquante vaisseaux de commerce et de vingt de guerre, se réfugie à Cadix, où elle est vigoureusement poursuivie. Deux navires sont même brûlés jusque sous le canon de cette place. Jean Bart, dans cette bataille, prend ou brûle à lui seul six vaisseaux dont le moindre est armé de vingt-quatre canons.

Le chevalier de Coëtlogon, détaché avec huit vaisseaux et huit galiotes, atteint dans la baie de Gibraltar une division échappée au désastre de Lagos, et là, coule cinq navires anglais depuis trente-six jusqu'à cinquante canons, et en prend neuf autres chargés de vivres.

Combat devant Gibraltar (1693).

Enfin, le 19 juillet, Tourville attaque une escadre retranchée dans le port de Velez-Malaga, derrière le môle. Toutes les chaloupes de sa flotte, conduites par M. de Chameslin, capitaine en second du *Soleil-Royal*, entrent hardiment dans le port le 21, et brûlent les vaisseaux ennemis, après avoir culbuté les chaloupes espagnoles qui voulaient s'opposer à leur attaque.

Cette campagne de Lagos est la dernière des actions de mer à laquelle assista Tourville, qui, plusieurs années après, à la suite de fatigues si multipliées, succomba le 27 mai 1701.

Sa mort fut un deuil public, et le roi, plus que personne, en parut affecté; il ne dissimula pas qu'à ses yeux c'était là pour l'État une perte immense, irréparable. Il ne se trompait pas.

L'enfance et la jeunesse de Claude de Forbin, né le 6 août 1656, au village de Gardannée, en Provence, d'une ancienne et noble race, rappellent par certains détails celles de du Guesclin.

Le chevalier de Forbin.

Doué d'une humeur belliqueuse, il se sauve, à peine âgé de quatorze ans, de la maison paternelle, en sautant par une fenêtre, au risque de se rompre le cou et court rejoindre à Marseille son oncle, le commandeur de Forbin-Gardanne, qui commande une galère.

Envoyé en mission à Siam, il en revient après trois ans, au prix de mille dangers. Il se lie alors d'amitié avec Jean Bart et devient le compagnon de sa vie aventureuse. Faits prisonniers tous les deux par les Anglais, ils s'évadent ensemble de Plymouth, traversent le détroit et reviennent en France.

On les croyait encore en prison, quand, un matin, Forbin se présente à l'audience du ministre de la marine.

Seignelay, en apercevant Forbin, est tout surpris, et s'écrie :

— D'où venez-vous donc?

— D'Angleterre, monseigneur.

— Mais où diable avez-vous passé?

— Par la fenêtre, monseigneur.

Le ministre se met à rire, raconte ensuite son hardie évasion au roi, qui se le fait présenter, et lui remet son brevet de capitaine de vaisseau, en lui disant :

— Continuez à me bien servir, et j'aurai soin de vous.

Forbin est impatient de reprendre sa revanche sur les Anglais. Blessé grièvement à la Hougue sur son vaisseau la *Perle*, il coule deux navires anglais. A la bataille de Lagos, il contribue puissamment au succès de la journée.

Lors de la guerre de la succession d'Espagne, apprenant que les Autrichiens arment, dans le port même de Venise, un grand vaisseau, Forbin, avec une audace digne de son ami Jean Bart, entre la nuit dans le port avec cinquante hommes montés sur des chaloupes, se rend à l'endroit où est amarré le vaisseau, y aborde, tue tout ce qui résiste, fait prisonnier le capitaine et se retire en mettant le feu en trois ou quatre endroits. Bientôt les flammes gagnant les poudres, ce vaisseau saute avec un fracas épouvantable.

Ce trait d'audace cause dans Venise une véritable stupeur. Pendant les campagnes de 1706 et de 1707, Forbin, croisant dans les mers du Nord, devient également la terreur des Anglais et des Espagnols, auxquels il prend ou brûle plus de cent quatre-vingts vaisseaux. En récompense, il est fait chef d'escadre.

En 1708, le vaisseau de Forbin est assailli par un coup de vent violent qui brise le grand mât, déchire les voiles et le jette sur la côte. Une voie d'eau se déclare à bord. L'équipage, effrayé, se lamente et fait des vœux à tous les saints du Paradis. Forbin, en voyant ce désordre, leur crie :

— Courage, enfants, tous ces vœux sont bons ; mais sainte Pompe, sainte Pompe, c'est à elle qu'il faut s'adresser, n'en doutez pas, elle vous sauvera.

L'année suivante, Forbin, après quarante années de service, demande un congé absolu et se retire dans une maison de campagne aux environs de Marseille, où il mourut en 1733, à l'âge de soixante-dix-sept ans. On a dit de lui qu'il avait la tête d'un général et la main d'un soldat.

Armoiries de Forbin.

Combat du cap Lézard (1707).

CHAPITRE XIII

DUGUAY-TROUIN.

Ducasse. — Pointis. — Prise de Carthagène. — Cassart. — Duguay-Trouin. Ses débuts. — Son premier abordage. — Une chute dangereuse. — Descente en Irlande. — Un pilote improvisé. — Un lâche adversaire. — Une défense désespérée. — Prisonnier des Anglais. — Une évasion. — Un beau trophée. — Prise du *Boston* et du *Sans-Pareil*. — Combat du *Jason* contre quinze vaisseaux anglais. — Combat de Cadix. — Combat du cap Lézard. — Explosion du *Devonshire*. — Place aux maîtres de la mer! — Un bel écusson. — Prise de Rio de Janerio. — Un héros en vie! — Duguay-Trouin et la *Gloire*.

Si Tourville n'eut pas de successeur, Jean Bart trouva des émules; d'abord, Forbin, dont nous venons de raconter la vie : le Béarnais Ducasse, gouverneur de Saint-Domingue ; Pointis, qui, en mai 1697, enlève Carthagène en Amérique, et y fait un immense butin ; Cassart, qui, tombé un jour avec un seul bâtiment au milieu de quinze navires ennemis, se bat douze heures, coule un vaisseau anglais, en démonte deux, puis s'échappe.

— Je donnerais toutes les actions de ma vie, disait un de nos plus braves chefs d'escadre, pour une seule des siennes.

C'était Duguay-Trouin qui parlait ainsi. Il était le fils d'un armateur de Saint-Malo, où il naquit le 10 juin 1673, et fit ses premières armes en qualité de volontaire, à l'âge de seize ans, à bord de la *Trinite*, que sa famille venait d'armer en course, et reçoit le baptême du feu à Flessingue, en sautant à l'abordage d'un vaisseau ennemi.

En 1690, Duguay-Trouin passe toujours, comme volontaire, sur la frégate le *Grénédan*, de vingt-huit canons, encore armé par sa famille. Cette frégate, ayant reconnu quinze bâtiments anglais venant du long cours, Duguay-Trouin presse tant son capitaine de les attaquer, que celui-ci, malgré ses répugnances personnelles, y consent.

Le premier, Duguay-Trouin saute à bord ; il essuie un coup de feu du commandant anglais ; mais, l'ayant blessé d'un coup de sabre, il se rend maître de lui et de son navire, qui est armé de quarante canons.

De ce succès, il court à un autre, et va, le premier encore, sauter sur un second vaisseau ennemi, quand la secousse de l'abordage le fait tomber à la mer ; heureusement, il peut se raccrocher à un bout de cordage, et ses marins ont le temps de le retirer par les pieds. Quoique étourdi de cette chute, et mouillé jusque par-dessus la tête, le jeune volontaire trouve encore assez de force et d'ardeur pour prendre sa part du second abordage, et même d'un troisième, qui réussissent comme le premier. Sans la nuit qui survint, les quinze navires anglais, successivement attaqués, auraient peut-être eu le même sort.

Duguay-Trouin, par sa vaillante conduite dans cette campagne, mérite qu'en 1691, sa famille lui donne le commandement d'une petite frégate de quatorze canons. Il part en course, débarque dans la rivière de Limerick, en Irlande, sous le canon des Anglais et, suivi de quelques hommes déterminés, s'empare d'un superbe château appartenant au comte de Clare; il fait plus, et malgré la présence de la garnison de Limerick qu'il est obligé de combattre, il incendie deux vaisseaux échoués dans la vase. Voilà quels sont les exploits de Duguay-Trouin à dix-huit ans.

Mêmes actions hardies dans l'année 1692. Monté sur la frégate le *Coëtquen*, de dix-huit canons, et accompagné d'un bâtiment d'égale force il tombe sur trente navires escortés par deux frégates anglaises. Pendant qu'avec le *Coëtquen* il s'empare successivement des deux frégates ennemies, son compagnon s'attache aux navires marchands, et en amarre une douzaine. Poursuivi par toute l'escadre anglaise, Duguay-Trouin se réfugie dans la rade d'Argui, à neuf lieues de Saint-Malo, toute hérissée de rochers que l'ennemi ne connaît pas et d'où il sort sans pilotes, les siens ayant été tués ou blessés. Aussi habile navigateur que brave marin, il est obligé de régler lui-même la marche de son bâtiment pendant tout le reste de la campagne, tenant tour à tour l'énée et le gouvervail et exécutant des manœuvres que lui aurait enviées un homme consommé dans le métier.

Depuis ce jour, il marque chaque année par des courses plus hardies, par des prises plus nombreuses.

En 1694, monté sur la *Diligente*, frégate armée de quarante canons, Duguay-Trouin, après avoir enlevé plusieurs prises, tombe sur un vaisseau anglais de cinquante-quatre canons. Il fait aussitôt carguer ses voiles pour l'attendre; voyant que l'Anglais ne se décide pas à l'attaquer, le brave Malouin pour lui donner de la colère à défaut de cœur, fait amener et rehisser en berne un pavillon anglais pour mieux lui marquer son mépris. Mais malgré toutes ces provocations, le vaisseau ennemi s'éloigne au plus vite.

Quinze jours après, malheureusement, pendant une brume épaisse, Duguay-Trouin tombe dans une escadre de six vaisseaux de guerre ennemis. Un d'eux le chasse pendant quatre heures à demi-portée de pistolet et le démâte. Duguay-Trouin se défend avec la rage d'un désespéré et se prépare à l'abordage, quand une fausse manœuvre du pilote, qui ne peut croire à une pareille témérité, le jette dans un insurmontable péril. Les cinq autres vaisseaux anglais arrivent à force de voiles avant que le premier vaisseau ait pu être enlevé à l'abordage.

La frégate française est criblée de boulets. L'équipage affolé perd la tête et va se cacher à fond de cale, malgré les cris, les menaces et les prières de Duguay-Trouin. Celui-ci, dont le sang-froid grandit dans le péril, fait éteindre l'incendie et force ceux qui l'ont abandonné à remonter sur le pont en leur lançant des grenades au fond de la cale par les écoutilles.

Un lâche a amené le pavillon. Duguay-Trouin le fait aussitôt hisser de nouveau. Le jeune héros combat encore, quand un boulet amorti par les bastingages le jette sans connaissance sur le pont. Dès lors il ne peut s'opposer à son équipage qui rend la frégate.

Le capitaine d'un des vaisseaux ennemis lui envoie un canot pour l'amener à son bord, où il est traité avec tous les égards et toute la générosité que mérite une si héroïque défense. Il est emmené prisonnier en Angleterre, mais une intrigue amoureuse lui procure l'occasion de s'évader, et avec cinq compagnons de captivité il aborde à la côte de Bretagne à deux lieues de Tréguier.

A peine arrivé, il court en poste à Rochefort où son frère aîné, Duguay de la Barbinais, arme le bâtiment du roi le *François*, de quarante-huit canons. Dès le lendemain de son arrivée dans cette ville il s'embarque à bord de ce vaisseau et va établir sa croisière sur les côtes d'Angleterre et d'Irlande.

Il prend d'abord six navires richement chargés, puis marche résolument au-devant d'une flotte marchande de soixante voiles, escortée par deux vaisseaux de guerre anglais, le *Sans-Pareil* (cinquante canons) et le *Boston* (soixante-douze). Après une bataille longue et acharnée, il voit la flotte marchande se disperser et les deux vaisseaux d'escorte tombent en son pouvoir. Ce n'est point une prise vulgaire, car sur le *Sans-Pareil*, on retrouve les brevets de Forbin et de Jean Bart qu'on y gardait comme un précieux trophée. C'est ce bâtiment en effet qui, en 1669, avait fait prisonniers les deux célèbres marins. Il était digne de Jean Bart d'être vengé par Duguay-Trouin.

Louis XIV envoie une épée d'honneur au héros de

vingt ans qui donne encore peu après la chasse à trois vaisseaux anglais et s'empare de l'un d'eux. La nuit seule sauve les deux autres. Ainsi, dès avant la fin de l'année de sa captivité, l'intrépide marin s'était vengé des ennemis d'une manière éclatante.

En 1696, avec le *Saint-Jacques-des-Victoires*, il disperse la flotte hollandaise et fait prisonnier le vice-amiral Wassenaër, brave marin qui a été très grièvement blessé dans l'action.

Duguay-Trouin.

A partir de 1702, chaque année de guerre est marquée par de nouveaux exploits de ce grand homme. Il ruine le commerce hollandais dans la mer du Nord et jusque sur les côtes du Spitzberg.

En 1705, son jeune frère, doué de la plus héroïque valeur reçoit une blessure mortelle et expire dans les bras de son frère qui jure une haine implacable aux Anglais.

La même année, le *Jason* qu'il commande est entouré par quinze vaisseaux anglais et reçoit toutes leurs bordées. Heureusement Duguay-Trouin a fait coucher tout son monde à plat ventre sur le pont; personne n'est atteint par cette trombe de fer. A un signal de leur chef, tous, officiers et matelots se relèvent à la fois au cri de: « Vive le roi ! » Les canons et les mousquets envoient alors toutes leurs décharges sur le *Rochester* qui est le plus près. Plus de cent hommes sont abattus sur le vaisseau anglais, qui serait même pris s'il n'était soutenu par les quatorze autres qui entourent le *Jason* dans un cercle que l'on peut croire infranchissable.

Il est minuit. Les Anglais certains de prendre le vaisseau français, se contentent de le bloquer jusqu'au jour. Duguay-Trouin voit sa perte assurée, du moins il veut mourir d'une manière digne de lui.

Ses deux principaux officiers, de La Jaille et de Bourgneuf-Grave à ses côtés, il assemble son équipage.

— Demain, dit-il, il faut mourir comme des Bretons, comme des Français; je tiendrai moi-même le gouvernail; nous irons droit à l'amiral anglais; nous nous accrocherons à lui et sauterons ensemble !

— Mourons avec Duguay-Trouin, — répond l'équipage d'une seule voix. Satisfait de voir que ses nobles sentiments sont partagés par les siens, le héros va se jeter sur son lit pour prendre quelque repos, quand tout à coup il aperçoit un point noir se former à l'horizon et grossir rapidement.

C'est le vent qui se lève : la brise fraîchit, les voiles du *Jason* sont déployées pour le recevoir. Le vent souffle bientôt avec force et gonfle les voiles du vaisseau français qui se met en marche et passe entre les quinze vaisseaux anglais qui, après s'être endormis dans leur confiance, voient Duguay-Trouin leur échapper.

Ils veulent à leur tour mettre à la voile, mais trop tard; le *Jason* sillonne les ondes comme un oiseau de mer et disparaît au loin, marquant bientôt son passage par de nouvelles prises sur les ennemis.

Duguay-Trouin en récompense de tant d'exploits est appelé dans la marine militaire et reçoit son brevet de capitaine de vaisseau en 1706. A cette époque le temps de la grande guerre est passé. Il n'y a plus alors que des combats individuels à soutenir, des convois à enlever, des côtes ennemies à dévaster. Duguay-Trouin fait cette guerre comme Jean Bart l'a faite dix ans auparavant.

Cette même année, le héros malouin donne le baptême du feu à ses ferrets de capitaine, en attaquant six vaisseaux portugais à hauteur de Cadix. Leur amiral, le marquis de Santa-Cruz, est tué et l'ennemi ne peut échapper à une destruction complète que par une fuite précipitée.

Dans cette action Duguay-Trouin voit la mort de près; trois boulets lui passent entre les jambes, son habit et son chapeau sont troués et lacérés par les balles ennemies et lui-même est blessé par quelques éclats.

En 1707, Duguay-Trouin qui vient de faire six prises anglaises considérables, va avec le chevalier de Forbin surprendre un grand convoi de troupes et de munitions qui se rend d'Angleterre en Portugal.

Le convoi ayant été aperçu ainsi que son escorte de cinq vaisseaux de guerre anglais, à la hauteur du cap Lézard, Duguay-Trouin, monté sur l'*Achille*, attaque avec le *Jason*, commandé par de La Jaille, le *Cumberland*, l'un des principaux vaisseaux anglais, et s'en empare rapidement. Ensuite il se jette sur le *Devonshire*, monté par près de onze cents hommes de troupes et d'équipage. Le combat est terrible. En moins d'une heure, plus de trois cents de nos matelots sont enlevés par le feu terrible du *Devonshire*.

Enfin Duguay-Trouin va faire jeter les grappins d'abordage sur ce vaisseaux, quand on voit le feu sortir en tourbillons de l'arrière de celui-ci, courir, serpenter dans les cordages, frapper dans les voiles puis s'étendre de la poupe à la proue et ne plus faire bientôt de tout le *Devonshire* qu'une espèce de trombe, une colonne de fumée qui s'évanouit dans les flots. De tous les hommes qui montaient naguère ce beau vaisseau, trois matelots seulement échappent à la mort.

De son côté, Forbin s'empare du *Chester* et le chevalier de Nesmond du *Ruby*. Des cinq vaisseaux de l'escorte anglaise, un seul, le *Royal-Oak*, s'échappe ; soixante des navires du convoi, deviennent en outre la proie des vainqueurs. Les marins français se raillant des prétentions d'omnipotence que les Anglais manifestaient alors sur l'élément qui fait leur fortune et leur vie, crient, en introduisant leurs nombreux prisonniers dans le port de Brest.

— Place aux maîtres de la mer !

Les pavillons pris sur l'ennemi dans cette bataille sont portés triomphalement sous les voûtes de l'église Notre-Dame de Paris.

En 1709, Duguay-Trouin, qui, sans en avoir le titre, remplit les fonctions d'officier général, enlève à l'abordage le vaisseau anglais le *Bristol*, de soixante canons, qui, par malheur, coule bas avant d'entrer au port, tant il a été percé par le canon.

Peu après, au mois de juin 1709, Louis XIV donne à Duguay-Trouin et à son frère Trouin de la Barbinais, aussi capitaine de vaisseau, des lettres de noblesse appuyées sur les plus signalés services, les plus mémorables exploits. Il autorise l'illustre marin à faire entrer dans ses armes, deux fleurs de lis d'or sur champ d'azur et à les couronner de cette devise : « *Dedit hæc insignia virtus.* »

Duguay-Trouin, qui sait que les premiers et les plus beaux titres sont ceux que la gloire décerne, court à de nouveaux faits d'armes, et accomplit son expédition de Rio de Janeiro, où la vigueur de l'exécution répond à la hardiesse du plan.

Le 11 septembre 1711, le hardi Malouin arrive devant la baie de la capitale des possessions portugaises, en Amérique. Sans donner le temps aux ennemis de se reconnaître, il ordonne au capitaine de Courserac, de forcer l'entrée du goulet, et lui-même le suit, sous le feu des forts portugais, accompagné de toute son escadre; quatre vaisseaux de guerre ennemis, sont obligés d'aller s'échouer, pour éviter l'abordage qui les menace. De nombreux obstacles sont enlevés rapidement. Là, c'est le fort Villegagnon qui rappelle, par son nom, les vieux essais de colonisation des Français au Brésil ; ici l'île des Chèvres.

Les troupes françaises descendent à terre le 14 septembre, et, après plusieurs engagements, les Portugais désertent en masse la place forte de Rio de Janeiro, qui était réputée imprenable, et où Duguay-Trouin entre dans la journée du 21 septembre ; soixante navires marchands, trois vaisseaux de guerre, deux frégates et une immense quantité de marchandises sont pris ou brûlés. La ville souffrit un dommage de 25 millions.

L'expédition de Rio de Janeiro, plaça Duguay-Trouin si haut dans le monde naval, que, bien qu'il ne fût encore que capitaine de vaisseau, on le regarda comme le plus grand homme de mer de la fin du règne de Louis XIV.

A son retour en France, il fut l'objet de véritables ovations. A Paris, le peuple s'empressait sur son passage et le saluait de chaleureuses acclamations. Un jour, une dame de la haute noblesse, descend d'un brillant équipage, perce la foule, et se trouve en face de l'illustre marin. Comme celui-ci la considère d'un air étonné, cette grande dame lui dit en souriant :

— Monsieur, ne soyez pas surpris, je suis bien aise de voir un héros en vie.

Une pension de deux mille livres sur l'ordre de Saint-Louis ; et le grade de chef d'escadre furent les récompenses du roi, qui portait à Duguay-Trouin un intérêt sincère et une sympathie toute personnelle.

Louis XIV aimait à entendre de la bouche de l'intrépide marin le récit de ses actions. Un jour que Duguay-Trouin avait commencé celui d'un combat où se trouvait un vaisseau nommé la *Gloire* :

— J'ordonnai, dit-il, à la *Gloire* de me suivre.

— Et elle vous fut fidèle ! interrompit le roi avec un charmant à propos.

La longue paix qui suivit la mort de Louis XIV, ne fut pas perdue pour le héros, qui écrivit ses mémoires qui seront une leçon éternelle pour la postérité, et mourut en 1736, sans que le règne de Louis XV lui eût fourni une page digne d'être ajoutée à l'histoire de ses campagnes si glorieuses.

Armoiries de Duguay-Trouin.

Bataille navale devant Toulon (1744).

CHAPITRE XIV

LA MARINE SOUS LOUIS XV.

Décadence de la marine française. — Bataille navale de Toulon. — Combat du cap Finistère. — Bataille de Belle-Ile. — Le *Tonnant* et l'*Intrépide*. — La Bourdonnais et Dupleix. — Attaque de Pondichéry. — Une fière réponse. — La Bourdonnais à la Bastille. — Défense de Pondichéry. — Mort de Paradis. — Une triste fin. — Une odieuse perfidie. — La Galissonnière. — Bataille de Port-Mahon. — L'amiral Byng. — Le capitaine Maureville. — Les officiers rouges et les officiers bleus. — Combat de Saint-Cast. — Combat du cap de Sainte-Marie. — D'Yberville et ses Canadiens. — Combats dans les glaces. — Prise du fort Nelson.

La marine française, sous le règne de Louis XV, retombe dans l'état de délabrement d'où l'avaient tirée Richelieu et Colbert. A peine quelques-uns de nos vaisseaux montrent çà et là le pavillon royal sur les mers que sillonnaient naguère les flottes de Duquesne et de Tourville.

La déclaration de guerre de la France à l'Angleterre, ne fut faite qu'en 1744, après la brillante bataille navale de Toulon, qui fut indécise comme tant d'autres actions de mer.

Nous ne pouvons, avec trente-cinq vaisseaux de ligne, chiffre auquel était tombée notre marine, lutter contre cent dix. Nos chefs d'escadre font du moins honorer leur défaite par un courage héroïque.

Le 3 mai 1747, à la hauteur du cap Finistère, le marquis de la Jonquière, pour sauver un convoi destiné au Canada, fait tête avec son navire à dix-sept. Il est pris après la plus glorieuse résistance.

— Je n'ai jamais vu pareil courage, écrit l'un des vainqueurs.

Il nous reste sur l'Atlantique sept vaisseaux ; on les donne à M. de l'Estanduère pour convoyer une flotte marchande de deux cent cinquante voiles. Il rencontre près de Belle-Ile, l'amiral Hawke avec quatorze navires et, pour sauver son convoi, livre bataille.

Elle est acharnée. Deux navires, le *Tonnant* et l'*Intrépide*, traversent la flotte victorieuse et rentrent à Brest, monceaux flottants de ruines sanglantes.

L'amiral anglais passa devant une cour martiale pour les avoir laissés échapper. « Dans cette guerre, dit un historien anglais, l'Angleterre n'a dû ses victoires qu'au nombre de ses vaisseaux ! »

Aux Indes, la France avait deux hommes éminents, La Bourdonnais et Dupleix. S'ils avaient pu s'entendre et s'ils avaient été soutenus, ils nous auraient donné l'Indoustan.

Mahé de La Bourdonnais, né à Saint-Malo en 1669, et embarqué tout enfant, avait parcouru toutes les mers de l'Océan.

Il créa tout à Bourbon et à l'île de France, dont il était gouverneur pour la Compagnie des Indes : les cultures, les arsenaux, les fortifications ; et de l'île de France, devenue avec son excellent port, la clef de l'océan Indien, il courut cette mer et en chassa les Anglais.

De La Bourdonnais.

Dupleix, autre homme de génie, voulut les chasser du continent. Fils d'un fermier général, il montra de bonne heure du goût pour la méditation et les sciences abstraites ; après avoir fait plusieurs voyages en Amérique et aux Indes orientales, et rempli diverses fonctions à Pondichéry, il fut nommé en 1736, directeur du comptoir de Chandernagor. Il rêvait de grands projets. Il voulait que la Compagnie, dont il administrait tous les comptoirs dans l'Indoustan n'agrandît pas seulement son commerce, mais aussi son territoire.

En 1744, la guerre, longtemps imminente, éclate entre la France et l'Angleterre. La Bourdonnais complète ses équipages et avec neuf vaisseaux attaque les Anglais près du fort David ; il veut leur donner l'abordage.

Mais l'amiral anglais Peyton, qui sait que là est pour lui le danger, manœuvre habilement en sens contraire et tient ses navires à distance. La nuit sépare les combattants. La Bourdonnais gagne Pondichéry, répare ses avaries et va à la recherche de Peyton qui abandonne complètement ces parages.

La Bourdonnais revient alors au projet qu'il a formé d'enlever Madras, le comptoir le plus florissant des Anglais dans ces contrées. Le 3 septembre la flotte française apparaît devant la ville. Le 15 les troupes sont débarquées ; les batteries de terre et de la flotte envoient une grêle de bombes et de boulets sur la ville Blanche, habitée par les Européens. La Bourdonnais a hâte d'en finir, car d'un instant à l'autre l'escadre anglaise peut paraître et prendre la sienne entre deux feux. Une large brèche est ouverte dans les remparts.

Les négociateurs anglais se présentent; eux aussi veulent traîner les choses en longueur et gagner du temps.

— Que voulez-vous de moi? leur dit La Bourdonnais; vous êtes venus ici, dans quel but? pour demander une capitulation sans doute?

— Pas précisément, répondit l'un des Anglais, mais dans l'espoir que vous consentirez à lever le siège moyennant... un prix raisonnable.

— Messieurs, répond l'amiral français avec l'accent de l'indignation, je ne vends point l'honneur ; le pavillon du roi flottera sur Madras, ou je mourrai au pied des murailles.

A ces fières paroles, les commissaires se troublent, et finissent par signer la capitulation. Malgré ce brillant succès, La Bourdonnais ne peut obtenir de nouveaux avantages ; bientôt il est rappelé en France et à son retour enfermé à la Bastille sur des accusations parties de l'Inde. Il y reste trois ans et y contracte les germes d'une maladie mortelle.

En 1748, l'amiral Boscawen paraît devant Pondichéry, pour venger la ruine de Madras qui a été livrée aux flammes. Notre petite garnison ne se compose que de cent Français et de trois mille Indiens protégés par de faibles remparts. Mais Dupleix vaut à lui seul une armée, et pour le seconder, il peut compter sur des soldats intrépides et sur un lieutenant aussi brave qu'intelligent du nom de Paradis.

Dans une première attaque, les Anglais s'embourbent dans un marais impraticable et sont repoussés.

Aussi, quoique dans une sortie l'intrépide Paradis soit tombé mortellement blessé, Dupleix n'en fait pas moins subir aux Anglais des échecs réitérés. Boscawen, qui a perdu déjà plus de mille Européens, tués au feu ou morts de maladie, sans compter les cipayes, est obligé, l'hiver approchant, de lever le siège, après trente cinq jours de tranchée ouverte.

Louis XV envoie en récompense à Dupleix le grand cordon rouge et le titre de marquis.

Malheureusement, Dupleix est laissé sans secours par ce misérable gouvernement qui fait si bon marché de l'honneur et des intérêts de la France. Il revient en Europe pour plaider sa cause, mais repoussé partout, dépouillé de ses biens, il meurt dans la misère et dans le plus affreux dénuement.

Capitaine de vaisseau (1755).

En 1755, la guerre de Sept ans éclate de nouveau. Avant la déclaration des hostilités, l'amiral Boscawen capture deux vaisseaux de ligne français; le ministre proteste, mais reste pendant six mois sans joindre les actes aux paroles; pendant ces six mois, les Anglais nous enlèvent plus de trois cents navires marchands, chargés d'une cargaison de plus de trente millions de livres. La France, forcée encore de combattre, frappe d'abord un coup vigoureux. A l'attentat de l'amiral Boscawen, elle répond en lançant sur Minorque, alors aux Anglais, une flotte commandée par La Galissonnière.

Roland-Michel Barrin, marquis de La Galissonnière, naquit à la Rochelle, le 11 octobre 1693, d'un père qui avait lui-même occupé avec distinction les plus hautes charges de la marine. La Galissonnière commence à servir sur les vaisseaux en 1710, et passe par tous les grades de l'armée navale, jusqu'à celui de lieutenant général.

Sa difformité physique (il est petit et bossu) ne l'empêche pas d'être l'objet des respects et de l'amour de tous les marins, depuis les chefs d'escadre, jusqu'aux matelots, tant il a su rendre ses talents éclatants, tant on sait que le soin, le bien-être de ses hommes lui sont précieux, et qu'il a à cœur l'honneur de la marine française.

L'opinion publique l'a déjà désigné pour le commandement de l'expédition de Minorque, avant même, pour ainsi dire, que le gouvernement ait daigné l'apercevoir.

L'escadre commandée par ce vaillant marin bat, devant cette île, la flotte de l'amiral Byng, et une armée, commandée par Richelieu, enlève la forteresse réputée imprenable de Port-Mahon. Cette double action militaire et maritime est un des beaux faits d'armes de ce siècle. L'Angleterre se venge de cette défaite, comme autrefois Carthage; le malheureux Byng est condamné à mort et fusillé à son bord. Cette belle campagne est, malheureusement pour la France, la dernière que fait La Galissonnière; il ne s'est embarqué que par dévouement pour le pays et contrairement à l'avis des médecins qui lui ont prédit sa mort prochaine. Le vainqueur de Mahon expire cinq mois à peine après sa victoire. La victoire navale de Port-Mahon ne se renouvelle plus dans cette désastreuse guerre de Sept ans; cependant, l'honneur du pavillon est brillamment soutenu dans nombre de rencontres partielles.

En 1756 également, dans les parages de Rochefort, deux frégates françaises attaquent une frégate et un vaisseau anglais et les mettent hors de combat. L'un des capitaines français, Maureville, ayant un bras emporté, crie de l'entre-pont à ses marins :

— Courage, mes amis, grand feu ! Je défends d'amener !

Pendant la guerre du Canada, un vaillant marin, d'Yberville, jette encore un reflet de gloire sur cette période désastreuse.

En 1755, les Canadiens décident de chasser les Anglais de la grande île de Terre-Neuve. Il y a là des forts, des canons amoncelés. Ils ne sont que cent vingt-cinq, mais ils ont d'Yberville avec eux, d'Yberville, qui mène une chasse à l'ours ou à l'homme, mieux que le chef indien le plus renommé, et qui passe dans la marine de France pour le plus habile manœuvrier de tous nos capitaines. En deux mois, ils enlèvent tous les forts, tuent deux cents hommes et en prennent sept cents.

Mais deux escadres arrivent, une de France, l'autre d'Angleterre. D'Yberville prend le commandement de la première, et, malgré la saison trop avancée, s'enfonce dans ces mers orageuses, sur lesquelles pèse déjà une atmosphère épaisse et sombre que déchire rarement un rayon de soleil, et où s'entendent incessamment le bruit des montagnes de glace qui se heurtent et se brisent, ou les hurlements lugubres de la tempête.

De ces trois vaisseaux, l'un est entr'ouvert et coulé par les glaces, un autre est emporté au loin par l'ouragan; avec le dernier, le *Pélican*, de cinquante canons, d'Yberville attaque le fort Nelson.

Trois voiles apparaissent à l'horizon; il les prend pour des navires de France, mais ce sont trois anglais: le *Hampshire*, de 56 canons; le *Dehring*, de 36; l'*Hudson-Bay*, de 32, qui l'enferment entre eux et le port. Une partie de son équipage est à terre et il n'a pas le temps de le rappeler. Il court à l'ennemi, se bat seul contre trois, avec 50 canons contre 124. Au bout de quatre heures, il a coulé le *Hampshire*, pris l'*Hudson-Bay*, chassé le *Dehring*, que sa voilure hachée par la mitraille l'empêche de poursuivre.

Mais une tempête furieuse s'élève: son navire, couvert comme son équipage de glorieuses blessures, ne peut plus naviguer. D'Yberville le jette à la côte. La terre ferme est encore à deux lieues des récifs; il construit des radeaux pour y porter ses malades; vingt périssent de froid durant l'opération. On est sans vivres et sans munitions.

— Mort pour mort! s'écrie un marin, mieux vaut celle du soldat sur les créneaux ennemis que celle du sauvage blessé au fond des bois sous la neige! et ils vont se jeter sur le fort Nelson, quand d'autres vaisseaux arrivent, ceux-là avec le drapeau blanc et font une seconde victoire de ce qui allait être une seconde folie.

Armoiries de la Bourdonnais.

D'Estaing à la prise de Grenade (1779).

CHAPITRE XV

D'ESTAING. — DU COUËDIC.

Les marins illustres du règne de Louis XVI. — d'Estaing. — Ses origines. — Ses premières armes. — Campagne de la Delaware. — Combat du *Languedoc* et du *Renown*. — Combat de la *Belle-Poule*. — Bataille d'Ouessant. — Prise de Grenade. — D'Estaing et ses grenadiers — Échec de Savannah. — Retour de d'Estaing en France. — Combat de la *Surveillante* et du *Québec*. — Du Couëdic et Farmer. — La bénédiction de l'Aumônier. — Courage des officiers français. — Du Couëdic est blessé à l'abordage. — Le pilote le Mancq. — Le feu à bord du *Québec*. — Tous frères. — L'explosion. — Arrivée à Brest. — Une fière réponse. — Mort de du Couëdic. — Son tombeau. — La ligne des neutres. — Les deux Latouche-Tréville.

Le règne de Louis XVI n'offre qu'une période d'à peine cinq années de guerre maritime, et ces cinq années ont suffi pour faire surgir une foule d'hommes de mer éminents, Suffren, d'Estaing, Kersaint, La Motte-Piquet, d'Orvilliers, du Couëdic, La Peyrouse, qui fut un excellent marin proprement dit avant d'être un illustre et infortuné navigateur; Guichen, Kergariou, du Rumain, Barras de Saint-Laurent, Vaudreuil, Borda, aussi brave capitaine qu'habile manœuvrier et savant distingué, les La Touche-Tréville, et d'autres encore qui prouvent que cette victorieuse époque, si les occasions de se signaler eussent été plus longues, ne l'aurait pas cédé à celle de Louis XIV. La vie militaire des grands hommes de mer du règne de Louis XVI, se borne donc à cinq années au plus, mais elle a été, durant ce court espace, si active et si bien remplie, qu'à ne la prendre que par ses actes, elle semble avoir l'étendue d'un siècle.

Quand la guerre éclata avec l'Angleterre, en 1778, la France, heureusement, avait passé par les mains de Choiseul, qui avait relevé sa marine.

Une flotte de douze vaisseaux et de quatre frégates part de Toulon pour l'Amérique afin de reconnaître et assurer au nom de la France, l'indépendance des États-Unis. Cette flotte est sous les ordres du vice-amiral d'Estaing, le dernier officier qui ait soutenu en mer l'honneur du drapeau pendant la déplorable guerre de Sept Ans.

Parti de Toulon le 13 avril 1778, avec l'intention de frapper un coup inattendu sur les forces maritimes des Anglais en Amérique, il aurait certainement atteint un grand résultat si des vents contraires n'eussent retardé sa marche; il a su garder un tel secret qu'à Londres on le croit parti pour Brest, lorsque déjà il cingle en pleine Atlantique. Il entre dans la Delaware d'où l'amiral Howe est précipitamment sorti à son approche, noue des relations avec les insurgés américains de Philadelphie, et dépose dans cette ville Gérard de Rayneval, le premier représentant de la France, auprès des États-Unis.

Le vice-amiral d'Estaing concerte alors, avec Lafayette et les généraux américains, la conquête de Rhode-Island, en commençant par New-Port, capitale de cette île voisine du continent. Il force le passage de New-Port, avec l'élan et l'énergie qui le distinguent sur tous, et va opérer une descente dans Rhode-Island, quand on signale l'escadre de l'amiral Howe, grossie d'une partie de celle de l'amiral Byron.

D'Estaing prend aussitôt la résolution d'aller la combattre, force la sortie du passage de New-Port avec non moins de vivacité qu'il a fait à l'entrée et se trouve en présence de l'escadre anglaise.

Déjà le signal d'engager l'action est donné, quand un grain brumeux, suivi du plus affreux des coups de vent, déconcerte tous les projets, toutes les manœuvres des deux armées, et laisse les amiraux uniquement préoccupés du soin de sauver leurs vaisseaux.

Le *Languedoc*, superbe bâtiment de quatre-vingt-dix canons, que monte d'Estaing, est mis dans un pire état que n'aurait pu le faire l'artillerie des ennemis; toutes ses voiles sont déchirées; toute sa mâture s'écroule sous la furie de la tempête; son gouvernail se rompt. Ras comme un ponton, il n'offre plus qu'une masse flottante dépourvue de tout moyen de direction.

Dans cet état, le *Languedoc* qui n'a plus que six canons dont il puisse se servir, est attaqué par le *Renown*, vaisseau anglais de cinquante canons que la bourrasque a épargné. D'Estaing paraît sur le point de devenir, pour la troisième fois, le prisonnier des Anglais; mais il décide dans son cœur qu'il périra en ce jour plutôt que de laisser l'ennemi triompher de la prise d'un vice-amiral de France.

La fortune sourit enfin à tant de persévérance et de courage. Non seulement le vaisseau anglais lâche prise, mais il fuit devant le glorieux débris du *Languedoc*, dont les quelques canons disponibles, admirablement pointés par d'Estaing lui-même, entrent par l'arrière du *Renown* qu'ils enfilent dans toute son étendue, semant sur leur chemin l'épouvante et la mort.

Le combat de la frégate la *Belle-Poule*, qui démâte une frégate anglaise dans la rade de Brest, ouvre glorieusement les hostilités en Europe, et le comte d'Orvilliers, sorti de Brest avec trente-deux vaisseaux, tient la fortune indécise dans la bataille d'Ouessant contre l'amiral Keppel (27 juillet). L'indécision de l'escadre commandée par le duc de Chartres, empêche seule la victoire d'être complète.

L'Angleterre est effrayée de voir la France reparaître sur mer à armes égales, et traduit son amiral devant un conseil de guerre. N'avoir pas saisi la victoire, c'est pour elle avoir été vaincue.

Bientôt l'Espagne, espérant reconquérir Gibraltar, Minorque et les Florides, déclare la guerre à l'Angleterre et réunit sa marine à celle de la France (1779).

Le comte d'Orvilliers avec soixante-huit vaisseaux de ligne, prend la mer. Jamais force si imposante n'a paru sur l'Océan. La terreur est profonde en Angleterre quand on apprend que cette flotte immense se dirige sur la Manche.

Malheureusement le ministre ne donne pas à temps à la flotte les vivres, provisions et munitions nécessaires;

enfin, une tempête, qui disperse l'armée navale, épargne à l'Angleterre quelque désastre.

La France se console d'avoir perdu le fruit de ce grand armement par la prise de la Grenade. Cette ville, capitale de l'île de ce nom, est située sur un morne escarpé et défendue par mille soldats et une nombreuse milice, le tout aux ordres du général anglais Macarteney.

D'Estaing descend dans cette île en juillet 1779 avec trois mille hommes, marche en avant sur trois colonnes, ordonne l'assaut, emporte le morne et la ville, en sautant le premier, l'épée à la main, dans les retranchements où ses grenadiers le suivent, et font à la baïonnette, un carnage épouvantable des Anglais. Une blessure reçue dans l'action témoigne qu'il ne s'est pas plus épargné cette fois que d'habitude.

Le lendemain de sa victoire, on signale une escadre anglaise qui vient, mais trop tard, pour secourir la Grenade. D'Estaing remonte sur ses vaisseaux, se dispose à recevoir cette escadre que commande l'amiral Byron, lui livre combat, le met en fuite après l'avoir dégréé, et le poursuit jusqu'au port de l'île Saint-Christophe devant lequel il le défie et pendant plusieurs jours lui offre un nouveau combat.

La double victoire de d'Estaing donne aux Français la domination sur la mer des Antilles.

D'Estaing, avec autant de bravoure et de décision qu'il en a montré à la Grenade, échoue à l'attaque de Savannah, capitale de l'État de Georgie. Il obtiendrait un nouveau succès sans la feinte déloyale dont use le gouverneur anglais en demandant une armistice de vingt-quatre heures pour régler les articles de sa capitulation, ce qui lui donne le temps d'être secouru.

Furieux d'avoir été joué, d'Estaing résout d'emporter la place d'assaut. A la tête des grenadiers, il conduit lui-même la principale attaque. Dans son valeureux transport, il arrache avec ses mains et ses dents les palissades de l'ennemi. Mais atteint de deux blessures, l'une au bras droit, l'autre à la jambe, il est obligé d'opérer sa retraite qui s'effectue dans le meilleur ordre.

La présence de son escadre a eu néanmoins pour résultat de forcer les Anglais à abandonner cette même Rhode-Island qu'il n'a pu précédemment leur enlever.

Le vice-amiral se rembarque alors, revient aux Antilles, puis retourne en France avec un seul vaisseau laissant les autres au comte de Guichen, ayant sous ses ordres les généraux de Grasse, de Vaudreuil et de Lamotte-Piquet. Il déjoue dans son audacieuse traversée toutes les flottes et les escadres ennemies. On le reçoit en triomphateur, les populations des villes maritimes surtout.

Armoiries de d'Estaing.

Dans la Manche, un duel héroïque excite une universelle admiration.

Le 4 octobre 1780, le lieutenant de vaisseau du Couëdic, reçoit l'ordre d'appareiller de Brest avec la frégate la *Surveillante* qu'il commande et le côtre l'*Expédition*, pour aller à la découverte d'une escadre de six vaisseaux ennemis qui doit sortir de Portsmouth. Le 6 octobre, au soleil levant, les vigies des huniers signalent deux voiles anglaises à l'horizon. Ce sont la frégate le *Québec* et le côtre le *Rambler*, envoyés également à la découverte.

Des deux côtés, les navires sont d'égale force. Les

équipages, composés d'hommes d'élite choisis un à un par leurs capitaines, sont sous les ordres de deux intrépides marins ; l'Anglais Farmer, qui a longtemps servi aux Indes Orientales où il s'est fort distingué; le Français du Couëdic, au service depuis 1756, possède une expérience consommée.

Les deux frégates suivies de leurs côtres, s'approchent rapidement l'une de l'autre.

— Branle-bas de combat, ordonne du Couëdic d'une voix retentissante, pendant que les tambours placés au pied du grand mât battent la générale.

Tous les préparatifs de combat terminés, le capitaine, un chrétien des anciens jours, réunit son équipage sur le pont. Officiers et marins s'agenouillent sous la bénédiction du digne aumônier du bord qui leur dit : « Faites votre devoir en bons Français, en vaillants chrétiens ! Tous se relèvent en faisant le signe de la croix et chacun court à son poste.

La *Surveillante* ouvre le feu auquel le *Québec* répond. Un duel à mort s'engage. Du Couëdic manœuvre habilement pour garder l'avantage du vent, que Farmer, par d'incessantes et rapides évolutions, essaye, mais en vain, de lui enlever. Au milieu d'un nuage épais de fumée, les deux navires, tout à la fois, se cherchent et s'évitent, tournoient, bondissent, virent, voltent sur l'onde écumante, luttent d'adresse et d'habileté; l'artillerie tonne sans relâche, la mousqueterie continue ses décharges, soit par des feux de file prolongés, soit par les coups plus sûrs des tirailleurs postés dans les haubans et qui peuvent viser à loisir dès qu'une éclaircie de fumée le permet.

Les deux vaisseaux finissent par s'approcher de si près

que l'abordage est imminent; les fusils, les pistolets portent coup; il y a des moments même où les refouloirs à l'aide desquels les canonniers poussent la charge au fond de leurs canons, se touchent et s'embarrassent d'une frégate à l'autre.

Des deux côtés cependant déjà les pertes sont grandes, les victimes nombreuses; les blessés, descendus dans des cadres, encombrent rapidement les ambulances, les ponts se jonchent de cadavres. Ce terrible spectacle ne fait qu'exalter les courages.

La Beutanaie, premier lieutenant de la *Surveillante*, a le bras emporté par un boulet; après l'opération et le pansage, il veut remonter à son poste. Ainsi fait le second lieutenant, le chevalier de Lostanges, qui a eu l'œil crevé et une partie de la joue arrachée. Un autre officier, Penquière, est atteint mortellement d'une balle; malgré cela, il s'efforce de courir pour exécuter un ordre qu'il a reçu, mais il tombe mort sur le pont.

Du Couëdic lui-même reçoit deux blessures à la tête; il ne prend pas le temps de se faire panser, et la face ruisselante de sang, noircie de poudre, mais sublime d'attitude et d'héroïsme, il ordonne, montre à tous ce qu'il faut faire.

Tout à coup des cris de joie se font entendre à bord du *Québec;* un boulet vient de couper la drisse du pavillon de la *Surveillante* qui tombe à la mer. Les Anglais croient que la frégate française vient d'amener son pavillon.

Mais le second pilote de la *Surveillante*, l'héroïque Le Mancq, s'en est aperçu. Aussitôt saisissant un nouveau pavillon, il grimpe au mât d'artimon et l'y attache solidement après l'avoir agité quelque temps pour qu'il soit bien vu des Anglais en accompagnant ce sublime défi du cri de : « *Vive le Roi!* »

Fous de rage, les Anglais déchaînent sur le brave marin une grêle de balles et de boulets dont, par une sorte de miracle, pas une ne l'effleure.

Peu après les trois mâts de la *Surveillante* s'écroulent à la fois avec un horrible fracas et encombrent le pont, menaçant par leur poids de faire chavirer le navire.

— Allons, garçons, crie du Couëdic, vite ! à la hache ! et qu'on jette à la mer ces tronçons !

L'ordre est exécuté, la frégate se relève et se venge en abattant à son tour tous les mâts du *Québec*, et précisément du côté des Français, comme pour faciliter l'abordage.

Du Couëdic fait aussitôt distribuer les sabres et les pistolets d'abordage à ses matelots les plus valides.

— Préparez-vous à l'abordage ! commande-t-il. Les premiers de tous en avant, se tiennent trois jeunes gardes-marines, trois neveux du capitaine, qui attendent avec impatience le signal de l'attaque.

A ce moment même, une balle atteint le brave du Couëdic dans le bas-ventre : sous cette troisième et terrible blessure, le héros breton chancelle un instant ; mais il surmonte sa douleur et arrêtant d'un geste ses neveux qui veulent courir à son secours :

— Allons ! jeunes gens, leur dit-il gaiement, voilà le moment de songer à l'honneur de la famille ! En avant !

Nos marins vont s'élancer... quand soudain un tourbillon d'épaisse fumée noirâtre, à travers laquelle brillent de sinistres langues de flammes sort du *Québec*.

L'incendie vient de se déclarer à bord de ce malheureux bâtiment ; ses progrès sont si rapides, que le pont même de la *Surveillante* devient brûlant et que son beaupré s'enflamme. Les gardes-marines parviennent à l'éteindre, et par ordre de du Couëdic, tous les matelots valides font effort pour aider à la manœuvre et éloigner la *Surveillante* du navire qui menace de lui communiquer l'incendie.

Mais le généreux officier a entendu les cris de détresse qui s'élèvent à bord du *Québec*. Un seul canot reste intact à bord de la *Surveillante* : tous les autres ont été fracassés par les projectiles ou écrasés par la chute des mâts.

Combat de la *Surveillante* et du *Québec* (1770).

— Mes enfants ! crie du Couëdic à ses matelots, vite à la mer notre dernier canot ; maintenant ces hommes ne sont plus nos ennemis, ce sont des chrétiens ! ce sont des frères !

Malheureusement le canot qu'on enlève heurte en passant un canon qui le crève, et à peine touche-t-il la mer qu'il coule, à la grande douleur du capitaine et de ses braves matelots désespérés de leur impuissance.

Sur le pont du *Québec* cependant s'offre un spectacle à la fois sublime et terrible. L'intrépide Farmer, malgré trois blessures, est resté sur son banc de quart qu'il inonde de sang ; il reconnaît qu'il est impossible, malgré tous ses efforts, d'arrêter l'incendie ; aussi s'occupe-t-il du sauvetage et fait embarquer la majeure partie de son équipage dans le grand canot, où il ordonne à son premier lieutenant sir John Roberts, blessé aussi, de descendre pour en prendre le commandement.

— Non, pas moi, répond le généreux lieutenant ; mais vous, capitaine, qui êtes plus grièvement blessé. Je resterai.

— Faites ce que je dis, ordonne Farmer d'un ton qui n'admet pas de réplique.

Le grand canot s'éloigne ; mais trop chargé de monde, il coule à quelques encâblures à peine du *Québec*, avec tous ceux qui le montent. Quelques matelots seulement peuvent s'accrocher à des avirons ou à des débris et s'efforcent de gagner à la nage la frégate française. En même temps leurs compatriotes, qui sont restés à bord du *Québec*, se trouvant menacés de plus en plus par les flammes, sautent à la mer ; mais la plupart, trop blessés ou mauvais nageurs, ont bientôt disparu ; le plus petit nombre, une quarantaine environ, peuvent attendre la *Surveillante*, où tous les bras leur tendent à l'envi la perche et l'aviron.

Du Couëdic espère que l'*Expédition* ou le *Rambler* naguère acharnés l'un contre l'autre, et qui, d'un commun accord ont cessé le feu, pourront venir au secours du *Québec*. Mais tous deux désemparés, démâtés, ne marchent qu'avec une extrême lenteur, et il semble comme impossible qu'ils puissent arriver à temps.

D'un autre côté, le vent s'élevant de plus en plus, pousse

le *Québec* vers la *Surveillante* sur laquelle tombent des débris enflammés; de nouveau la voilure du beaupré prend feu. Le péril devient imminent, et, pour y échapper, on est obligé de se servir d'énormes avirons improvisés. Les Anglais, recueillis à notre bord, prêtent à l'envi leurs bras à cette manœuvre.

On aperçoit toujours l'héroïque Farmer debout, quoique chancelant sur le pont du *Québec,* où l'honneur, où le devoir l'ont retenu, et qui maintenant, au milieu des mourants, semble les encourager du geste et de la voix.

Sublime spectacle!

Tout à coup, les cris de ces malheureux abandonnés retentissent plus déchirants. En même temps de tous les côtés à la fois, par tous les sabords, les panneaux et les écoutilles jaillissent à la fois des torrents de flammes dans lesquelles disparaît le généreux George Farmer.

Puis une trombe rougeâtre et enflammée s'élève de l'entrepont : un sifflement étrange et prolongé se fait entendre, suivi d'un fracas épouvantable qui ébranle la mer jusque dans ses dernières profondeurs.

Le *Québec* a fait explosion couvrant de ses débris la *Surveillante,* qui se trouve à peine à 40 toises, et qui, par le contre-coup de l'explosion s'inclinant sur le côté, menace un instant de sombrer.

Du Couëdic déclare alors aux quarante-trois matelots anglais, les seuls survivants du *Québec,* que leur frégate ayant péri avec son pavillon flottant, ils seront traités, non comme des prisonniers, mais comme des frères recueillis dans un naufrage. Anglais et Français ne forment plus qu'un seul équipage et travaillent avec une égale ardeur à sauver la *Surveillante* qui s'enfonce à son tour en brûlant; ce n'est qu'après ces nouveaux efforts, quand le danger a complètment disparu, que du Couëdic consent enfin à se laisser soigner et remet le commandement à M. Dufresneau, le seul des officiers qui n'a pas été grièvement blessé. Celui-ci donne l'ordre de gouverner vers l'extrémité ouest de la Bretagne, manœuvre qui ne peut être exécutée qu'à l'aide des rames et des avirons. La *Surveillante* se traîne plutôt qu'elle ne marche, suivie péniblement par l'*Expédition* qui a pu enfin la rallier, mais qui ne se trouve guère en meilleur état.

La nuit se passe dans une affreuse anxiété sur la frégate qui n'a plus ni voiles, ni mâts, et où l'on doit craindre à chaque instant de voir les voies d'eau mal fermées se rouvrir.

Au jour enfin, le bienheureux cri : « Terre ! terre ! » retentit : c'est l'île d'Ouessant qui, sous le soleil levant, apparaît à tous les yeux.

Bientôt de nombreux bateaux pêcheurs entourent le vaisseau, empressés d'offrir leur service. Dix d'entre eux sont choisis pour remorquer la frégate brisée. C'est ainsi que peu d'heures après elle entre dans le port de Brest, saluée par les acclamations de la flotte franco-espagnole, et d'une foule enthousiaste.

Tout le monde veut visiter la frégate et les blessés, et la duchesse de Lauzun ayant demandé à l'un de ces braves gens s'il était vrai que les Anglais eussent cloué leur pavillon au mât pendant le combat.

— Je l'ignore, madame, dit fièrement le matelot français, mais ce que je sais, c'est que le nôtre était cloué par l'honneur dans le cœur de notre brave capitaine.

Aussitôt qu'il est possible, les blessés et du Couëdic le premier sont transportés à terre. L'entrée dans la ville du vaillant Breton, porté dans une litière toute pavoisée de drapeaux, est un véritable triomphe. Peu de jours après, il reçoit sa nomination de capitaine de vaisseau. Un instant on espère le sauver, mais la blessure qu'il a reçue au bas-ventre s'envenime, et le 7 janvier 1780, le brave du Couëdic, rend le dernier soupir, le front aussi calme qu'en face des Anglais, à l'abordage du *Québec!*

Cette mort fut un deuil universel. Louis XVI décida que les trois jeunes enfants de du Couëdic seraient adoptés par la France, et fit ériger dans l'église Saint-Louis, de Brest, sur la tombe du héros breton, un monument avec cette inscription, dictée sans doute par le roi lui-même.

JEUNES ÉLÈVES DE LA MARINE

ADMIREZ ET IMITEZ L'EXEMPLE DU

BRAVE DU COUËDIC!

En 1780, Rodney se jette sur Saint-Eustache, où il fait une prise de seize millions que le brave Lamotte-Piquet ravit en vue des côtes d'Angleterre.

Deux marins, qui, l'un et l'autre, se signalent pendant la guerre de l'indépendance de l'Amérique, illustrent le nom de Latouche-Tréville, établi à la Guadeloupe depuis 1640.

Le premier est le marin qui s'est signalé comme lieutenant général des armées navales sous le règne de Louis XVI.

A l'ouverture de la guerre de l'indépendance de l'Amérique, il s'empare de la frégate-corsaire anglaise l'*Hercule*, et commandant de l'escadre légère de la flotte combinée franco-espagnol, il s'empare du vaisseau ennemi la *Junon*.

Toutes ses autres expéditions ne sont ni moins habilement conduites, ni moins heureuses.

Ses longs services exigeant un peu de repos, il est appelé au commandement de la marine à Rochefort, et finit sa vie dans ce poste éminent en 1788.

Le jeune comte de Latouche, neveu préféré de cet amiral, a été témoin des malheurs de la marine française à la fin du règne de Louis XV, et en prend un grand sentiment de haine contre les Anglais.

La guerre qui éclate en 1779, le trouve lieutenant de vaisseau et commandant la corvette le *Rossignol*. Il est nommé bientôt chevalier de Saint-Louis et commandant de la frégate l'*Hermione*. En autres glorieuses actions, il soutient, avec ce bâtiment, l'attaque de quatre vaisseaux anglais, les bat complètement, et a le bras gauche traversé par une balle dans ce combat.

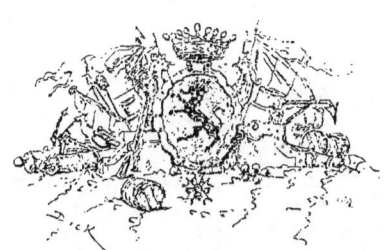

Armoiries de Latouche-Tréville.

Bataille de Trinquemalé (1782).

CHAPITRE XVI

DE GRASSE, SUFFREN, LES EXPLORATEURS.

Le comte de Grasse. — Capitulation de York-Town. — Bataille de Saintes. — Siège de Gibraltar. — Le colonel d'Arçon. — Ses batteries flottantes. — Expédition de La Touche. — L'*Aigle* et la *Gloire*. — Les liaisons dangereuses. — Une fuite honteuse. — Une défaite sublime. — Le bailli de Suffren. — Sa carrière maritime. — Combat de Praya. — Combat de Madras. — Bataille de Provedien. — Désastre du *Monmouth*. — Bataille de Negapatam. — Retraite des Anglais. — Incident du *Sévère*. — Héroïsme du lieutenant Dieu. — Une fière réponse. — Prise et bataille de Trinquemalé. — Une chevaleresque détermination. — Dévouement de l'*Arlésien*. — Défense héroïque du *Héros*. — Un généreux désespoir. — Déblocus de Goudelour. — Générosité de Suffren. — Retour en France. — Ovations. — Récompenses. — Mort de Suffren. — Voyage de La Pérouse. — Ses découvertes. — Massacre de de Langle. — La catastrophe finale. — D'Entrecasteaux. — De Rosily. —

Bougainville. — Combat de la *Pomone* contre les Barbaresques. — Dévouement de l'élève de Contenson.

L'année 1781 est la plus heureuse de cette guerre pour la France. Le comte de Grasse a été chargé, avec une flotte de vingt et un vaisseaux, de porter des renforts d'hommes et d'argent aux colonies. — Il a six pieds, disaient de lui nos marins, et six pieds un pouce les jours de bataille.

L'année précédente Rochambeau et Lafayette ont débarqué sur le continent américain. De Grasse vient bloquer la baie de Chesapeake, au moment où Lafayette dispute la Virginie à l'Anglais Cornwallis.

En agissant de concert par terre et par mer, le 11 octobre 1781, ils forcent le général Cornwalis à capituler dans York-Town, avec sept mille hommes, six vaisseaux de guerre et cinquante bâtiments marchands.

Dans les Antilles, les Anglais ne conservent d'autre île importante que la Jamaïque; de Grasse veut la leur enlever en 1782; il faut pour cela rallier la flotte espagnole à Cuba. De Grasse part avec trente vaisseaux, dont deux sont bientôt perdus. L'Anglais Rodney avec trente-deux vaisseaux de ligne, l'atteint près des Saintes.

De Grasse accepte le combat et le soutient jusqu'au milieu du jour sans désavantage. Mais alors Rodney coupe sa ligne et gagne le vent. Les vaisseaux français engagés font la plus vive résistance. Trois sont pris après avoir perdu tous leurs officiers. De Grasse sur la *Ville de Paris*, combat seul contre quatre vaisseaux anglais. Après douze heures, il amène enfin son pavillon; à son bord, il n'y a que trois hommes qui ne soient pas blessés.

Cette bataille des Saintes, qui fut sans résultat fâcheux, eut une grande importance dans l'opinion. On oublia que c'était la première bataille navale que nous perdions dans cette guerre.

La guerre d'escadre nous a été moins funeste qu'on ne le dit. De 1676 à 1782, la marine française a livré vingt et une batailles rangées, et n'en a perdu que trois.

Tourville, vaincu à la Hougue (1692) avait 3,114 canons contre 6,994.

Conflans, dans la baie de Quiberon (1759), lutta avec vingt et un vaisseaux contre trente-sept.

Le comte de Grasse, à la bataille des Saintes (1782), n'avait que trente vaisseaux contre trente-sept.

L'habile défense de Gibraltar contre les forces réunies de la France et de l'Espagne est un autre échec.

Vingt mille hommes et quarante vaisseaux bloquent la place. Deux cents bouches à feu du côté de la terre, et dix batteries flottantes, ouvrent, le 12 septembre 1782, un feu épouvantable contre ce rocher que défend sa redoutable position.

Ces batteries inventées par le colonel d'Arçon, sont formées par des vaisseaux rasés, recouverts d'un triple toit à l'épreuve de la bombe et garnis d'un bordage épais. Une humidité constamment entretenue prévient le danger des projectiles incendiaires.

La place attaquée comme nulle autre ne l'a encore été, se trouve bientôt aux abois. Elle a vainement lancé six cents boulets rouges contre les batteries flottantes, lorsqu'un de ces derniers projectiles entre sans qu'on s'en aperçoive dans le bordage de la *Tailla-Pedra* où toutes les précautions recommandées par l'inventeur n'ont pas été prises. Ce projectile incendiaire chemine silencieusement, arrive aux poudres et la fait sauter.

L'incendie gagne les deux batteries voisines, et les Espagnols, sous prétexte d'empêcher les Anglais de s'emparer des autres, y mettent le feu. Douze mille hommes périssent à ce siège et Gibraltar reste aux Anglais.

En 1782, La Touche est chargé de conduire de Rochefort en Amérique, sur les frégates l'*Aigle* et la *Gloire*, nombre de personnages de distinction, et d'aller porter en même temps des secours considérables aux Américains.

Dans la nuit du 4 au 5 septembre, les deux frégates ont connaissance d'un navire ennemi de soixante-quatorze canons, l'*Hector*, bâtiment d'origine française dont les Anglais se sont dernièrement emparés et qu'ils ont armé.

La Touche, en raison de l'inégalité des forces et de l'importance de sa mission, cherche d'abord à éviter le combat, et serre le vent en faisant de la voile, espérant que le *Glorieux* imitera ce mouvement, sans qu'on ait besoin de recourir aux signaux de nuit pour le lui indiquer. Mais s'apercevant que sa manœuvre n'est pas suivie, La Touche fait le signal de raliement.

Le commandant de la *Gloire*, nommé de Vallongue, brave et habile homme, se trouve, lorsqu'il aperçoit ce signal, à demi-portée de fusil de l'ennemi, qui déjà le hèle et le somme de se rendre.

Jugeant que, s'il exécute l'ordre de La Touche, il offrira au vaisseau anglais, une position trop avantageuse dont celui-ci profitera pour lui envoyer sa bordée, ce que La Touche n'a pu calculer, il prend l'audacieux parti d'arriver sur l'*Hector* et de lui lâcher toute sa bordée à l'avant.

L'*Hector* riposte et le combat est engagé à portée de pistolet. Le premier coup de canon a mis fin à toutes les reflexion de La Touche, sur la disproportion des forces et les suites de ce combat; il arrive vent arrière avec l'*Aigle* pour couvrir la *Gloire* et la seconder.

Là, se passe un drame plein d'émotions pour toute cette brillante et valeureuse noblesse française qui se trouve sur les deux frégates. Elle y prend part avec une bravoure chevaleresque et un étonnant sang-froid; le prince de Broglie surtout.

Près du banc de quart de la *Gloire* on cause des *Liaisons dangereuses*, ouvrage à la mode de Laclos, lorsqu'un boulet ramé, qui n'est autre chose que deux boulets joints ensemble par une chaîne de fer, vient tomber aux pieds des interlocuteurs. Sans se déranger, Loménic dit à l'un de ceux qui s'informe de ce qu'est l'ouvrage en question.

— Vous voulez savoir ce que sont les *Liaisons dangereuses*, les voici — et du doigt il indique le boulet ramé.

Les Sévigné, les Vioménil, les Lauzun, les de Laval, les Mac-Mahon, les Talleyrand, les Fleury, les de Langeron, les de Lameth, les Montesquiou, les Vaudreuil, et le brave polonais Polereski se signalent à l'envi dans cette affaire.

Vallongue ose faire crier au commandant anglais d'amener pavillon. Celui-ci répond ironiquement qu'il va le faire, et en même temps, se met en devoir de prendre une position plus avantageuse pour continuer le combat. Vallongue le prévient et profitant d'un moment opportun, lui détache une volée meurtrière.

L'action s'échauffe de plus en plus. La Touche ayant pour enseigne son frère Camille, vient alors se placer intrépidement entre la *Gloire* et le vaisseau anglais, et se prépare à recevoir un abordage que l'*Hector* semble se disposer à lui donner.

Déjà la vergue de civadière de l'ennemi est accrochée dans les haubans de l'*Aigle;* déjà La Touche lâche une bordée de toute son artillerie, et en même temps crie aux siens :

— A l'abordage, mes amis, et vive le roi !

Déjà même, le baron de Vioménil, à la tête d'une noble et valeureuse élite va sauter sur le pont ennemi, lorsque effrayé, sans doute, de l'audace des chefs et de l'ardeur de l'équipage français, le commandant anglais manœuvre pour s'éloigner sans tirer un seul coup de canon.

Les artilleurs de l'*Aigle*, qui tout à l'heure encore frappaient de leurs refouloirs les canonniers de l'*Hector*, accompagnent de huées et d'insultes la manœuvre honteuse des Anglais.

Tout cela s'est passé de nuit. Le combat recommence à portée de pistolet. Mais au lever du jour, la *Gloire*, qui a pris une position favorable, et l'*Aigle*, qui ne lâche point prise, canonnent si activement le vaisseau anglais, que celui-ci, tout dégréé, ne manœuvre plus qu'à peine, et va être contraint de se rendre aux deux frégates, quand les vigies de l'une d'elles signalent plusieurs bâtiments de guerre ennemis.

La Touche juge prudent alors d'abandonner l'*Hector*, qui sombre peu après.

Les deux frégates continuent leur route et vont arriver à leur destination, quand, le 12 septembre suivant, elles aperçoivent arrivant à toutes voiles, une division ennemie composée de deux vaisseaux, d'une frégate, de deux corvettes et d'un brick.

La Touche s'empare aussitôt de ce dernier qui sert

de découverte à l'ennemi, puis pénétrant dans la baie de la Delaware, il s'engage audacieusement au milieu des bancs, espérant que les bâtiments ennemis n'oseront s'y hasarder : mais ceux-ci le poursuivent dans ce refuge.

La Touche envoie aussitôt à terre dans des canots, les passagers, les trésors ainsi que les dépêches dont il est porteur, et le 15, au point du jour, il essaye comme dernière planche de salut, de remonter la Delaware et de doubler un immense banc de sable.

Cette manœuvre va réussir, quand l'*Aigle*, puis bientôt la *Gloire* échouent; cette dernière peut se dégager et gagner le grand canal.

Malgré toute son énergie La Touche ne peut remettre sa frégate à flot; sûr de succomber, il veut au moins faire payer cher sa perte à l'ennemi; pour comble de malheur, la marée descend rapidement et l'*Aigle* penche tellement sur le côté, que le service de sa batterie ne peut se faire.

La Touche ordonne alors d'abattre les mâts et d'ouvrir des voies d'eau à la frégate, pour qu'elle ne puisse être d'aucun service à l'ennemi. Puis, il fait débarquer presque tout son monde, et seul, pour ainsi dire, avec une poignée de matelots, plein de cette magnanimité et de ce dévouement héroïque, qui ont de tout temps distingué les officiers de la marine française, il reste sur sa frégate pour subir le même sort qu'elle.

Une frégate anglaise, soutenue par les autres bâtiments ennemis, vient se mettre en travers de l'*Aigle* et l'écrase de tout son feu.

La Touche, qui ne peut lui répondre que par quelques coups de canons de son arrière, essuie les volées des

Anglais, jusqu'à ce que sa frégate, faisant eau de toutes parts, n'offre plus à l'ennemi qu'un inutile débris. L'intrépide capitaine refuse de se rendre et veut s'ensevelir sous les décombres de son navire ; mais la pensée des malades et des blessés qu'il a à son bord, le désir de conserver les quelques braves restés auprès de lui, le décident enfin à faire descendre son pavillon.

La frégate est perdue, mais la mission de La Touche est accomplie ; le trésor, la plupart de son monde et l'honneur surtout sont saufs. Une telle défaite vaut la plus belle des victoires.

Si notre marine essuyait quelques échecs dans l'Atlantique, elle se relevait avec honneur dans la mer des Indes sous les ordres du grand Suffren.

Parmi tous les vaillants marins qui se signalèrent sous ce règne, la première place fut conquise en une seule campagne par un provençal, Pierre-André de Suffren-Saint-Tropez, né au château de Saint-Cannat, appartenant à sa famille, le 13 juillet 1726. Depuis longtemps déjà les de Suffren donnaient de braves marins, particulièrement à l'ordre de Malte.

Dès l'âge de dix-sept ans, le jeune Suffren s'embarque en qualité de garde-marine sur le vaisseau le *Solide* qui fait partie de l'escadre de Toulon, que commande La Bruyère de Court, doyen des lieutenants généraux des armées navales de France, et qui a pris des leçons du bon temps. Suffren peut commencer ainsi à s'instruire à l'école d'un homme qui s'est lui-même formé à celle des plus fameux marins du règne de Louis XIV.

Il prend part au combat que l'escadre de France, bloquée dans le port de Toulon, livre le 30 février 1744, combat duquel les Français sortent victorieux. Suffren passe ensuite sur l'escadre de Brest, aux ordres du plus ancien des deux lieutenants généraux du nom de Roquefeuille.

Deux vaisseaux de cette escadre, commandés par le capitaine Perrier et le chevalier de Conflans et sur l'un desquels se trouve Suffren, rencontrent dans la Manche le *Northumberland*, bâtiment anglais de soixante-dix canons et de quatre cent quatre-vingts hommes d'équipage, engagent le combat avec lui et le réduisent à se rendre après la mort de son capitaine.

L'année suivante, Suffren sert sous les ordres du capitaine Macnemara, qui, escortant avec trois vaisseaux de guerre une flotte marchande, est attaqué, à son retour de Saint-Domingue, par quatre vaisseaux anglais dont il triomphe. Pendant cette même année, les Français enlèvent ou détruisent près de huit cents bâtiments marchands d'Angleterre.

En 1746, le jeune garde-marine échappe avec son vaisseau à la désastreuse bataille des Açores.

En 1747, Suffren, devenu enseigne de vaisseau, se signale sur l'escadre de l'habile et intrépide Desherbiers de l'Estanduère, un des derniers marins de cette époque qui eussent fait leurs premières armes sous les Tourville, les d'Estrées, les Ducasse et les Duguay-Trouin.

L'escadre de l'Estanduère soutient avec courage, le 25 octobre 1747, à quatre-vingt-dix lieues du cap Finistère, un combat inégal contre les forces écrasantes des Anglais; huit bâtiments français luttent avec intrépidité contre vingt-trois vaisseaux de haut bord que commande l'amiral Hawke, afin de sauver une flotte marchande de deux cent cinquante-deux voiles.

La belle et mémorable défense de nos marins sauve

toute la flotte du commerce, mais six des vaisseaux français, qui se sont dévoués pour obtenir ce grand résultat, tombent au pouvoir de l'ennemi, et parmi eux le *Monarque*, sur lequel se trouve Suffren, dont le sang-froid a été des plus remarquables pendant cette lutte inégale.

La captivité du jeune marin dure peu, la paix d'Aix-la-Chapelle, qui est signée le 18 octobre 1748 le rend à sa famille.

Le repos ne peut convenir à ce caractère bouillant. Suffren se rend à Malte, et ayant fait ses preuves contre les corsaires barbaresques, est reçu chevalier, puis commandeur de l'Ordre, et enfin *bailli*. Ce titre devient pour lui comme une sorte de surnom ou plutôt de prénom glorieux et populaire par lequel il fut connu du public, et plus tard désigné par les historiens.

La postérité n'a pas voulu séparer son propre nom de ce titre précieux qui ne s'obtenait alors que par des preuves éclatantes de bravoure. Le *bailli de Suffren* apparait dans nos annales comme l'une des dernières grandes figures de cette milice vénérable de Malte qui sut acquérir dans le monde chrétien tant de gloire et de célébrité.

Lors de la reprise des hostilités en 1755, Suffren revient en France. Embarqué sur l'*Orphée* comme lieutenant, il prend part au combat livré entre Majorque et Minorque par La Galissonnière contre l'amiral Byng, et à la suite duquel les Français victorieux s'emparent de Port-Mahon.

L'année suivante est moins heureuse pour Suffren, de nouveau prisonnier des Anglais, par suite de la capture de l'*Océan*, sur lequel il navigue. Dans ce combat, le commandant en chef français La Clue a été dangereusement blessé, et s'est vu obligé de remettre le porte-voix au capitaine de Carné.

Pendant la paix qui survient alors, Suffren sert sous les ordres du brave Duchaffaut contre les corsaires barbaresques, et est nommé capitaine de frégate.

En 1778, la guerre éclate de nouveau avec l'Angleterre et le capitaine de vaisseau de Suffren va bientôt, avec ce nouveau grade, montrer les talents et le génie d'un amiral consommé. Malgré depuis bientôt quarante ans qu'il montait des vaisseaux de guerre, il n'avait point encore eu l'occasion de révéler ses brillantes qualités.

Le bailli de Suffren.

On le savait doué d'un courage indomptable, actif et énergique, malgré sa corpulence, esclave du devoir, ferme et sévère au sujet de la discipline : bon pour le soldat et le matelot, qui répétaient partout : « *Bon comme M. le bailli de Suffren.* »

On allait apprendre à le connaître comme amiral.

En 1781, le bailli de Suffren, nommé récemment chef d'escadre, et à qui il tarde de prouver qu'il est digne de cet honneur, sort de Brest avec cinq vaisseaux et deux frégates pour aller à l'île de France se réunir à l'escadre du comte d'Orves.

Averti que l'escadre du commodore Johnstone, un des plus renommés marins anglais d'alors, vient de relâcher à la Praya, l'une des îles du Cap-Vert, il va l'y chercher, et mouille fièrement avec son vaisseau le *Héros* sur la bouée de l'ennemi, en accompagnant sa manœuvre d'une épouvantable détonation. Ses vaisseaux le suivent, et l'escadre anglaise est tellement maltraitée qu'elle se laisse de beaucoup devancer par celle des Français.

Un moment Johnstone semble vouloir poursuivre nos marins : — Allons ! point de manœuvres honteuses, s'écrie Suffren, et se reformant aussitôt en ligne de bataille, il attend le commodore, qui, devant la décision de son adversaire, bat bientôt en retraite.

Après avoir déposé une forte garnison française au Cap de Bonne-Espérance, Suffren rejoint l'escadre du comte d'Orves, et capture le vaisseau anglais l'*Annibal*.

Les deux escadres réunies, formant une flotte de onze vaisseaux, trois frégates, trois corvettes et huit bâtiments de transport, sur lesquels, outre les munitions et l'artillerie sont embarqués trois mille hommes de troupes aguerries, font voile pour la côte de Coromandel. Mais avant qu'on soit en vue de la côte, le comte d'Orves, déjà malade au moment du départ, remet le commandement en chef au bailli de Suffren qui n'est que son second, et bientôt après, il expire. Ici commence véritablement la grande et glorieuse carrière de l'illustre marin. Du reste, le bailli de Suffren allait avoir dans l'amiral anglais sir Édouard Hughes, un adversaire digne de lui.

Il le rencontre pour la première fois, le 17 janvier 1782, à quelque distance de Madras, ayant pour but de couvrir Trinquemalé dans l'île de Ceylan, alors que lui-même fait route pour Pondichéry.

L'amiral anglais se jette sur notre convoi, mais Suffren n'est pas l'homme à se laisser surprendre, et se plaçant résolument entre ses navires de transport et la flotte anglaise, il salue celle-ci par un feu terrible, s'attaquant particulièrement avec le *Héros* qu'il monte, au vaisseau le *Superbe*, où se trouve sir Édouard Hughes en personne.

Jamais connaissance n'a été faite entre deux amiraux opposés d'une façon plus fière et plus terrible.

Le grand mât du *Superbe* s'incline, puis tombe sous les coups redoublés du *Héros*. Le vaisseau-amiral anglais est pour ainsi dire écrasé par l'épouvantable feu que Suffren dirige lui-même : il perd son capitaine de pavillon et offre en un instant le plus affreux spectacle.

Le feu du *Superbe* et celui de plusieurs autres vaisseaux sont complètement éteints. Encore un effort, et l'amiral anglais va être coulé bas, quand la brume, la pluie et le temps orageux interrompent le combat? La flotte française, qui n'a eu que trente hommes tués et quatre-vingt-deux blessés, reprend sa route pour Pondichéry, pendant que celle des Anglais va à Trinquemalé faire les réparations dont elle a le plus grand besoin.

Après avoir débarqué à Porto-Novo, le 23 février 1782, trois mille Français qui s'emparent aussitôt de Goudelour, et se réunissent aux troupes du célèbre prince indou Haïder-Ali-Khan, alors en guerre contre l'Angleterre, Suffren remet à la voile pour aller à la recherche de Sir Édouard Hughes, l'aperçoit, lui donne la chasse, le presse, l'accule par son activité et ses manœuvres, et le force à accepter une seconde bataille.

L'engagement a lieu, le 12 avril 1782, à la hauteur de Provedien, dans l'est de l'île de Ceylan. Les deux amiraux combattent à portée de mousqueterie. Les Anglais hachent tellement les manœuvres du *Héros*, que celui-ci dépasse malgré lui le *Superbe*, et est obligé de porter ses efforts sur le *Monmouth* autre vaisseau anglais qui est en avant. Ce malheureux bâtiment qui se trouve par le travers du *Héros*, est attaqué à une demi-portée de pistolet et perd en un clin d'œil son mât d'artimon et son grand mât ; encore un effort, et l'Anglais va être enlevé à l'abordage, quand se laissant dériver sous le vent, il parvient ainsi à se sauver, perdant un tiers de son équipage tué ou blessé. Grâce à la nuit et à la brume, Sir Édouard Hughes, qui a lutté toute la journée avec une fureur de désespéré réussit à s'évader.

Cette première rencontre n'a pas eu de résultat décisif. Il n'en est pas de même à la bataille de Negapatam (6 juillet 1782), où les deux flottes se retrouvent en présence.

Le *Héros*, toujours monté par Suffren, s'en prend, selon son usage, au *Superbe*, monté par Sir Édouard Hughes, et fait d'épouvantables ravages dans ses équipages et ses gréements.

Pour la seconde fois, dans cette campagne, l'amiral anglais a la douleur de voir son capitaine de pavillon tué à ses cotés.

Bientôt la flotte anglaise est dans le plus piteux état. Le *Monarca*, de soixante-dix canons, entièrement désemparé, ne peut plus gouverner ; le *Worcester*, de soixante-quatre canons, criblé par plusieurs furieuses bordées du *Héros*, court au large sans se rallier.

Dans cette situation, Sir Édouard Hughes se décide à s'éloigner, sans avoir pu comme il le désirait jeter des secours dans Negapatam, pendant que sa retraite est saluée par les hourrahs des vaisseaux français restés en panne sur le champ de bataille.

Au plus fort du combat, le vaisseau français le *Sévère* est écrasé par le feu de plusieurs navires ennemis. Pris d'un soudain vertige, le capitaine donne l'ordre d'amener le pavillon. Les officiers poussent un cri de rage et d'indignation en voyant l'étendard blanc fleurdelisé d'or descendre du grand mât.

Un lieutenant, nommé Dieu, bondit vers le commandant.

— Libre à vous de vous déshonorer, mais non pas nous et notre pavillon! Pas de capitulation, plutôt la mort.

— Oui! oui! répondent les officiers et matelots, vaincre ou mourir.

— Feu partout! commande le lieutenant Dieu, et les artilleurs électrisés par sa voix se multiplient. Le *Sévère* vomit la mitraille par tous ses sabords, pendant que le pavillon envoyé de nouveau, déploie ses plis troués par les boulets à la pointe du grand mât.

Surpris de cette résistance inattendue, les navires ennemis semblent hésitants et incertains. Dieu en profite et par une habile manœuvre, dégage le *Sévère* qui reprend son poste dans l'escadre.

Après le combat, Sir Édouard Hughes envoie un parlementaire pour réclamer, au nom du roi d'Angleterre, le *Sévère*, qui prétend-t-il, s'est rendu à sa flotte puisqu'on l'a vu amener son pavillon.

— Vous répondrez à l'amiral, dit Suffren à l'envoyé, que je ne sache pas qu'un de mes vaisseaux se soit rendu. Si ce malheur était arrivé, sachez que je serais allé moi-même le reprendre au milieu de toute votre escadre. Aussi, dites à Sir Édouard Hughes, que, s'il croit de son devoir d'insister, il peut venir lui-même chercher ce vaisseau!

A la suite de cette bataille, Suffren descend à terre où il est rejoint par Haïder-Ali-Khan, qui est venu de plus de cinquante lieues à la tête d'une armée de quatre-vingt-dix mille hommes pour le féliciter.

— Avant votre arrivée, dit le souverain indien, je me croyais un grand homme et un grand général, mais vous m'avez éclipsé; vous seul êtes un grand homme... Heureux le souverain qui possède un serviteur aussi précieux que vous!

Cependant, Suffren ayant reçu de l'île de France les renforts qu'il attend, se dirige à toutes voiles vers Ceylan et se trouve bientôt devant le fort de Trinquemalé, qu'il attaque à la fois par mer et par terre avec la plus extrême vivacité, car la flotte anglaise peut apparaître d'un moment à l'autre.

Le 30 août 1782, la garnison anglaise décimée, voyant ces remparts abattus, capitule.

Suffren est encore à terre, occupé à mettre sa conquête à l'abri de toute atteinte, quand on signale la flotte anglaise. On est au déclin du jour, Sir Édouard Hughes ignorant complètement la prise de Trinquemalé, qu'il vient au contraire pour secourir, et n'ayant pas dans l'obscurité aperçu les vaisseaux français, laisse tomber l'ancre à peu de distance de la baie.

Le lendemain, 3 septembre 1782, il s'approche de Trinquemalé, quand tout à coup, il aperçoit le pavillon blanc de France flotter sur tous les forts de la baie. Aussitôt il essaye de faire une prompte retraite.

Suffren, qui épie tous ses mouvements, donne à l'instant le signal de le poursuivre. Mais une violente rafale s'élève et jette le désordre parmi les vaisseaux français.

Des officiers représentent au vaillant amiral qu'il

serait plus sage de se contenter de voir fuir les Anglais, au lieu de les poursuivre et d'exposer aux hasards d'un nouveau combat, les équipages qui ne sont encore qu'à moitié remis des fatigues du siège.

Suffren va se rendre à ces justes observations, quand un jeune garde-marine s'approchant, lui apprend que la flotte anglais n'a que douze vaisseaux, c'est-à-dire deux de moins que la nôtre.

— Messieurs, dit alors Suffren, si les Anglais étaient en forces supérieures, je céderais à vos raisons ; contre des forces égales, j'aurais de la peine à me retirer ; mais contre des forces inférieures, il n'y point à balancer, il faut combattre !

Et il donne aux vaisseaux le signal général d'arriver ; mais dans son impatience, sans daigner remarquer s'il est suivi, il s'avance contre l'escadre anglaise avec trois vaisseaux seulement : le *Héros* (vaisseau amiral), l'*Illustre*, (capitaine de Bruyères), l'*Ajax*, capitaine de Beaumont-Lemaître). Le reste de la flotte, retardée par un calme soudain, ne manœuvre que lentement, tandis que les ennemis, favorisés par une brise très fraîche, évoluent à leur aise et écrasent les trois seuls vaisseaux français, principalement le *Héros* qu'ils s'efforcent de cerner et d'isoler.

L'avant-garde anglaise revire et va achever l'amiral, quand l'*Arlésien*, commandé par le capitaine de Saint-Félix, se porte rapidement par le travers de cette avant-garde et en combat à lui seul avec succès les trois premiers vaisseaux.

Saint-Félix, par cette belle et généreuse manœuvre sauve peut être en ce jour le bailli de Suffren.

Le feu qui se manifeste à bord du *Vengeur*, commandé

par le capitaine Cuverville augmente encore le désordre de la flotte française.

Toutes les bordées des navires anglais convergent à la fois sur le *Héros*. Bientôt ce navire se trouve dans une position plus que critique. Son pont couvert de blessés et de mourants, est labouré par la mitraille, ses bordages fracassés par les boulets, sa coque trouée.

Tout à coup on entend un horrible fracas. La mâture entière du vaisseau vient de crouler. Les hourrahs frénétiques des Anglais saluent à l'envi la chute du pavillon de commandement de l'amiral qui flotte au grand mât.

Hors de lui, et se croyant abandonné de sa flotte, Suffren n'en préfère pas moins une mort héroïque à la honte de se rendre.

Ne connaissant plus de bornes à son généreux désespoir, il s'élance sur la dunette, et là, l'œil étincelant, s'exposant, comme par une sublime bravade à tous les coups de l'ennemi, il crie d'une voix éclatante :

— Des pavillons! des pavillons! qu'on apporte des pavillons blancs! qu'on en mette partout! que l'on en couvre le *Héros!*

Sa rage héroïque exalte l'équipage.

— Vive l'amiral! vive Suffren, répondent ces braves gens en combattant comme des véritables lions.

Malheur à qui serre de trop près le *Héros!* Le *Worcester* et le *Sultan* perdent leurs capitaines qui ne sont pas de taille à lutter contre le désespoir d'un Suffren. Le *Superbe*, que monte Sir Édouard Hughes est criblé de boulets jusque dans sa flottaison et menace de couler bas.

Au même instant, la brise du soir se levant de terre, pousse au large les vaisseaux français. Il est temps que ce renfort arrive pour dégager l'amiral. Sur le pont du

Héros gisent quatre-vingt-dix-sept cadavres, dont deux lieutenants et un enseigne; les blessés s'élèvent à plus de trois cents.

Quoique les Français n'aient combattu qu'avec trois de leurs vaisseaux, la flotte anglaise a considérablement souffert. Sir Édouard Hughes, qui voit quatre de ses meilleurs navires menacés de couler, se hâte de gagner Madras.

Bientôt, ayant reçu un renfort de six vaisseaux il revient bloquer Goudelour par mer, tandis que Sir James Stuart assiège cette place avec une armée de terre.

Suffren est averti du danger que court la garnison française que commande le général de Bussy. Quoique maintenant inférieur en force à l'ennemi, il ne peut songer à abandonner de vaillants compatriotes dont il connaît la critique situation. Il met aussitôt à la voile, et le 16 juin 1783, à la hauteur de Tranquebar, ses découvertes lui signalent dix-huit vaisseaux de ligne ennemis mouillés au sud de Goudelour.

Conformément à une ordonnance du roi récemment apportée, et qui enjoint à tous les commandants d'escadre de passer à bord d'une frégate au moment d'un combat, Suffren passe aussitôt sur la frégate la *Cléopâtre*. A la vue des vaisseaux français, Sir Édouard Hughes fait lever l'ancre, forme son armée en bataille et se porte au large pour éviter de combattre sous le vent.

Durant deux jours et demi, les deux flottes ne cessent d'être en vue, manœuvrant, celle des Anglais pour gagner le vent, celle des Français pour le conserver.

Enfin, le 20 juin 1783, après une canonnade très vive, qui dure de six à huit heures et demie du soir, les Anglais abandonnent définitivement le blocus de Goudelour du côté de la mer.

La joie des assiégés est extrême, lorsque avec les premiers rayons du soleil, ils voient le pavillon de France qui flotte dans la rade à la place du pavillon d'Angleterre. Ils accourent et se pressent sur le rivage, pour saluer, pour remercier par des cris d'allégresse, le grand Suffren.

Bussy, lui-même, entouré de son état-major attend le vaillant marin sur la plage.

—Le voilà, dit-il dès qu'il l'aperçoit, voilà notre sauveur !

A ces mots, les cris de joie redoublent, et, d'échos en échos vont jeter le trouble dans le camp ennemi.

Le bailli de Suffren se voit enlevé et porté dans un palanquin de soie et d'or par les soldats de la garnison.

Malgré ses refus et sa résistance, il fait ainsi une entrée triomphale dans Goudelour au milieu des transports d'allégresse de l'armée et des habitants.

Suffren, après la déclaration de la paix, jugeant sa présence désormais inutile dans l'Inde, s'embarque pour revenir en France. Un trait, qui peint la générosité de son caractère, marque son passage au cap de Bonne-Espérance. Par suite de l'interruption du commerce, beaucoup de colons hollandais se trouvent ruinés et réduits à la misère. Suffren, touché de leur détresse, fait don à ces infortunés, de tout ce qui lui revient de ses parts de prise dans les campagnes de l'Inde et qui monte à une somme considérable.

On comprend, après tant de glorieux exploits auxquels ajoutait encore la noblesse du caractère quel accueil attendait le héros dans sa patrie.

De Toulon à Paris son voyage n'est qu'une suite d'ovations populaires et il ne peut paraître en public sans être salué par des acclamations et des vivats auxquels sa modestie a hâte de se dérober.

L'accueil qu'il reçoit à la cour n'est pas moins flatteur. Un jour qu'il va rendre ses hommages au jeune duc d'Angoulême, celui-ci qui était à son travail avec ses professeurs, se lève et va au-devant du vaillant marin en lui disant :

— Je lisais en ce moment l'histoire des grands hommes ; je la quitte avec plaisir pour en voir un !

Armoiries du bailli de Suffren.

Parti capitaine en 1781, Suffren voit une cinquième charge de vice-amiral créée tout exprès pour lui en 1784 et est nommé chevalier de tous les ordres royaux. Il est assez heureux pour mourir le 8 décembre 1788, avant que les bouleversements politiques lui aient enlevé cette popularité si glorieusement conquise. Sa mort fut annoncée comme naturelle, mais on a su depuis, par quelques indiscrétions, qu'il avait été tué en duel à Versailles.

En 1785, Louis XVI passionné pour la science géographique, applique ses loisirs à dresser le plan et à tracer de sa main les instructions d'un voyage de circumnavigation, des frais duquel il se charge personnellement. Il remet la conduite de cette expédition à un marin à la fois habile, brave, désintéressé et d'une âme aussi douce et généreuse qu'intrépide et élevée, à l'illustre La Pérouse de Galaup, né à Albi en 1741, un héros de la guerre de l'Indépendance de l'Amérique. Ce vaillant marin a déjà été rangé au nombre des grands hommes de mer par sa campagne victorieuse contre les Anglais à travers les montagnes de glace de la baie d'Hudson en 1782.

La Pérouse part de Brest, le 1ᵉʳ août 1785, avec les frégates la *Boussole* qu'il monte en personne et l'*Astrolabe* qui est confiée à l'expérience et au talent du capitaine de Langle un des meilleurs compagnons du célèbre marin, dans la baie d'Hudson.

L'expédition, après avoir doublé le cap Horn, s'engage dans le Grand Océan, touche à l'île de Pâques, aux îles Sandwich, où le célèbre Cook avait trouvé une mort cruelle, et longe la côte nord-ouest de l'Amérique où l'on découvre un port qui n'a pas été reconnu par Cook et que l'on nomme *Port des Français*. C'est là que, le 13 juillet 1786, l'expédition éprouve son premier revers. Deux canots détachés pour sonder la profondeur de la baie, périssent dans les brisants. Vingt et un Français parmi lesquels le lieutenant d'Escures et les deux Laborde, modèles d'amitié fraternelle, qui sont victimes de leur dévouement mutuel, périssent dans cette catastrophe.

Les frégates continuent leurs explorations, relâchent en rade de Macao, puis séjournent aux Philippines qu'elles quittent le 10 avril 1787 pour aller reconnaître les mers et îles du Japon ainsi que les côtes de Tartarie, tous lieux dont on n'avait encore d'idée que par les rapports confus des missionnaires.

La Pérouse lève le premier les incertitudes à cet égard, traverse les îles Kouriles, et le 7 septembre 1787, relâche au havre de Saint-Pierre et Saint-Paul, côte du Kamtschatka, où est débarqué le vice-consul de Lesseps, chargé de porter en France par voie de terre des nouvelles de l'expédition.

Bientôt, on a à déplorer un nouveau malheur qui semble faire présager la catastrophe finale.

Les frégates font voile de nouveau vers le Sud, et, après avoir mouillé à Botany-Bay, elles se dirigent vers l'archipel des Navigateurs, où le 8 décembre, elles entrent dans la baie de Maouna.

Là, le capitaine de Langle, le naturaliste Lamanon, qui la veille encore, disait dans la naïveté de son cœur : « Les sauvages valent mieux que nous », — et nombre de braves matelots de l'*Astrolabe*, qui se sont détachés dans des canots sont impitoyablement massacrés à coups de pierres, et de massue par les insulaires, qu'ils auraient pu mettre en fuite avec leur mousqueterie, mais qu'ils épargnèrent trop longtemps par respect pour les instructions de Louis XVI.

Ces catastrophes successives semblent être le présage de celle qui attend La Pérouse lui-même et le reste de ses compagnons.

L'intrépide et savant marin s'éloigne l'âme navrée, des îles perfides qui lui ont enlevé de dignes et chers compagnons de voyage, et va mouiller le 16 janvier 1788, à Botany-Bay, où les Anglais commencent leurs premiers établissements de la Nouvelle-Galles du Sud. Au moment de partir de Botany-Bay, il écrit au ministre de la marine une lettre en date du 7 février, pour lui annoncer qu'il va remonter aux îles des Amis et continuera ses explorations de manière à arriver à l'île de France au commencement de décembre 1788. Dès lors, on perd complètement la trace de l'illustre navigateur. C'est seulement trente-neuf années après que Dumont d'Urville, comme on le verra, dans ce livre, retrouvait au milieu des récifs qui bordent l'île de Vanikoro, dans l'Océanie, les débris de l'*Astrolabe* et de la *Boussole*, qui s'y étaient perdus corps et biens.

Un autre navigateur célèbre, Joseph-Antoine Bruni d'Entrecasteaux, était parti vers le même temps que La Pérouse, avec les frégates la *Résolution* et la *Subtile*, pour les mers de Chine. Né à Aix, en 1740, il était entré fort jeune dans la marine royale. Longtemps il tint haut et ferme le prestige du drapeau français dans les mers de l'Inde.

En 1791, d'Entrecasteaux est envoyé avec ses deux frégates à la recherche de La Pérouse. Il reconnaît la côte occidentale de la Nouvelle-Calédonie, de l'île de Bougainville et de la partie sud-ouest de la Nouvelle-Hollande. Il explore aussi, sur les côtes de la Tasmanie, une suite de points auxquels il laisse son nom. Il meurt en mer près de Java en 1793 sans avoir pu retrouver la moindre trace de son infortuné camarade d'école.

Parmi les célèbres explorateurs de cette époque il convient également de citer Louis-Antoine de Bougainville, né à Paris en 1729.

Il va occuper en 1763 les îles Malouines, et de 1766 à 1769, il accomplit le tour du monde. Il est le premier Français qui ait eu cet honneur. Dans ce voyage de circumnavigation qui dure trois années, il enrichit la géographie de découvertes nombreuses, en signalant le premier l'archipel Dangereux, l'archipel des Navigateurs, Taïti et les îles de la Société.

Chef d'escadre en 1779, il se distingue pendant la guerre d'Amérique. Nommé vice-amiral, le 1er janvier 1792, il refuse cette nouvelle dignité —, car, dit-il, dans une lettre qu'il adresse au ministre de la marine, la discipline militaire, cette discipline sainte, sans laquelle ne peut exister une armée navale surtout, est anéantie.

Il prend sa retraite à cette époque et se livre tout entier, dès lors, à l'étude et à la rédaction de plusieurs ouvrages dont le plus estimé est la relation de son voyage autour du monde. Élu membre de l'institut en 1796, l'illustre marin est fait sénateur et comte sous l'empire, et après une vieillesse vigoureuse, exempte de toute infirmité, meurt en 1811, âgé de quatre-vingt-neuf ans.

Signalons aussi le capitaine de Rosily, ancien compagnon de Kerguelen dans son voyage aux terres australes, officier aussi distingué comme navigateur et comme savant que comme militaire, qui explore les mers de Chine, relève les côtes de la Cochinchine et en dresse la carte.

Avec la mort du ministre de Vergennes, toute la fermeté de la politique extérieure du gouvernement de Louis XVI disparaît malheureusement. Ce n'est plus avec des bombes, comme au temps de Louis XIV, mais avec de l'argent, qu'en 1787 le sieur d'Expilly va racheter les captifs chrétiens renfermés dans le bagne d'Alger.

Et pourtant nos marins ne demandent que l'occasion de se mesurer avec les pirates barbaresques, témoin le fait suivant :

Durant le conflit entre la Russie et la Turquie, au mois de juillet 1788, un corsaire portant pavillon russe et monté par des Mainottes, sujets révoltés du sultan, enlève et conduit dans un port de Morée un bâtiment français qui a quelques Turcs à bord. Le chevalier de Saint-Félix, commandant la frégate française la *Pomone*, qui croise dans ses parages, est informé de cette odieuse violation du droit des gens.

Aussitôt il détache son canot et une chaloupe pour enlever à l'abordage le corsaire et sa prise.

Le commandant de Bataille saute sur le pont de l'ennemi avec ses officiers et ses matelots. Le vicomte de la

Touche, lieutenant de vaisseau, tombe frappé d'une balle en pleine poitrine; l'élève de marine Saint-Césaire est tué, d'autres élèves sont cruellement blessés. L'un d'eux, le jeune Pichon de La Gord a ses vêtements enflammés par la bourre d'un mousquet; afin d'éteindre le feu qui le brûle cruellement, il se jette à l'eau, mais reste suspendu à une chaîne de fer qui pend le long du corsaire. Son camarade, de Contenson se jette à la mer pour le secourir et nage vigoureusement vers lui.

— Laisse-moi, lui crie de La Gord, retire-toi, tu vas périr sans pouvoir me délivrer!

— Non, répond l'héroïque marin, je te sauverai ou nous mourrons ensemble.

Ses efforts sont couronnés de succès: il parvient à dégager de La Gord et le plaçant sur ses épaules, l'emporte à la nage, sous le feu meurtrier des corsaires, jusqu'à la chaloupe du commandant de Bataille, où un cri de joie et d'admiration l'accueille.

Peu après le corsaire et le côtre sont en notre pouvoir.

La Pérouse

Héroïsme des marins du *Vengeur* (1794).

CHAPITRE XVII

LE VENGEUR.

La Révolution. — Désorganisation de la marine. — Expédition de Naples. — Le grenadier Belleville. — Bombardement de Cagliari. — Mort du capitaine Haumont. — Les corsaires français. — Combat de la *Citoyenne*. — Le capitaine Charabot et le *Mouraille*. — Combat de l'*Ami des Lois*. — Mort héroïque du commandant Mullon. — Combat de la *Sémillante*. — Prise de la *Révo-*

lution par le *Hook*. — A l'abordage. — Le soldat Doré. — Traits de courage. — Mort du capitaine Tartu. — Prise de la *Thames*. — Les guet-apens de Gênes et de la Spezzia. — Courage et mort de l'enseigne Oletta. — Incendie du *Scipion*. — Combat de la *Melpomène*. — Un cartel. — Combat de l'*Embuscade* et du *Boston*. — Comme à Fontenoy. — Villaret-Joyeuse. — Bouvet. — Nielly. — Combat de Guernesey. — Courage du capitaine Pévrieux. — Défense héroïque de Linois — Croisière de Nielly. — Le grand convoi. — Rencontre de la flotte de sir Édouard Howe. — Premiers mouvements. — Le *Révolutionnaire* combat quatre vaisseaux anglais. — Imprudence de Villaret. — Bataille du 13 prairial 1794. — Défense du *Téméraire* et de l'*Impétueux*. — Héroïsme de Treillard. — Mort du capitaine Kéranguen. — Défense du *Juste*. — La Montagne. — Mort de Bazire. — Lâcheté de Jean Bon-Saint-André. — La retraite. — Le *Vengeur*. — Prise momentanée du *Berwick*. — Le capitaine Renaudin. — La catastrophe. — Trait de courage des enseignes Dupaty et Duvergier de Hauranne. — Défense du *Sans-Pareil* et du capitaine Courant — Le capitaine Blavet. — Arrivée du grand convoi. — Courage du contre-amiral Martin. — Combats des frégates la *Prudente* et la *Cibèle*, du brick le *Coureur* contre deux vaisseaux anglais. — Les capitaines Renaud, Tréhouard et Garraud. — Héroïsme du canonnier Sixte Brunet. — Mort de Le Hir. — Fuite des Anglais.

La Révolution avait bien improvisé des généraux comme des armées. Mais, si le génie de la guerre de terre tient de l'inspiration, la guerre de mer exige de la science et une longue pratique. Or ce brillant état-major qui avait vaincu l'Angleterre dans la guerre d'Amérique avait émigré; dès l'année 1790, le tiers des officiers était parti, de sorte que la belle flotte organisée dans les vingt-cinq dernières années de la monarchie restait sans chef; de là notre infériorité dans les combats d'escadre qui vont avoir lieu.

Et pourtant nos marins font toujours preuve de la même bravoure !

Vers la fin de l'année 1792, la cour de Naples ayant insulté nos nationaux, le brave La Touche-Tréville avec son escadre, s'enfonce hardiment dans le golfe de ce nom et, malgré les quatre cents pièces de canon qui bordent la rade, vont s'embosser fièrement devant le palais du roi.

Un simple grenadier français nommé Belleville, va seul et sans escorte sommer le souverain et obtient une éclatante réparation pour notre pays.

Le 15 février 1793, l'escadre du contre-amiral Truguet qui a sous ses ordres La Touche-Tréville, Trogoff et Landais, attaque les forts de Cagliari, la capitale de la Sardaigne.

Dans ce combat, le *Duguay-Trouin* soutient brillamment l'honneur de son nom, ainsi que le *Léopard* et l'*Orion*; mais aucun n'égale en ardeur, en audace et en persévérance le *Thémistocle* qui, depuis six heures du matin, exposé aux feux croisés de l'ennemi, leur répond avec une vigueur digne des bons temps de la marine française.

Deux fois, les boulets rouges allument l'incendie à son bord et, perte irréparable, son capitaine, l'intrépide Haumont, tombent mortellement atteint d'un éclat de bois. Ancien officier de la marine de Louis XVI, Haumont est le premier commandant de vaisseau tué sous le nouveau pavillon.

Malheureusement, le mauvais état de la mer et l'indiscipline des volontaires marseillais font échouer cette expédition.

Cependant l'Angleterre, selon son immémorial usage, a recommencé la guerre longtemps avant de la déclarer, et, dès le 19 novembre 1791, la frégate la *Résolue*, commandant de Callamand, doit engager un combat dans la mer des Indes pour empêcher les frégates anglaises le *Phénix* et la *Persévérance* de visiter les navires qu'elle escortait.

Le 1ᵉʳ février 1793, la Convention déclare la guerre au cabinet de Saint-James. La Guadeloupe, la Martinique, la Corse même sont enlevées par nos éternels ennemis. Nos corsaires nous vengent, il est vrai. A la fin de 1793, ils ont pris aux Anglais 410 bâtiments, tandis que notre marine marchande n'en a perdu que 316.

Un corsaire de Bordeaux, la *Citoyenne-française* de 26 canons et de 6 obusiers, qui vient de prendre un brick anglais et une goëlette de Hambourg ne craint pas d'affronter la frégate du roi George, l'*Iris*.

L'intrépide Dubédat, qui commande la *Citoyenne*, engage le combat bord à bord au milieu d'une pluie de boulets et de mitraille. Un projectile l'étend mort sur son pont, mais Bégal, son second, lui succède et continue le combat avec une ardeur incroyable. L'*Iris*, démâtée de son beaupré et de son mât de misaine, ses agrès coupés, ses bordages fracassés, son équipage décimé par les bordées de la *Citoyenne*, parvient à échapper à une catastrophe imminente.

Le corsaire de Dunkerque, l'*Ami-des-Lois*, de huit pièces de canon et de quarante hommes d'équipage, capitaine Scorffery, enlève à l'abordage un brick de guerre anglais, portant trois officiers et cent cinquante hommes.

Dans la Méditerranée, le capitaine Hippolyte Mardeille, est fait prisonnier par les Espagnols et enfermé dans le château-fort d'Alicante. Une nuit, il brise les barreaux de fer de sa prison, s'évade par une fenêtre avec vingt de ses meilleurs matelots, s'embarque dans un canot, et, se jetant sur un bâtiment de guerre ancré dans la rade, surprend son équipage, s'en rend maître et appareillant aussitôt, gagne avec sa capture le port de Toulon.

L'action du capitaine corsaire Charabot, de Marseille, est plus extraordinaire encore ; à son retour de courses où il a pris un grand nombre de navires marchands, son brick *le Mouraille*, est assailli par un terrible coup de vent qui le fait sombrer.

Le capitaine et son équipage se sauvent dans trois petites embarcations qui ne tardent pas à être séparées. Tout à coup Charabot aperçoit un brick anglais, l'aborde avec quatorze des siens, s'en empare la hache et le couteau à la main, et rentre dessus triomphant à Marseille.

La *Thétis*, capitaine Vanstabel, dans une croisière qui dure quatre mois, prend, coule ou brûle près de quarante navires marchands.

Les croisières des frégates et corvettes l'*Engageante*, la *Proserpine*, la *Carmagnole*, la *Vigilante*, la *Cléopâtre*, la *Sémillante*, la *Perdrix* et la *Prompte*, capitaines d'Ordelin, Blavet, Zacharie Allemand, Bergevin, Mullon, Barré, Aved-Magnac, sont aussi très fructueuses et donnent nécessairement lieu à plusieurs combats.

Dans une action très vive avec la frégate anglaise la *Vénus*, la *Sémillante* voit tomber mortellement frappés le lieutenant Gaillard et l'enseigne Belleville; mais ce double malheur ne fait qu'accroître la rage de l'équipage et la frégate anglaise doit chercher son salut dans la fuite.

La frégate *Cléopâtre*, capitaine Mullon, rencontre la frégate anglaise la *Nymphe*, capitaine Pellew, de force supérieure. Comme à Fontenoy, les deux commandants se saluent, puis donnent le signal d'une furieuse action. Bientôt les frégates sont criblées de projectiles.

Le commandant Mullon, mortellement frappé par un boulet, tombe aux pieds de son banc de quart; ce brave officier, au milieu de son agonie, a encore la force de tirer de sa poche la liste des signaux de la côte de France et de l'avaler afin de soustraire cette pièce importante aux recherches de l'ennemi.

Cependant le combat n'est pas terminé; un abordage terrible s'engage, le nombre finit malheureusement par l'emporter sur la valeur et les Anglais ne restent maîtres que d'un débris informe et près de sombrer.

Citons aussi le beau combat du lougre français le *Hook*, prise anglaise ; son commandant, l'enseigne Pitot, attire adroitement et saisit un canot monté par quatre hommes et un officier, détaché vers lui, par le commandant du côtier anglais, la *Résolution* qui, le prenant pour un compatriote, l'envoie inviter à dîner.

L'ennemi, ayant reconnu son erreur, s'enfuit au plus vite. Mais Pitot le poursuit à la voile et à l'aviron, jusqu'au lendemain matin. Vers huit heures, il parvient enfin à rejoindre la *Résolution* et engage un combat très vif avec elle.

Le *Hook* essuie une première bordée, riposte de la sienne en plein bois, et pendant que l'ennemi revire de bord pour lui envoyer une seconde volée, il arrive sur lui :

— A l'abordage ! garçons ! crie le commandant Pitot. L'enseigne Le Huby, son second, en voulant s'élancer le premier à bord de l'anglais, tombe entre les deux navires et se blesse à la jambe ; malgré sa blessure, il remonte aussitôt, le pistolet à la main. L'enseigne Le Douarin et le matelot Beaumare sautent après lui et désarment le capitaine anglais.

Pareil à une meute de lions, l'équipage les suit, la hache et le sabre d'abordage au poing. Un soldat de marine, le brave Doré, reçoit un violent coup de pique dans le côté ; malgré sa blessure, il arrache cette arme des mains du matelot anglais qui l'a frappé, lui fait sauter la cervelle d'un coup de pistolet, et armé de cette pique encore teinte de son sang, il charge au plus épais des rangs ennemis.

Le côtre, quoique supérieur en force, est pris après trois quarts d'heure de combat et une demi-heure d'abordage.

La frégate l'*Uranie*, capitaine Tartu, est attaquée dans la Manche par la frégate la *Thames* (la *Tamise*), et une autre frégate anglaise.

Le capitaine Tartu est mortellement blessé, mais voyant fuir l'ennemi, il rend le dernier soupir dans les bras de son fils, en lui disant :

— Je meurs pour la liberté de mon pays, je meurs content, apprends aussi à combattre pour elle, et sois toujours l'ennemi des tyrans !

A la suite de cette rencontre, la *Thames*, qui a déjà été fort désamparée, est rencontrée par la *Carmagnole*, capitaine Zacharie Allemand, et, après un combat opiniâtre, se voit forcé d'amener son pavillon dont l'équipage vainqueur fait hommage à la Convention et qui est suspendu aux voûtes du salon de la Liberté.

Dans la Méditerranée, l'amiral Hood, violant, suivant l'usage de sa nation, la neutralité des États trop faibles pour se faire respecter, envoie le vaisseau de ligne le *Bedfort* attaquer à l'improviste et d'une manière déloyale la frégate française la *Modeste*, dans le port de Gênes.

Le vaisseau anglais fait prier poliment la chaloupe de se déranger de peur qu'elle ne soit écrasée quand il prendra sa place à côté de celle-ci, mais il n'est pas plutôt posté, aussi près qu'il le désire, du bâtiment français, qu'un de ses officiers crie au commandant de la *Modeste*, d'amener le pavillon national et d'arborer le pavillon blanc.

Le commandant et l'équipage répondent par le cri de —Vive la France ! vive la Nation ! — Un coup de pistolet, parti du bord anglais, donne aussitôt le signal du carnage.

Les ponts volants préparés à cet effet, tombent sur la malheureuse frégate, et deux décharges de mousqueterie abattent trois cents Français complètement désarmés. Plusieurs de ses malheureux cherchent à s'échapper à la nage; mais les Anglais les poursuivent avec leurs embarcations à travers les flots et achèvent le massacre sur des matelots et des mousses à demi noyés.

Une pareille infamie, car il n'y a pas deux mots pour caractériser un tel acte, est commise peu après sur la frégate française l'*Impérieuse*, au mouillage de la Spezzia par le vaisseau anglais le *Captain (capitaine)*, de 74 canons.

Lors de l'insurrection de Toulon, un lieutenant de vaisseau du nom de Oletta, natif de la Corse, s'échappe de cette ville, en passant sur une petite embarcation entre les flottes alliées, et s'étant réfugié dans son île, sort du golfe de Saint-Florent avec la felouque la *Vigilante*, armée en course : il fait une prise, mais bientôt il est aperçu et poursuivi par une frégate anglaise, et se voit forcé d'aller chercher un abri dans le mouillage de Sainte-Marie-la-Chapelle.

Là, il débarque deux pièces de 4, les met en batterie auprès de la tour devant laquelle s'est embossée la frégate, et se bat pendant quatre heures sans vouloir se rendre.

Le pavillon tricolore est renversé par un boulet, Oletta court le ramasser et au moment où il l'assure, cet intrépide marin est coupé en deux par un boulet ramé. La Convention accorde une pension de mille livres à la fille de cet intrépide marin.

Pendant que les Anglo-Espagnols occupent encore Toulon, une division de nos ennemis va tenter une démonstration sur les côtes d'Italie. Un des vaisseaux français enlevés dans cette ville, le *Scipion* en fait partie; mais des marins français détenus prisonniers à son bord y mettent le feu et ce bâtiment s'engloutit dans les flots, entraînant avec lui son capitaine et quatre-vingt-six matelots. L'escadre anglaise elle-même n'évite d'être incendiée qu'en coupant ses câbles au plus vite.

Contre l'île de Saint-Domingue, la frégate la *Concorde*, capitaine Van Dongen, engage, le 7 mai 1793, un combat furieux avec la frégate anglaise la *Hyène*, qu'elle force d'amener son pavillon et qu'elle amarine.

Une curieuse affaire arrive, vers la même époque, sur les côtes des États-Unis, à la frégate française l'*Embuscade*, de 32 canons, capitaine Bompart, qui, après avoir capturé un grand nombre de bâtiments anglais, a eu pour mission particulière de porter à New-York le consul général de France.

Ayant rencontré dans ce port la frégate anglaise, le *Boston*, de 32 canons, capitaine Courtenay, et les équipages s'étant provoqués sans pouvoir immédiatement se combattre, à cause du respect dû aux neutres, un cartel est échangé entre les deux commandants, et l'on convient de part et d'autre de se rendre, le 30 juillet 1793, à deux lieues des côtes américaines pour y vider la querelle.

Les deux frégates sont exactes au rendez-vous, et le duel commence en présence d'une foule immense, accourue sur la plage.

Le combat dure cinq heures. Le capitaine Courtenay est tué ainsi que son second. La frégate anglaise, toute désemparée, ayant à son bord douze hommes tués et trente-sept blessés, avoue sa défaite par un signal et s'éloigne du champ de bataille. L'*Embuscade* y reste quelque temps encore pour défier le *Boston*, puis rentre triomphante à New-York, où l'on frappe une médaille en son honneur.

Dans cette même année 1793, le représentant du peuple Jean-Bon-Saint-André, alors détaché à Brest, fait donner le commandement en chef de l'armée navale de l'Océan à un jeune officier, du nom de Louis-Thomas Villaret de Joyeuse.

Né à Auch, en 1750, ce dernier était entré dans la marine à l'âge de seize ans et avait obtenu le grade de capitaine de brûlot en 1779, à la suite de la belle défense de Pondichéry.

Sous les ordres de Villaret-Joyeuse, on plaça François-Joseph Bouvet, aussi lieutenant et Nielly, enseigne de l'ancienne organisation, improvisés également contre-amiraux. Aussi deux lieutenants et un enseigne de la veille, voilà les hommes qui allaient être exposés à la haute expérience des amiraux anglais. On peut juger par les officiers généraux de ce que devaient être les capitaines, les lieutenants et les enseignes de l'armée navale de France. Quant aux équipages, c'étaient en général des paysans de réquisition.

La France est en proie à une disette affreuse, et redoute plus la perte des subsistances qu'elle attend du dehors que toutes les armées de la coalition. Des deux côtés de la Manche on est aux aguets de ce convoi nourricier : les Anglais pour l'intercepter, les Français pour le protéger.

Les deux grandes flottes de France et d'Angleterre dans l'Océan, la première aux ordres de Villaret-Joyeuse, assisté du représentant Jean-Bon-Saint-André, la seconde aux ordres de lord Howe, sont prêtes à sortir pour engager une action décisive au sujet de ce convoi.

Afin d'obtenir des nouvelles, Villaret-Joyeuse envoie le lieutenant de vaisseau Linois avec la frégate l'*Atalante*, la corvette la *Levrette* et le brick l'*Épervier* au-devant du grand convoi.

Après avoir fait trois prises et essuyé une violente tempête qui sépare de lui le brick l'*Épervier*, Linois tombe dans un convoi de vingt-huit bâtiments ennemis qui lui donnent la chasse.

Poursuivi par deux vaisseaux de ligne, le *Swiftsure* et le *Saint-Alban*, il fait signal de liberté de manœuvre pour la *Levrette*, à laquelle le *Saint-Alban* s'attache plus particulièrement.

Un calme plat qui survient ne laisse bientôt plus à l'*Atalante* que le moyen de se sauver à l'aide des avirons de galères.

Pendant deux jours et deux nuits, le *Swiftsure*, qui est un des plus fins voiliers, de la flotte anglaise, lui donne une chasse des plus acharnées, la tenant à portée de son feu auquel la frégate ne peut répondre que par deux canons de retraite du calibre de six.

Enfin, le 7 mai, dans l'après-midi, l'*Atalante* est obligée d'accepter un dernier combat désespéré.

Notre pauvre frégate a déjà deux canons de démontés dans sa batterie et un troisième de brisé sur son gaillard d'arrière.

Le capitaine Boyls, du *Swiftsure*, admirant la conduite de Linois qu'il poursuit depuis deux jours et deux nuits, en le canonnant sans repos ni trêve, lui crie, en le hélant, qu'il a fait au-delà de ce qu'exigent son honneur et celui du pavillon; mais le commandant français ne répond qu'à coups de canon.

Son second, le brave César Bouraine, blessé dès le commencement de l'action ne quitte pas son poste et présage dès lors son glorieux avenir.

Linois est, à son tour, atteint d'un fragment de bastingage qui le renverse sur le pont. Tout aussitôt il se relève, et, malgré ses souffrances, continue à commander le combat. Cependant le feu se ralentit à vue d'œil dans la batterie de l'*Atalante*; l'eau entre à grands flots dans la cale. Il n'y a plus personne pour servir les pompes et les canons. Presque tout l'équipage est hors de combat.

Le quatrième jour, au matin, l'intrépide Linois, non pour son propre salut, mais pour celui des braves qu'il veut conserver à la France, et jugeant avoir assez fait pour sauver l'honneur de son pavillon, permet de cesser le feu.

On lui demande s'il faut amener le pavillon que l'on a coulé à la corne d'artimon.

— Laissons ce soin à l'ennemi ! répond-il, et en ce moment un boulet coupe la corne d'artimon et le pavillon tombe sur le pont haché par la mitraille.

On crie du vaisseau anglais à Linois de mettre ses canots à la mer ; mais ils sont criblés ainsi que les manœuvres ; il ne peut même pas carguer ses voiles.

Un canot anglais vient le prendre et le conduit à bord du *Swiftsure*. Le capitaine Boyls, à qui il présente son épée, la lui rend aussitôt en disant : — On ne désarme pas un brave tel que vous !

L'*Atalante* n'était plus qu'une sorte de carcasse qui faisait trente-deux pouces d'eau à l'heure quand la mer était parfaitement belle, et sept pieds à l'heure quand elle était mauvaise.

Tel est le premier fait d'armes de Charles-Alexandre Léon Durand de Linois, né à Brest le 27 janvier 1761, entré comme volontaire dans la marine, le 1ᵉʳ avril 1776.

Cependant la flotte aux ordres de Villaret-Joyeuse et de Jean-Bon-Saint-André, sort de Brest, le 17 mai, peu de temps après que l'armée navale d'Angleterre, commandée par l'amiral Howe, fait voile de la rade de Saint-Helen.

Notre flotte, en mettant à la mer, a pour mission spéciale d'aller au-devant du grand convoi d'Amérique, sur les îles Corvo et Flores, deux des Açores, lieu du rendez-vous.

Mais au lieu de se porter directement sur les Açores où Vanstabel et son convoi croisent déjà en l'attendant, toute la flotte de France passe son temps à aller à la recherche des cinq vaisseaux de Nielly et à donner la chasse à quelques bâtiments anglais de commerce.

Ce fâcheux système nous vaut toutefois quelques captures. Un convoi de cinquante-trois navires hollandais est rencontré sous l'escorte d'une frégate et d'une corvette ; on s'empare d'une vingtaine de ces bâtiments et trois jours après, la frégate ennemie tombe au pouvoir de la frégate française la *Proserpine*, après une demi-heure de combat.

Le 9 prairial (28 mai 1793) au matin, la flotte française courait vent arrière, toujours à la rencontre de la division Nielly, quand on signale la flotte d'Angleterre, qui comptait vingt-sept vaisseaux ainsi que de nombreuses frégates et bâtiments légers.

En ce moment notre armée navale ne se compose que de vingt-trois vaisseaux et de quelques rares frégates, et corvettes, la plupart de ces bâtiments légers étant dispersés à accompagner les prises.

Les deux armées ne se sont pas plutôt reconnues qu'à quatre lieues de distance l'une de l'autre, elles se forment en ordre de bataille. Toute la journée se passe en évolutions. L'escadre légère de l'ennemi forte de cinq vaisseaux, qui va en avant, et l'arrière-garde française se trouvent seules engagées à la chute du jour.

Le *Révolutionnaire*, après avoir eu d'abord affaire au *Bellérophon* qu'il met hors de combat, se voit en butte à la fois aux coups des quatre autres vaisseaux anglais accourus pour venger leurs compatriotes. Le *Révolutionnaire* soutient ce quadruple choc avec la plus grande énergie.

Enfin quelques vaisseaux de l'arrière-garde française étant venus prendre part à l'action et ayant forcé trois des vaisseaux ennemis à se retirer, le *Révolutionnaire* n'a plus en face de lui que l'*Audacious* avec lequel il prolonge la lutte, seul à seul, fort avant dans la nuit jusqu'à ce qu'il le contraigne à regagner, tout désemparé, le côte d'Angleterre, tandis que lui-même, ayant beaucoup souffert, rejoint les ports de France.

Le 10 prairial (29 mai), on voit l'armée ennemie à deux lieues sous le vent. L'amiral Howe décide de couper la ligne française et est servi à souhait par l'imprudence de Villaret, qui, au lieu de prévenir le mouvement de son adversaire, a donné seulement le signal de l'attendre de pied ferme.

L'action s'est engagée à dix heures du matin. Toutefois, cette audacieuse trouée ne s'est pas faite sans coûter cher à l'ennemi. Quatre de ses vaisseaux, dont un vice-amiral et deux contre-amiraux, sont complètement désemparés.

Deux vaisseaux de notre arrière-garde, l'*Indomptable* et la *Tyrannicide*, capitaines La Mesle et d'Ordelin, séparés du reste de la flotte et enveloppés de toutes parts, se comportent avec une énergie et un héroïsme admirés même de l'ennemi. Villaret parvient néanmoins à les dégager.

L'action, commencée à dix heures du matin, ne se termine que vers dix heures du soir. L'amiral Howe n'a tiré d'autre avantage de l'engagement du 10 prairial que d'avoir gagné le vent; mais il se promet d'exécuter bientôt, avec plus de succès, sa manœuvre de traverser la ligne française, et Villaret abusé par une trompeuse apparence de succès, ne dispose rien pour se garantir d'un pareil genre d'attaque.

Le lendemain, le contre-amiral Nielly se rallie à l'armée de Villaret, avec trois vaisseaux seulement.

Pendant les deux jours suivants un brouillard intense masque l'une à l'autre les deux armées rivales.

L'armée de France se compose de vingt-six vaisseaux dont un, le *Tyrannicide*, complètement hors de combat, de cinq frégates et de deux corvettes.

L'armée d'Angleterre compte également vingt-six vaisseaux, onze frégates et beaucoup d'autres bâtiments légers.

Le 13 prairial, au matin (1er juin 1794), le vent étant presque sud, la brise modérée et la mer très calme, les Français attendent en panne la flotte anglaise *avec leur résolution accoutumée*, suivant l'expression de l'amiral Howe.

L'armée anglaise s'avance toutes voiles dehors, afin de couper notre flotte sur quatre points.

Le feu commence à neuf heures du matin par les vaisseaux français. Bientôt les navires sont bord à bord. Une action terrible s'engage.

Le *Téméraire*, où se signalent le contre-amiral Joseph Bouvet et son capitaine de pavillon Julien le Rey fait merveilles : entouré par trois vaisseaux ennemis, il leur tient vaillamment tête, avec le tir rapide et bien dirigé de son artillerie. L'un d'eux, le *Royal-Sovereign* est démâté et l'amiral Graves qui le monte, blessé à la main.

L'*Impétueux*, obligé de se battre des deux bords entre deux vaisseaux anglais, les hache de son feu magnifique : la flamme se déclare dans le petit hunier et ne s'éteint que lorsque le mât tombe à la mer. Son brave capitaine Dauville est dangereusement blessé ; le lieutenant de La Coste le remplace et a presque aussitôt la mâchoire fracassée. Cet intrépide officier se fait panser et veut reprendre son service, mais une violente hémorrhagie le force de le quitter. Le lieutenant Treillard lui succède dans le commandement.

Le feu continue avec fureur et de si près, que les chargeurs français et anglais s'arrachent leurs écouvillons. L'un des vaisseaux ennemis est complètement démâté, mais, de son côté, l'*Impétueux* perd son grand mât et son mât d'artimon qui tombent à tribord sur son avant et son arrière ; cette chute est bientôt suivie de celle du beaupré.

Le lieutenant Treillard fait clouer le pavillon qui a été entraîné dans cette chute, sur le tronçon du mât d'artimon aux cris de : Vive la France ! — Pour comble de malheur, les boulets rouges des Anglais mettent le feu en quatre endroits de l'*Impétueux*.

Treillard fait aussitôt noyer les poudres avoisinant le plus près ces foyers d'incendie que l'on vient, avec beaucoup de peine, à bout d'étouffer.

Ras, comme un ponton, l'*Impétueux* lance néanmoins ses feux de tous côtés et semble un véritable cratère. Le *Marlborough*, de 74, qui commet l'imprudence de s'approcher trop près, est laissé sans un bois debout, et doit se faire remorquer au plus vite par une frégate afin d'échapper à une destruction complète.

Cette héroïque défense fait abandonner l'*Impétueux*. Treillard, resté seul sur le gaillard d'arrière, bien qu'il ait l'os du bras fracturé, descend alors dans la batterie basse pour y faire éteindre complètement l'incendie qui menace de recommencer.

Le *Murcius*, engagé contre la *Défence*, voit son chef, le brave capitaine Bertrand-Keranguen rouler mort sur son banc de quart!

— Vengeons-le! crient ses marins en précipitant leur feu : bientôt la *Défence*, démâtée, est réduite à demander la remorque d'une frégate anglaise.

Le *Juste*, capitaine Blavet, est, dès le début, attaqué par deux vaisseaux ennemis, le *Barfleur*, contre-amiral Bowyer, et l'*Invincible*, capitaine Pakenham. Ces navires essaient de couper notre ligne en cet endroit, mais le *Juste* serre de si près la *Montagne*, qu'il force les ennemis à reprendre leur première position.

Sur ce point, le combat est terrible, Le capitaine Blavet tombe dangereusement blessé. Du côté des Anglais, le *Barfleur* perd son mât de misaine et son grand mât de hune; le contre-amiral Bowyer a une jambe emportée, comme ailleurs le contre-amiral Pasley.

En revanche, le *Juste* voit son grand mât et son mât d'artimon crouler sur sa dunette; presque aussitôt son mât de misaine tombe sur le côté de bâbord et le lieutenant Prevert, qui a succédé au capitaine Blavet, est tué : le lieutenant Cambernon le remplace.

Tous les pavillons étant engagés sous la mâture, une flamme nationale est arborée sur le bout-dehors du beaupré, un guidon tricolore est cloué derrière sur un manche d'écouvillon et le feu continue.

L'*Invincible* est aussi rasé de tous ses mâts et le *Barfleur* se retire presque entièrement désemparé. Le *Juste*, se voyant dégagé, s'occupe à se réparer ; le capitaine Blavet, revenu de son évanouissement, monte sur le pont et fait mâter un bout-dehors sur le tronçon du mât de misaine, à l'aide duquel il peut rejoindre le gros de notre flotte.

La *Montagne*, où flotte le pavillon de commandement de Villaret-Joyeuse, est mise à découvert par une fausse manœuvre du *Jacobin*, son matelot d'arrière, et est tout à coup entouré par la *Queen-Charlotte*, vaisseau amiral de Howe, et cinq autres vaisseaux anglais.

L'attaque est rude, mais la défense n'est pas moins vigoureuse. Le capitaine de pavillon Bazire court sur la galerie de la *Montagne* pour renouveler avec le porte-voix, au *Jacobin*, l'ordre de serrer du plus près possible ; à ce moment un boulet de canon le frappe mortellement.

Pendant près d'une heure, la *Montagne* soutient le choc de ses six ennemis ; son arrière est fracassé, sa coque criblée de boulets, ses agrès hachés : les deux tiers de son équipage et la plupart de ses officiers sont tués ou blessés ; les batteries du gaillard et du pont se trouvent sans canonniers.

Le vaisseau amiral anglais, la *Reine Charlotte*, s'approche pour lui porter le dernier coup, lorsque le jeune Bouvet de Cressé a l'idée d'employer une caronade de 36, dont la position permet d'enfiler d'un bout à l'autre le pont du vaisseau anglais. Mais ce projet est des plus périlleux à accomplir : les balles et la mitraille des Anglais pleuvent comme grêle à l'endroit où se trouve cette bouche à feu.

— Vous allez vous faire tuer, crie-t-on à Bouvet.

— Qu'importe, répond l'héroïque jeune homme, si je sauve le navire !

Disant ces mots, il court à la pièce : le feu des Anglais

redouble. Bien qu'atteint de cinq blessures, Bouvet charge la pièce, la pointe, fait feu et son ravage est tel que le pont de la *Reine-Charlotte* est complètement balayé. L'amiral anglais abandonne l'attaque de la *Montagne* qui parvient enfin à se dégager de ses ennemis à coups de canon, et les laisse tout pantelants sur place.

Mais, lorsque les tourbillons de fumée dont elle est entourée, commencent à se dissiper, quelle n'est pas la stupéfaction et en même temps la douleur de Villaret en voyant l'ordre de bataille complètement rompu sur trois points et la plupart de ses vaisseaux désemparés, et pêle-mêle avec les Anglais!

Il en rallie cependant sept ou huit avec lesquels il se dispose à porter secours à son arrière-garde, quand paraît sur le pont Jean Bon-Saint-André, qui s'est tenu caché pendant l'action. Le pâle représentant, superbe seulement lorsqu'il s'agit de désigner de braves officiers pour l'échafaud révolutionnaire, en voyant que le combat va recommencer, s'oppose formellement au mouvement projeté. On sait de quels pouvoirs étaient alors armés les représentants en mission. Villaret doit se résigner, frémissant de rage, à donner le signal de la retraite. Celle-ci d'ailleurs se fait en bon ordre et assez lentement pour que l'amiral puisse être rejoint par dix-neuf vaisseaux et frégates. Sept seulement restent engagés au milieu des Anglais, et les décharges désespérées retentissent comme un glas funèbre aux oreilles de nos marins qui s'éloignent la mort dans l'âme.

L'*Achille* est entouré par quatre vaisseaux ennemis, et se défend avec furie; bientôt il est démâté et roule considérablement; l'eau afflue par les sabords que l'on est obligé de fermer précipitamment, et noie la première batterie. Le capitaine la Villegris fait cesser le feu, mais de leur côté, les vaisseaux anglais sont aussi maltraités et ne songent qu'à se faire remorquer.

Au milieu de la bataille, le *Vengeur*, capitaine Renaudin, écarté du centre, se trouve attaqué par trois vaisseaux anglais, entre autres le *Brunswick*, capitaine John Hervey ; s'en s'étonner, le navire français répond aux feux croisés de ses adversaires par un feu plus terrible.

Le *Brunswick* s'approche en prenant le *Vengeur* de long en long et l'accroche dans son bois avec une ancre. Les deux vaisseaux serrés côte à côte, quittent alors la ligne et commencent un furieux combat. L'espace manquant au *Vengeur* pour passer les écouvillons de bois par les sabords et charger les pièces, il n'est plus possible aux Français que de tirer leurs canons de l'arrière et de l'avant, tandis que les Anglais, au contraire, se servant alors d'écouvillons de corde, ne sont pas gênés par leur position resserrée et peuvent encore mettre en usage tous leurs canons.

Néanmoins, le peu d'artillerie dont Renaudin dispose, se renouvelle avec tant d'ardeur et de célérité, les caronades de poupe chargées de petite mitraille et la fusillade sont si bien nourries, que la poupe et l'arrière du *Brunswick* sont bientôt encombrés de monceaux de cadavres revêtus de l'habit rouge. De nombreux officiers du roi Georges sont tués ou blessés : le capitaine John Harvey, reçoit coup sur coup deux graves blessures, et meurt bientôt après.

On ne voit plus personne debout sur le pont du *Brunswick* où le feu s'est déclaré en deux endroits. Quelques Français, considérant dès lors ce vaisseau comme leur conquête, passent dessus pour le préserver et y éteindre eux-mêmes ces commencements d'incendie; aucun Anglais ne les arrête, et Renaudin donne l'ordre d'achever l'abordage.

Le succès paraît assuré, l'équipage va passer à bord de l'Anglais quand accourent deux nouveaux vaisseaux anglais : l'un, le *Ramilies*, est commandé par le capitaine Henri Harvey, frère du commandant du *Brunswick*.

Les nôtres doivent renoncer à l'abordage; chacun retourne à son poste dans les batteries et le feu recommence. L'équipage, encouragé par son capitaine et ses autres officiers, soutient ce nouveau choc avec une magnifique intrépidité.

Enfin, le *Brunswick* parvient à se dégager et se joint à ces nouveaux ennemis.

Le *Vengeur*, accablé par le nombre, voit crouler sa mâture pendant que sa coque, criblée de boulets, au-dessus comme au-dessous de la flottaison, donne de tous côtés passage à la vague. Partout ce sont des brèches béantes où la mer s'engouffre en effroyable quantité.

L'équipage français étant tout entier occupé à pomper et à puiser l'eau qui s'est introduite jusque dans ses soutes, le *Vengeur*, ne peut plus riposter. Cependant il n'a pas amené, et une simple remorque venant à propos peut lui éviter cette humiliation, car nul vaisseau anglais ne paraît encore en état de forcer définitivement un vaisseau français à se rendre, ni de l'amariner.

Renaudin voit bientôt avec douleur que le *Vengeur* est complètement abandonné. La détresse de ce malheureux vaisseau augmente incessamment. Bientôt les bras et les pompes ne suffisent plus : l'eau gagne l'entrepont; on a beau jeter les canons à la mer, cela n'empêche pas le vaisseau de s'emplir et d'enfoncer à vue d'œil.

Plusieurs vaisseaux anglais mettent alors leurs canots à la mer, pour venir au secours de l'équipage du navire français à demi submergé. Ces embarcations arrivées le long du bord reçoivent d'abord Renaudin et ses officiers en signe d'amarinage, puis les gens valides au nombre de deux cent soixante-sept.

A peine se sont-ils éloignés sur les canots anglais qu'un affreux spectacle s'offre à leurs regards : deux cents environ de leurs camarades, tous blessés plus ou moins grièvement, sont restés sur le *Vengeur* : les canots anglais n'auront pas le temps de faire un second voyage pour venir les recueillir.

Voyant toute espérance évanouie, les matelots français, prennent la résolution de périr du moins en gens dignes de leur nation.

Les plus valides descendent dans la batterie basse et lâchent à l'ennemi leur dernière bordée au moment où la ligne d'eau arrive à hauteur de la gueule des canons. S'élançant ensuite sur le pont, ils clouent le pavillon tricolore afin qu'il ne puisse tomber aux mains de leurs adversaires.

Puis, formant avec leurs camarades un groupe sublime sur le pont, et agitant leurs armes et leurs chapeaux, ils s'enfoncent avec le vaisseau dans les flots aux cris de: « Vive la France! vive la Nation! »

C'est un spectacle où la pitié touche au sublime. Bientôt on n'aperçoit plus que quelques hommes qui surnagent à l'aide de débris du bâtiment. Ceux-ci encore sont sauvés par un côtre, une chaloupe et quelques canots et conduits à bord des vaisseaux anglais. Le flot a recouvert le reste pour jamais.

Le *Patriote*, capitaine Lucadou, qui a été converti en

hôpital et est encombré de malades, a quelques temps affaire à trois vaisseaux anglais. Emmanuel Dupaty, plus tard membre de l'Académie française, et qui est à bord du *Patriote* en qualité d'aspirant, pointe lui-même une pièce avec l'aide de son collègue Duvergier de Hauranne et abat, aux applaudissements de l'équipage, un des mâts des vaisseaux qui les entourent et réussi ainsi à dégager son bâtiment.

Le *Neptune*, capitaine Tiphaigne, repousse vigoureusement le *Montagu*, dont le capitaine, James Montagu, est tué.

Le *Jemmapes*, capitaine Desmartis, longtemps aux prises avec la *Queen* de 90, où flotte le pavillon du contre-amiral Gardner, le démâte et blesse mortellement son capitaine de pavillon.

La lutte du *Sans-Pareil*, de 80 canons, capitaine Courand, est une des plus belles de la ligne française.

Ce vaisseau a commencé le feu dès neuf heures du matin, et en deux volées, a mis hors de combat le *Majestic* de 74. Bientôt, il a à combattre le *Royal-Georges*, de 110 canons, monté par Alexandre Hood, et lui abat son mât de misaine dont la chute fait jaillir l'eau jusqu'à sa première batterie. Le *Sans-Pareil* ne perd pas un moment et démonte encore le *Royal-Georges* de son grand mât de hune, sans cesser pour cela de cribler de l'autre bord le *Majestic*.

Encore un effort et les deux navires vont tomber en notre pouvoir, quand tout à coup, obéissant aux ordres du lâche Jean Bon-Saint-André, notre arrière-garde bat en retraite abandonnant le *Sans-Pareil* au milieu de toute la flotte ennemie. Bientôt deux nouveaux vaisseaux anglais viennent se joindre aux deux premiers. Tous les quatre s'acharnent sur le bâtiment français.

Le mât d'artimon du *Sans-Pareil* tombe, puis son mât de misaine qui, dans sa chute, écrase le pont et embarrasse plusieurs pièces de canon.

Son grand mât est coupé à son tour par les boulets de l'ennemi et engage en tombant la deuxième batterie sur l'avant. Ses canons de gaillard sont ou démontés ou enfouis sous les débris de la mâture.

Le *Sans-Pareil* fait eau de toutes parts; néanmoins il parvient, pendant un moment, à faire reculer ses quatre ennemis et en profite pour faire jouer les pompes et à se réparer un peu afin de recevoir un nouveau choc. Bientôt la *Glory* revient sur cet héroïque vaisseau qui soutient avec elle trois quart d'heure de combat et la force de nouveau à l'abandonner. Mais le *Sans-Pareil*, ne pouvant plus manœuvrer, est encore rejoint par les quatre vaisseaux anglais qui menacent de le couler et amène ses couleurs, — mais pour toute la flotte anglaise, — selon l'expression de son vaillant capitaine, et non pour tel vaisseau ennemi en particulier. »

On se souvient que le capitaine Blavet, commandant le vaisseau le *Juste*, après s'être fait panser de ses blessures, était revenu sur le pont afin de faire échapper son vaisseau. Il donne encore quelques ordres, mais il s'évanouit de nouveau. Il est quatre heures du soir; les Anglais cernent le navire; leurs embarcations s'approchent et le *Juste* est pris et amariné.

Le premier officier ennemi qui paraît à bord demande le capitaine. Le lieutenant Cambernon lui montre ce digne commandant, supérieur assurément à celui du *Vengeur*, qui, étendu sur un lambeau de voile arraché par les boulets, repose, baigné dans son sang, d'un sommeil semblable à celui de la mort.

Dans cette malheureuse bataille, la perte des Français s'éleva à sept vaisseaux de ligne, dont un coulé, et à environ cinq mille hommes.

Ce jour-là, nos braves marins furent véritablement dignes de la reconnaissance et de l'admiration nationales.

L'armée de France fit route pour gagner le port de Brest tandis que celle d'Angleterre faisait voile pour Spithead avec ses prises ; mais celles-ci s'étaient si vigoureusement défendues avant d'amener pavillon, qu'à leur arrivée dans les ports d'Angleterre on fut obligé de les démolir comme inutiles.

Notre grand convoi, si impatiemment espéré, est ainsi abandonné à son malheureux sort ; mais grâce à son habileté et à son activité, Vanstabel, qui est chargé de la direction de ce convoi, sait se passer du service de l'armée de Villaret. Après l'avoir attendue vainement pendant quinze jours au rendez-vous convenu, il se décide à remettre à la voile, et sachant éviter toute rencontre funeste, traverse, le 3 juin, les eaux où l'avant-veille les flottes de France et d'Angleterre se sont livrées bataille. Jugeant aux débris que roulent encore les flots, que de part et d'autre on a dû être assez maltraité pour ne plus tenir la mer, il poursuivit sa route et entre à Brest le même jour avec son convoi augmenté de quarante bâtiments dont il s'est emparé chemin faisant. Une partie de la France est sauvée de la famine, et un décret de la Convention déclare que le contre-amiral Vanstabel a bien mérité de la patrie.

Les Anglais semblent donc être devenus les maîtres de l'Océan. Ils en profitent pour venir insulter la France jusque sur ses côtes.

Le 22 août 1794, une division de six de leurs frégates

poursuit jusque dans la baie d'Audierne, une frégate et deux corvettes qui s'échouent plutôt que de se rendre. Celles-ci, aidées par les artilleurs des batteries de la baie, accourus à leurs bords, forcent les Anglais à reprendre le large.

Dans le même mois, une division française, commandée par le contre-amiral Nielly, disperse, à hauteur du cap Clear, un convoi anglais et s'empare de l'un des vaisseaux de l'escorte, l'*Alexander*, de 74, monté par le contre-amiral Bligh.

Dans la Méditerranée, une escadre de sept vaisseaux, aux ordres du contre-amiral Martin, est poursuivie par les flottes combinées d'Angleterre et d'Espagne. L'amiral français manœuvre si bien, qu'il parvient à se retirer dans le golfe Jouan, sans avoir perdu un seul de ses bâtiments. Là, embossé sous la protection des forts de l'île Sainte-Marguerite, il défie pendant cinq mois, avec ses sept vaisseaux, toutes les forces navales anglo-espagnoles et réussit enfin à s'en faire abandonner. Après quoi, se jouant encore d'elles, il appareille et rentre heureusement dans Toulon.

Dans la mer des Indes, deux vaisseaux anglais de haut bord, le *Centurion*, capitaine Osborn et le *Dyomed*, capitaine Smith, se sont établis en croisière devant l'île de France. Les nombreux navires de course et d'approvisionnements qui y sont attendus, n'osent s'aventurer dans ces parages de peur d'être capturés par les matelots du roi Georges.

Dans la colonie, le trouble est extrême. Deux frégates, la *Prudente*, capitaine Renaud; la *Cybèle*, capitaine Tréhouart et un brick, le *Coureur*, capitaine Garraud, sont mouillés dans le port. Voyant le désespoir des habitants, ces braves officiers prennent la résolution héroïque d'aller attaquer les vaisseaux ennemis avec leurs frégates et de les forcer à lever le blocus.

Le 21 octobre 1794, ces trois navires, accompagnés du navire corsaire le *Jean-Bart* et dirigés par le commandant Renaud, mettent à la voile. Dès le lendemain ils aperçoivent les vaisseaux ennemis à huit lieues environ dans le nord de l'île Ronde, courent dessus avec impétuosité et engagent aussitôt l'action.

Il est cinq heures et demie du soir. La *Prudente* se jette sur le *Centurion* et la *Cybèle* sur le *Dyomed*. Le combat s'engage à un quart de portée de canon; de furieuses bordées sont échangées.

A bord de la *Prudente*, les officiers Flouet et Salembiers sont tués; treize morts et vingt blessés tombent autour d'eux.

L'artilleur Sixte Brunet est occupé à charger son canon, quand un boulet lui emporte le poignet droit; sans en paraître ému, Brunet saisit le refouloir de la main gauche, achève sa charge et ne songe qu'ensuite à faire étancher son sang qui coule à flots.

L'intrépide commandant Renaud, tout couvert de contusions, est renversé de son banc de quart à plusieurs reprises, et, se relevant toujours, se multiplie et prodigue ses encouragements avec ses ordres.

En revanche les mâts de hune et d'artimon du *Centurion* s'abattent avec un fracas épouvantable; son pont est encombré de morts et de mourants.

La *Cybèle*, plongée dans un gouffre de feu et de fumée, fait de son côté feu de tous ses sabords sur le *Dyomed*. Le brave Le Hir, le second de Tréhouart, reçoit un coup de biscaïen dans le talon: chacun le presse de descendre pour se faire panser:

— Non, reprend Le Hir, j'ai juré de mourir à mon poste et je ne le quitterai qu'avec la vie!

Un moment après, un boulet lui coupe les reins et il meurt en disant :

— Courage, amis, courage. Vengez ceux qui sont morts!

Vingt-deux hommes périssent autour de lui ; soixante-deux sont blessés et parmi eux le vaillant Collet, qu depuis fut officier général.

Le petit brick *le Coureur* seconde la *Cybèle* par son audace extraordinaire ; pendant trois quarts d'heure, le capitaine Garraud ose tenir le travers du *Dyomed* dont une seule bordée bien dirigée, peut le couler bas, mais par l'adresse et la légèreté de ses manœuvres, il se dérobe sans cesse aux coups de son énorme adversaire.

Si les frégates françaises ont fait de nombreuses et regrettables pertes, les deux vaisseaux anglais ont encore bien plus souffert dans leur personnel et dans leurs manœuvres.

Le *Centurion*, ses deux mâts croulés, ses gréements hachés, ses voiles en lambeaux, son gouvernail démonté, les sabords de sa batterie basse fermés et faisant eau de toutes parts, n'a plus d'autre occupation que d'éviter les attaques et de se réparer à la hâte pour prendre la fuite. Le *Dyomed* n'est pas dans un moins pitoyable état.

Bientôt les deux vaisseaux anglais s'éloignent pour ne plus reparaître, tandis que les deux glorieuses frégates, accompagnées du brick *le Coureur* et du petit corsaire *le Jean-Bart* font leur rentrée triomphale à l'île de France.

L'abondance revient dans la colonie, des gratifications considérables sont décernées par les colons aux familles des marins morts dans cette mémorable rencontre de deux frégates françaises contre deux vaisseaux de ligne anglais.

Ainsi, on peut dire que les campagnes de 1794 et de 1795 aux colonies, dans les mers des Indes, des Antilles et de l'Afrique occidentale avaient été glorieuses pour la France et susceptibles parfois de consoler le pavillon tricolore des échecs qu'il éprouvait dans les mers d'Europe.

Quartier-maître.

Bataille d'Aboukir : explosion de l'*Orient* (1798).

CHAPITRE XVIII

ABOUKIR.

Un terrible ouragan. — Combat du *Ça-Ira* et du capitaine Coudé. — Prise du *Berwick*. — Combat de Groix. — Dévouement de Linois. — Incendie du *Formidable*. — Combats dans la Méditerranée. — Reprise du *Censeur*. — La grande course. — Nos officiers généraux de marine en 1796. — Belle défense du capitaine Bergeret. — Capture et évasion de Sidney Smith. — Le massacre d'Arcachon. — De Bruix et Hoche. — L'expédition d'Irlande. — Trois tempêtes. — Débarquement manqué. — Le retour. — Combat des *Droits-de-l'Homme*. — Héroïsme de la Crosse et du général Humbert. — A la côte. — Le sauvetage. — Descente de Nelson à Ténériffe. — Sa blessure. — Pléville-le-Pelley. — Seconde expédition d'Irlande. — Défense héroïque de la *Loire* et du capitaine Segond. — Abordage de l'*Embuscade* par la *Bayonnaise*. — Prise du *Lady-Shore*. — L'expédition d'Égypte. — Prise de Malte. — Le débarquement. — Prise d'Alexandrie. — Sondages du vieux port à Alexandrie. — Incapacité de Brueys. — Apparition de

Nelson.— Le conseil de guerre.— Mauvaises mesures.— La bataille d'Aboukir. — Échouage du *Culloden*. — Manœuvre hardie de Nelson. — Combat de nuit.— Belle défense des Français.— Seconde blessure de Nelson. — Défense du *Spartiate*.— Mort de Brueys. — Blessure de Blanquet du Chayla.— Incendie et explosion de l'*Orient*.— Une haine brutale.— Égorgez ces damnés Français! — Mort de Casabianca et de son jeune fils.— Prise du *Franklin*.— Le *Tonnant*. — Du Petit-Thouars. — Un acte sublime. — Mort d'un héros! — Fuite de Villeneuve. — Pertes anglaises et françaises. — Prise du *Leander*. — Mort de Lejoille à Brindisi. — Croisière de Bruix de Brest à Toulon.

L'année 1795 commence par la conquête de la Hollande, où, chose inouïe, on voit des escadrons de hussards et d'artilleurs à cheval courir sur les glaces du Zuyderzée et enlever au galop la flotte batave.

Par malheur, ces grands succès, dus aux armées de terre, sont dans le même temps fatalement compromis par de nouveaux désastres maritimes. Il semblait que les tempêtes elles-mêmes se conjuraient avec l'ennemi pour la ruine entière de la marine française.

Au milieu du terrible hiver de 1795, Villaret-Joyeuse commet l'imprudence de sortir du port de Brest avec sa flotte. Un ouragan furieux disperse nos vaisseaux dont trois périssent corps et biens et plusieurs autres sont jetés à la côte.

Le 23 ventose an III (13 mars 1795), la flotte de la Méditerranée, sous le commandement de l'amiral Martin, rencontre, à la hauteur du cap Noli, l'armée anglaise, forte de treize vaisseaux, sous les ordres de l'amiral Hotham.

La mer et le ciel sont orageux ; les vents varient sans cesse ; l'ennemi, courant à contre-bord, est sous le vent, mais le *Ça-Ira* et deux autres vaisseaux français viennent d'y tomber aussi, et se trouvent à plus d'une lieue de leur armée. Ces deux derniers réussissent à échapper à une attaque de l'armée anglaise.

Quant au *Ça-Ira*, la perte de ses mâts de hune, abattus par une tempête récente, l'empêche de se rallier au contre-amiral Martin. Bientôt il est engagé dans l'avant-garde anglaise, dont Nelson fait partie.

Le capitaine Coudé se prépare vigoureusement à la lutte. Une frégate ennemie, l'*Inconstante*, qui le serre de trop près, a mis le feu dans ses grands porte-haubans ; il la désampare en quelques bordées, et éteint ce commencement d'incendie.

A l'*Inconstante* succède l'*Agamemnon*, capitaine Nelson, qui échange avec le *Ça-Ira* une canonnade très vive, et qui finirait par être fatale au vaisseau anglais, si plusieurs fins voiliers de l'avant-garde de Hotham, n'étaient venus à son secours.

Alors aucun des bâtiments ennemis n'ose se présenter par le travers du *Ça-Ira* qui ralentit leur impétuosité avec ses seuls canons de retraite.

A la tombée du jour, le *Censeur*, capitaine Benoist, vient à son aide, et contribue à maintenir l'avant-garde ennemie.

Malheureusement, au matin, le vent change encore de direction : nos deux vaisseaux sont entièrement coupés de la flotte de l'amiral Martin. Leur sort n'est pas douteux.

Bientôt, deux vaisseaux anglais de 74, le *Captain* et le *Bedford*, commencent l'attaque ; en quelques instants, ils sont mis hors de combat et sont aussitôt remplacés par le *Courageous* et l'*Illustrious* de même force.

Le nombre des assaillants augmente sans cesse. Sept vaisseaux, parmi lesquels deux à trois ponts, s'acharnent contre le *Ça-Ira*, dont le pont offre le tableau de la plus épouvantable dévastation.

Mais plus le carnage est à son comble, plus il règne d'ordre et de précision dans les batteries de cet héroïque bâtiment.

Coudé, bien secondé par le lieutenant, depuis vice-amiral Jacob, et par ses autres officiers, dirige son tir avec tant d'adresse que bientôt on voit s'écrouler les mâts du *Courageous* et de l'*Illustrious* qui tiennent le travers du *Ça-Ira*. Ces deux vaisseaux s'éloignent au plus vite, salués par les cris enthousiastes des Français, et sont jetés à la côte.

Trois nouveaux adversaires, le *Britannia*, de 100 canons, (amiral Hotham), le *Royal-Princess*, de 98 (vice-amiral Goodall), et le *Tancrède*, vaisseau napolitain de 74, arrivent à la rescousse et assaillent le *Ça-Ira*, par le travers, l'arrière et les hanches. Sous leurs bordées terribles et incessantes, les dernières manœuvres du navire français sont hachées, dispersées, les restes de ses mâts coupés au ras du pont, ses batteries engagées par les débris de ses gréements ou presque englouties par le flot qui s'engouffre dans les sabords.

Le *Ça-Ira* est submergé de quatre pieds au-dessous de sa flottaison dans toute sa longueur : il a douze pieds d'eau dans sa cale ; six cents hommes de ses défenseurs encombrent ses ponts de leurs cadavres mutilés.

L'intrépide capitaine Coudé qui n'a pas quitté un instant le gaillard d'arrière, a l'estomac labouré par un boulet de canon, le bras droit fracassé, la tête et le corps tout entier couvert de contusions. Pas un instant, il songe à se rendre, et la lutte continue avec un désespoir de plus en plus furieux.

Coudé fait évacuer ses gaillards balayés par l'artillerie ennemie et envoie ses compagnons de gloire, dans les batteries afin de prolonger la défense jusqu'à l'anéantissement du dernier d'entre eux, et jusqu'à ce que lui-même ait trouvé la mort qu'il défie.

Mais le ciel prend pitié de ces braves et veut les réserver pour d'autres exploits. Le feu cesse complètement à bord du *Ça-Ira* dont les munitions sont épuisées et les poudres noyées : il n'y a plus moyen de combattre.

De leur côté, les Anglais suspendent leur tir et crient à l'équipage du *Ça-Ira*:

— Braves marins français, rendez-vous !

C'est alors seulement que Coudé, cédant aux cris d'admiration et de générosité des ennemis, et voyant qu'il a fait au-delà du possible pour l'honneur de la France, amène un lambeau d'étendard que l'on distingue à peine à son bâton de pavillon.

Lorsque Coudé est amené à bord du *Royal-Princess*, Goodall et ses officiers s'avancent pour lui rendre honneur tandis que l'équipage anglais, debout sur le pont et sur les vergues le salue de ses hourrahs; quand le brave capitaine, les vêtements en lambeaux et souillés de sang, remet, suivant l'usage, son épée au vice-amiral ennemi, celui-ci la prend et lui présentant aussitôt la sienne.

— Commandant, dit-il, je garde pour moi cette glorieuse épée, mais acceptez la mienne en échange pour votre noble courage.

Le *Censeur*, que Coudé, dans sa reconnaissance appela toujours depuis le *Généreux* a désormais à supporter seul l'effort général de l'armée anglaise. Il se défend longtemps.

Le capitaine Benoist déploie pour sa propre défense les mêmes ressources et le même courage qu'il a montrés pour secourir son compagnon de gloire et d'infortune ; mais après sept heures d'une lutte à jamais mémorable contre une armée tout entière, il doit succomber à son tour.

Plus de mâts, plus de gouvernail, les batteries détruites

ou submergées, les poudres noyées, tous les artilleurs tués sur leurs pièces, les officiers morts pour la plupart, le capitaine couvert de blessures, mourant et cependant ordonnant encore, du geste et du regard, que l'on combatte pour la France: voilà le spectacle à la fois héroïque et déchirant qu'offre le *Censeur* lorsque, réduit, mais non vaincu, il tombe au pouvoir de l'ennemi.

Les Anglais sont eux-mêmes si maltraités, qu'ils ne songent pas à inquiéter la retraite de l'arrière-garde de l'amiral Martin. Quant au *Ça-Ira*, comme le *Vengeur*, aux journées de prairial, il coule bas avant d'arriver dans les ports britanniques.

Sur la même mer, la frégate française *l'Alceste*, commandée par le lieutenant Lejoille, attaque impétueusement le vaisseau anglais *le Berwick*, de 74 canons, le désempare dans sa mâture et son gréement, et s'en rend maîtresse après un quart d'heure de combat. Le grade de capitaine de vaisseau est pour Lejoille, la récompense immédiate de ce beau fait d'armes.

Le 23 juin 1795, la flotte de Villaret-Joyeuse, est décimée sur l'Océan en vue de l'île de Groix, par l'armée navale de l'amiral Bridport.

Le vaillant commandant Linois se dévoue avec le *Formidable*, de 74, pour le salut de tous, et se fait remarquer par la hardiesse et la précision de ses manœuvres, quand, soudain, une terrible explosion part de son bord: la dunette du *Formidable* vient de sauter ; l'arrière du vaisseau est tout en feu et la flamme s'élève jusque dans la hune d'artimon. Pour comble de malheur, Linois reçoit au visage une blessure qui le prive pour toujours de l'œil gauche, et à la tête une horrible contusion, qui le laisse un moment sans connaissance.

Dans cette terrible situation, le *Formidable*, incapable désormais de rendre feu pour feu, devient le point de mire des Anglais qui l'enveloppent et le canonnent à couler bas.

Vainement Linois revenu à lui, essaye de faire éteindre l'incendie qui consume son vaisseau, pour pouvoir ensuite recommencer à combattre.

La flamme redouble, et le *Formidable* ne présente plus que l'aspect d'un énorme bûcher balloté sur les eaux ; Linois, cédant alors, rend son vaisseau embrasé qui s'abîme peu d'instants après dans les flots.

A cette époque, dans notre corps d'officiers des armées de mer, on voit comme vice-amiraux, La Touche-Tréville, Morard de Galles, Thévenard, Martin, Villaret-Joyeuse ; comme contre-amiraux, le Large, de Rosily aîné, de Sercey, Vence, Dalbarade, Joseph Bouvet, Renaudin, Nielly, Leissègues, Vanstabel, Pierre-François Cornic et Richery.

Parmi les chefs de division, Brueys, Decrès, Villeneuve, Blanquet-du-Chayla, du Petit-Thouars, La Crosse, Linois, Cosmao, Daugier, Coudé, Savary, Lemancq, Gantcaume, Allemand, Magon, Bruix, Willaumez, etc.

En avril 1796, sous le cap Lézard, la frégate *Virginie*, capitaine Jacques Bergeret, depuis vice-amiral, bien que seule, ose affronter trois vaisseaux anglais de haut bord, et, dans un engagement vergue à vergue, de près de deux heures, démâte l'*Indefatigable*, vaisseau rasé que monte le commodore Pelew.

Dans ce même temps, le fameux Sidney Smith, commandant la corvette le *Diamond*, croise devant le Havre, ayant vainement essayé de mettre le feu aux chantiers et aux magasins de ce port.

L'incendiaire de Toulon vient de s'emparer d'un petit

corsaire français et de s'embarquer dessus pour s'approcher plus facilement de la côte, quand plusieurs navires légers, expédiés à sa rencontre, l'attaquent et le forcent à se rendre avec plusieurs officiers de la marine britannique. On trouve sur lui, un paquet soufré, tel que l'on en a précédemment découvert sous une frégate en construction au Havre.

Sidney Smith est aussitôt dirigé sur Paris et enfermé dans la prison du Temple, d'où il s'évade après deux années de détention.

En 1796, l'Angleterre ajoute une nouvelle infamie, à la liste déjà si nombreuse de ses lâches attentats contre le droit des gens.

Dans les parages d'Arcachon, la frégate l'*Andromaque* est obligée de se rendre à cinq vaisseaux. Les Anglais ne veulent faire d'autres prisonniers que le capitaine et deux officiers, déclarant qu'ils congédient l'équipage; mais à peine les matelots français se sont-ils éloignés dans leurs embarcations, que les ennemis tirent sur eux à mitraille et massacrent ces malheureux jusqu'au dernier.

Le jeune général Hoche, résolu de frapper un grand coup au cœur l'Angleterre, décide de débarquer avec une armée de vingt-cinq mille soldats aguerris, en Irlande. Il y avait à cette époque à Brest, un officier, que Truguet, ministre de la marine, venait de détourner de la carrière active, en le nommant directeur des mouvements du port ; Hoche d'un coup d'œil, devine en lui un homme supérieur, plein de vues, d'idées neuves, actif et cachant une énergie de fer et un cœur de lion sous une écorce frêle et douce. C'est Eustache de Bruix, officier sorti des gardes marines : il le prend en amitié et n'agit plus que par lui sur l'escadre, dont il le fait nommer major général. Villaret-Joyeuse, privé de son commandement en chef, est remplacé par Morard de Galles, ayant sous ses ordres les contre-amiraux Joseph Bouvet, Nielly et Richery.

Le 26 frimaire (16 décembre 1796) l'armée navale met à la voile de Brest, ayant à son bord le corps expéditionnaire. Hoche a pris place sur la frégate l'*Indomptable*, où flotte le pavillon de Morard de Galles. Le plus grand secret a été gardé sur le but de l'expédition.

Un triste accident signale le départ. Comme une flotte anglaise de vingt et un vaisseaux de ligne, commandée par l'amiral Colpoys, s'est établie en croisière sur Ouessant pour surveiller les mouvements de la flotte française, celle-ci afin de l'éviter, se dirige par le Raz : malheureusement, le *Séduisant*, vaisseau de 74, se perd sur des rochers à l'Ouest de ce passage; six cents hommes seulement de ceux qui le montent sont sauvés : le commandant Dufossey, son second et plusieurs officiers périssent victimes du dévouement et du sentiment du devoir qui les retiennent les derniers sur le vaisseau près de sombrer.

Dès le lendemain de son départ, un coup de vent disperse l'armée navale, et la frégate amirale reste dans un isolement complet.

Joseph Bouvet, avec lequel se trouve le général Grouchy, commandant en second l'armée de débarquement, parvient toutefois à rallier à son pavillon la majeure partie de la flotte ; il décachète alors le paquet qui contient les instructions en cas de séparation, et, conformément à celles-ci, fait voile pour le cap Mizen-Head. En route il est rejoint par de nouvelles voiles, ce qui élève ses forces à quatorze vaisseaux, neuf frégates, cinq transports et dix-huit mille hommes environ de troupes de descente. C'est à peu près toute la flotte et toute l'armée de terre ; il parvient avec elles, le 21 décembre, sur le cap Mizen-Head, au sud-est de l'Irlande.

Il n'y a sur la côte aucune force capable de s'opposer au débarquement de notre armée ; rien ne pourrait empêcher cinq mille hommes de marcher aussitôt sur Cork et de s'en emparer. Tout au contraire, le contre-amiral Bouvet et le général Grouchy décident, au lieu de débarquer, d'attendre la frégate la *Fraternité* avec Hoche et Morard de Galles. Ce retard doit achever de tout perdre.

Dans la nuit du 22 au 23 décembre, une nouvelle et furieuse tempête disperse la flotte pour une seconde fois. Une partie se réfugie dans le fleuve Shannon, une autre revient toute délabrée dans la baie de Bantry, mais va toutefois tenter le débarquement avec quatre mille hommes de troupes, quand, par un comble de fatalité, un nouveau coup de vent disperse ces quelques vaisseaux.

Dans cette situation, nos généraux de terre prennent le parti de s'abstenir. Notre flotte revient par fractions, et à plusieurs jours de distance à Brest. De son côté, la *Fraternité* avait fini par atteindre la baie de Bantry, mais quel n'avait pas été le désespoir de Hoche et de Morard de Galles, en apprenant de la bouche des Irlandais, que presque toute l'armée s'y était trouvée un moment réunie, et en n'y apercevant plus une seule voile française.

Il n'y a pas à hésiter, la frégate amirale doit se décider à son tour à revenir en France. Elle n'évite que comme par miracle d'être prise par la flotte anglaise, au milieu de laquelle elle tombe dans les parages d'Ouessant ; poursuivie par plusieurs bâtiments de cette flotte, elle finit pourtant par arriver le 13 janvier à Rochefort.

Cependant, le vaisseau *les Droits-de-l'Homme*, ayant perdu ses deux mâts de hune dans la tempête, et par suite, étant resté en arrière, a, à soutenir le 13 janvier 1797, aux atterrages de Brest, un furieux et mémorable combat, contre le vaisseau rasé l'*Indefatigable*, monté par le commodore sir Edward Pelew, qui fut plus tard lord Exmouth, et contre la frégate l'*Amazone*, de 38 canons, capitaine Reynolds.

Le combat commence à portée de voix. La mer est tellement houleuse, que les batteries basses des bâtiments ont dû fermer leurs sabords.

Aussitôt, le chef de division La Crosse qui commande les *Droits-de-l'Homme*, utilisant les six cents hommes de troupes commandés par le général Humbert, qu'il a à son bord, crible l'ennemi de décharges de mousqueterie, qui déciment les servants des grosses pièces de vingt-quatre de l'*Indefatigable*. Deux fois, sir Edward Pelew essaye de passer à l'avant des *Droits-de-l'Homme*, pour l'enfiler d'une bordée de long en long, coup toujours terrible et souvent décisif.

Mais La Crosse, par de rapides évolutions, le conserve toujours par son travers ainsi que l'*Amazone*, et le menace d'un abordage. L'*Indefatigable*, peu soucieux d'une lutte corps à corps où il serait infailliblement vaincu, se dérobe de son côté.

A la tombée du jour, les deux navires anglais, se retirent pour aller se réparer, mais ils reviennent bientôt et engagent un épouvantable combat de nuit.

La Crosse, admirablement aidé par son second, Prévost de La Croix jeune, combat des deux bords et précipite à travers l'ombre, les lueurs et les éclats de son artillerie.

De tous côtés la nuit enveloppe la mort, et dans les rares intermittences du canon, on entend des agrès qui tombent, des mâts qui s'écroulent ; ce sont ceux des deux bâtiments ennemis. De temps à autre, la voix tonnante de La Crosse et du général domine le tumulte et crie : — Abordons, camarades, abordons ! — Mais pas plus que naguère, sir Edward Pelew ne veut soutenir cet assaut que La Crosse présente tour à tour à l'*Indefatigable* et à l'*Amazone*.

Cependant La Crosse vient de perdre encore une de ses principales ressources ; son mât d'artimon est coupé et il n'a que le temps d'en faire diriger la chute à la mer pour sauver avec sa roue de gouvernail un de ses derniers moyens d'évoluer.

Ses deux adversaires croient les canons de poupe des *Droits-de-l'Homme* embarrassés dans les manœuvres écroulées, et viennent canonner ce vaisseau par la hanche, mais déjà La Crosse a balayé son gaillard d'arrière et son pont de toute cette drome et les ennemis le trouvent prêt à leur renvoyer foudres pour foudres, mort pour mort.

On annonce à La Crosse que les boulets ronds manquent pour charger les pièces.

— Eh bien ! dit-il, prenez des obus !

Tirés à demi-portée de fusil, ces projectiles font un ravage immense à bord de l'*Indefatigable* et de l'*Amazone*, qui sont encombrés de morts, de mourants et de blessés.

Il est deux heures du matin. A ce moment, un boulet mort atteint La Crosse au genou et le force à quitter son commandement. Ses officiers atterrés le prennent dans leurs bras, et le transportent au poste des blessés, en le faisant passer dans les batteries.

— Mes amis, crie alors l'intrépide chef de division à ses marins, jurez-moi quoi qu'il arrive de ne pas amener vos couleurs !

— Jamais ! plutôt mourir ! répond tout d'une voix l'équipage.

— Oui, plutôt mourir ! répètent, avec un sympathique transport, le général Humbert et ses braves soldats.

Prévost de La Croix, reçoit le commandement du vaisseau, en faisant le serment de ne pas amener pavillon, et la lutte recommence avec l'acharnement du désespoir.

Cependant, de part et d'autre, les bordées se ralentissent, s'éloignent et finissent par cesser complètement.

Gloire au vaisseau les *Droits-de-l'Homme* ! Les deux adversaires l'abandonnent. L'*Indefatigable*, réduit pour ainsi dire à l'état de ponton et ayant quatre pieds d'eau dans la cale, ne vient qu'à grand peine à bout d'éviter les brisants de la baie d'Audierne et les rochers de Penmarck, sur lesquels l'*Amazone* se perd et livre aux Français son capitaine et son équipage.

Par malheur de son côté, le vaisseau les *Droits-de-l'Homme*, s'échoue, le lendemain à sept heures du matin, dans la baie d'Audierne, vis-à-vis Plozvet. Les vagues qui déferlent avec furie enfoncent l'arrière et submergent la cale. Deux canots mis à la mer vont se briser sur les récifs ; plusieurs radeaux, construits avec des débris du bâtiment, n'ont pas un meilleur sort et s'engloutissent avec tous les hommes qu'ils portent.

Le grand canot des *Droits-de-l'Homme* parvient pourtant à déposer vingt-cinq personnes à terre ; mais un terrible vent d'ouest, qui empêche tout secours de venir de la côte, le repousse sans pitié quand il essaye de revenir pour recueillir d'autres naufragés.

On veut descendre à la mer une chaloupe chargée de quatre-vingts blessés et de quelques femmes, mais lorsqu'elle est près d'effleurer l'onde, une lame furieuse la soulève et la brise en morceaux contre les murailles du bâtiment; tout à péri.

Deux jours et deux nuits se passent ainsi en efforts impuissants. Enfin, les vents étant passés à l'est, cinq chaloupes puis un cotre d'Audierne, peuvent aborder le vaisseau et sauver quatre cents hommes.

Un nouveau changement dans le vent suspend le retour de ces embarcations et du cotre. Les malheureux naufragés restés à bord, se voient alors en proie aux tortures de la faim et de la soif. Soixante de ces infortunés succombent.

Le cinquième jour du naufrage pourtant, le cotre revient accompagné d'une corvette, et les tristes restes des treize cent cinquante hommes qui composaient naguère l'équipage et la garnison des *Droits-de-l'Homme* peuvent être enfin recueillis. Le commandant La Cosse s'embarque le dernier.

La même année, Nelson essaye de surprendre le port de Santa-Cruz de Ténériffe aux Canaries, que l'on dit rempli de galions apportant les trésors du Mexique. Comme à cette époque l'Espagne est l'alliée de la France, cent vingt matelots français défendent les forts de cette ville. Dans la nuit du 24 au 25 juillet 1797, Nelson dirige vers le môle Santa-Cruz deux divisions d'embarcations et de troupes de débarquement, la première commandée par lui-même, la seconde par le capitaine de vaisseau Trowbridge.

Au moment où s'opère la descente, une grêle de boulets, de balles et de mitraille vient décimer la division de Nelson qui a le bras droit fracassé et se fait amputer aussitôt; de son côté Trowbridge est fait prisonnier. Le futur vainqueur d'Aboukir est forcé de fuir au plus vite devant cette poignée de Français.

A Truguet, succède comme ministre de la marine un officier de l'ancien grand corps qui a perdu une jambe au combat, et qui, aussi bon administrateur que vaillant marin, a été employé tour à tour, et avec un égal succès, sur les vaisseaux et dans les ports. C'est le brave Pléville le Pelley, qui a servi comme lieutenant sur le *Languedoc*, sous les ordres de d'Estaing, pendant la guerre de l'indépendance de l'Amérique. Malheureusement sa santé et son âge ne lui permettent pas de rester longtemps aux affaires.

Une seconde expédition partie de Brest le 16 septembre, sous les ordres du chef de division Bompart, est moins heureuse; elle se compose d'un vaisseau de 74, le *Hoche*, de huit frégates et d'un aviso, transportant un corps de trois mille hommes commandés par les généraux Ménage et Hardy.

Le 11 octobre, cette division est enveloppée sur la côte d'Irlande, dans la baie de Long-Swilly par l'armée navale de lord Bridport.

Bompart, ayant inutilement manœuvré pour se jeter à la côte et opérer son débarquement avant d'être attaqué, se trouve forcé d'accepter le combat le 12 au matin.

Le *Hoche*, entouré par cinq vaisseaux de haut bord, lutte longtemps en désespéré; après un combat acharné sa mâture chancelle, ses vergues sont ruinées; à la place de ses voiles on n'aperçoit plus que quelques lambeaux;

ses ponts sont encombrés de morts, de mourants et de blessés; l'eau le gagne rapidement par les trous dont il est criblé. Dans cet état, Bompart et le général Hardy sont forcés de se rendre.

Le capitaine Jacob, commandant la *Bellone* ose attaquer avec son frêle bâtiment le vaisseau amiral anglais et assure ainsi la retraite de cinq frégates.

La *Résolue* tombe également au pouvoir de l'ennemi après avoir soutenu un furieux combat dans lequel succombent glorieusement son commandant, le capitaine Bergeau et le général Ménage.

La frégate la *Loire* se trouve en présence du vaisseau rasé l'*Anson*, capitaine Durham. Dans cette position critique, le capitaine Segond, tente de se donner pour bâtiment amariné, hisse le pavillon anglais au-dessus du pavillon tricolore et s'apprête à passer tranquillement sous les sabords ouverts de l'ennemi. L'*Anson* se laisse, en effet, croiser à portée de voix; mais s'étant aperçu, après avoir hélé la frégate qu'elle ne diminue pas de voiles et ne fait aucune réponse, il lui envoie un boulet.

Soudain la *Loire* amène le pavillon britannique, lance toute sa bordée à l'*Anson* et se couvrant de voiles, échappe à son redoutable adversaire.

Le lendemain la *Loire* est chassée par un vaisseau, une frégate et une corvette qu'elle n'évite que pour tomber quatre jours après, sous la chasse de deux frégates et d'une corvette. Celle-ci ayant réussi à la joindre, est aussitôt démâtée et mise hors de combat, tandis que la *Loire* continue sa route.

Le lendemain, 17 octobre, la *Mermaid*, une des frégates de la veille, arrive à toutes voiles sur la frégate française. Le commandant Segond, fait carguer sa grande voile pour attendre l'ennemi, harangue son équipage et laisse approcher la *Mermaid* à portée de pistolet sans ordonner le feu. Arrivée à cette distance, la frégate anglaise est reçue par une bordée terrible accompagnée d'une grêle de balles.

Une canonnade furieuse, qui dure plusieurs heures et fait de grands ravages sur les deux bâtiments, s'engage alors. Segond qui a perdu ses trois mâts de hune, ne peut plus manœuvrer que sous ses deux basses voiles. Imposant alors silence aux batteries de la *Loire*, il manœuvre comme pour indiquer qu'il ne peut plus soutenir les bordées de son adversaire. La *Mermaid*, ne doutant plus de son succès, laisse arriver à son tour pour suivre le mouvement de la *Loire*, quand soudain Segond lance sa frégate dans le vent comme s'il courait à l'abordage. L'Anglais épouvanté de cette résurrection, essaye de revenir au vent. Ségond en profite pour ranger cette frégate à poupe et lui lancer une épouvantable bordée de deux boulets ronds par chaque canon, bordée qu'il a préparé dans son mutisme calculé. L'effet en est terrible et la *Mermaid* saisit la faveur d'une brise pour s'évader.

Tout n'est pas fini pour la *Loire*. A l'aube du 18 octobre, elle aperçoit réunis le vaisseau rasé l'*Anson* et la corvette le *Kanguroo*, qu'elle a déjà combattus et vaincus en détail.

Segond, bien qu'assuré d'avance de ne plus pouvoir vaincre, attend encore, à portée de pistolet, l'ennemi, avec sa frégate plus encore désemparée que naguère, lâche à l'*Anson* une bordée en enfilade et lui envoie encore coup sur coup deux autres bordées, qui, du reste, lui feront payer cher sa victoire.

Attaqué en proue et en poupe par ses deux adversaires, Segond, avec son débris de navire, lutte encore plus d'une heure. Le grand mât et le mât d'artimon de la *Loire* s'abattent, le mât de misaine se balance comme un arbre auquel la cognée va porter le dernier coup.

Segond, intrépide marin, doué d'un caractère bouillant et impétueux, se voit perdu ; de rage, il brise son porte-voix sur le pont, et plutôt que de se rendre, résout d'en finir par un de ces actes héroïques dont la postérité garde l'éternel souvenir; il se fait donner par un artilleur un bout de mèche allumée, et la tenant cachée dans sa main qu'elle brûle profondément sans que son visage trahisse la souffrance, il descend à la sainte-barbe et se dispose à mettre le feu aux poudres, quand un des siens l'arrête, en lui disant que c'est inutile de se faire sauter, car la *Loire* a six pieds d'eau dans la cale et tout à l'heure va sombrer. Segond, satisfait pourvu que sa frégate ne soit pas un trophée pour l'ennemi, consent enfin à se laisser sauver lui et les braves qu'il a à son bord. Quant à la *Loire*, elle ne tarde pas à couler bas.

Avant ce brillant fait d'armes, ce hardi marin avait proposé au ministre de la marine d'aller enlever le roi d'Angleterre, Georges III, à Weymouth où il prenait les bains de mer; déjà il avait reçu l'autorisation et il allait exécuter son audacieux dessein, avec deux frégates seulement, quand un contre-ordre fut expédié à Brest.

Il y eut cette année encore, dans l'Océan, un combat digne de le disputer à ceux du brave Segond. Ce fut celui que le lieutenant de vaisseau Richer, livra le 14 décembre dans le golfe de Biscaye, sur la corvette la *Bayonnaise*, de 20 canons de 8, à l'*Embuscade*, capitaine Jenkins, frégate devenue anglaise par la prise qui en avait été faite dans l'affaire de la division Bompart, et maintenant armée de 32 canons de 24 et de 18.

Le combat commença d'abord par de violentes bordées à portée de fusil. Le capitaine Jenkins et plusieurs de ses officiers tombent grièvement blessés. Un autre officier anglais, Beaumont-Murray, prend le commandement de l'*Embuscade* et continue le feu.

Écrasée par la grosse artillerie anglaise, la *Bayonnaise* va être coulée à fond, quand le cri : « A l'abordage! » annonce qu'un autre genre de lutte va commencer.

A ce cri qui part de sa corvette, Richer fait porter soudain sur la frégate ennemie. Le choc est si violent entre les deux bâtiments que le mât de misaine de la *Bayonnaise* se renverse sur le gaillard d'arrière de l'*Embuscade*. L'équipage français se précipite à l'envi sur ce pont improvisé pour sauter sur la frégate. Les Anglais veulent repousser cet assaut par un feu pressé de mousqueterie, rien ne peut arrêter nos intrépides marins.

Une lutte sans pitié s'engage alors; on se combat au pistolet, à la pique, au poignard, au sabre, à la hache : tout instrument devient une arme mortelle; on se prend aux cheveux, à bras le corps, et parfois les lutteurs tombent ensemble de l'arrière de l'*Embuscade* dans la mer.

Les Français enlèvent la dunette; mais les Anglais se barricadent dans la partie du pont qui conduit du gaillard d'arrière au gaillard d'avant, et de là, opposent à la furie française une muraille de piques et une grêle de balles. Ce second obstacle est renversé, et la mêlée recommence épouvantable; c'est une boucherie.

Enfin, les Anglais, après s'être défendus comme des lions, sont forcés de se rendre; la petite corvette a réduit la frégate qui va redevenir française, et se fait remorquer par sa prise jusqu'au port de Rochefort où elle est reçue triomphalement.

Citons aussi la prise du *Lady-Shore*, un des plus beaux traits de l'audace et de l'intrépidité qui caractérisent les marins français.

Pendant l'année 1796, la corvette française la *Bonne-Citoyenne* avait été capturée par les Anglais à la hauteur du cap Finistère et son équipage envoyé prisonnier à Portsmouth.

Selis et Thierry, le premier, chef de timonerie, et le second, pilote-côtier de la corvette, s'évadent pendant la nuit, de leur prison, et vont sur les côtes pour y enlever une barque quelconque et regagner ainsi la France. Arrêtés par des douaniers, ils sont jugés comme déserteurs; condamnés à la déportation et envoyés à Botany-Bay en compagnie de six autres français, sur un vaisseau de la Compagnie des Indes.

Ce bâtiment, nommé *Lady-Shore*, de cinq cents tonneaux et armé de vingt-deux canons, est chargé de cent dix-neuf prisonniers. Il a vingt-six hommes d'équipage et une garnison de cinquante-huit soldats tous bien armés.

Nos braves marins décident de recouvrer leur liberté en se rendant maîtres du bâtiment; mais ils ne sont que huit hommes désarmés; cependant ils confient leur dessein désespéré à trois Allemands et à un Espagnol, déportés comme eux, et les décident de partager leur fortune.

Le 1ᵉʳ août 1797, dans la nuit, les douze prisonniers se glissent un à un dans le panneau de la force armée, saisissent les armes des soldats et s'élancent sur le poste des soldats et des matelots ainsi que sur les logements des officiers, qui sont tenus en respect.

L'officier de quart les voyant accourir, saisit ses pistolets et blesse mortellement l'un des assaillants ; mais lui-même est tué sur-le-champ. Le capitaine voyant le petit nombre des conjurés, veut faire résistance; à l'instant il reçoit trois coups de baïonnette et tombe du pont dans l'entre-pont, en criant : — Rendez le bâtiment aux Français.

Cependant les soldats prennent les armes et veulent s'élancer hors de leur panneau ; mais un Français saisit une barrique de salaisons, et la lance dans le panneau sur un caporal, qui pousse un si grand cri, que tous les soldats effrayés et ignorant le nombre d'insurgés qui combattent sur le pont, s'écrient qu'ils se rendent prisonniers.

Maîtres alors de tous les postes, les Français désarment les Anglais. Selis est nommé capitaine et Thierry lieutenant de la prise, qu'ils conduisent à Montévidéo dans la rivière de la Plata, où ils arrivent heureusement le 31 août 1797.

Par malheur, à quelques échecs de détails dans l'Océan, les Anglais ont à opposer au même moment, dans la Méditerranée, des victoires d'ensemble bien capables de consoler leur orgueil.

— C'est en Égypte qu'il faut attaquer l'Angleterre, — écrit Bonaparte au Directoire. Cette expédition célèbre est aussitôt résolue et préparée dans le plus grand secret.

Le 9 mai 1798, le jeune héros de l'armée d'Italie, arrive à Toulon qui a été le berceau de sa renommée et de sa gloire.

Le 19 mai, la flotte composée de quatorze vaisseaux de ligne et d'un grand nombre de transports, quitte Toulon. Elle porte trente-six mille hommes, presque tous anciens soldats d'Arcole et de Rivoli. Le contre-amiral Brueys, l'ancien chef de la flottille dans l'Adriatique, la commande.

On a mis sous ses ordres en qualité de contre-amiraux, Villeneuve, officier général improvisé par l'incapable Truguet, Blanquet du Chayla, ancien officier du grand corps plein de mérite et Decrès. Le chef de division Ganteaume, occupe le poste de chef d'état-major de la flotte à bord du vaisseau-amiral l'*Orient* où se tient le général Bonaparte. Dumanoir Le Pelley, neveu de Pléville le Pelley est chargé de la conduite du convoi.

Après une navigation tranquille de vingt jours, la flotte française paraît le 10 juin devant Malte, qui se laisse conquérir sans résistance, ce qui fait dire par Cafarelli à Bonaparte, après la visite des fortifications : — Ma foi, mon général, nous sommes bien heureux qu'il y ait eu quelqu'un dans la ville pour nous ouvrir les portes.

Le général Baraguey d'Hilliers est envoyé en France sur la frégate la *Sensible*, capitaine Bourdet, pour y porter, avec les dépêches de Bonaparte, les drapeaux et les trésors de l'ordre de Malte.

Par malheur, ce bâtiment est rencontré, dans les parages de la Sicile le 27 juin, par la frégate anglaise, la *Seahorse*, qui lui livre un furieux combat.

La *Sensible*, mal armée et très encombrée, est abîmée et désemparée rapidement. Le capitaine Bourdet et le général Baraguey d'Hilliers, ne voient plus d'autre ressource que dans un abordage, et il est ordonné.

Mais, au même instant, le général, en voulant donner l'exemple de l'assaut aux soldats et aux marins, reçoit un éclat de bois dans la poitrine; le lieutenant de la *Sensible* tombe mort à ses côtés, et bientôt de cent hommes qui composent l'équipage de cette frégate, à peine en reste-t-il trente de vivants. Le capitaine Bourdet est couvert de blessures et presque incapable désormais de donner des ordres. C'est dans cet état, qu'après avoir jeté les dépêches, les drapeaux et les trésors de Malte à la mer, qu'il faut se rendre aux Anglais.

Bonaparte ne s'est arrêté que peu de jours à Malte. La flotte cingle vers Candie, qui est reconnue le 25 juin ; c'est ce détour qui trompe Nelson, et qui l'empêche de rencontrer l'expédition française devant Alexandrie, comme il l'a calculé.

La flotte française arrive devant cette ville le 1er juillet. Nelson y était deux jours auparavant, et surpris de ne pas y trouver l'expédition française, il avait supposé qu'elle avait gagné les côtés de Syrie pour débarquer à Alexandrette.

Bonaparte, instruit de son apparition et prévoyant son prochain retour, résout d'effectuer immédiatement le débarquement de son armée. L'amiral Brueys y trouve des inconvénients et s'y oppose de toutes ses forces. Bonaparte insiste et fait valoir son commandement suprême.

— Amiral, dit-il à Brueys, qui demande un retard de douze heures seulement, nous n'avons pas de temps à perdre, la Fortune ne me donne que trois jours; si je n'en profite pas, nous sommes perdus.

L'amiral doit céder, heureusement pour son escadre, car Nelson ne l'ayant pas trouvé dans les parages où il l'a cherchée, ne tarde pas à revenir vers Alexandrie, mais c'est trop tard, la ténacité et la promptitude de Bonaparte ont sauvé l'armée française qui est alors entièrement à terre.

Cependant, le 7 juillet, Brueys était mouillé en baie d'Aboukir entre Alexandrie et Rosette, mais d'une manière toute provisoire, en attendant le retour du capitaine de frégate Barré, envoyé par lui pour sonder les passes du vieux port d'Alexandrie, au nord duquel il avait mouillé, afin de savoir si on pourrait y introduire la flotte, comme on y avait fait entrer le convoi.

Le 12 juillet, Barré est de retour et annonce que les vaisseaux pourront passer avec les précautions d'usage et qu'il a bordé et balisé les passes de bouées flottantes. Malgré tout, l'incapable Brueys déclare que sa flotte court le risque de se perdre vu son trop grand tirant d'eau et qu'on n'ira pas mouiller dans le vieux port d'Alexandrie.

En vain on lui objecte qu'en allégeant les bâtiments d'une partie de leur artillerie, il ne sera pas jusqu'au vaisseau-amiral, qui, malgré sa grosseur, ne puisse être introduit ; homme présomptueux et confiant en lui seul, l'amiral persiste dans son funeste dessein de rester à Aboukir. Là, il entasse encore fautes sur fautes, néglige de se fortifier à terre, laisse tous nos bâtiments légers dans le port d'Alexandrie, ne fait pas sonder les passages entre sa flotte et la côte, enfin ne prend pas la peine d'envoyer des éclaireurs en avant de la baie d'Aboukir, et reste de la sorte continuellement exposé à une surprise.

Le 1ᵉʳ août, à deux heures de l'après-midi, Brueys était fort tranquillement à table avec ses officiers, quand une escadre apparaît à l'horizon, toutes voiles dehors.

C'est Nelson qui accourt pour lui livrer le combat à tout prix. Aussitôt un conseil de guerre est assemblé par l'amiral français pour décider de la manière de combattre. Blanquet du Chayla et Aubert du Petit-Thouars, insistent avec une grande énergie sur la nécessité d'appareiller sans délai pour aller chercher l'ennemi au lieu de l'attendre dans une rade si désavantageuse pour la manœuvre.

Cette opinion que les événements se chargèrent trop bien de justifier est assez mal accueillie par Brueys, qui se croit assuré de la victoire, parce qu'il a conçu le projet inepte d'attendre Nelson et de transformer en quelque sorte ses vaisseaux en un terrain fixe et solide. En conséquence, le combat à l'ancre est fatalement décidé.

Aubert du Petit-Thouars, commandant du *Tonnant*, vieux navire de soixante canons, déjà connu pour ses hardies explorations à la recherche de La Pérouse, est navré de tant d'incapacité.

— Je ne sais ce qu'il adviendra, dit-il, mais on peut être sûr que lorsque je serai à bord, mon pavillon sera cloué à mon mât.

Vers trois heures de l'après-midi, Brueys fait le signal du branle-bas et de se préparer au combat; mais dans ces préparatifs, la plupart des commandants français, à l'exemple de l'amiral, ne dégagent qu'une seule de leurs batteries, et encombrent celle qui donne du côté de la terre, tant ils sont persuadés, avec leur chef, que le passage entre l'îlot et la tête de la flotte est impraticable. Le branle-bas est si mal ordonné, que sur le vaisseau-amiral lui-même, on laisse subsister les cabanes construites pour les passagers.

A cinq heures du soir, les Anglais arrivent à portée de canon de la flotte française. Mais Brueys persuadé que l'ennemi va battre aussitôt en retraite à la vue de sa ligne d'embossage, n'ordonne pas de commencer le feu.

Tout à coup, guidé par une barque du pays qui est venue au-devant de lui, Nelson fait signal à son armée de donner dans le passage entre l'îlot d'Aboukir et la terre, de manière à couper la ligne française, de la mettre entre deux feux, puis à combattre bâtiment par bâtiment, chaque vaisseau jetant l'ancre et se plaçant par le travers de la proue d'un vaisseau français.

Cette manœuvre commence à cinq heures dix du soir. Le vaisseau anglais *le Culloden*, qui forme la tête de colonne, s'échoue sur les açores du banc d'Aboukir, mais sert de balise à ses compagnons pour leur faire éviter un sort pareil.

A six heures vingt minutes environ, le feu commence de très près, entre les vaisseaux de tête des deux armées. Nos malheureux bâtiments, qui ont précisément leur côté embarrassé du côté de terre au point de ne pouvoir tirer, sont canonnés avec furie à portée de fusil.

Bientôt toute la gauche de l'armée française se trouve donc engagée ainsi que le premier vaisseau du corps de bataille. Malgré l'inattendu de leur position, le salut de ces vaisseaux, et par suite de toute l'escadre serait assuré, si Villeneuve, mettant à la voile avec l'arrière-garde, se repliait sur l'armée anglaise, la mettant ainsi entre deux feux, tandis que Decrès, suivant son mouvement avec l'escadre légère se porterait vers les vaisseaux démâtés ou gravement avariés pour leur donner la remorque.

Brueys, dit-on, en fit le signal aux deux contre-amiraux, qui prétendirent ne pas l'avoir aperçu. Avaient-ils donc besoin d'un signal pour porter secours à des frères en détresse ?

Immobiles et comme étrangers à ce qui se passe à côté d'eux, c'est ainsi que Villeneuve et Decrès assistent, depuis le commencement jusqu'à la fin, à la terrible bataille d'Aboukir.

La nuit arrive rapidement. Nelson décide néanmoins de continuer le combat. Afin d'empêcher dans l'obscurité les vaisseaux anglais de tirer l'un sur l'autre, il donne l'ordre à chacun d'eux de hisser quatre lumières horizontales à leur mât d'artimon, et à son armée entière d'arborer le pavillon blanc de Saint-Georges à la croix rouge, pour se distinguer plus aisément de l'armée au pavillon tricolore.

Le vaisseau français le *Guerrier*, capitaine Trullet aîné, attaqué par trois vaisseaux, se défend longtemps; mais ses mâts sont coupés à ras du pont, quatre cents cadavres encombrent les gaillards et les batteries; dans cette situation affreuse, il amène une lumière de haut en bas, en signe de soumission.

Le *Conquérant*, dont le capitaine a été mortellement blessé, amène presque au même moment que le *Guerrier*.

Le *Spartiate*, quoique démâté, continue à résister tout à la fois au *Vanguard*, vaisseau de Nelson, au *Theseus*, au *Minotaur* et à l'*Audacious*.

L'habile et valeureux commandant Emériau riposte à ses nombreux adversaires par des volées précipitées. Le ravage qu'elles produisent sur les ponts ennemis est épouvantable : le *Theseus* et le *Minotaur* en sont tout dégréés; le *Vanguard* lui-même souffre considérablement dans sa mâture et sa voilure; en quelques minutes, tous les artilleurs qui servent les six premiers canons d'avant de l'amiral anglais, sont complètement balayés.

Bientôt, une des volées de mitraille du *Spartiate*, vient couper à angle droit le front de Nelson. L'amiral anglais, affreusement défiguré par la peau sanglante qui pend sur son visage, tombe dans les bras d'un de ses capitaines. On le transporte sous son pont, et un moment on le croit perdu; lui-même, pensant que sa dernière heure est venue, fait appeler son chapelain et adresse un adieu à ses amis.

La rage des Anglais redouble, et le *Spartiate*, dont le brave commandant a aussi reçu deux graves blessures, voit pleuvoir sur lui une grêle continue de boulets et de mitraille. Les cadavres de la moitié de son équipage et de ses officiers sont étendus sur ses gaillards, son pont et ses entreponts; jusque dans sa carène, il est criblé de boulets, il a neuf pieds d'eau dans la cale et toutes les poudres sont noyées.

Dans cette extrémité, le commandant Emériau amène pavillon et rend son épée pour l'amiral Nelson, à qui on la porte aussitôt comme une consolation dans l'entrepont où il git. Peu après, Nelson apprend de la bouche de son chirurgien que sa blessure est sans danger, et peut recommencer à envoyer ses ordres.

Le commandant de l'*Aquilon*, Thévenard jeune, est frappé à mort; ce vaillant officier se débat en vain contre l'agonie pour donner, lui aussi, quelques ordres : son dernier soupir est un commandement de faire feu, mais, quand il a cessé de vivre, son vaisseau, ruiné de fond en comble, doit amener à son tour.

Le *Peuple-Souverain*, dont le commandant Raccord vient d'être blessé, se défend vigoureusement contre l'*Orion* et la *Defence* qu'il démâte en partie.

L'*Orient*, le vaisseau amiral de Brueys, flanqué de ses deux formidables matelots, le *Franklin* et le *Tonnant*, fait belle figure, malgré son encombrement malheureux. Le *Bellerophon*, capitaine Darby, et le *Majestic*, capitaine Westcott, ayant osé se présenter par son travers, sont en un instant ravagés; leurs agrès tombent dru comme grêle sous la mitraille des Français; bientôt toute leur mâture, coupée par les boulets, s'abat avec un fracas épouvantable, et leur imprime dans sa chute un mouvement de bascule à faire croire qu'ils vont sombrer. Ayant plus de trois cents hommes hors de combat, et le commandant de l'un d'eux tué, ces vaisseaux ennemis coupent leurs câbles, et ne songent plus qu'à s'éloigner.

Le *Bellerophon*, dans son état désemparé, est poussé par le vent sur l'arrière-garde française et est sur le point de couler bas; son équipage crie qu'il se rend, mais Villeneuve ne prend pas même la peine de l'envoyer amariner; aussi, le vaisseau anglais dérivant toujours, parvient à dépasser la ligne française et est ainsi sauvé.

A ce moment, un mouvement, un seul de Decrès et de Villeneuve, et Nelson va être pris entre deux feux et écrasé, mais ces deux contre-amiraux ne bougent pas : tout est donc perdu.

A huit heures et demie, les dix vaisseaux anglais qui ont commencé la bataille, sont renforcés du reste de leur flotte.

L'*Orient*, complètement entouré, voit son équipage décimé. Brueys, dans son désespoir, s'expose à tous les coups et cherche la mort. Déjà atteint de deux balles, il n'a pas voulu qu'on l'enlevât de son poste pour le panser :

— Un amiral français, dit-il, doit mourir sur son banc de quart! — Il donne encore ses ordres quand il est coupé en deux par un boulet ramé.

Son brave capitaine de pavillon, Lucien de Casa-Bianca, est très grièvement atteint à la tête ; la plupart des officiers ainsi qu'une grande partie de l'équipage sont tués ou blessés.

De son côté, Blanquet du Chayla soutient avec le *Franklin*, le choc de cinq vaisseaux ennemis à portée de pistolet. Il a perdu la moitié de son monde et vu tomber le grand mât et le mât de misaine de son vaisseau qu'il ne désespère pas encore de faire lâcher prise au cercle d'ennemis qui s'est formé autour de lui. Un paquet de mitraille lui enlève une partie du visage ; il tombe sans connaissance sur le front, mais le capitaine Gillet fait continuer la lutte.

Il est neuf heures du soir : La victoire des ennemis, malgré l'inaction de Villeneuve et de Decrès, n'est pas encore assurée. L'*Orient* répond encore à ses nombreux adversaires, quand tout à coup une clarté effrayante part de la base du vaisseau et semble se perdre dans le ciel. C'est le mât d'artimon qui est embrasé. Le feu vient de prendre dans la cabine de l'amiral où quelques flammèches sont tombées sur une jarre d'huile et des seaux de couleurs qu'on y a imprudemment laissés. L'incendie se communique avec la rapidité de l'éclair à toutes les parties du vaisseau.

Dans la lutte maritime pour l'indépendance de l'Amérique, on a vu, une vingtaine d'années auparavant, un du Couëdic mourant, trouver encore moyen de ranimer ses forces, pour envoyer des secours au bâtiment ennemi, le *Québec*, dans la même situation que l'*Orient*.

Nelson, lui aussi, se ranime et se fait porter sur le pont, mais c'est pour ordonner à ses vaisseaux de précipiter, par leur canonnade l'incendie et le désastre de l'amiral français. Dans sa haine brutale et sans élévation, il s'écrie comme un fou furieux : — Égorgez ! Égorgez !

Bientôt le mât de misaine et le grand mât de l'*Orient* se déploient à leur tour en torches colossales, sous les coups redoublés de l'artillerie anglaise, dont la lueur des flammes dirige encore plus la précision.

L'équipage français, sans songer un seul instant à amener ses couleurs, devant d'aussi lâches adversaires, dispute d'une main le théâtre de sa valeur à l'incendie, et de l'autre répond encore à ses implacables ennemis; les artilleurs, chassés de pont en pont et descendant de la batterie de 24 dans la batterie de 36, cherchent jusqu'au dernier moment, à travers la fumée et la flamme, à distinguer les vaisseaux anglais, pour leur envoyer les dernières bordées.

Enfin, l'*Orient* ne présente plus, de l'arrière à l'avant, d'un bord à l'autre, par tous ses ponts, par toutes ses ouvertures, par toutes ses écoutilles semblables à des cratères, dans sa mâture, dans sa voilure, dans ses cordages, dans tout son édifice enfin, qu'une masse enflammée entre le ciel et l'onde. Alors seulement, nos vaillants marins, voyant le moment de l'explosion approcher, cessent de tirer et essaient de se sauver, en se précipitant à la mer avec leurs habits et leurs cheveux en feu, par les sabords allumés comme autant de fournaises. Ainsi échappent à grand'peine le major général Ganteaume et l'adjudant général Mottard.

Le jeune Casa-Bianca, à peine âgé de dix ans, qui n'a pas quitté son père pendant l'action, s'est jeté sur son corps sanglant dès qu'il l'a vu tomber cruellement blessé; il le serre dans ses bras, le couvre de baisers; des matelots veulent sauver cet intéressant enfant et l'emporter dans une chaloupe. Le père se ranime pour le presser de les suivre: — Mon fils, mon cher fils, lui dit-il, tu vois bien que je suis mort; sauve-toi, vis pour ta mère!

Lutte filiale, lutte héroïque et sublime! L'enfant résiste, étreint son père avec plus de force... et pendant ce temps, la chaloupe a disparu.

Le capitaine Casa-Bianca, apercevant alors un tronçon

d'un mât de hune qui flotte, y fait attacher son fils par l'ordonnateur Joubert qui s'y lie à son tour.

Cependant, sur les ponts et dans les batteries de l'*Orient*, à travers l'immense brasier, courent encore çà et là, saisis de vertige et d'horreur, cinq cents infortunés, la plupart blessés et mutilés dans le combat, que le feu gagne jusqu'aux os et qui poussent des hurlements horribles.

Bien que l'*Orient* ait depuis longtemps déjà cessé le feu de son artillerie, les Anglais, loin d'envoyer enfin des chaloupes au secours de ces malheureux, continuent leurs décharges furieuses sur cette coque embrasée.

— Feu ! feu toujours! crie Nelson. Écrasez ces damnés Français.

Enfin, à onze heures du soir, une formidable détonation accompagnée d'une immense gerbe de flammes, annonce que l'incendie vient de gagner les poudres. Soudain, hommes, canons, mâture, vergues, membrures du vaisseau, tout saute pêle-mêle à une effrayante hauteur dans les airs, puis on entend, tous ces débris, tous ces cadavres calcinés, retomber en pluie horrible, dans les flots où déjà s'est abîmée la carène en feu de l'*Orient*.

Le brave Casa-Bianca a sauté avec son vaisseau, en tenant à la main, le grand pavillon national. Dans le sinistre ressac que cette catastrophe imprime à la mer, le jeune Casa-Bianca et l'ordonnateur Joubert, sont engloutis sous les flots, avec le tronçon de mât auquel ils sont attachés.

Un lugubre silence succède à l'explosion de l'*Orient* : l'ennemi stupéfait cesse de combattre, et le vent s'étant arrêté tout à coup, la nature elle-même ne semble plus respirer.

Mais, au bout d'un quart d'heure, quelques coups de

canon se font entendre ; c'est le *Franklin* qui vient de recommencer le feu, annonçant ainsi aux Anglais qu'il leur reste encore des Français à combattre.

En effet, le contre-amiral Blanquet du Chayla, en sortant de son long évanouissement, s'est étonné de ce que l'on ne tirait plus.

— Nous n'avons plus que trois canons en état, lui répondent ses marins.

— Eh bien ! tirez toujours, le dernier coup de canon peut être celui qui nous rendra victorieux.

Quatre fois le feu se déclare à bord du *Franklin*, quatre fois Blanquet du Chayla et le capitaine Gillet, qui est lui-même aussi grièvement blessé, ont réussi à le faire éteindre.

Le capitaine de frégate Martinet, le seul des officiers qui soit resté valide à bord, se multiplie pour répondre aux intentions du commandant, et dirige lui-même le feu des derniers canons du *Franklin*, contre la *Defence*, le *Swiftsure*, l'*Alexander*, l'*Orion* et le *Leander*, qui entourent ce généreux vaisseau. Son grand mât et son mât d'artimon sont coupés, ses ponts encombrés par les éclats ou par le gréement de la mâture, son équipage, diminué de plus de moitié, son artillerie enfin tout entière démontée ; le *Franklin* continue à se défendre tant qu'il lui reste la moindre lueur d'espoir d'être secouru. Il ne se rend qu'au moment où deux vaisseaux ennemis le menacent de l'abordage.

Le *Tonnant*, le *Mercure* et l'*Heureux* ont coupé leurs câbles pour se garantir des effets de l'explosion de l'*Orient*. Vers deux heures du matin, les deux derniers de ces vaisseaux, en voulant appareiller, s'échouent sur un banc. Mais le *Tonnant*, mieux servi dans son mouvement, n'a pas tardé à reprendre un poste de combat, et c'est désormais contre lui que se réunissent tous les efforts de l'ennemi. Nelson lance aussitôt plusieurs vaisseaux contre le *Tonnant*, seul maintenant contre toute l'armée ennemie et l'entoure d'une double ligne de batteries.

Du Petit-Thouars, avec son vieux vaisseau, fait des prodiges de valeur et d'habileté pour conjurer le malheur d'une défaite.

Un boulet de canon lui emporte le bras droit, celui-là même dont il se sert pour commander la manœuvre. Les yeux du vaillant marin se voilent, il paraît s'affaisser sur lui-même ; on accourt.

— Ce n'est rien, dit-il en se redressant. Son porte-voix lui a été enlevé avec la main qui le tenait ; il saisit de la main qui lui reste celui d'un de ses officiers en s'écriant :

— J'ai encore un bras pour servir la France ! puis s'adressant à son équipage :

— Vive la France ! camarades, feu !

Et sur les ponts et dans les batteries du *Tonnant*, on entend retentir ces cris :

— Vive la France ! feu !

Peu d'instants après un second boulet lui emporte le bras gauche.

— Vive la France ! camarades, feu ! reprend du Petit-Thouars. Et ces cris sont encore répétés par l'équipage, au milieu de la grêle de boulets qui part des vaisseaux ennemis et à laquelle on riposte par des bordées incessantes.

Un troisième boulet ramé emporte les deux jambes de du Petit-Thouars ; mais le héros, se survivant à lui-même, se fait placer dans une baille remplie de son, pour arrêter ou du moins retarder l'hémorrhagie et de là, continue avec le même héroïque sang-froid à donner ses ordres. L'un d'eux est pour que l'on cloue son pavillon sur le mât.

Du Petit-Thouars sent sa vie s'enfuir avec son sang; dans l'obstination de ce courage surhumain, ce tronçon mutilé fait encore entendre sa voix énergique pour un suprême appel au lieutenant Belliard et à son équipage.

— Braves marins, équipage du *Tonnant*, jurez de ne pas amener mon pavillon, jurez de couler bas plutôt que de vous rendre ; si vous êtes pris à l'abordage, promettez-moi de jeter mon corps à la mer, pour qu'il ne soit pas un trophée de l'ennemi !

Et son regard sublime qui commande à la mort, sa lèvre qui retient la vie, semblent encore donner des ordres : on entend, dans un dernier soupir, le cri de : — Vive la France! — et le héros s'affaisse dans son sang... La patrie compte un marin illustre de plus.

L'équipage du *Tonnant*, sous l'impression de cette mort magnifique, continue une lutte indescriptible. Le *Swiftsure* et l'*Alexander* sont considérablement dégréés, le *Majestic* voit crouler son grand mât et son mât d'artimon, mais le *Tonnant*, à son tour, perd deux de ses mâts, est entraîné à la dérive assez loin de ses nombreux adversaires et va s'arrêter en tête de l'arrière-garde française, comme pour forcer Villeneuve à combattre et à le protéger. Mais celui-ci, par un comble de lâcheté, coupe alors ses câbles et gagne le large avec ses deux vaisseaux et ses deux frégates, abandonnant le *Tonnant* aux mains des Anglais qui arrivent sur ce malheureux débris..

A quatre heures du matin le feu recommence. Un boulet anglais abat le dernier mât du *Tonnant* qui va échouer à la côte, à une demi-lieue environ du *Timoléon*, capitaine

Trullet jeune. Ces deux vaisseaux restent donc seuls sur le champ de bataille, avec leurs pavillons déployés sur des tronçons de mâts. Ils les conservent encore toute la journée et toute la nuit du 2, l'armée anglaise étant dans un tel délabrement, qu'elle ne compte plus aucun vaisseau en état de venir les attaquer.

Mais le 3, au matin, l'ennemi s'étant réparé, le *Theseus* et le *Leander* s'approchent du *Tonnant* pour le sommer de se rendre. Le lieutenant Belliard et l'équipage proposent un cartel que l'ennemi refuse d'abord mais finit par accorder en voyant ces valeureux marins prêts à recommencer le combat.

De son côté, le capitaine du *Timoléon*, après avoir sauvé son équipage pendant la nuit, fait lui-même sauter son vaisseau.

Telle fut cette terrible bataille d'Aboukir, appelée par les Anglais bataille du Nil, où l'incapacité de Brueys avait préparé la victoire de l'ennemi, qui, pourtant, eut de la peine à l'obtenir. En effet, bien qu'ayant affaire à une armée, dont plusieurs vaisseaux ne tiraient que d'un bord, et dont une aile entière ne donnait pas, il avait fallu à Nelson deux jours et deux nuits pour assurer son succès qu'un seul mouvement généreux de Villeneuve aurait pu lui arracher et changer en désastre.

Des treize vaisseaux qui composaient naguère l'armée française, sept seulement s'étaient trouvés sérieusement engagés avec les treize vaisseaux de l'ennemi. Cinq furent brûlés, six furent emmenés à Gibraltar, et deux se sauvèrent ; sur les quatre frégates, deux s'échappèrent aussi, une coula et l'autre fut incendiée.

Le nombre des morts et des prisonniers français s'éleva à environ trois mille hommes ; trois mille cinq cents marins, dont neuf cents blessés, rendus par les Anglais, rentrèrent à Alexandrie, et furent formés par ordre de Bonaparte, en légion nautique. Quant à l'ennemi il avait eu dans sa victoire près de mille hommes tués ou blessés.

Plusieurs jours après, le *Leander*, capitaine Thompson, ayant à bord le capitaine Berry, du *Vanguard*, qui porte en Angleterre, les dépêches de Nelson, est rencontré le 18 août à hauteur de Candie, par le *Généreux*, commandant Lejoille, un des vaisseaux que Villeneuve a emmenés avec lui, mais qui a été forcé de le quitter en route. Après quatre heures d'un combat meurtrier, dans lequel son commandant est blessé, le *Leander*, amène son pavillon et est emmené à Corfou.

Dix-sept jours après la bataille, Nelson va jouir de son triomphe à Naples, où, au mépris des capitulations, et après un semblant de jugement, il fait pendre au mât de la frégate sicilienne la *Minerve*, le prince Carraccioli, qui a commandé l'escadre parthénopéenne, et a jadis fait reculer, dans un engagement, le héros du Nil.

Avant que la prise de Corfou par les forces turco-russes ne fût connue en Italie, le chef de division Lejoille était parti pour conduire dans cette place un convoi, sous l'escorte du vaisseau le *Généreux*. Apprenant en route la capitulation de Corfou, Lejoille s'empare du port de Brindes, mais au milieu de sa victoire il est emporté par un boulet de canon tiré du Château-de-Mer.

Cependant Bruix, créé vice-amiral par le Directoire, quitte son ministère de la marine à Paris, et va à Brest, se mettre à la tête d'un grand armement, destiné, selon toute apparence à secourir l'armée d'Égypte. Secondé par l'habile Linois, qu'il a choisi pour chef d'état-major de la flotte, il arme vingt-cinq vaisseaux de ligne et onze frégates avec une célérité que l'impatient Signelay aurait lui-même enviées. Monté sur le vaisseau *l'Océan*, naguère la *Montagne*, Bruix quitte Brest le 26 avril 1799, avec cette flotte, qui emporte seize mille hommes de troupes de débarquement.

Il arrive devant Cadix, et apercevant une flotte anglaise aux ordres de lord Keith qui ferme le détroit, il prend aussitôt le parti de l'attaquer. Lord Keith n'ayant que quinze vaisseaux à opposer aux vingt-cinq de Bruix, lève précipitamment sa croisière; néanmoins il va être forcé d'accepter une action décisive, quand une tempête sépare les deux armées.

L'entrée du détroit étant restée libre aux Français, Bruix passe dans la Méditerranée, vient mouiller à Toulon, ravitaille Gênes et Savone, dépose à terre ses troupes de débarquement et joint, le 23 juin, devant Carthagène, la flotte espagnole que l'habile amiral Mazzarredo a fait sortir de Cadix. Les deux amiraux n'ayant que quarante vaisseaux à opposer aux soixante des Anglais, rentrent dans l'Océan, et le 8 août 1799, Bruix arrive, avec l'armée combinée, en rade de Brest, après trois mois d'une course peut-être sans exemple dans les fastes maritimes.

Eustache de Bruix.

Combat d'Algérisas (1801).

CHAPITRE XIX

ALGÉSIRAS

Perte de Saint-Domingue. — Croisière de Leissègues. — Dévouement du *Décius*. — Le brave Senez. — Surcouf le Malouin. — Combat du *Hasard* et du *Triton*. — Croisière de la *Clarisse*. — La *Confiance*. — Ses officiers, son équipage. — Rencontre du *Kent*. — Branle-bas de combat. — A l'abordage. — Le nègre Bambou. — Pluie de grenades. — Mort de Rivington. — Prise du *Kent*. — Jean Bouzard. — Fourmentin et ses quatre-vingt-dix-neuf prises. — Défense de l'Hermitte et de la *Preneuse*. — Blocus de Malte. — Sortie du *Généreux*. — Courage de Decrès. — Défense du *Guillaume-Tell*. — Défense de l'*Africaine*. — Belle croisière de Ganteaume. — Combat d'Algésiras. — Linois. — Attaque des Anglais. — L'île Verte. — Mort de Monconsu. — Linois blessé. — Héroïsme des marins français. — Échouage et prise de l'*Annibal*. — Lâcheté du commodore Ferris. — Six vaisseaux anglais battus par trois vaisseaux français. — L'escadre espagnole à Algésiras. — Départ pour Cadix. — Combat de nuit. — Désastre de deux vaisseaux espagnols. — Brillant exploit du capitaine Troude. — Le *Formidable* met en fuite trois vaisseaux et une frégate d'Angleterre. — Le camp de Boulogne. — La flottille. — La Touche-Tréville. — Panique à Londres. — Nelson bombarde la flottille et est repoussé. — Seconde attaque des Anglais également repoussée — Courage du capitaine Pévrieux. — Belle défense des canonnières le *Volcan* et la *Surprise*. — Mort de La Touche-Tréville.

La France, menacée dès lors de perdre la nouvelle colonie qu'elle s'est flattée d'obtenir en Égypte, comme une compensation à ses pertes de l'Amérique et des Indes orientales, n'a plus guère à espérer de ressaisir Saint-Domingue, où l'émigration des blancs a laissé le champ libre aux nègres dirigés par le célèbre Toussaint Louverture.

Au mois de novembre 1796, le brave Senez, à la tête d'une petite division composée de la corvette le *Décius*, de la canonnière la *Vaillante* et de trois goëlettes, le tout portant cent cinquante hommes de débarquement, enlève l'île anglaise de l'Anguille et s'empare, dans le port de ce nom, de vingt et un navires marchands ou corsaires.

Après sa victoire, Senez fait route pour la Guadeloupe avec sa petite division, ses prises et son butin, quand il est chassé par la frégate anglaise la *Lapwing*. A cette vue, le vaillant officier n'a d'autre pensée que de sauver son convoi à tout prix, et lui ayant fait signal de se couvrir de voiles pour gagner l'île Saint-Martin, il garde seulement le *Décius*, qui porte 18 canons de 8 livres de balles avec lequel il présente le combat à la frégate ennemie, armée de 46 canons de 16. Avec son frêle bâtiment, grâce à l'audace et à la finesse de ses manœuvres, au dévouement de son équipage, il vient à bout de forcer son redoutable adversaire à lâcher prise et à rester tout entier au soin de se réparer jusqu'au lendemain.

Par malheur, le *Décius*, horriblement désemparé, à demi fracassé, faisant eau de toutes parts, ne peut mettre à profit la nuit pour s'éloigner, et se retrouve au lever du jour en face de la frégate anglaise. La lutte recommence plus acharnée, s'il est possible, que la veille. Ayant plus de cent-vingt hommes hors de combat, sa mâture croulée, ses canons démontés, ses poudres noyées, son navire presque submergé, Senez ne veut pas encore entendre parler d'amener son pavillon ; il ne l'amène pas en effet, et laisse couler bas le *Décius* plutôt que de le rendre. Les chaloupes anglaises n'ont que le temps de venir recueillir l'héroïque commandant avec les restes de son équipage. Senez, pour sa belle conduite, est élevé au grade de capitaine de frégate.

Pendant ce temps, les deux îles françaises de la mer des Indes, se défendent vaillamment contre les Anglais. L'île de France surtout sert de port d'armement et de refuge à de nombreux corsaires qui jettent le plus grand trouble dans le commerce des ennemis. Au capitaine Brun, qui, le premier depuis la Révolution, s'est signalé par ses courses hardies dans la mer des Indes, ont succédé l'intrépide Malrousse et surtout le fameux Robert Surcouf, descendant de Duguay-Trouin, et que ses exploits fabuleux rendent la terreur des Anglais.

En 1796, Surcouf, âgé de vingt-deux ans, naviguait pour le commerce. Vers la fin d'août, il sort du port nord-ouest de l'île de France, avec le navire l'*Émilie*, qu'il commande, pour aller prendre aux îles Seychelles une cargaison de bois de commerce.

Chemin faisant, il rencontre trois bâtiments marchands anglais qui naviguent sous l'escorte d'un schooner, bateau-pilote armé du pays. Surcouf pense tout d'un coup que s'il peut les prendre, il s'épargnera à la fois et le voyage, et le prix d'achat. Il fait partager son idée aux vingt-cinq hommes déterminés qui composent son équipage et parvient à s'emparer du schooner qui a un fort équipage, est armé de deux canons et amarine les bâtiments marchands.

Enhardi par ce premier succès, Surcouf résout de continuer à faire la course, et passe avec dix-neuf hommes sur le schooner, qu'il baptise du nom de *Hasard*.

Bientôt il a connaissance d'un grand navire de la compagnie des Indes, le *Triton*, armé de vingt-six canons et monté par un équipage de cent-cinquante Européens. Surcouf fait cacher tout son monde, hisse le pavillon anglais et, paraissant seul sur le pont, se dirige, sous prétexte de parlementer, vers le vaisseau qui le laisse approcher sans défiance.

En ce moment, par un heureux hasard, les sabords anglais sont fermés et l'équipage, la brosse, le balai et le faubert à la main, est occupé à laver le pont, toilette de chaque matin.

Le *Hasard* range rapidement l'énorme *Triton*; des grappins lancés à la hâte s'enlacent dans les agrès de tribord de celui-ci : les basses vergues servent de pont de communication. Les dix-neuf marins français sautent à bord de l'anglais, le sabre d'une main, le pistolet de l'autre, pendant que le *Hasard*, que personne n'a songé à amarrer le long du vaisseau, est en dérive.

Une cinquantaine d'Anglais qui se trouvent sur le pont et n'ont sous la main que des ustensiles de nettoyage pour se défendre, tombent de toutes parts sous nos coups. Le capitaine anglais et dix de ses hommes sont tués, une quarantaine blessés.

Cependant l'alerte est donnée dans l'intérieur du *Triton*; quelques ennemis veulent monter l'escalier de la batterie, ils sont assommés; les autres se pressent pour escalader le pont par toutes ses ouvertures.

Surcouf est partout : sa hache et son pied tour à tour refoulent dans les écoutilles les Anglais qui se présentent pour monter sur le pont. Sa main robuste ferme enfin le grand panneau ; on lance des grenades dans celui de l'avant.

Dans cet instant décisif, Surcouf est saisi par les jambes ; on l'entraîne, il va disparaître ; c'en est fait de lui….mais il est vigoureusement secouru. Quelques cadavres et quelques projectiles adroitement lancés sur la tête des plus acharnés, leur font lâcher prise.

Enfin les ennemis se décident à descendre dans la cale. La batterie et le pont sont libres. Le *Triton* est à Surcouf et les couleurs françaises brillent à la corne d'artimon.

Le premier soin de l'intrépide corsaire, est de se débarrasser de ses nombreux prisonniers, au nombre encore d'une centaine. Son équipage est en effet réduit à quatorze hommes, car cinq d'entre eux sont tombés sous les longues piques des ennemis, Surcouf renvoie les Anglais à Madras sur son propre corsaire, et lui-même se dirige vers l'île de France avec les quatre bâtiments qu'il a capturés, et où il arrive à bon port.

Il continue ainsi ses courses dans la mer des Indes pendant deux ans, avec le corsaire *la Clarisse*.

Les Anglais, qui ont beaucoup à souffrir de l'intrépide corsaire, promettent une somme de 250,000 francs à celui qui prendra mort ou vivant le terrible croiseur.

En 1800, Surcouf quitte l'île de France à bord du corsaire *la Confiance*, le plus fin voilier de la mer des Indes, et dont la large bordure jaune-paille est marquetée par dix-huit sabords, garnis chacun d'un canon.

L'équipage se compose de cent-soixante Européens, vingt-cinq volontaires du bataillon de Bourbon, et quelques nègres domestiques, tous ces hommes trempés d'acier comme il en faut à Surcouf.

L'état-major ne compte que des officiers d'élite: Drieux, second capitaine, Louvel, Desvaux, lieutenants de garde, Lenorivel, chirurgien-major; Fournier, Roux, Vieillard, enseignes; dans la maistrance, maître Gilbert, ancien contre-maître de la *Preneuse :* le pilote Le Goff, Breton, laissé à l'île de France par l'escadre victorieuse du bailli de Suffren. Citons aussi parmi les matelots, le volontaire Garneray, qui devint un de nos meilleurs peintres de marine.

Après avoir dépassé Mahé, la *Confiance* cingle vers le Gange afin d'y guetter quelque navire arrivant d'Europe et est servie à souhait.

Le 7 août 1800, la vigie du mât de misaine signale un gros navire à l'horizon.

— Laissez arriver! mettez le cap dessus! commande Surcouf, tout le monde sur le pont! Toutes voiles dehors!

— Branle-bas général de combat, ajoute-t-il d'une voix éclatante. — Branle-bas, répète l'équipage avec un enthousiasme indescriptible.

Au commandement de Surcouf, les bastingages s'encombrent de sacs et de hamacs destinés à amortir la mitraille; les panneaux se ferment; les garde-feux remplis de gargousses arrivent à leurs pièces; les écouvillons et les refouloirs se rangent aux pieds des servants; les bailles de combat s'emplissent d'eau; les boute-feux fument.

Le capitaine d'armes retire des coffres et distribue aux marins le sabre d'abordage ou la hache d'armes, le long pistolet à crochet, et le poignard si dangereux dans les mêlées. Les alertes gabiers garnissent les hunes d'espingoles en cuivre et de barils de grenades, tandis que les quartiers-maîtres suspendent les redoutables grappins sur leurs cartahus.

Les fanaux sourds éclairent de leurs lugubres rayons les soutes aux poudres : les non-combattants se préparent à descendre pour approvisionner le tillac de poudre et de boulets, à recevoir les blessés : le chirurgien prépare sa trousse et ses instruments.

Ces préparatifs terminés, on déjeune ; la plus vive gaieté règne parmi l'équipage qui se trouve réduit à cent-trente hommes par suite de l'armement de différentes prises.

Cependant le vaisseau ennemi grandit à vue d'œil et montre bientôt sa carène, pendant que la *Confiance* l'approche bravement sous un nuage de voilure, et sans avoir arboré aucun pavillon.

C'est le *Kent,* un des plus grands navires de la compagnie des Indes, du port de douze cents tonneaux, protégé par une formidable artillerie de vingt-six canons de dix-huit en batterie et douze pièces de neuf sur les gaillards. Il ne compte pas moins de quatre cent trente-sept combattants, son équipage ayant été presque doublé par celui de la *Queen,* son compagnon de route qu'un incendie a dévoré. Il est commandé par le capitaine Rivington, marin expérimenté et résolu.

L'anglais se méprend d'abord sur le caractère du corsaire, ne pouvant croire que dans des eaux anglaises et si voisines du Gange, un marin ennemi ose s'aventurer.

Mais son illusion ne tarde pas à se dissiper à la vue des formes élancées et des allures d'oiseau de proie de la *Confiance*. Le capitaine anglais fait assurer son propre pavillon et envoie un boulet au navire suspect pour le forcer à arborer ses couleurs.

Le projectile ricoche sur la surface de la mer et passe par-dessus le corsaire, en faisant jaillir l'eau de l'autre côté.

Comme Surcouf ne répond pas, le *Kent* lui lâche toute sa bordée.

Mais presque aussitôt, après les trois coups de sifflet de rigueur, le maître d'équipage Gilbert commande : — Chacun à son poste de combat !

Sur la dunette au *Kent*, les corsaires remarquent, avec surprise, de nombreuses jeunes femmes vêtues avec beaucoup d'élégance, qui les regardent tranquillement et que le capitaine Rivington a eu la galanterie de faire monter sur le pont, pour assister, leur a-t-il dit, au spectacle d'un corsaire français coulé à fond.

Surcouf assemble alors son équipage autour du dôme de l'escalier qui lui sert de banc de quart et les harangue avec un entrain et une verve qui font bouillir d'enthousiasme le sang de tous les matelots.

D'après la contenance intrépide de leurs adversaires les Anglais comprennent qu'ils sont résolus à l'abordage. Pour l'éviter et conserver l'avantage que lui assure sa formidable artillerie, Rivington, met, comme on dit, la barre dessous et ordonne de virer. Mais le *Kent*, manquant son évolution, abat et cule sur la *Confiance* qui, ayant changé d'armures lof pour lof, se trouve sous la vaste poupe de l'Anglais, pareille à une haute forteresse... à chaque roulis, le colosse ennemi semble vouloir écraser le faible nain, qui s'est accroché à lui.

Surcouf envoie alors sa volée chargée doublement à boulets et à mitraille. Le ravage des boulets d'une volée tirée de si près en plein bois, l'explosion des grenades tuant et blessant à droite et à gauche, l'audace de l'attaque, tout concourt à produire une vive sensation qui annihile un instant les défenseurs du *Kent*. En même temps, les grappins et leurs chaînes suspendus aux cartahus, sont lancés sur les plats-bords élevés du vaisseau qu'ils saisissent de leurs griffes de fer...

Une nappe de feu sort des flancs du *Kent*, mais le fer qu'il vomit passe par-dessus la *Confiance* dont les formes rases restent au-dessous des seuillets des sabords.

— A l'abordage ! crie Surcouf d'une voix qui ressemble à un rugissement. — A l'abordage ! répète l'équipage avec un merveilleux ensemble.

— A toi, Drieux ! ajoute l'intrépide Malouin en s'adressant à son second, qui commande la première escouade d'abordage.

En ce moment, une des lourdes ancres du vaisseau anglais, qui pend sur sa joue de tribord, s'accroche dans le sabord de chasse de la *Confiance* et offre comme un pont aux assaillants.

Les deux tambours placés près de Surcouf battent la charge, signal de l'assaut général. Drieux à la tête de son escouade d'abordage, franchit l'intervalle d'un bord à l'autre, atteint le gaillard d'avant et tombe impétueusement sur l'ennemi.

Mais, avant Drieux, un homme est parvenu sur le pont du *Kent*, c'est le nègre Bambou, qui a parié ses parts de prises avec ses camarades qu'il serait le premier à bord du vaisseau. Armé d'une hache et d'un pistolet il s'affale du bout de la grande vergue au milieu des ennemis, à travers lesquels il se fraye un passage sanglant pour rejoindre les Français sur l'avant et contribuer à leur succès.

Un officier ennemi, au milieu de ce pêle-mêle général, braque une pièce de l'avant dans la batterie de façon à prendre la *Confiance* en écharpe et y met le feu. Quelques matelots, qui passent sur les bras et la verge de l'ancre sont renversés. Cet événement, loin de faire reculer le reste de la bande, l'anime davantage; tous brûlent de venger leurs camarades,

Les officiers anglais, trahis par leurs brillants uniformes, commencent alors à tomber sous les balles infaillibles de nos chasseurs de Bourbon embusqués sur la drôme et dans les chaloupes de la *Confiance*. Bientôt nous sommes maîtres du gaillard d'avant, mais la foule des Anglais entassés sur les passavants n'en devient que plus compacte et que plus impénétrable.

Le capitaine Rivington, homme de cœur et de résolution, s'est placé à la tête des siens qu'il encourage du geste et de la voix.

A ce moment, les hommes de la seconde escouade se précipitent pour venir en aide à leurs camarades. Surcouf est à leur tête, Surcouf que la mort seule peut faire sortir du *Kent*. L'intrépide Breton, la manche de sa chemise déchirée, le poignet solidement passé dans l'estrop du manche de sa hache, agit et parle en même temps; son bras frappe et sa bouche commande.

Par ses ordres, plusieurs matelots à qui Surcouf vient de faire parvenir secrètement ses ordres, chargent à mitraille deux canons des deux bords du gaillard d'avant du *Kent* et les braquent sur l'arrière en ayant soin de se dissimuler autant que possible derrière leurs camarades.

Pendant ce temps, la drôme du *Kent* est emportée d'assaut, et bientôt nos chasseurs bourbonniens s'installent sur ce poste élevé d'où ils déciment les habits rouges.

— Ouvrez les rangs sur les passavants, — crie alors Surcouf d'une voix vibrante. Sa parole retentit encore que les deux pièces de canon, dont nous avons parlé, se démasquent rapidement et, vomissant leur mitraille, jonchent l'arrière de cadavres anglais.

Malgré ce désastre affreux, les ennemis, qui ont déjà perdu près de deux cents hommes depuis le commencement du combat, ne se découragent pas. La mêlée continue toujours avec le même acharnement, mais maintenant à l'arme blanche : on ne prend plus le temps de recharger les mousquets et les pistolets; on n'entend plus que le cliquetis des sabres, les coups sourds de la hache, les cris de fureur, les râles des mourants.

Tout à coup, un déluge de grenades, lancées de la grande vergue de la *Confiance*, avec une merveilleuse adresse, par les gabiers Guide et Avriot de Bordeaux, tombent au beau milieu de la foule ennemie et éclatent en renversant une vingtaine d'Anglais.

Le capitaine Rivington, atteint par un éclat de grenade, est renversé de son banc de quart et meurt, sans prononcer une parole, les yeux fixés sur le pavillon anglais qu'il ne verra pas du moins tomber.

Surcouf, à qui rien n'échappe, apercevant le désordre qui suit la mort du capitaine Rivington, s'écrie aux siens :

— Mes amis, le capitaine anglais est tué, le navire est à nous! A coups de hache! En serre-file les officiers avec vos piques. Emportons le gaillard d'arrière et la dunette! —

Le capitaine, joignant l'exemple à la parole, se jette tête baissée sur l'ennemi, sa hache lance des éclairs et trace un sillon sanglant dans la foule des Anglais. Nos hommes escaladent la dunette d'où les ennemis épouvantés se précipitent dans les écoutilles et dans les panneaux.

Dans ce furieux combat, Surcouf est sur le point de périr victime de sa générosité. Apercevant un midshipman entouré par plusieurs Français, il se jette pour le sauver entre eux et le jeune homme; mais celui-ci se méprenant sur ses intentions, le croche pour le terrasser. A cette vue, un brave noir de Nubie, qui ne quitte le capitaine pas plus que son ombre, croyant la vie de celui-ci en péril, transperce d'un coup de lance l'adolescent dans les bras même de Surcouf qui reçoit son dernier soupir.

La lutte semble terminée. Surcouf fait fermer les panneaux sur les ennemis, lorsque le second du *Kent*, qui a pris le commandement, fait pointer dans la batterie en contre-bas, des canons de 18, pour défoncer le tillac du gaillard et nous ensevelir sous ses décombres. Surcouf devine son infernal projet, et se mettant à la tête de quelques hommes d'élite, fait rouvrir les panneaux et se précipite dans la batterie. Après une nouvelle et terrible lutte corps à corps, le combat cesse partout. — Plus de morts, plus de sang, mes amis, s'écrie Surcouf, le *Kent* est à nous! Vive la France! Vive la Nation!

Par ce nouveau et merveilleux exploit, le corsaire malouin se plaçait décidément au premier rang des marins.

Puisque nous parlons des corsaires de cette époque, citons également les noms de Jean Bouzard et de Fourmentin baron de Bucaille. Le premier, vaillant pilote dieppois, connu par de nombreux sauvetages, enlève en 1796, à la hauteur de Falmouth, un sloop anglais d'environ soixante tonneaux. Le second, né à Boulogne, débute en 1795, par un coup d'audace incroyable. Monté avec ses trois frères, sur une petite péniche, ils attaquent à eux quatre et amarinent un beau trois-mâts anglais.

Le nombre des prises effectuées par cet intrépide corsaire s'élevait au moment de la dernière guerre de cette époque (1815), au chiffre de quatre-vingt-dix-neuf. Le brave marin ne pouvait se consoler de n'avoir pu compléter le chiffre rond.

— Hélas! répétait-il souvent avec un soupir, maladroit que je suis! Il ne m'en fallait plus qu'une pour faire le *cent*! quel guignon!

Le Consulat, en s'installant, avait trouvé la France toujours en guerre maritime avec l'Angleterre. Depuis deux ans le brave général Vaubois, bloqué dans l'île de Malte, se maintenait avec une persévérance héroïque, sans aucune communication avec la France.

Perrée, devenu contre-amiral, est chargé du commandement d'une division pour aller ravitailler cette île. Parti de Toulon, le 10 février 1800, avec le vaisseau le *Généreux*, de 74 canons, une frégate, deux corvettes et une flûte, portant ensemble trois mille soldats, des vivres et des munitions, il se voit la route barrée par l'escadre de Nelson, forte de cinq vaisseaux, d'une frégate et un brick.

Perrée se dévoue pour le salut de son convoi, et connaissant d'avance sa destinée, se place bravement avec le *Généreux* en travers du *Foudroyant*, ancien vaisseau de 80 canons, emmené de Toulon par les Anglais et que monte pour l'instant Nelson.

Perrée, qui, debout sur son gaillard d'arrière, enflamme les siens par son discours et son exemple, est blessé à l'œil gauche dès le commencement de l'action et ne veut pas quitter ce poste, même pour aller se faire panser; au contraire, pour que la nouvelle de sa blessure ne jette pas l'indécision dans l'équipage, il monte sur son banc de quart et, le porte-voix à la bouche, continue à donner ses ordres.

La victoire hésite à se déclarer pour l'ennemi devant tant de résolution, et Nelson, s'il avait été réduit à un duel de vaisseau à vaisseau, malgré la force supérieure du sien, aurait bien pu finir par succomber, quand les trois autres vaisseaux anglais viennent à son secours et criblent le *Généreux*, au moment où il va donner un abordage décisif au *Foudroyant;* en ce moment aussi Perrée a la cuisse droite emportée par un boulet de canon. Il expire sans avoir été témoin de la reddition de son vaisseau qui n'amène du reste, que ras comme un ponton et coulant bas d'eau.

Peu de temps après, dans la nuit du 29 au 30 mars 1800, le contre-amiral Decrès ayant voulu sortir du port de Malte avec le vaisseau le *Guillaume-Tell*, de 80 canons, sur lequel sont embarqués douze cents hommes, est attaqué à son tour par l'escadre de blocus. Il a d'abord affaire au vaisseau le *Lion*, de 64 canons, qu'il désempare et met en fuite, mais le *Foudroyant* vient relever son compatriote et sommer le *Guillaume-Tell* de se rendre en se plaçant sous sa batterie de tribord.

Decrès, paraissant jaloux de trouver une belle mort pour faire oublier sa conduite à Aboukir, ordonne au capitaine de pavillon Saulnier de répondre à coups de canon; celui-ci, assisté du lieutenant Donnadieu, s'en acquitte si bien, qu'au bout d'une heure de combat, il a fait de la voilure et du gréement du *Foudroyant* un amas de débris et de lambeaux informes. Mais le *Guillaume-Tell* n'ayant plus que son mât de misaine debout, n'offre pas un moins affreux tableau.

Au *Foudroyant* viennent se joindre le *Lion*, qui a réparé ses plus grosses avaries et la frégate la *Pénélope*. Le *Guillaume-Tell* veut en finir par un abordage avec le *Foudroyant*, que celui-ci évite en coiffant promptement ses voiles. Réduit à soutenir les bordées des trois bâtiments anglais, le vaisseau français a encore à lutter contre des incendies qui se déclarent à son bord à plusieurs reprises et contre une explosion de gargousses qui renverse Decrès du banc de quart sur lequel il est monté.

Le contre-amiral, couvert de blessures, se relève sur-le-champ pour s'offrir de nouveau comme un point de mire aux bordées des ennemis, et s'écrie :

— Il n'y a donc pas un boulet de faveur pour moi !

Le capitaine Saulnier, encore plus grièvement blessé, a été obligé de se faire suppléer par le lieutenant Donnadieu. Tous les autres officiers sont hors de combat; la moitié de l'équipage est mort ou mutilé; le *Guillaume-Tell* vient de perdre son dernier mât, ses dernières manœuvres; il amène après huit heures et demie d'une résistance qui suffit à voiler la tache faite à l'honneur du contre-amiral de l'escadre légère d'Aboukir.

Cependant l'Égypte est toujours occupée par les Français. Bonaparte essaye de leur faire passer des secours, et pour mieux dépister les Anglais, c'est dans l'Océan qu'il fait ces armements destinés à la Méditerranée. Le contre-amiral Ganteaume, l'un de nos plus habiles manœuvriers, sort le 23 janvier 1801 de Brest avec sept vaisseaux et deux frégates portant cinq mille soldats, grâce à une tempête qui vient de disperser l'armée de blocus de l'amiral Harvey.

De tous les bâtiments français il n'y a d'aperçue que la frégate la *Bravoure*, qui, le 27 janvier, à hauteur du cap Finistère, donne dans la frégate anglaise *la Concorde*, lui livre un combat, la voit se couvrir de voiles et fuir, au moment où le brave capitaine d'Ordelin jeune, tout blessé qu'il est, ordonne l'abordage.

L'amiral Harvey, ne pouvant imaginer que l'on partît

de Brest pour se rendre en Égypte quand on avait Toulon, détache la majeure partie de sa flotte pour poursuivre Ganteaume jusqu'aux Antilles, où il suppose qu'il va.

L'escadre française, au contraire, se trouve entièrement réunie, le 10 février, au cap de Gates, sans que la croisière anglaise de Gibraltar ait eu le temps de la poursuivre. Bien plus, la corvette l'*Incendiary*, de 28 canons, et le *Sprightly*, qui se sont trop avancés pour observer nos mouvements, ont été rapidement enveloppés et enlevés par Ganteaume.

Le 13 février, il enlève encore la frégate *le Succès*, capitaine Peters, mais voyant ses bâtiments endommagés par la tempête et craignant d'être pris entre deux feux par lord Keith et l'amiral Warren, il renonce à arriver en Égypte, change de route, cingle vers les côtes de Provence et le 19 février vient mouiller à Toulon.

Peu après, Ganteaume reçoit du premier consul l'ordre exprès de repartir pour l'Égypte, malgré la croisière de Warren; il quitte Toulon le 22 mars; mais des avaries ayant retardé sa marche, et ayant appris que son adversaire, renforcé de plusieurs vaisseaux, est tout près de l'atteindre, il manœuvre pour l'éviter, y réussit, et sans avoir beaucoup dépassé l'île de Sardaigne, revient le 5 avril à Toulon, pendant que Warren va pousser ses recherches jusqu'à la côte d'Égypte.

Le 25 avril, Ganteaume prend de nouveau la mer et sur l'ordre de Bonaparte, va hâter la reddition de l'île d'Elbe, dont la garnison anglo-toscane se rend aussitôt. Après quoi il se rend à Brindisi, dans le golfe Adriatique pour rallier les trois bâtiments que Naples a promis de céder à la France et repart ensuite pour tenter une troisième fois de porter des secours en Égypte.

Pendant cette expédition, il se trouve dans la nécessité de renvoyer de Livourne à Toulon, sous le commandement du contre-amiral Linois, trois de ses vaisseaux, le *Formidable*, l'*Indomptable*, le *Desaix* et la frégate *le Muiron* dont les équipages et les troupes sont décimés par une épidémie qui résulte de leur encombrement même à bord.

Gantéaume, pour obéir aux volontés sans réplique du premier consul, part donc le 25 mai de l'Adriatique pour l'Égypte avec quatre vaisseaux de ligne seulement, une frégate, un brick et deux transports.

Bien que serré de près par l'escadre anglaise, il arrive le 8 juin, en vue de la côte d'Égypte, et va débarquer ses troupes à quarante lieues environ d'Alexandrie, quand, à la vue des quarante voiles de la flotte de Lord Keith, il ordonne de couper les cables et, se retirant avec promptitude et habileté, sauve ses vaisseaux déjà presque enveloppés par l'ennemi.

Pendant sa route rétrograde, Gantéaume, qui manœuvre avec autant d'activité que de prévoyance, s'empare de deux bâtiments ennemis, d'une corvette d'abord, qui porte des dépêches à l'armée anglaise d'Égypte, puis, le 24 juin, de ce fameux vaisseaux le *Swiftsure*, de 74 canons, auquel Linois avait eu affaire au commencement de la guerre de la Révolution lorsqu'il commandait la frégate *l'Atalante*.

Peu de jours après, notre flotte mouille dans le port de Toulon avec ses prises. C'est ainsi, que se termine cette campagne célèbre, divisée en trois actes, dans laquelle, successivement, sept, puis quatre vaisseaux français ont tenu la mer au milieu d'une forêt de mâts ennemis et, sans s'être laissés entamer d'une seule voile de guerre, ont capturé un vaisseau de ligne et plusieurs bâtiments anglais.

Bientôt le nouveau pavillon tricolore, après avoir été dix ans le linceul qui enveloppe les morts héroïques, va devenir l'étendard qui ombrage des fronts victorieux.

Le contre-amiral Linois, de retour à Toulon, avant le gros de l'escadre, avec trois vaisseaux et une frégate chargés de malades, venait d'en repartir avec des équipages frais, quand le contre-amiral Gantcaume y rentra définitivement. Il se rendait à Cadix pour y rallier une escadre de six vaisseaux que la cour de Madrid s'était engagée en vertu du traité de fondation du royaume d'Étrurie.

Linois, sorti de la rade de Toulon, le 13 juin 1801, reçoit, aux îles d'Hyères, sur ses vaisseaux, quinze cent cinquante-neuf hommes de troupe, commandés par le général Devaux, débloque en passant le port de Marseille et, tout en faisant route pour Cadix, s'empare, le 3 juillet, devant Malaga, de deux bâtiments ennemis, dont l'un escortant l'autre richement chargé, est la corvette le *Speedy*, de 24 canons, commandée par le capitaine, depuis lord et amiral Cochrane.

Le 4, au moment de passer dans le détroit de Gibraltar, Linois aperçoit sous la côte ibérienne un bateau espagnol portant pavillon français, expédié par le contre-amiral Dumanoir, pour le prévenir que sept vaisseaux de ligne, une frégate et un lougre anglais bloquent le port de Cadix.

C'est l'escadre du contre-amiral Saumarez, un des hommes les plus éminents, par le talent et le courage, de la marine britannique, qui est partie de Plymouth le jour même que l'escadre française a fait sa sortie de Toulon. Linois est, en outre, avisé que l'escadre de l'amiral Warren, ayant eu connaissance de sa sortie, le poursuit avec l'intention de l'engager entre deux feux.

Le contre-amiral français n'a plus devant lui, pour essayer d'échapper à ce péril, que la baie même de Gibraltar ou d'Algésiras, sur la côte orientale de l'Espagne, et sur les bords demi circulaires de laquelle sont assises, à deux lieues environ en face l'une de l'autre, ces deux villes jadis sœurs, maintenant ennemies; il n'hésite pas de s'y jeter et, à cinq heures du soir, repoussant les conseils du capitaine du port, qui, en lui indiquant les quinze à dix-huit brasses du fond, l'aurait trop éloigné du rivage, et ainsi exposé à être doublé, comme Brueys à Aboukir, il mouille provisoirement par les dix à douze brasses près de la ville espagnole.

La journée est employée à reconnaître la position la plus avantageuse pour chacun des bâtiments dans la ligne d'embossage projetée, ligne, qui doit être soutenue à l'extrémité droite par une batterie de sept pièces de 24 et de 18, établie sur un écueil appelé l'*Ile verte*, et, à l'extrémité gauche, par une batterie de la côte dite batterie de San-Yago, de cinq pièces de 18.

Le lendemain, à sept heures du matin, l'escadre de Saumarez, forte de six vaisseaux, d'une frégate et d'un lougre, qui a passé le détroit pendant la nuit, double la pointe de Carnero, à l'entrée de la baie de Gibraltar, du côté de l'Océan, et s'avance pour écraser la division française.

L'amiral anglais, croyant que celle-ci est mouillée trop loin de la côte, pour que sa ligne soit suffisamment flanquée, ne doute plus qu'il va donner dans cette journée le pendant d'Aboukir et dispose ses vaisseaux, le *Vénérable* en tête, de manière à passer du côté de l'île Verte entre cette ligne d'embossage et la terre, pour forcer Linois à capituler ou pour l'anéantir entre deux feux.

A huit heures un quart, l'ennemi étant à portée et la batterie espagnole de cette île ne tirant pas, la frégate française, le *Muiron*, de 40 canons, n'hésite pas à ouvrir le feu. Dirigée par le capitaine, depuis contre-amiral Martinencq, avec une intelligence supérieure, cette généreuse frégate, sur laquelle sert en qualité d'aspirant de seconde classe, le futur vice-amiral de Rigny, soutient avec une fermeté merveilleuse le premier choc de l'ennemi. Cependant les Anglais laissant le *Vénérable* aux prises avec le *Muiron*, poursuivent leur manœuvre et une partie de leurs vaisseaux, le *Pompée* particulièrement, gouvernent de manière à remonter la ligne française par le côté de terre dans toute sa longueur, de droite à gauche, tandis que d'autres la serrent vivement au feu par le côté du large.

Linois comprend aussitôt la gravité de sa situation et, vers neuf heures et demie du matin, profitant avec autant de promptitude que de précision d'un ramollissement dans la brise, il donne à ses vaisseaux le signal de couper leurs câbles et de s'échouer, en dérivant tout doucement sous leurs focs et leurs voiles d'étai.

Le *Desaix*, en s'échouant le cap à terre, soutient bravement les bordées de plusieurs vaisseaux ennemis, auxquels le capitaine Christi-Paillière, merveilleusement aidé de son second, le capitaine de frégate Troude, répond en homme qui a appartenu à l'ancienne marine.

L'*Indomptable*, où brillent à la fois, auprès de Monconsu, son commandant, le capitaine en second Lucas et le lieutenant de vaisseau, depuis contre-amiral Collet, tout en combattant jusqu'à trois adversaires, vient à bout de s'échouer sur la pointe nord-est de l'île Verte, son commandant debout sur son banc de quart; le feu magnifique qu'il sert des deux bords, ne se ralentit pas un instant.

Quant au *Formidable*, où flotte le pavillon de Linois, il s'échoue auprès de l'*Annibal*, chef de file de la ligne ennemie, qui subit le même sort, en cherchant à passer entre la côte et le vaisseau amiral français.

L'ennemi résout alors de s'emparer de la batterie de l'île Verte, qui n'a pas encore brûlé une amorce et, qui vient d'être abandonnée par les miliciens espagnols chargés de la défendre. Déjà un vaisseau anglais a mis ses embarcations à la mer dans ce but, quand le capitaine Martinencq envoie de son côté, sous la conduite des aspirants Joursin et Gauthier, des canots qui déposent sur l'île Verte cent trente soldats commandés par le capitaine Balancourt. La vue des tricornes de nos fantassins fait rétrograder les chaloupes anglaises; en même temps, nos embarcations ont débarqué quatorze chefs de pièce, des refouloirs, deux milliers de poudre. En un instant la batterie de l'île est remontée et, sous la direction du brave capitaine Balancourt, coule un canot anglais, en brûle un second et fait un feu terrible sur le *Pompée* qui, ayant touché les bas-fonds vis-à-vis de l'île Verte, se trouve en outre, en butte aux coups de la frégate *le Muiron* et à ceux de l'*Indomptable*.

Dans cette situation désespérée, ce vaisseau amène son pavillon; mais le capitaine Sterling ne se croit pas engagé par là et bientôt, aidé de la brise et d'embarcations venant de Gibraltar, il relève le *Pompée*, le fait remorquer, force de voiles, et sauve ainsi, sinon son honneur, du moins son pavillon. Deux canots chargés de fusils et de sabres qu'il a abandonnés dans sa fuite, tombent au pouvoir des marins de la frégate *le Muiron*.

Sur notre gauche, des troupes françaises débarquées du *Desaix*, sous les ordres du général Devaux, remplacent également les Espagnols dans la batterie de San-Yago.

Il est midi; le combat n'a pas discontinué un moment depuis huit heures du matin. La lutte devient de plus en plus acharnée. Les Anglais frémissent de rage en se voyant sur le point d'essuyer leur première défaite en escadre, depuis le commencement de la guerre, et cela avec six vaisseaux contre trois.

Au plus fort de l'action, le capitaine de l'*Indomptable*, le digne Monconsu, tombe sur son gaillard; le capitaine de frégate Lucas lui succède.

Peu après, le capitaine de pavillon du *Formidable*, le valeureux Laindet-Lalonde, qui, malgré une grave blessure déjà reçue au commencement de l'action, continue à faire exécuter les ordres de l'amiral, quand, lui aussi, est renversé sur son banc de quart.

Le lieutenant Touffet prend la place de Lalonde. Le bruit se répand un moment dans l'entrepont du *Formidable*, que Linois est à son tour gravement blessé. L'équipage, qui adore son chef, est tellement désespéré, que le contre-amiral est obligé de descendre un moment dans les batteries pour rassurer ses artilleurs, et c'est alors que, pour la première et unique fois de sa vie, il tremble d'être atteint par les projectiles ennemis, — sachant, comme il le dit, qu'un amiral ne doit être blessé que sur son pont. Que d'actes de courage et de sang-froid se passent alors dans les batteries.

Là, un vieux canonnier fait un mouvement de bascule sur sa pièce, Linois l'aperçoit :

— Pourquoi ne tires-tu pas? demande-t-il.

— Amiral, répond l'artilleur, est-ce qu'à l'école du tir on ne commande pas d'attendre que l'on puisse ajuster pour tirer? La fumée m'empêche d'ajuster.

Au même moment, la fumée s'étant dissipée, il ajuste, tire et ravage les manœuvres de l'ennemi. L'amiral, ému de ce beau sang-froid, se jette dans les bras du vieux brave et lui donne l'accolade en présence de tout le monde. Qu'on juge de l'enthousiasme.

Sur un autre point, un chef de pièce, nommé Caselin, bien qu'ayant perdu cinq de ses servants, ne cesse de tenir bon à son poste.

— Que peux-tu faire, lui demande Linois?

— Me battre, répond-il; je serais seul que je servirais encore ma pièce.

Le succès récompense enfin tant de persévérance unie à un aussi grand courage. L'*Annibal* où se trouve le second commandant de l'escadre anglaise, voit crouler sa mâture sous le feu du *Formidable*, du *Desaix*, et doit enfin se résigner à baisser pavillon. Son chef, le commodore Ferris, abandonnant lâchement ses hommes en détresse, s'enfuit dans une petite yole après avoir amené, poursuivi par les huées de nos marins.

L'*Annibal* reste au pouvoir des Français; le *Pompée*, déjà retiré à Gibraltar, n'offre plus qu'une misérable carcasse entièrement perdue; les quatre autres vaisseaux anglais ont perdu leurs mâts de hune. Voyant cela, Saumarez fait cesser le feu à deux heures et demie et donne le signal de laisser arriver pour le mouillage de Gibraltar. La division française comptait deux cents morts et trois cents blessés; l'escadre britannique, en revanche, avait perdu quinze cents hommes tant tués que prisonniers.

Jamais on n'avait vu pareille chose; jamais les Français, dans les plus mauvais jours de leur marine, n'avaient présenté ce spectacle qu'offraient les Anglais à l'étonnement du monde : six vaisseaux battus par trois.

La campagne de Linois n'est pas terminée; il lui faut encore sortir de la position où il est, dans une rade ouverte, pour gagner Cadix, et cela en présence de Saumarez, qui vient de se renforcer d'un septième vaisseau et est impatient de se venger.

Deux jours suffisent au contre-amiral français pour relever ses vaisseaux échoués et les remettre, tant bien que mal, en état.

Le 9 juillet, l'escadre espagnole de don Juan de Moreno, sortie la veille de Cadix, arrive au mouillage d'Algésiras et trois jours après appareille en donnant la remorque à la division Linois.

A la tombée du jour, on aperçoit l'escadre de Saumarez qui arrive de Gibraltar, toutes voiles dehors. A onze heures et demie, par la nuit la plus profonde, les Anglais attaquent l'arrière-garde franco-espagnole. Le *Superbe*, profitant de l'obscurité, passe entre deux vaisseaux espagnols de 112 canons chacun, en leur lâchant toutes ses bordées de tribord et bâbord. Alors, fait inouï dans les désastres des marines du monde, les deux bâtiments se prennent l'un l'autre pour ennemis et se foudroient avec une fureur indescriptible.

Bientôt l'un d'eux est en proie à un épouvantable incendie et les flammes qui le dévorent gagnent son compatriote qui vient de l'aborder. En peu d'instants le feu atteint les poudres, et ces vaisseaux s'abîment tous deux dans une horrible explosion qui porte la terreur dans chaque escadre et produit à Cadix l'effet d'un tremblement de terre. En même temps, le *San-Antonio* est forcé de se rendre.

Cinq vaisseaux anglais, *tirant à boulets rouges*, s'acharnent particulièrement sur le *Formidable* que Linois a quitté dans la journée pour aller conférer à bord de la frégate amirale espagnole. Le brave Troude qui y a été appelé pour remplacer le capitaine de pavillon Laindet-Lalonde, commande ce vaisseau.

Afin d'échapper à la rage incendiaire des Anglais, Troude, voyant que leurs vaisseaux, pour se distinguer entre eux, portent trois feux de reconnaissance à la corne, en fait hisser de semblables sur le *Formidable*.

Ce moyen lui réussit et son vaisseau s'évade avec une perte seulement de trois hommes tués et deux blessés.

Mais au point du jour, il se trouve de nouveau atteint par trois vaisseaux et une frégate d'Angleterre qui ont suivi sa route.

La frégate la *Thames*, à la vue du vaisseau français muni seulement de tronçons de mâts, croit qu'il va demander quartier et s'approche la première pour lui lâcher sa bordée en poupe; mais les adroits pointeurs du *Formidable*, par quelques coups de canons de l'arrière, envoient aussitôt à distance respectueuse la pauvre frégate qui ne songe plus qu'à se réparer.

Le *Vénérable*, de 74, capitaine Hood, suit de près la *Thames*. Troude, sans lui donner le temps de se reconnaître, le sert aussitôt au feu, avant que les deux autres vaisseaux anglais aient pu venir à son secours, et le combat vergue à vergue, presque bord à bord, avec la fureur d'un ennemi qui, pour son propre salut, a besoin de vaincre promptement ; aux *boulets rouges* du *Vénérable*, Troude, répond par trois boulets à la fois dans chacune de ses pièces ; le carnage est horrible sur le pont des Anglais. Troude a surtout ordonné de viser à démâter son adversaire et, en moins de une heure et demie, on voit successivement tomber tous les mâts du *Vénérable*.

Alors, ce vaisseau ravagé laisse arriver pour opérer sa retraite, mais le *Formidable* voit son mouvement, le suit, et le prend en poupe, l'enfile de ses boulets de long en long, l'achève, et en même temps commence une nouvelle action contre le *César*, de 84 canons, où se trouve l'amiral Saumarez. Troude tient une demi-heure en échec le vaisseau-amiral anglais, et lui détache de si épouvantables bordées, que celui-ci, éperdu, tremblant d'avoir le sort du *Vénérable*, s'enfuit et laisse la place au *Superbe*.

Ce dernier, après avoir essuyé quelques volées, va rejoindre la *Thames*, le *Vénérable* et le *César*, successivement défaits, qui semblent se demander mutuellement remorque, et le 13 juillet 1801, à sept heures du matin, l'habile, l'héroïque Troude, est maître d'un champ de bataille conquis par un vaisseau délabré contre trois vaisseaux et une frégate d'Angleterre, qui s'enfuient au plus vite, abandonnant même l'un deux, le *Vénérable*, échoué près de Cadix.

Bonaparte, voulant tenir l'Angleterre sous la menace continuelle d'une invasion, en attendant qu'il songe sérieusement à l'effectuer, commence en 1801, à caresser avec passion sa fameuse idée de la flottille et du camp de Boulogne.

Une nombreuse flottille légère de chaloupes et de bateaux plats, s'assemble dans le port de Boulogne.

Les neuf divisions de cette flottille sont placées sous les ordres du contre-amiral La Touche-Tréville; ce vieux marin y va de tout cœur; ces plages anglaises il les dévore d'avance de la pensée.

A la vue de si grands préparatifs, les marchands de la Cité de Londres sont saisis de panique et se croient déjà envahis. Le gouvernement britannique prend les mesures d'urgence.

Nelson, revenu de la Baltique, après son lâche attentat de Copenhague, où il a détruit la flotte danoise sans défense, est mis à la tête d'une escadre légère dite des Dunes, pour surprendre et brûler le port et la flottille de Boulogne.

L'amiral anglais arrive en vue le 2 août 1801, à la tête d'une escadre de quarante voiles, dont trois vaisseaux, deux frégates, plusieurs bricks et tout le reste brûlots, bombardes et chaloupes canonnières. Le baron du Nil croyait nous surprendre, et est fort étonné d'apercevoir à cinq cents toises en avant du port, une belle ligne d'embossage, composée de six bricks, deux schooners, vingt chaloupes canonnières et d'un grand nombre de bateaux plats, faisant l'office de batterie flottantes, tandis qu'une réserve de quatre mille hommes d'infanterie se tient à portée pour la secourir.

Nelson ne va pas avoir affaire cette fois à un de ces *sous-lieutenants amiraux*, tels qu'il en a rencontrés à Aboukir, tels qu'il en retrouvera à Trafalgar, et l'on pourra juger de ce qu'il vaut, étant aux prises avec un marin français du bon temps, en face d'un véritable amiral enfin.

Ce grand homme, qui n'était grand que devant des écoliers déguisés en maîtres, devient tout à coup circonspect, hésite; enfin le 4 août, il s'approche avec ses bombardes, et pendant seize heures, lance une pluie de projectiles sur la flottille afin de la détruire ou de l'obliger à rentrer dans le port. Nos soldats de mer et de terre, immobiles sous ce feu incessant, plus effrayant que meurtrier, regardent en riant les bombes passer par-dessus leurs têtes. Le brave La Touche-Tréville et le colonel Savary, aide de camp du premier consul sont au milieu d'eux. Par une sorte de miracle, il n'y a personne de grièvement blessé. Deux de nos bâtiments sont coulés sans qu'il périsse un seul homme.

Les Anglais tentent plusieurs fois de se rapprocher de notre ligne d'embossage, mais les soldats des bataillons français embarqués, s'écrient : — A l'abordage! à l'abordage! — et les bâtiments ennemis se retirent en toute hâte.

Douze jours après, le 16 août, Nelson paraît avec une division navale beaucoup plus considérable que la première.

La Touche-Tréville est sur ses gardes. Vers minuit, quatre divisions de chaloupes anglaises, montées par deux mille hommes d'élite, s'avancent rapidement vers la côte de Boulogne, afin d'enlever notre ligne à l'abordage. Une cinquième division composée de bombardes les suit, afin d'incendier tout ce qui n'aura pas été pris d'assaut.

Une petite embarcation française, montée par huit hommes seulement, a été laissée en sentinelle avancée. Elle est abordée et enveloppée, mais elle se défend bravement avant de succomber, et le bruit de sa mousqueterie sert à signaler la présence de l'ennemi.

En un instant, les deux lignes s'éclairent au milieu de la nuit d'un feu très vif, les bombes, le canon, la mousqueterie, interrompent de leurs roulements terribles le silence qui régnait sur les flots.

Bientôt les chaloupes anglaises arrivent à l'abordage de toutes la force de leurs rames et le choc devient effrayant à travers l'obscurité.

Le capitaine Parker, aborde avec six de ses péniches, la canonnière *l'Etna*, et tombe mortellement blessé. Les marins anglais escaladent hardiment cette canonnière, leurs officiers en tête, mais ils sont reçus par deux cents hommes d'infanterie et jetés à la mer à coups de baïonnettes.

Le brave Pévrieux, qui commande l'*Etna*, en s'élançant le premier pour repousser l'abordage, a successivement affaire à deux matelots anglais, et bien que blessé d'un coup de poignard et d'un coup de pique, les tue tous les deux.

L'abordage ne tarde pas à être tenté sur toute l'étendue de la ligne d'embossage de La Touche-Tréville; mais sur toute la ligne, il est reçu avec une vigueur superbe, et est partout repoussé.

Ceux des Anglais qui osent se jeter sur les bâtiments français, sont culbutés dans la mer ou faits prisonniers.

Le *Volcan*, dernière chaloupe canonnière de la droite, que commande l'enseigne Guéroult, attaquée à plusieurs reprises, repousse avec une ardeur sans cesse renaissante, les embarcations anglaises, qui essaient, mais en vain, de couper ses câbles pour l'entraîner avec elles.

La canonnière *la Surprise*, montée par le lieutenant Careau, est entourée par quatre péniches; elle coule la première, prend la seconde et met les deux autres en fuite.

Pendant que la ligne française soutient ce combat de front, la division anglaise d'obusiers s'avance vers la jetée et se consume en efforts pour se placer entre cette ligne et la terre. Mais cette manœuvre, bonne à Aboukir, ne réussit pas plus à Boulogne qu'à Algésiras. Les batteries de la rade foudroient les navires obusiers des Anglais qui sont partout repoussés; la mer est couverte de leurs cadavres flottants, et bon nombre de leurs embarcations sont détruites ou prises.

Dès que le jour paraît, Nelson plus désespéré que jamais, donne le signal de la retraite, qui, cette fois, dégénère en une véritable fuite, précipitée encore par les bordées des navires français victorieux. A la nouvelle de ces signalés services, le premier consul envoie à La Touche-Tréville, le brevet de vice-amiral de France, et peu après le fait grand officier de la légion d'honneur.

Malheureusement, en 1804, au moment où la lutte recommence avec l'Angleterre, La Touche-Tréville, qui se trouve en rade à Toulon est, pour le malheur de la marine française, qu'il doit laisser sans amiraux expérimentés, atteint d'une grave maladie. Pressé de se faire porter à terre, il s'y refuse et rend le dernier soupir, dans la nuit du 28 au 29 août 1804, à bord de son vaisseau *le Bucentaure*, après avoir prononcé ces dernières et mémorables paroles : « Un officier de mer doit mourir sous le pavillon de son vaisseau. »

La Touche-Tréville.

Bataille de Trafalgar — Mort de l'amiral Magon (1805).

CHAPITRE XX

TRAFALGAR

Rupture de la paix avec l'Angleterre. — Combats aux Antilles. — Le général Noailles force le blocus de Saint-Domingue. — Abordage à la baïonnette du *Hasard* par le *Courrier*. — Mort de Noailles. — La Touche-Tréville à Toulon. — Nelson repoussé. — Attaque de Boulogne. — Brûlots inutiles. — Prise de Linois. — Concentration de la flottille à Boulogne. — Chances de traversée du détroit. — Départ de Villeneuve de Toulon. — Bataille du cap Finistère. — Irrésolution de Villeneuve. — Sa rentrée à Cadix. — Levée du camp de Boulogne. — Bataille de Trafalgar. — Forces françaises et anglaises. — Manœuvre de Nelson. — Combat du *Victory* et du *Redoutable*. — Le capitaine Lucas. — Mort de Nelson. — Défense du *Bucentaure*. — Valeur de Villeneuve. — Inaction et fuite de Dumanoir. — Défense héroïque du *Fougueux*. — Mort des capitaines Beaudoin et Poulain. — Combat de l'*Algésiras*. — Mort de l'amiral Magon — Défense de l'*Aigle*, du *Swiftsure*, du *Berwick*. — Explosion de l'*Achille*. — Héroïque défense de l'*Intrépide*. — Le commandant Cosmao-Kerjulien. — La tempête. — Navires français captifs rendus à la liberté. — Pertes des deux armées. — Combat de Saint-Domingue. — Défense de la *Canonnière*. — Prise d'une corvette anglaise. —

Les brûlots anglais à l'île d'Aix. — Expédition de Walcheren. — Combat devant Cette. — Combat de Lissa. — Mort du chef de division Dubourdieu. — Belle retraite de la division Troude. — Le capitaine Duperré. — Ses premières armes. — Combat de Grand-Port. — Destruction de la division anglaise. — Une fière réponse. — Blessure de Duperré. — Prise des frégates anglaises l'*Africaine* et le *Ceylan*. — Belle conduite du brick l'*Abeille*. — Combat du *Scipion*. — Dévouement du capitaine Ponée. — Les marins de la garde. — Leur historique.

La paix d'Amiens entre la France et l'Angleterre, qui est plutôt, à proprement parler, une trêve, est bientôt rompue: le 16 mai 1803, la Grande-Bretagne nous déclare la guerre, et met l'embargo sur tous les navires français qui se trouvent dans ses ports. Bonaparte répond, en faisant occuper le royaume de Hanovre, qui appartient au roi d'Angleterre.

De tous côtés, et déjà jusque dans les mers d'Amérique, en attendant les combats décisifs, des engagements partiels ont lieu.

La frégate *la Poursuivante*, de 34 canons, capitaine Willaumez, détachée par La Touche-Tréville d'un point à l'autre de Saint-Domingue, est attaquée, le 29 juin 1803, dans les parages du Môle-Saint-Nicolas, par le vaisseau anglais l'*Hercule*, de 74 canons, soutient l'assaut avec vigueur et habileté, décime l'équipage ennemi et le force à lui abandonner le champ de bataille.

Près du cap Français, le 24 juillet 1803, une division anglaise de quatre vaisseaux, livre combat à deux vaisseaux et une frégate de France, qui s'en tirent à leur honneur.

A Saint-Domingue, le brave général Noailles, assiégé dans le Môle-Saint-Nicolas, s'y maintient encore jusqu'au mois de décembre 1803, repoussant cent fois les assauts des nègres, et ripostant avec succès à l'artillerie des vaisseaux anglais.

Un parlementaire ennemi vient le sommer de se rendre.

— Un général français, répond-il fièrement, ne peut se rendre sans honte tant qu'il a des vivres, des munitions et des hommes dévoués. — Puis il entreprend audacieusement de se jeter avec sa petite garnison, et une partie des habitants de la ville, sur des navires qui se trouvent dans le port, de tromper la surveillance de l'escadre de blocus, et de voguer quelque temps de conserve, à la faveur de la nuit, avec un convoi ennemi.

Son plan réussit, il se détache du convoi à un moment opportun et atteint bientôt l'île de Cuba avec tous ses navires.

Peu après, ayant repris la mer avec un seul brick, le *Courrier*, pour aller se joindre au général Lavalette qui est à la Havane, il livre un combat d'abordage à la corvette anglaise le *Hasard*, qui est à sa recherche, et l'enlève à la baïonnette ; mais, criblé de blessures, il ne survit qu'un moment à son triomphe.

Bonaparte semble toujours exclusivement préoccupé de son grand projet contre l'Angleterre. Un camp immense est établi à Boulogne dont il doit venir prendre lui-même le commandement. Bruix reçoit le commandement en chef de la flottille nationale, où il épuise le souffle de vie qui lui reste. Truguet est chargé de l'armement de l'escadre de Brest. La Touche-Tréville, élevé enfin au grade de vice-amiral, est chargé de celui de l'escadre de Toulon.

Tout à coup, au milieu de ces grands préparatifs d'invasion, Bonaparte se fait proclamer empereur des Français, le 18 mai 1804, sous le nom de Napoléon Ier.

La charge de grand-amiral est reconstituée en faveur de

Murat, et Gantcaume succède à Truguet dans le commandement de l'escadre de Brest.

A Toulon, La Touche-Tréville, malgré le dépérissement visible de sa santé, s'occupe avec une ardeur infatigable d'augmenter et d'exercer l'escadre de la Méditerranée, Il opère tous les mouvements qui lui semblent convenables, sous les yeux de Nelson, qui n'ose s'y opposer. Au mois de juillet 1804, l'amiral anglais veut attaquer deux frégates françaises, mouillées par un calme plat sous le château de Porquerolles, l'une des îles d'Hyères; mais, en quatorze minutes, La Touche-Tréville, a mis sous voile huit vaisseaux et cingle sur l'ennemi. A la vue de cette manœuvre, Nelson abandonne son projet et fait retraite. C'était la troisième fois que La Touche-Tréville faisait reculer Nelson.

Malheureusement le vaillant amiral français, épuisé par la maladie, meurt à l'âge de cinquante-neuf ans, ainsi que nous l'avons déjà raconté dans le précédent chapitre. Les dépouilles du dernier grand homme de mer qu'on ait eu à cette époque, sont transportées par ses matelots sur le sommet du cap Sepet, où elles sont inhumées, en présence de l'ennemi qu'elles ont vu fuir devant elles, jusqu'au dernier moment.

Le ministre de la marine Decrès nomme au commandement de l'escadre de Toulon, le vice-amiral Villeneuve.

Pendant ce temps, les Anglais ont essayé, mais sans succès, plusieurs attaques contre la flottille de Boulogne. L'amiral Keith, avec une flotte de cinquante-deux bâtiments, entreprend de l'incendier au mois d'octobre 1804, mais il échoue devant les manœuvres du contre-amiral La Crosse, qui commande la ligne d'embossage française. A mesure qu'il lance ses brûlots, celle-ci s'ouvre pour leur livrer passage, et quand ils se sont consumés inutilement sur la côte, elle force leur escorte à reprendre le large.

Le 6 mars 1803, le contre-amiral Linois était parti de Brest pour la mer des Indes, avec le vaisseau le *Marengo*, trois frégates et deux autres bâtiments. Dans une première croisière de Sumatra sur Bencool, il fait éprouver à l'ennemi une perte de quinze millions.

Le 15 février 1804, il tombe avec sa division au milieu d'une flotte nombreuse de vaisseaux de la compagnie des Indes, qui portent au moins six cents canons de plus que les navires français. Après une canonnade acharnée, Linois profite de la fumée qui l'enveloppe pour s'éloigner de l'ennemi.

Le 18 septembre 1804, il attaque, sur la côte de Coromandel, trois vaisseaux anglais, en prend un, jette le second à la côte et abandonne le dernier dans le plus misérable état.

Malgré ses prouesses, il ne reçoit aucun secours d'Europe, et abandonné à lui-même sur les mers, il se décide à faire route pour la France. Mais, chemin faisant, dans la nuit du 13 au 14 mars 1806, après avoir coupé la ligne pour la douzième fois depuis son départ de Brest, il tombe inopinément avec le *Marengo*, dans une escadre anglaise de sept vaisseaux, deux frégates et une corvette, commandée par l'amiral Warren. A cinq heures du matin, le *Marengo* est aux prises avec le *London*, de 110 canons, qu'il cherche à prendre à l'abordage ; on se bat longtemps à tiers de portée de pistolet. Linois, grièvement atteint, est transporté au poste des blessés ; son capitaine de pavillon a le bras emporté ; enfin, à neuf heures et demie, le *Marengo*, cerné par quatre vaisseaux ennemis, ayant presque tout son équipage tué ou hors de combat, se voit forcé d'amener son pavillon. Linois tombe au pouvoir des Anglais qui, s'estimant trop heureux de n'avoir plus à combattre le vainqueur d'Algésiras, le garderont prisonnier jusqu'à la paix de 1814.

Durant cette campagne, des événements maritimes de la plus grande importance et malheureusement décisifs venaient de se passer en Europe.

L'Empereur Napoléon avait, comme on le sait, conçu le projet de passer en Angleterre, avec la grande armée et la flottille réunies à Boulogne. A l'amiral Bruix, mort au mois de mars 1805, avait succédé La Crosse.

La flottille s'était successivement concentrée, mais non sans que ses nombreuses divisions n'eussent eu à soutenir de fréquents combats de détail. Les capitaines de vaisseau Saint-Haouen, Pévrieux, Hamelin, Collet, s'étaient signalés en dirigeant leurs escadrilles sur Boulogne. Le contre-amiral Ver-Huell, avait, dans deux engagements, les 17 et 18 juillet 1805, défait la croisière anglaise, réunie dans le but d'empêcher le trajet de la flottille batave, qui était allée recevoir le corps de troupes du maréchal Davoust à Dunkerque pour le conduire à Ambleteuse.

Dans un des combats livrés en avant de Boulogne, Napoléon Ier fit avancer son canot au milieu des chaloupes qui combattaient, et même ordonna de le diriger droit sur une frégate anglaise voulant montrer à ses soldats qu'il était aussi hardi sur mer que sur terre.

Le ministre de la marine veut se précipiter au gouvernail et changer la direction. Napoléon l'arrête. Il observait avec sa lunette tous les mouvements de la frégate lorsque celle-ci lâche sa bordée, mais les projectiles n'atteignent pas le canot. Les autres bâtiments s'empressent de dépasser le canot impérial et de le couvrir.

Une noble émulation anime les équipages, et bientôt la division anglaise recule, assaillie par une grêle de boulets et de mitraille.

Il y avait plusieurs chances pour franchir le détroit: par un calme qui tiendrait la flotte anglaise immobile ou après une tempête qui l'aurait chassée du détroit; à la faveur de la nuit ou des brumes épaisses de l'hiver; ou grâce à une combinaison qui amènerait dans le canal, ne fût-ce que pour quelques heures, une flotte française supérieure. Cette dernière chance eût été la meilleure.

Napoléon la prépare avec un secret profond et une merveilleuse habileté. L'amiral Villeneuve, sorti de Toulon, avec toutes les forces de ce port, devait rallier en passant l'escadre espagnole de l'amiral Gravina à Cadix, aller aux Antilles, faire beaucoup de bruit de ce côté, y attirer Nelson, remonter vers l'Europe, quand on le croirait parti, peut-être pour frapper un grand coup sur l'Inde anglaise, débloquer l'escadre du Ferrol, celle de Brest, enfin, entrer dans la Manche avec cinquante vaisseaux, qui resteraient maîtres du détroit, jusqu'au moment où l'amirauté anglaise aurait pu réunir ses flottes éparses sur toutes les mers. Mais avant ce moment la flottille passait, et avec elle, cent cinquante mille soldats et le sort du monde.

D'abord tout réussit à souhait. Nelson, qui surveille Toulon, est trompé. Tandis qu'après avoir perdu du temps à chercher où la flotte française est passée, il court après elle au fond du golfe du Mexique, Villeneuve revient en Europe, mais se laisse arrêter à la hauteur du Cap Finisterra, en Galice, par une bataille avec l'escadre de sir Robert Calder, qui veut empêcher la flotte franco-ibérique de débloquer le port du Ferrol.

Le combat s'engage par une brume épaisse que déchirent à peine les éclairs des bouches à feu.

L'*Intrépide*, de 74 canons, capitaine de Peronne, voyant un trois-ponts anglais qui veut forcer la ligne des alliés, se jette sur lui, l'abîme et le force à se retirer du combat, mais paie ce généreux mouvement de la vie de son capitaine. L'*Atlas*, de 74, en se lançant avec une semblable énergie, au milieu du feu, est prêt d'avoir à déplorer une perte pareille; le valeureux et habile Rolland, son capitaine, tombe renversé de son banc de quart, et un moment on le croit mort. Le *Pluton*, de 74 aussi, que commande Cosmao-Kerjulien, dégage, à lui seul, trois vaisseaux espagnols qui vont tomber au pouvoir de l'ennemi.

En somme, l'issue de cette bataille est incertaine et plutôt à l'avantage de l'amiral français. Après avoir débloqué l'escadre du Ferrol, il peut continuer sa route et accomplir le plan de Napoléon. Il n'en a pas le courage et revient réparer ses avaries à Cadix, où il est bientôt bloqué.

Pendant ce temps, le vice-amiral Ganteaume l'attend avec impatience devant Brest, ainsi que le contre-amiral Zacharie Allemand, avec sa division surnommée l'*Invisible*. Ce dernier, échappant sans cesse à la vigilance de l'ennemi, utilise sa longue attente par une croisière célèbre où il enlève aux Anglais quarante-deux bâtiments marchands, trois corvettes et le vaisseau de ligne *le Calcutta*.

L'anxiété de Napoléon est extrême. Il sent le continent frémir derrière lui et a hâte d'aller couper à Londres le nœud gordien de toutes les coalitions. Tout son monde est prêt. Depuis deux ans, l'armée et la flottille répètent les exercices d'embarquement. Les vivres, les munitions sont à bord et sur un signal, cent cinquante mille soldats, les meilleurs du monde, peuvent franchir le détroit.

On peut juger de la colère de l'Empereur, quand il apprend que, par la timidité de Villeneuve, son plan si bien conçu, si bien exécuté jusqu'ici, cette combinaison si profonde qui doit lui livrer son implacable ennemi, vient d'échouer.

Napoléon fait faire aussitôt volte-face à son armée, et après avoir dicté d'un seul jet à Daru, le plan de l'immortelle campagne de 1805, lance ses troupes sur le Rhin. Mais, pour perpétuer le souvenir de son admirable camp de Boulogne, il ordonne l'érection d'une colonne qui domine encore la fameuse plage d'où les aigles impériales menaçaient l'Angleterre.

Villeneuve retiré à Cadix avec les escadres combinées de France et d'Espagne, apprend que l'Empereur vient d'expédier par terre le vice-amiral de Rosily pour le remplacer dans son commandement. Averti secrètement par Decrès, il espère prévenir cette disgrâce par un coup d'audace, et Villeneuve, jusqu'à ce jour si irrésolu, prend le parti d'aller se jeter tête baissée dans l'ennemi, plutôt que de rentrer en France avec une marque de honte sur le front.

Le 21 octobre 1805, Villeneuve rencontre l'ennemi à la hauteur du cap Trafalgar. Sa flotte compte trente-trois vaisseaux, cinq frégates et deux bricks. Nelson ne peut mettre en ligne que vingt-sept vaisseaux, mais la plupart de ses bâtiments sont plus forts que les nôtres et les Anglais ont un nombre égal de bouches à feu.

Villeneuve s'est formé sur une seule ligne. Nelson recourant à la tactique que les Anglais inaugurent alors sur les mers, range ses vaisseaux en deux colonnes pour couper la ligne de l'ennemi. La première colonne commandée par l'amiral Collingwood, attaque seule seize de nos vaisseaux et cherche à les envelopper.

La colonne de Nelson, composée de douze vaisseaux, fond sur sept autres. Dix de nos navires, retenus par le vent qui nous est contraire toute la journée, ne peuvent prendre part à l'action générale.

L'amiral Villeneuve a mis son pavillon sur le *Bucentaure*. Ce vaisseau, avec le *Redoutable* et le navire espagnol *Santissima-Trinidad*, soutient le choc le plus terrible et accueille, avec de furieuses bordées, le *Victory*, le *Téméraire* et le reste de la colonne qui s'efforce de le tourner et de le prendre.

Le *Victory*, que monte Nelson et qui tient la tête de la colonne ennemie, perd en moins de dix minutes son mât d'artimon, son petit mât de hune, son grand mât de perroquet et une cinquantaine d'hommes. Nelson, qui cherche le vaisseau amiral français, le reconnaît dans le *Bucentaure*, et essaye de le tourner en passant dans l'intervalle qui sépare celui-ci du *Redoutable*. Mais un intrépide officier commande le *Redoutable*, c'est le capitaine Lucas. Comprenant l'intention de Nelson à l'allure de son vaisseau il se jette en travers du *Victory*. Nelson trouve donc l'espace fermé. Il n'est pas homme à reculer. Dans sa rage de rencontrer une telle audace de la part d'un vaisseau de 74 canons contre le sien qui en a 100, l'amiral anglais tombe alors par le travers du *Redoutable*, et l'aborde de long en long.

Lucas et son équipage poussent un cri de joie et lancent avec enthousiasme leurs grappins d'abordage au *Victory*.

Un combat terrible s'engage entre les deux vaisseaux

qui sont emportés hors de la ligne. Le capitaine Lucas, après plusieurs décharges de ses batteries de bâbord qui ont causé un effroyable ravage sur le *Victory*, est obligé de renoncer à tirer de sa batterie basse, parce que dans cette partie les flancs arrondis des navires se touchant, il n'y a plus moyen de se servir de l'artillerie. Il poste aussitôt tous les matelots devenus disponibles dans les hunes et les haubans d'où ils dirigent sur le pont du *Victory* un feu meurtrier de grenades et de mousqueterie.

En même temps, il se sert de toutes ses batteries de tribord contre le *Téméraire*, placé à quelque distance.

Pour en finir avec le *Victory*, il ordonne l'abordage ; mais son vaisseau n'étant qu'à deux ponts et le *Victory* à trois, il a la hauteur d'un pont à franchir et de plus une espèce de fossé à traverser pour passer d'un bord à l'autre, car la forme rentrante des vaisseaux, laisse un vide entre eux, bien qu'ils se touchent à la ligne de flottaison.

Le capitaine Lucas commande sur-le-champ d'amener ses vergues pour établir un moyen de passage entre les deux bâtiments. Pendant ce temps, le feu de mousqueterie continue du haut des hunes et des haubans du *Redoutable* sur le pont du *Victory*, qui est encombré de morts et de mourants.

Nelson, revêtu d'un vieux frac qu'il porte dans les jours de bataille, en bas de soie et escarpins, et ayant à ses côtés son capitaine de pavillon, le commandant Hardy, n'a pas voulu se dérober un instant au péril. Déjà, près de lui, son secrétaire a été tué, le capitaine Hardy a eu une boucle de soulier arrachée, et un boulet ramé a emporté huit matelots à la fois.

Le vainqueur d'Aboukir, impassible sur son gaillard d'arrière, observe cette terrible scène, lorsqu'une balle, partie des hunes du *Redoutable* vient le frapper à l'épaule gauche et se fixer dans les reins.

Ployant sur les genoux, il tombe, faisant des efforts pour se soutenir sur la main gauche, la seule qui lui reste.

En tombant, il dit à son capitaine de pavillon :

— Hardy ! les Français en ont fini avec moi !

— Non pas encore, lui répond le capitaine Hardy.

— Si, je vais mourir, ajoute Nelson. On l'emporte au poste où l'on panse les blessés, mais il a presque perdu connaissance, et il ne lui reste plus que peu d'heures à vivre. Recouvrant ses esprits par intervalles, il demande des nouvelles de la bataille et répète un conseil qui prouve bientôt sa profonde prévoyance :

— Mouillez, dit-il ; mouillez l'escadre à la fin de la journée !

Cette mort a produit une singulière agitation à bord du *Victory*, dont les gaillards demeurent un instant déserts. Ignorant ce qui s'y passe, le brave Lucas, au moyen de sa grande vergue, jette un pont de communication entre les deux vaisseaux. Suivi du lieutenant, depuis vice-amiral Dupotet, de l'aspirant Yon et d'une troupe de matelots d'élite, il se jette à l'abordage, et touche déjà le bord ennemi, quand le *Téméraire*, ne cessant de seconder le *Victory*, lâche une épouvantable bordée de mitraille. Près de deux cents Français tombent morts ou blessés, l'intrépide Lucas est au nombre des derniers. C'est presque tout ce qui va s'élancer à l'abordage. Il ne reste plus assez de monde pour persister dans cette tentative.

On retourne aux batteries de tribord et on redouble contre le *Téméraire* un feu vengeur qui le démâte et le maltraite horriblement. Un troisième vaisseau anglais vient se joindre aux deux trois-ponts qui luttent depuis si longtemps déjà contre un seul deux-ponts français : c'est le *Neptune*, qui, prenant le *Redoutable* en poupe, lui envoie des bordées dont l'effet est désastreux.

Deux mâts du vaisseau français tombent sur le pont, sa poupe est défoncée, une partie de son artillerie est démontée ; l'une de ses murailles presque démolie, ne forme plus qu'un vaste sabord ; le gouvernail est hors de service, plusieurs trous de boulets placés à la ligne de flottaison, introduisent dans la cale l'eau par torrents. Tout l'état-major est blessé, dix aspirants sur onze sont frappés à mort. Sur 640 hommes d'équipage, 522 sont hors de combat, parmi lesquels 300 morts et 222 blessés. Dans un pareil état, cet héroïque vaisseau ne peut plus se défendre. Il amène enfin son pavillon ; mais, avant de le rendre, il a vengé, sur la personne de Nelson, les malheurs de la marine française.

Le *Victory* et le *Redoutable* ayant été entraînés hors de la ligne en s'abordant, le chemin a été ouvert aux vaisseaux ennemis qui cherchent à envelopper le *Bucentaure* et la *Santissima-Trinidad*. Bientôt quatre vaisseaux, dont deux à trois ponts, foudroient en arrière et à droite l'amiral français. Villeneuve, aussi ferme au milieu des boulets qu'indécis au milieu des angoisses du commandement, se tient sur son gaillard et combat avec la dernière énergie.

Plusieurs fois, il essaye d'enlever à l'abordage son adversaire le plus rapproché, et tenant à la main l'aigle de son vaisseau, il crie à ses matelots qu'il va jeter ce signe de gloire à bord de l'ennemi pour qu'on aille le lui reprendre ou périr.

Malheureusement, son beaupré s'est engagé dans la

galerie du *Santissima-Trinidad* et l'empêche de se mouvoir. Le *Bucentaure*, cloué à sa position, est donc obligé de supporter un feu écrasant, sans pouvoir faire usage de ses batteries de gauche.

Après une heure de combat, le capitaine de pavillon Magendie est blessé. Le lieutenant Daudignon, qui le remplace est blessé aussi et remplacé à son tour par le lieutenant de vaisseau Fournier. Bientôt le grand mât et le mât d'artimon s'abattent sur le pont et y produisent un affreux désordre. On arbore le pavillon de misaine.

Un moment, l'épais nuage de fumée qui l'enveloppe s'étant dissipé, Villeneuve aperçoit l'avant-garde française, commandée par Dumanoir Le Pelley, qui assiste immobile et comme spectatrice à cette dernière grande lutte de la marine nationale, comme lui-même autrefois à la bataille d'Aboukir. L'amiral, arborant ses signaux au dernier mât qui lui reste, ordonne à cette avant-garde de dévirer de bord, afin de se porter au feu.

Bientôt, Dumanoir le Pelley paraît obéir à ces ordres, mais c'est pour s'éloigner au plus vite dans la direction de la pleine mer.

Bien qu'abandonné, Le *Bucentaure* continue à se défendre avec l'énergie du désespoir et s'entoure d'une nuée meurtrière qui vomit le ravage et la mort. Vers trois heures, son troisième mât tombe sur le pont et achève de l'encombrer de débris.

Le *Bucentaure*, avec son flanc droit déchiré, sa poupe démolie, ses mâts abattus, est rasé comme un ponton. Villeneuve veut alors se jeter dans un canot et se transporter à bord d'un autre vaisseau pour continuer à combattre et à donner ses ordres; mais, toutes les embarcations placées sur le pont ont été écrasées par la chute de la mâture. Il ne reste à l'amiral qu'à mourir. Son chef d'état-major, M. de Prigny est blessé à ses côtés. Presque tout son équipage est hors de combat. Il est quatre heures un quart, aucun secours n'arrivant, l'infortuné Villeneuve est obligé d'amener son pavillon.

Une heure après, la *Santissima-Trinidad* est prise à son tour, mais tellement criblée et délabrée qu'elle coulera bas pendant la nuit.

Les quelques vaisseaux français engagés sur ce point, luttent avec un courage héroïque contre les forces écrasantes des Anglais.

Le *Fougueux*, assailli dès le début de l'action par deux vaisseaux anglais, les désempare l'un et l'autre. Engagé ensuite bord à bord avec le *Téméraire*, il doit repousser plusieurs abordages. Le brave Beaudoin, son commandant, est blessé à mort et son dernier soupir est encore un ordre de combat; le lieutenant Bazin le remplace aussitôt, et résiste aussi vaillamment que son prédécesseur, aux assauts des Anglais. Ceux-ci revenant à la charge, et s'étant emparés du gaillard d'avant, le brave Bazin blessé, couvert de sang, n'ayant plus que quelques hommes autour de lui, est réduit au gaillard d'arrière. Mais on n'a pas amené, il faut que l'ennemi se rende maître du pont du *Fougueux*, pour arracher lui-même le pavillon tricolore. Il y parvient, mais sa victoire lui coûte cher.

Le *Héros* a son vaillant capitaine Poulain tué, et parvient à se dégager de la flotte ennemie.

Même valeur à bord des vaisseaux espagnols ; le vice-amiral Alava est grièvement blessé sur son banc de quart.

Le combat continue encore avec une rage plus grande à l'extrémité de la ligne, où le contre-amiral Magon monté sur l'*Algésiras*, de 74 canons, déploie une rare bravoure.

Le contre-amiral Magon de Medine, né à l'île de France, d'une famille de Saint-Malo, n'avait encore que quarante-deux ans et était aussi beau qu'il était brave. Officier de l'ancienne marine de Louis XVI, il eût été certainement un des officiers généraux les plus capables de relever la gloire et la puissance navale de la France, après ces temps malheureux pour la marine.

Au commencement de l'action, il a fait assembler son équipage et promis de donner au matelot qui s'élancera le premier à l'abordage, un superbe baudrier que lui a décerné la compagnie des Philippines. Tous veulent mériter de sa main une pareille récompense.

Le contre-amiral Magon porte d'abord l'*Algésiras* en avant pour fermer le chemin aux Anglais qui veulent couper la ligne. Dans ce mouvement il rencontre le *Tonnant*, vaisseau de 80 canons, autrefois français, devenu anglais après Aboukir. Il s'en approche de fort près, lui envoie son feu, puis, virant de bord, il engage profondément son beaupré dans les haubans du vaisseau ennemi.

Le carnage est horrible : le canon ne cesse de tonner dans les entreponts, pendant que des deux ponts on se fusille, on se menace de la hache, du sabre, du couteau. Magon rassemble autour de lui ses plus vigoureux matelots pour les mener à l'abordage. Mais il leur arrive ce qui est arrivé à l'équipage du *Redoutable*. Déjà réunis sur le pont et le beaupré, ils vont s'élancer sur le *Tonnant*, quand ils essuient d'un autre vaisseau anglais, placé en travers, plusieurs décharges à mitraille qui abattent un grand nombre d'entre eux. Il faut alors, avant de songer à continuer l'abordage, riposter au nouvel ennemi qui est survenu, et à un troisième qui va se joindre aux deux autres pour canonner les flancs déjà déchirés de l'*Algésiras*.

Pendant qu'il se défend ainsi contre trois vaisseaux, Magon est abordé par l'équipage du *Tonnant*, qui veut à son tour monter sur le pont de l'*Algésiras*. Il le reçoit à la tête de ses matelots, et, lui-même, une hache d'abordage à la main, donnant l'exemple aux siens, il repousse les Anglais. Trois fois ils reviennent à la charge, trois fois il les rejette hors du pont de l'*Algésiras*.

Son capitaine de pavillon, Letourneur, est tué à ses côtés; le lieutenant de vaisseau Plassan, qui prend le commandement, est immédiatement blessé aussi. Magon, que son brillant uniforme désigne aux coups de l'ennemi, reçoit une balle au bras. Il ne tient aucun compte de cette blessure et reste à son poste. Un second projectile vient l'atteindre à la cuisse. Ses forces commencent alors à l'abandonner. Comme il se soutient à peine sur le pont de son vaisseau, couvert de débris et de cadavres, l'officier, qui, après la mort de tous les autres, est devenu capitaine de pavillon, M. de La Bretonnière, depuis contre-amiral, le supplie de descendre un moment à l'ambulance pour faire bander ses plaies et ne pas perdre ses forces avec son sang.

L'espérance de pouvoir revenir au combat décide Magon à écouter les prières de M. de La Bretonnière. Il descend dans l'entre-pont appuyé sur deux matelots. Mais les flancs déchirés du navire donnent un libre passage à la mitraille. Magon reçoit un biscaïen dans la poitrine et tombe foudroyé sous ce dernier coup.

Cette nouvelle répand la consternation dans l'équipage. On combat avec fureur pour venger un chef qu'on aimait autant qu'on l'admirait. Mais les trois mâts de l'*Algésiras* sont abattus, et les batteries démontées ou obstruées par les débris de la mâture. Sur 644 hommes, 150 sont tués, 180 blessés. L'équipage, refoulé sur le gaillard d'avant, ne possède plus qu'une partie du vaisseau. On est sans espoir, sans ressources; on fait alors une dernière décharge sur l'ennemi, et on rend ce pavillon du contre-amiral si vaillamment défendu.

D'autres navires luttent encore derrière l'*Algésiras*, quoique la journée soit fort avancée.

L'*Aigle* combat avec bravoure et ne se rend qu'après des pertes cruelles et la mort de son chef, le capitaine Gourrège. Le *Swiftsure*, capitaine Villemandrin, que les Anglais tiennent à reconquérir parce qu'il a été anglais, se comporte aussi bravement et ne cède qu'au nombre, ayant déjà sept pieds d'eau dans sa cale.

Le *Berwick* combat avec le même courage, et ne se rend qu'après avoir perdu son commandant de Camas et son second, le lieutenant Guichard.

Enfin, à l'extrémité de cette longue ligne, marquée par les flammes, par les débris flottants des vaisseaux, par des milliers de cadavres mutilés, une dernière scène vient saisir d'horreur les combattants et d'admiration nos ennemis eux-mêmes.

L'*Achille*, assailli de plusieurs côtés, se défend avec opiniâtreté contre quatre vaisseaux anglais, dont chacun est plus fort que lui. Son commandant, Deniéport, est tué; bientôt de tous ses officiers, il ne reste plus pour le diriger que l'enseigne Cauchard, qui, porté par l'événement à ce commandement inattendu, sait se rendre digne des braves qui l'ont précédé.

Au milieu de la canonnade, le feu prend au corps du bâtiment. C'est le cas d'abandonner les canons pour courir à l'incendie qui déjà s'étend avec une activité effrayante. Mais les matelots de l'*Achille*, craignant que pendant qu'ils seront occupés à l'éteindre, l'ennemi ne profite de l'inaction de leur artillerie pour prendre l'avantage, aiment mieux se laisser envahir par le feu que d'abandonner leurs canons. Bientôt des torrents de fumée, s'élevant du sein du vaisseau, épouvantent les Anglais et les décident à s'éloigner de ce volcan qui menace de faire explosion et d'engloutir ses assaillants comme ses défenseurs. Ils le laissent seul, isolé au milieu de l'abîme, et se mettent à considérer ce spectacle, qui, d'un instant à l'autre doit se terminer par une terrible catastrophe.

L'équipage français, déjà fort décimé par la mitraille, se voyant délivré des ennemis, s'occupe seulement alors d'éteindre les flammes qui dévorent son navire. Mais il n'est plus temps, il faut songer à se sauver. On jette à la mer tous les corps propres à surnager, barriques, mâts, vergues, et on cherche sur ces asiles flottants, un refuge contre l'explosion, attendue à chaque minute. A peine quelques matelots se sont-ils jetés à la mer, que le feu, parvenu aux poudres, fait sauter l'*Achille*, avec un fracas effroyable, qui terrifie les vainqueurs eux-mêmes.

Les Anglais se hâtent d'envoyer leurs chaloupes pour aller recueillir ces braves gens qui se sont si noblement défendus. Un bien petit nombre réussit à se soustraire à la mort.

La plupart, demeurés à bord, sont lancés dans les airs avec les blessés qui encombrent le vaisseau.

De son côté, l'*Intrépide* est resté aux prises, dans le plus complet isolement, avec sept vaisseaux ennemis. Il en repousse plusieurs et en combat un autre bord à bord; mais, à son tour, entièrement démâté, ayant ses batteries détruites, plus de la moitié de son monde tué ou blessé, il ne se rend que le dernier aux Anglais.

Par la prise de ce vaisseau, la bataille finit. Il est cinq heures. L'intrépide autant qu'habile capitaine Cosmao-Kerjulien, qui, avec le *Pluton*, de 74, n'a pas cessé, depuis le commencement du combat, de se porter partout où il y a un secours à offrir, et qui a dégagé plusieurs navires espagnols, jugeant alors qu'il n'y a plus d'espérance de rétablir la lutte, se rallie au pavillon de l'amiral Gravina, qui a déjà réuni quatre vaisseaux français et six espagnols et il fait route avec lui pour Rota où il mouille dans la nuit du 21.

Le lendemain, ayant reçu de Gravina, qui, dangereusement blessé, ne peut reprendre lui-même la mer, le commandement des bâtiments encore en état d'appareiller, Cosmao s'élance courageusement à la poursuite des vainqueurs, leur reprend la *Santa-Anna* et le *Neptune*.

Grâce à la tempête qui s'élève dans la nuit du 21 au 22 octobre, les équipages prisonniers de l'*Algésiras*, du *Bucentaure*, du *Fougueux*, de l'*Aigle*, du *Berwick*, parviennent à se dégager avec leurs vaisseaux des mains des Anglais. Malheureusement l'*Indomptable*, capitaine Hubert, vient se briser sur la pointe du Diamant, où il s'engloutit corps et biens. Le *Redoutable*, tout désemparé, s'enfonce sous les flots.

Enfin l'amiral Collingwood, qui a succédé à Nelson, revient à Gibraltar, n'emmenant que quatre de ses prises sur dix-sept, dont une française, le *Swiftsure*, et trois espagnoles. Encore faut-il couler à fond le *Swiftsure*.

Telle est la célèbre bataille de Trafalgar. Dans cette lutte acharnée où la valeur française se fit bien reconnaître, nous avions perdu sept mille hommes. Les Anglais eurent trois mille morts, dont Nelson, à lui seul aussi regrettable pour eux qu'une armée. Ce fut un des combats les plus sanglants qui se fussent livrés depuis longtemps sur mer, et nous devrions nous en honorer autant que d'une victoire, car nos chefs et nos soldats, s'ils manquaient d'expérience, avaient déployé un héroïsme bien rare chez des vaincus.

Le 7 mai 1807, Villeneuve, qui avait obtenu du gouvernement anglais, l'autorisation de se rendre en France pour y passer en jugement, débarquait à Morlaix ; le 10, il arrivait à Rennes, et le 13, on inhumait, dans un des cimetières de cette ville, la dépouille du vaincu de Trafalgar, qui, pour prévenir une condamnation probable, s'était donné la mort, en s'enfonçant une longue épingle dans le cœur.

Ce désastre de Trafalgar fut l'irrévocable condamnation de la marine impériale, qui depuis cette époque, ne compta plus guère jusqu'en 1815, que des échauffourées ou quelques honorables petits combats de détail.

La frégate *la Canonnière*, de 40 canons, capitaine César Bourayne, soutient dans la mer des Indes, le 21 avril 1806, un combat célèbre contre le vaisseau de ligne le *Tremendous*, de 74, qu'appuient plusieurs autres bâtiments et qu'il force à l'abandonner.

Au mois de septembre suivant, le brave Collet fait l'admiration de tous, par sa défense désespérée de la frégate *la Minerve*, devant Rochefort, contre l'escadre de six vaisseaux du commodore Hood.

Malheureusement, en 1808, par une odieuse violation du droit des gens et au mépris des capitulations, la junte d'Espagne livre aux Anglais l'escadre de l'amiral de Rosily, bloquée dans le port de Cadix et envoie quatre mille de nos marins prisonniers sur les horribles pontons britanniques.

Un engagement survenu dans la mer du Nord, prouva cependant tout ce que l'on pouvait attendre de l'ardeur et du courage intrépide de nos matelots ; la flûte *la Salamandre* chassée par une division anglaise, s'était échouée à l'embouchure de l'Escaut. L'équipage débarque aussitôt, se jette dans la batterie côtière de Saint-Michel, et de là, dirige un feu si meurtrier sur l'ennemi, qu'une grosse corvette de 24, est aussi obligée de s'échouer. Aussitôt nos marins se précipitent dans l'eau et s'emparent à l'abordage du bâtiment ennemi.

Dans la mer des Indes, à la même époque, le corsaire de Saint-Malo, le *Revenant*, capitaine Surcouf, terrifie le commerce britannique et amène de continuelles captures à l'île de France.

En 1809, les Anglais préparent d'immenses armements pour détruire nos établissements maritimes à Rochefort et à Anvers.

Après le combat des Sables d'Olonne, le 24 février, où les frégates *l'Italienne*, capitaine Jurien, *la Calypso*, capitaine Jacob, et *la Cybèle*, capitaine Cocault, font reculer une escadre anglaise, l'amiral anglais Gambier, entreprend d'anéantir l'escadre du contre-amiral Allemand, qui s'est en quelque sorte barricadée dans la rade de l'île d'Aix, au moyen d'une estacade ayant huit cents toises de long.

Dans la nuit du 11 au 12 avril, les Anglais profitant d'un coup de vent violent, disposent leurs brûlots, sous les ordres de lord Cochrane, et, à la faveur de la rapidité du flot, une ligne enflammée de trente bâtiments se dirige sur l'escadre française ; trois de ces affreuses machines sautent auprès de l'estacade et la rompent. Les autres, lançant des artifices comme des volcans en éruption, emportent, sous l'impulsion du flot et du vent, les restes de l'estacade et viennent se répandre autour de nos vaisseaux.

Les divisions de canots, s'efforcent mais en vain de s'accrocher à ces brûlots, qui, vu leur force, les entraînent avec eux.

Après avoir essayé inutilement de couler bas, à coups de canon, ces machines enflammées, nos vaisseaux coupent leurs câbles et se sauvent sur divers points de la côte, tandis que les brûlots échoués çà et là, sur les iles voisines, sautent en l'air avec d'horribles détonations, sans faire aucun mal à notre escadre.

Par malheur, quatre de nos vaisseaux, surpris par la marée descendante, sont restés attachés sur les rochers. Ce sont le *Calcutta*, le *Tonnerre*, l'*Aquillon*, le *Varsovie*. Attaqués par les Anglais, leurs équipages, après une défense héroïque gagnent la terre, et les capitaines, entre autre, l'intrépide Clément La Roncière, mettent le feu à leurs bâtiments, qui s'abîment de la sorte sous les couleurs françaises.

De son côté, le capitaine Lucas, commandant le *Regulus*, parvient cependant à sauver son vaisseau, après une continuité de belles manœuvres et une série de combats partiels qui ne durent pas moins de dix-huit jours.

Citons aussi les brillants combats du contre-amiral Willaumez et du commandant l'Hermitte.

En novembre 1809, une division, sous les ordres du contre-amiral Baudin, est rencontrée entre Toulon et Barcelone, par une escadre anglaise infiniment supérieure. L'habile capitaine Senez, qui commande le *Borée*, tout en combattant contre plusieurs vaisseaux, arrive à l'entrée du port de Cette, dans lequel jamais aucun bâtiment de la force du sien ne s'est introduit, franchit cette passe étroite et difficile, et fait ainsi le salut du *Borée*. Déjà quelques années auparavant, Baudin s'était fait une réputation honorable, en combattant avec la frégate *la Topaze*, la frégate anglaise *la Blanche*, qu'il avait fini par amariner.

Le 13 mars 1810, un furieux combat s'engage dans l'Adriatique en face des îles Lissa, entre la division anglaise du commandant Obst, et celle du brave Bernard-Dubourdieu, qui, en 1808, a pris dans les parages de Toulon la frégate anglaise *la Proserpine*. Celui-ci, emporté par son bouillant courage, se refuse à combattre en ligne, et prescrit à ses bâtiments d'attaquer à l'abordage l'ennemi qui ne se laisse pas approcher. La lutte est terrible et acharnée. Un boulet de canon coupe en deux Dubourdieu sur sa frégate *la Favorite*, qui, après une vaillante défense, est obligée d'aller s'échouer sur les récifs de Lissa, où elle se fait sauter.

Une seconde frégate, *la Flore*, n'amène son pavillon qu'après avoir vu tomber, grièvement blessé, son commandant Péridier ; mais peu après son équipage se révolte contre les vainqueurs, et réussit à rehisser le pavillon français et à la sauver ; la *Couronne*, commandée par le lieutenant Aycard, ne se rend à deux frégates ennemies qui l'accablent, qu'après trois heures de lutte et après avoir perdu presque tout son équipage.

Les Anglais sont aussi maltraités ; deux de leurs frégates, toutes désemparées, ayant à bord plus de morts que de vivants, et incapables de retourner dans les ports d'Angleterre, sont abandonnées et brûlées par leurs équipages. Le vaisseau du commodore Obst, démâté et percé comme un crible, s'échoue et se perd sur les rochers de la côte.

Le chef de division Troude, envoyé au secours de la Martinique, apprend chemin faisant, que cette colonie vient d'être prise par les Anglais. Aussitôt il se porte sur les Saintes, afin d'y abriter ses bâtiments, et de tendre, de là, la main à la Guadeloupe. A peine y est-il mouillé, que, le 9 mars 1809, il est bloqué par l'amiral Cochrane. Troude prend le parti de forcer les passes pendant la nuit; à onze heures, ses trois vaisseaux, le *Courageux*, où flotte son pavillon; le *Polonais*, capitaine Méquet, et le *d'Hautpoul*, capitaine Le Duc, coupent leurs câbles, mais les barges anglaises ayant signalé leur départ et leur route par des fusées, l'amiral Cochrane se met à la poursuite de la division française, et l'atteint le 15 avril. Nos vaisseaux acceptent le combat, tout en faisant retraite, et, après une belle défense, arrivent à Cherbourg à travers dix croisières.

Au milieu de tous ces engagements, la victoire du Grand-Port, gagnée par l'habile Duperré, vient jeter un éclat passager sur le pavillon de la marine impériale.

Ce vaillant marin était né en février 1775, à la Rochelle, où son père était receveur des tailles.

Après de brillantes études au collège de Juilly, il entre dans la marine du commerce, mais la quitte bientôt pour la marine de guerre, et est nommé sous-chef de timonerie, sur la corvette de l'État, le *Maire-Guiton* (23 juillet 1793).

Enseigne de vaisseau à bord de la frégate la *Virginie*, que commande le jeune et héroïque Bergeret, il se signale en 1795, au combat livré près du cap Lezard. Dans cet engagement, la *Virginie*, entourée par toute une division ennemie, s'approche à portée de pistolet du vaisseau du commodore, le foudroie pendant une demi-heure par un feu terrible qui décime son équipage, et force enfin l'Anglais à la fuite.

Mais, bientôt la *Virginie*, se voit entourée par cinq frégates, et est forcée de se rendre.

Duperré, bientôt libre, grâce à un cartel d'échange, est nommé lieutenant de vaisseau.

Promu capitaine de frégate, il prend le commandement de la *Sirène*, en 1806. Attaqué en vue de Lorient, par un vaisseau et une frégate anglais, l'intrépide Duperré ne répond à la sommation qu'en ordonnant le branle-bas général. En vain, à trois reprises, lui crie-t-on du vaisseau ennemi :

— Amène, ou je te coule !

— Coule, mais je n'amène pas ! Feu partout ! répond imperturbablement Duperré.

Cependant, pressé de près par ses deux ennemis, il ne voit d'autre moyen pour leur échapper, que de s'échouer sur la côte. Mais cette manœuvre est exécutée si habilement et avec tant de bonheur que bientôt après, Duperré peut relever son navire et le ramener triomphant à Lorient, en dépit des nombreux croiseurs anglais qui bloquent ce port.

Tel était Duperré, lorsque le ministre de la Marine lui donne l'ordre de se rendre dans les eaux de Madagascar, puis d'aller croiser dans les mers de l'Inde.

Duperré fait voile de Saint-Malo avec la frégate la *Bellone*, et capture, chemin faisant, la frégate portugaise la *Minerva*, ainsi que la corvette anglaise *le Victor*, l'ancien *Revenant* de Robert Surcouf, qui était tombé au pouvoir de l'ennemi depuis que ce capitaine malouin ne le commandait plus. Avec ces prises, il forme une division qu'il amène à l'île de France, et qui est du plus grand secours au capitaine général Decaen. Cette division, outre la *Bellone*, comprend la *Minerva*, capitaine Pierre Bouvet fils, qui, depuis trois ans, s'est signalé dans ces mers, de la corvette *le Victor*, et du vaisseau de la compagnie le *Ceylan*, capitaine Moulac.

Les prisonniers débarqués et remplacés par des matelots français, Duperré remet à la voile avec sa petite division, et le 3 juillet 1810, il rencontre et attaque trois grands vaisseaux de la Compagnie des Indes, dont deux sont forcés d'amener leur pavillon, et sur lesquels, se trouvent, outre les équipages, plusieurs centaines de soldats du 24° de ligne, avec le colonel et le drapeau.

Duperré, commandant à cinq navires au lieu de trois, revient vers l'île de France; en vue du Grand-Port, il aperçoit un trois-mâts mouillé sous l'île de la Passe, et sur celle-ci comme sur le navire, il voit flotter le pavillon français; il s'avance donc sans défiance. Mais à peine le *Victor*, qui marche à la tête de la ligne française, a-t-il doublé le fort, que les couleurs tricolores disparaissent pour faire place au pavillon anglais, en même temps qu'un feu terrible, partant à la fois du fort et de la frégate ennemie, foudroie nos vaisseaux, car déjà la *Minerve* est engagée dans la passe.

Le jeune capitaine comprend que l'île et le fort sont tombés par surprise au pouvoir de l'ennemi et qu'il importe de ne pas le laisser s'y installer. La *Minerve* continue sa marche en répondant par un feu plus terrible au feu de l'ennemi; les autres navires, par ordre de Duperré, l'imitent, et à leur tête la *Bellone*, dont l'artillerie et la mousqueterie balayent le pont de la frégate ennemie. Duperré alors embosse sa division de façon à ce qu'elle ne puisse être tournée, car de nouvelles voiles ennemies arrivent au secours de la frégate anglaise *la Néréide*. Ce sont les trois frégates *le Syrius*, *la Magicienne* et *l'Iphigénie*.

Le combat reprend avec une nouvelle violence; mais, par suite d'une fausse manœuvre, la *Minerve* et le *Ceylan* dérivent et vont s'échouer; la *Bellone* se trouve avoir à répondre seule à trois frégates ennemies, sans compter que la *Néréide*, quoique échouée, peut lui envoyer en partie ses bordées. La *Bellone*, heureusement renforcée par l'équipage de la *Minerve*, avec canons et munitions, se dérobant dans un tourbillon de flammes et de fumée qui lui sert comme de bouclier, fait essuyer aux ennemis les plus graves avaries, quand elle-même semble invulnérable. Officiers et soldats ont juré de vaincre et veulent tenir parole.

A un moment, le capitaine Duperré, blessé grièvement au front par un coup de mitraille, est emporté après avoir remis le commandement au capitaine Bouvet, qui vient le remplacer, en laissant le commandement de la *Minerve* au lieutenant, depuis amiral Roussin.

La nuit en survenant ne peut arrêter le combat, qui continue plus acharné que jamais. La *Néréide* est enfin amarinée par le lieutenant Roussin. La *Magicienne* et le *Syrius*, que dévore l'incendie, sont abandonnés par leurs équipages et sautent bientôt en l'air avec un fracas épouvantable. L'*Iphigénie*, la quatrième et dernière frégate anglaise, portant les restes des équipages britanniques va s'échapper, quand, au point du jour, arrive la division française Hamelin, qui s'oppose à sa fuite, et en prend possession, tandis qu'un détachement de nos marins va occuper de nouveau l'îlot de la Passe.

Ici se place un intéressant épisode. Parmi les armes

enlevées aux officiers anglais, après la prise des frégates, se trouvait un sabre d'une magnificence toute orientale, donné par la compagnie des Indes au commodore Pym, en souvenir, disait la légende gravée sur la lame, de sa victoire sur l'amiral Linois, lors de l'attaque du convoi de Chine.

Le neveu du commodore, qui se trouve parmi les prisonniers, réclame le sabre que Duperré refuse de rendre.

— Linois, dit-il, n'a pas été vaincu; cette inscription est aussi fausse qu'outrageante pour ce brave amiral.

— Oh! je comprends! La poignée est trop riche, — murmure avec ironie l'officier anglais. Duperré l'entend et, jetant sur le jeune homme un regard de suprême dédain, sort le sabre du fourreau, puis couchant la lame sur le pont, la casse net et la jette à la mer. Ramassant alors la poignée, il la présente avec le fourreau d'argent damasquiné à l'officier en lui disant :

— Voilà, monsieur, ce que vous estimez de plus précieux.

Peu après cette brillante victoire, le capitaine Bouvet, commandant l'*Iphigénie*, enlève, devant l'île de France, la frégate *l'Africaine*. Le commandant Hamelin, montant la frégate *la Vénus*, se rend maître, quelques jours après, de la frégate *le Ceylan*, de 40 canons de 18, ayant à bord le général Abercromby et un nombreux état-major. Mais en conduisant sa prise à l'île de France, sur la côte de Bourbon, il est attaqué par toute une division anglaise, aux ordres du commodore Rowley et, après une lutte héroïque, finit par être pris lui-même.

Le 26 mai 1811, le brick *l'Abeille*, ayant mission de transporter des troupes en Corse, et accidentellement commandé par l'enseigne de vaisseau provisoire, depuis amiral de Mackau, attaque, en route, le brick anglais l'*Alacrity*, et lui fait amener son pavillon après une action sanglante, le conduit heureusement à Bastia, malgré la poursuite d'une frégate anglaise, et reçoit les félicitations de l'empereur, désaccoutumé des succès maritimes.

Le capitaine de vaisseau, depuis vice-amiral Jacob, commandant une division navale à l'île d'Aix, livre combat, le 27 décembre 1811, à une division navale d'Angleterre, bien supérieure en force à la sienne, et lui enlève cinq péniches.

Une escadre, successivement aux ordres des vices-amiraux Ganteaume, Allemand et Emériau, est bloquée dans Toulon pendant plusieurs années. Une division, composée de deux vaisseaux et de deux frégates, placée sous le commandement du contre-amiral Cosmao-Kerjulien, que les matelots français ont surnommé *Va de bon cœur*, est détachée de cette

Cosmao-Kerjulien.

escadre pour aller débloquer le port de Gênes, et ramener en France le vaisseau le *Scipion*, quand elle est aperçue et attaquée près des îles d'Hyères, le 13 février 1814, par quinze voiles ennemies. Un des vaisseaux et les deux frégates, après avoir riposté au premier feu de l'ennemi avec autant d'habileté que de bravoure, viennent à bout, étant bons voiliers, de rentrer en rade de Toulon.

Le *Romulus*, capitaine Rolland, reste seul exposé au feu de trois vaisseaux de 120 canons, qui le combattent vergue à vergue. Cosmao, apercevant le danger du *Romulus*, manœuvre avec le *Sceptre* pour rentrer dans le feu ; mais un ordre du vice-amiral Emériau le rappelle au mouillage. Néanmoins, le *Romulus* continue à se défendre avec le plus superbe héroïsme. Foudroyé par trois cents canons, criblé par un déluge de mitraille, ayant son valeureux commandant dangereusement blessé, il vient à bout de se faire abandonner. Le combat du *Romulus* est le dernier signe de vie donné par la marine de la République et de l'Empire.

Rappelons, toutefois, la noble conduite du capitaine Ponée, en 1815. Après le désastre de Waterloo, l'empereur Napoléon s'est retiré à Rochefort et veut s'embarquer pour les États-Unis, quand le vaisseau anglais, le *Bellerophon* vient prendre position dans la rade des Basques.

Il faut donc franchir le blocus de vive force. Deux frégates, la *Saale* et la *Méduse*, se trouvent dans le port. Un conseil est convoqué et provoque de la part du capitaine Ponée, commandant la *Méduse*, une proposition héroïque :

— Pendant que l'empereur, dit-il, montera sur la *Saale* et gagnera la pleine mer, j'irai me placer bord à bord du *Bellerophon*, lui livrerai un combat acharné et demeurerai attaché à ses flancs jusqu'à ce que je l'aie mis, en sacrifiant la *Méduse*, dans l'impossibilité de se mouvoir.

Ce hardi projet présente des chances de succès presque assurées, mais Napoléon, prenant la main du capitaine Ponée et la serrant affectueusement, refuse son sacrifice en lui disant qu'il ne veut pas, pour le salut de sa personne, sacrifier d'aussi braves gens que lui, et qu'il désire, au contraire, qu'il se conserve pour la France.

Quelques jours après, le grand homme, confiant dans la bonne foi britannique, se rendait à bord du *Bellerophon* et était envoyé prisonnier à Sainte-Hélène par l'Angleterre qui, une fois de plus, avait forfait à l'honneur et flétri son pavillon.

En terminant ce chapitre, rappelons que, parmi les corps d'élite de la vieille garde, on remarquait une troupe, la moins nombreuse de toutes et la plus simplement vêtue : un pantalon bleu, un dolman de même couleur avec des passements aurore et des brandebourgs jaunes. Un shako surmonté d'un plumet rouge, des épaulettes de cuivre en forme d'écailles, un sabre large et légèrement recourbé, tel était à peu près l'équipement de ce corps spécial. Les hommes qui le composaient étaient de taille moyenne, le teint hâle, la figure mâle... C'étaient les marins de la garde.

En septembre 1803, Napoléon, alors premier consul, fit créer à Courbevoie cinq équipages de marins dont il confia le commandement au capitaine de vaisseau Daugier. Ce fut le noyau des marins de la garde.

A Boulogne, ils conduisent l'empereur au plus épais du feu de la ligne anglaise et le couvrent de leurs corps.

Ils assistent à Austerlitz, à Iéna, au siège de Dantzick. à la prise de Stralsund.

A Baylen, ils tiennent la tête des attaques du corps d'armée du général Dupont, brisent leurs fusils plutôt que de les rendre aux troupes de Castagnos et sont envoyés prisonniers sur les rochers de Cabrera et les pontons de Cadix où la plupart meurent misérablement. En 1812, ils aident les pontonniers de d'Eblée à construire les ponts de la Bérésina. Là, ils perdent les lieutenants Gerodias et Margueritte.

En 1814, à Arcis-sur-Aube, grâce à leur dévouement, la cavalerie de la garde peut effectuer sa retraite devant des forces ennemies plus que décuples qui la chargent en ce moment.

Le cœur brisé, ils assistent aux adieux de Fontainebleau.

Tous veulent suivre le grand homme à l'île d'Elbe. Trente-deux seulement, sous les ordres du lieutenant Laugier, sont admis à l'escorter.

Le 16 juin 1815, les marins marchent en tête de la garde avec les sapeurs du génie. Sous les ordres du commandant Préaux, ils suivent au pas de course la cavalerie de Pajol, et enlèvent le pont de Charleroi que les Prussiens de Ziethen veulent couper.

A Ligny et à Waterloo, ils éprouvent de grandes pertes. Sous les murs de Paris, ils défendent le village d'Aubervilliers et se retirent sur la Loire, où ils sont licenciés.

Tels étaient les marins de la garde !

Marins de la garde.

Bataille de Navarin (1827).

CHAPITRE XXI

NAVARIN ET TANGER.

Guerre d'Espagne. — Bombardement de Cadix. — Guerre de Grèce. — Les escadres alliées. — Bataille de Navarin. — Un lâche attentat. — Le baron Hugon. — Belle conduite de l'*Armide* et du *Scipion*. — Destruction de la flotte ottomane. — Le général Maison. — Acte héroïque de Bisson. — Le pilote Trémentin. — Le naufrage de la *Méduse*. — Dumont d'Urville. — La Vénus de Milo. — Découverte des débris de l'expédition de La Pérouse. — La *Provence* devant Alger. — L'expédition d'Alger. — Le débarquement à Sidi-Ferruch. — Prise de Bone. — L'amiral Roussin. — Devant Lisbonne. — Occupation d'Ancône. — Prise de Bougie. — Bombardement de Saint-Jean-d'Ulloa. — Le prince de Joinville. — Prise de la Vera-Cruz. — Trait de dévouement. — A Sainte-Hélène. — Un mot héroïque. — Retour des cendres de Napoléon Ier. — La *Belle-Poule*. — Occupation de Taïti. — Bombardements de Tanger et de Mogador. — Combat d'Obligado. — Combat de Tourane. — Voyages des capitaines de Freycinet, Duperrey et Laplace. — Mort de Dumont-d'Urville.

Avec la Restauration une ère nouvelle commence pour la marine française. De l'année 1818 à l'année 1829, les ministres Portal, Clermont-Tonnerre, Chabrol de Crouzol, Hyde de Neuville, essaient de relever la marine nationale de son anéantissement.

Le roi Louis XVIII ayant entrepris en 1823, de rétablir dans tout son absolutisme, son parent Ferdinand VII de Bourbon, sur le trône d'Espagne, une flotte de soixante-sept bâtiments, dont trois vaisseaux et treize frégates, sous les ordres du contre-amiral Duperré, est chargée de seconder les opérations de l'armée de terre, et concourt puissamment à la prise de Cadix en bombardant le fort de Santi-Piétri.

Une guerre plus honorable pour la France est entreprise sous le règne de Charles X, en 1827, de concert avec l'Angleterre et la Russie. Il s'agit de délivrer les Grecs modernes du joug sanglant de la Turquie.

Une flotte combinée des trois puissances alliées, sous les ordres des vices-amiraux Codrington, pour l'Angleterre, de Rigny pour la France, Heyden pour la Russie, arrive sur les côtes de Morée et croise devant la rade de Navarin où se trouvent les flottes ottomane et égyptienne, commandées par Ibrahim-Pacha.

Le 20 octobre, la flotte des alliés entre dans cette rade, sous les ordres de sir Édouard Codrington, le plus ancien amiral, au nombre de douze vaisseaux, douze frégates et douze bâtiments légers.

Son but est d'exiger d'Ibrahim une accession sérieuse à l'armistice vainement proposé.

La flotte turco-égyptienne, composée de trois vaisseaux de ligne, d'un vaisseau rasé, de seize frégates, de vingt-sept grandes corvettes et de vingt-sept bricks, présente une ligne d'embossage formée sur trois rangs, et appuyée par les forts du vieux et du nouveau Navarin.

A deux heures, le vaisseau de tête l'*Asia*, où flotte le pavillon de sir Édouard Codrington, vient mouiller par le travers du vaisseau amiral turc. A deux heures vingt minutes, la *Sirène*, où se tient le vice-amiral de Rigny, par un mouvement de contre-marche, dont la hardiesse et la précision sont remarquées, vient se placer dans un vide que laissent entre elles la frégate égyptienne portant le pavillon amiral et deux autres frégates de la même nation.

Les escadres ont franchi la passe sans être inquiétées par les batteries. Pendant une demi-heure toutes les lignes ottomanes demeurent silencieuses et leurs soldats immobiles.

Deux brûlots turcs étant placés trop près de notre ligne, le *Darmouth* envoie un canot pour leur enjoindre de reculer. Au moment où cette embarcation va aborder le navire incendiaire le plus proche, une balle partie de sa poupe va frapper le midshipman, qui commande le canot. Les matelots anglais ripostent à coups de fusil. Le brûlot répond. Le *Darmouth* accourt.

L'amiral Codrington, pour arrêter le conflit, dépêche au commandant du vaisseau-amiral turc une embarcation qu'il charge de l'inviter à faire cesser le feu; un coup de fusil tue le maître pilote anglais qui la conduit.

La *Sirène*, alors vergue à vergue avec la frégate égyptienne l'*Esmina*, hèle aussitôt ce navire au porte-voix et lui crie qu'elle ne fera pas feu, si l'*Esmina* ne tire pas. Celle-ci répond en envoyant à la *Sirène* un boulet qui la frappe en poupe. L'amiral français indigné, lâche aussitôt sa bordée de tribord ; cette formidable explosion étonne, entraîne les équipages des bâtiments les plus voisins ; les artilleurs se précipitent sur leurs pièces : le feu gagne de proche en proche ; en quelques minutes, tous les points de la rade retentissent d'effroyables décharges.

Cette lutte est soudaine, inattendue ; la rapidité avec laquelle on vient de l'engager, la rend encore plus terrible. Bientôt la quadruple ligne de navires est enveloppée d'épais nuages de fumée que sillonnent à chaque seconde les éclairs rapides qui s'échappent des pièces d'artillerie.

Les alliés ajoutent à la justesse de leur tir le courage le plus intrépide. On voit avec la plus vive admiration la frégate française *l'Armide*, commandant baron Hugon, soutenir longtemps et sans désemparer le feu de cinq frégates égyptiennes ; non loin d'elle, le vaisseau *le Scipion*, engagé dans son beaupré par un brûlot enflammé, éteint quatre fois le feu mis à son bord, sans cesser un seul instant de combattre et de tirer à la fois contre la triple ligne des ennemis, contre les forts et les remparts de Navarin.

L'amiral de Rigny.

Cent dix à cent quinze bâtiments de guerre font feu de toutes leurs pièces ; des milliers de mourants et de blessés rougissent les flots de leur sang, frappant l'air de leurs plaintes et de leurs cris ; des mâts, des voiles, des cordages brisés, déchirés, s'abattent avec fracas et pour ajouter à l'horreur du tableau, quarante bâtiments environ deviennent successivement la proie de flammes, font explosion, puis se déploient dans les airs en immenses gerbes de feu qui laissent retomber, au milieu d'une clarté éblouissante, des tronçons de bois, des vergues, des mâtures, des canons; tel est, pendant trois heures et demie, le spectacle que présente la baie de Navarin. A cinq heures du soir la première ligne des Turcs est détruite; à sept heures, il ne reste plus à flot, de leur formidable armement qu'une vingtaine de petits navires complètement désemparés et abandonnés par leurs équipages.

Le coup de feu tiré sur le canot du *Darmouth* avait coûté au Sultan six mille hommes tués: sa flotte entièrement incendiée ou coulée bas; la flotte coalisée n'avait pas perdu une seule chaloupe et ne comptait que cent quarante morts et trois cents blessés.

L'année suivante, la Grèce est délivrée par l'entremise d'une armée de débarquement, aux ordres du général Maison, que secondent partout fort à propos les vaisseaux français.

Pendant le cours de cette guerre a lieu l'héroïque fait d'armes de l'enseigne Hippolyte Bisson, un vaillant breton, né à Guéméné le 3 février 1796.

Le 2 novembre 1827, la frégate française, *la Magicienne*, en croisant sur les côtes de Syrie, captura le brick *le Panayote*, monté par des pirates grecs, dont quelques-uns furent tués, mais dont le plus grand nombre resta prisonnier.

Ces derniers, transportés à bord de la frégate, on les remplaça par un équipage français, composé de quatorze matelots, commandés par l'enseigne Bisson, ayant pour second le pilote Trémentin.

Un coup de vent ayant séparé la frégate de la prise, celle-ci relâche, le 4 novembre, dans une baie de l'île Stempolis, et bientôt elle voit s'avancer sur elle deux grandes tartanes chargées chacune de soixante à soixante-dix pirates. On voit au soleil étinceler les armes.

— Pilote, dit l'héroïque enseigne à Trémentin, voici ma résolution : si nous ne pouvons empêcher les ennemis de monter à bord et de s'emparer du navire, eh ! bien, qu'il saute avec eux...et avec nous ! Vous me comprenez.

— Parfaitement,— répond Trémentin, en serrant la main de son capitaine; et ces deux braves conviennent entre eux que celui des deux qui survivra, avant que les corsaires soient entièrement maîtres du navire, mettra le feu aux poudres.

Le combat commence: à la fusillade des pirates, le brick répond vigoureusement et fait tonner ses canons, en même temps que les matelots déchargent à l'envi les carabines, et dans les embarcations, il se fait plus d'un vide. Mais les tartanes n'en avancent pas moins et bientôt elles se trouvent bord à bord du brick, sur le pont duquel sont les derniers défenseurs, car neuf cadavres gisent déjà dans le sang. De tous côtés, les forbans montent à l'abordage.

— Mes amis, dit Bisson, aux matelots survivants, vous le voyez, la partie est perdue pour nous; inutile de vous faire tuer sans profit. Jetez-vous à la mer et gagnez la côte à la nage. Allons, vite ! pas une minute à perdre.

Pendant que les marins, sautés à la mer, nagent vers la terre, Trémentin, après un regard échangé avec Bisson, se précipite à l'avant, décharge à la fois ses deux pistolets sur les Grecs montant à l'abordage, puis se met à sabrer vaillamment. Quant au capitaine, il a disparu par le grand panneau, tenant à la main une mèche allumée.

Malgré la résistance héroïque de Trémentin, les pirates, leurs chefs en tête, envahissent le pont et poussent de bruyants hourrahs de victoire, quand tout à coup des tourbillons épais de flammes et de fumée jaillissent de l'entrepont et de tous les sabords; en même temps retentit une épouvantable détonation.

Une seconde après, à la place des trois navires disparus, on n'aperçoit plus qu'une immense nappe noire bouillonnante, sur laquelle surnagent de nombreux et sanglants débris de mâture et de cadavres humains... Les corsaires et leurs chefs ont été engloutis dans les flots avec Bisson ou flottent sur la vague, brûlés, mutilés.

Trémentin, lui, par une sorte de miracle échappe à la mort. Pendant qu'il se débattait, blessé, sur le pont, il est soulevé par la trombe enflammée et lancé sur la plage, où, dans sa chute, il a le corps meurtri, la jambe brisée, broyée.

Par bonheur les quatre matelots, qui, sur l'ordre de Bisson se sont jetés à la mer et ont pu gagner le rivage, aperçoivent le second évanoui, parmi les débris qui couvrent la plage

Ils parviennent à le rappeler à la vie. Bientôt la *Magicienne*, à la recherche de sa prise, ayant reparu, tous sont recueillis, et sauvés, même Trémentin, qui en est quitte pour l'amputation.

Sous la Restauration eut lieu, le 2 juillet 1816, sur le banc d'Arguin, à vingt lieues du cap Blanc le célèbre naufrage de la frégate *la Méduse*. L'état-major et une partie de l'équipage se servirent des chaloupes pour gagner la côte d'Afrique, en longeant les déserts arides et brûlants et parvinrent à rentrer en Europe. Une centaine d'hommes n'eut que la triste ressource de construire à la hâte un radeau sur lequel ils errèrent au milieu des flots pendant plus de vingt jours, en proie aux horribles souffrances de la soif et de la faim qui les décimèrent. Enfin ils furent recueillis et sauvés au nombre d'une quizaine seulement par un navire anglais.

Un jeune officier, pendant cette même période, se fait remarquer par ses hardis voyages d'exploration. C'est Dumont d'Urville, né à Condé-sur-Noireau en 1790. Déjà il a fait partie de l'expédition dans la mer Noire de 1819 à 1820 qui a eu le bonheur de rapporter l'admirable statue antique, la Vénus de Milo. Il était également de celle qui, sous les ordres du capitaine Duperry, est partie de Brest en 1822 pour un voyage autour du monde, et en rapporte des mémoires scientifiques et une flore des Malouines.

Dumont d'Urville.

Nommé capitaine de frégate en 1826, il reçoit le commandement de deux corvettes, l'*Uranie* et la *Coquille*, pour une expédition dans les mers du Sud, et s'assurer de la réalité des renseignements parvenus au ministère de la Marine sur la disparition de l'expédition La Pérouse; un baleinier paraît-il, a vu l'année précédente une croix de Saint-Louis et quelques médailles entre les mains des sauvages de la Nouvelle-Calédonie.

Dumont d'Urville, par une pieuse inspiration, change les noms de ses navires en ceux de l'*Astrolabe* et la *Boussole*. Dans une relâche à Hobart-Town (Tasmanie), il est mis sur la trace de nouveaux et précieux indices. On a vu à Te-Kôpia une poignée d'épée en argent, avec les initiales de La Pérouse, entre les mains du Lascars Joé, qui déclare qu'elle provient d'une île voisine nommée Vani-Koro, où naguère, d'après une tradition déjà ancienne, deux grands navires ont fait naufrage. L'*Astrolabe* fait aussitôt voile pour Vani-Koro, et jette l'ancre parmi des passes hérissées de rochers. Immédiatement les canots sont détachés pour explorer les écueils. L'un d'eux, sur lequel se trouve M. Jacquinot, commandant en second l'expédition, arrive bientôt sur le lieu de la catastrophe, et au fond des eaux claires et tranquilles, aperçoit accumulés dans un étroit espace les débris nombreux des malheureux navires de La Pérouse.

Tout porte à croire que ce vaillant explorateur, ayant eu l'imprudence de naviguer pendant la nuit dans ces parages inexplorés, tomba inopinément sur ces terribles récifs de Vani-Koro dont l'existence était entièrement ignorée. La frégate qui marchait en avant, la *Boussole* sans doute, donna sur les brisants sans pouvoir se relever, tandis que l'*Astrolabe*, où se trouvait La Pérouse, eut le temps de revenir au vent et de prendre le large ; mais l'affreuse idée de laisser leurs compagnons de voyage à la merci d'un peuple barbare, fit revenir l'*Astrolabe* au secours de ses compagnons et fut la cause de sa perte.

Le pavillon blanc, que la Restauration avait ramené, va disparaître encore une fois, mais non sans gloire, avec Charles X.

A la suite d'une insulte grossière faite par le Dey d'Alger au consul de France, le gouvernement français envoie M. de La Bretonnière, capitaine de vaisseau, commandant la *Provence*, porter à Husseyn-Dey, l'ultimatum de la France.

— J'ai aussi de la poudre et des canons, répond celui-ci. Nous ne pouvons nous entendre ; tu peux te retirer.

M. de La Bretonnière repart sur son vaisseau. Comme il passe sous les forts, le Dey fait tirer sur la *Provence*, au mépris du droit des gens.

L'expédition est résolue, d'immenses préparatifs sont faits à Toulon, le vice-amiral Duperré est nommé commandant de la flotte, composée de onze vaisseaux de ligne, vingt-trois frégates, sept corvettes, vingt-six bricks, vingt-six bâtiments de transport, sept bateaux à vapeur, soit cent bâtiments de toute nature, montés par vingt-sept mille matelots. L'armée de débarquement, aux ordres du général de Bourmont, ministre de la guerre, est forte de trente-sept mille hommes.

L'amiral Duperré.

L'expédition met à la voile, avec un immense matériel dans la nuit du 27 au 28 mai 1830. Retenue quelque temps, par les vents contraires dans la baie de Palma, île de Majorque, elle n'arrive en vue d'Alger que le 13 juin. L'amiral Duperré passe résolument sous le feu des batteries et opère le lendemain le débarquement des troupes dans la presqu'île de Sidi-Ferruch, à cinq lieues de la ville. Le premier Français qui met le pied sur la rive africaine est un quartier-maître de la *Provence* qui court arborer le pavillon blanc fleurdelisé d'or sur la coupole du marabout de Sidi-Ferruch.

Le 5 juillet suivant, la ville d'Alger se rend aux forces combinées de l'armée de terre et de l'armée de mer et Husseyn-Dey est envoyé prisonnier en France. Peu après, le contre-amiral Rosamel, détaché par l'amiral Duperré avec une division, s'empare de Bone, et obtient satisfaction du bey de Tripoli.

Le gouvernement de Juillet s'occupe de la marine avec une extrême sollicitude.

Dès le début du règne de Louis-Philippe, le contre-amiral Roussin est envoyé avec une escadre pour réduire le roi de Portugal don Miguel, qui avait insulté le pavillon tricolore et nos résidents.

Ce vaillant marin, qui fut plus tard ministre de la marine, était né à Dijon en 1781. Fils d'un avocat il s'était engagé comme mousse à douze ans pour sauver son père de l'échafaud et avait acquis, par lui seul, les connaissances nécessaires pour obtenir de l'avancement.

Commandant la frégate *la Gloire*, il fit de 1812 à 1814 de nombreuses captures sur les Anglais, et de 1817 à 1821, explora les îles de l'Afrique et du Brésil, où il releva d'excellentes cartes de ces parages.

Le contre-amiral Roussin, par une manœuvre aussi habile que hardie, force l'entrée du Tage réputée infranchissable, malgré le feu des batteries et des forts qui se croisent autour de lui, et va s'embosser, la mèche allumée, devant le palais du roi, en menaçant de bombarder Lisbonne. On veut faire traîner les négociations en longueur ; il les précipite par sa fermeté, et le 14 juillet 1831, satisfaction entière est accordée à la France.

Les Autrichiens ayant envahi une partie des États romains en 1832, une division navale française, commandée par le capitaine de vaisseau Gallois, transporte à Ancône le régiment de ligne du colonel Combes ; les sapeurs brisent les portes à coups de hache ; nos soldats entrent dans la place et l'occupent au nom de la France.

La même année, un division légère, aux ordres du capitaine de frégate Parseval-Deschênes, opère un débarquement à Bougie et s'empare de cette ville algérienne.

Des difficultés étant survenues avec le Mexique, une escadre aux ordres du contre-amiral Charles Baudin, est envoyée contre cette république; elle attaque la forteresse de Saint-Jean d'Ulloa, qui protège la ville de la Vera-Cruz et passe pour imprenable. L'habileté des canonniers de l'escadre a bientôt fait évanouir ce prestige.

Le prince de Joinville au bombardement de Saint-Jean d'Ulloa (1838).

La marine à vapeur, qui n'a guère commencé militairement en France qu'avec l'année 1830, joue un certain rôle dans cette affaire où se distingue le prince de Joinville, commandant la corvette à voiles *la Créole*. Pendant l'action, le jeune prince reçoit le baptême du feu avec le plus rare courage et se tient, en chapeau de paille et pantalon blanc, sur la dunette de son bâtiment, qui est profondément labourée par plusieurs boulets mexicains.

Cinq cents hommes sur onze cents dont se compose la garnison mexicaine, périssent sous les débris du fort, où le nouveau pavillon tricolore de France est arboré, le 26 novembre 1838.

Un débarquement est opéré à la Vera-Cruz sous la direction du contre-amiral Baudin : douze cents marins français, commandés par les officiers supérieurs Laîné, Le Ray, Parseval-Deschênes, Turpin, Joinville et le chef d'artillerie de marine Collombel, s'avancent dans les chaloupes sous la mitraille de l'ennemi.

L'amiral Baudin est en avant de tous ; les Mexicains reconnaissent le pavillon de commandement de ce canot, vingt fusils sont dirigés sur cet officier supérieur. A cette vue, le patron de l'embarcation, véritable géant de plus de six pieds, quitte la barre, se jette sur l'amiral, le saisit, le renverse sur les bancs, s'étend sur lui et le couvre si bien que l'amiral n'est pas touché, mais que notre brave colosse reçoit cinq balles dans le corps, blessures dont il guérit heureusement.

Nos marins se jettent à terre avec un élan irrésistible. La Vera-Cruz est emportée d'assaut ; le prince de Joinville fait prisonnier de sa main un général mexicain. Le capitaine de vaisseau Parseval-Deschênes marche à la tête d'une colonne d'assaut contre le fort San-Iago et s'empare d'un bastion armé de huit bouches à feu où il enlève quatre grands pavillons.

Les Français se rembarquent après avoir encloué et jeté du haut des murs plus de quatre-vingts canons.

La République argentine de Buenos-Ayres, donne de son côté des sujets de plainte à la France et des forces navales envoyées dans la Plata, sous les ordres successifs des contre-amiraux Dupotet, Leblanc et du vice-amiral de Mackau, amènent le président Rosas à faire des concessions honorables à la France.

Un instant la guerre est sur le point d'éclater en Europe, et l'escadre de la Méditerranée, sous le commandement du contre-amiral Lalande, s'apprête à combattre la flotte anglo-autrichienne, quand toutes les difficultés s'aplanissent (1842).

Durant ce temps, le capitaine de vaisseau de Joinville est allé chercher à Sainte-Hélène les restes mortels de Napoléon Ier, rendus par l'Angleterre. Chacun a vu cent fois, en lithographie, le portrait du jeune commandant, le chapeau à longues cornes, à glands d'or, le col de chemise serré autour du cou par une large cravate en satin noir, gilet et pantalon blancs, habit bleu à col et revers rabattus brodés d'ancres d'or.

On connaît de lui ce mot héroïque, quand ramenant de Sainte-Hélène sur sa frégate *la Belle-Poule*, le cercueil de Napoléon, il est informé qu'une flotte anglaise doit l'arrêter pour lui reprendre son précieux fardeau.

Le prince de Joinville.

Le prince réunit son équipage.

— Mes amis, dit-il, nous nous défendrons à outrance si on nous attaque, puis nous ferons sauter le navire plutôt que de rendre la dépouille du grand homme!

Heureusement la guerre n'éclate pas, et la *Belle-Poule* arrive sans encombre à Cherbourg. Là, le corps de l'empereur est transbordé sur le vapeur *la Normandie*.

Le 15 décembre 1840, le cortège funèbre descend les Champs-Élysées se rendant aux Invalides, le prince de Joinville et les cinq cents marins de la *Belle-Poule*, la hache d'abordage sur l'épaule, occupent la place d'honneur dans le cortège.

La même année, le contre-amiral du Petit-Thouars est envoyé avec une division navale occuper l'archipel des Marquises dans l'océan Pacifique ainsi que Taïti et les autres îles de la Société.

En Afrique, l'empereur du Maroc s'étant laissé entraîner à prendre fait et cause pour Abd-el-Kader, une escadre aux ordres du contre-amiral de Joinville et composée de dix bâtiments à voiles et de onze bâtiments à vapeur, part de Toulon pour aller réduire quelques places de la côte marocaine.

Son premier exploit a lieu le 6 août 1844, contre Tanger qu'elle canonne avec ardeur et dont elle renverse les batteries, les forts et les murailles. La conduite des équipages français est admirable. Le *Suffren* ne fait usage que de ses batteries de tribord, tire 1,650 boulets et reçoit quarante-neuf projectiles dans sa muraille, car les Tangériens dirigent surtout leur feu sur le vaisseau amiral, où le prince de Joinville, debout à son poste de combat, en grand uniforme, avec sa plaque de la Légion d'honneur sur la poitrine, leur sert de point de mire.

Soixante-dix bouches à feu sur les deux cents qui défendaient Tanger ont fait un feu nourri et bien dirigé. Les deux ou trois cents hommes qui les servent ne les abandonnent qu'à la dernière extrémité. Beaucoup d'entre eux

Bombardement de Tanger (1844).

sont tués ou blessés par les éclats des embrasures; car il n'en reste pas une seule intacte; toutes les murailles, toutes les batteries ont été démantelées, tant nos canons sont parfaitement pointés.

La flotte se porte ensuite sur l'île et la ville de Mogador, située à cent vingt lieues de Tanger environ; c'est le premier port commercial du Maroc. La ville est défendue par de nombreuses batteries bien armées. L'île qui forme le port et qui domine complètement la ville, est également protégée par quatre batteries, un réduit avec mosquée au centre et une garnison composée des meilleures troupes de l'Empereur du Maroc. Des canonniers renégats, que l'on suppose Espagnols, arment les batteries et les servent avec une précision peu ordinaire chez les Maures.

Le 15 août, à trois heures de l'après-midi, le *Suffren*, le *Jemmapes* et le *Triton* commencent leur feu sur les batteries de la marine, qui, au bout d'une heure, ne forment plus qu'un amas de ruines et sont abandonnées par leurs canonniers. La *Belle-Poule* mouille dans la passe même du port dont elle écrase le feu, pendant que le *Cassard*, l'*Argus* et le *Volage* donnent dans le port et écrasent les trois batteries de l'île. Peu après, le *Pluton*, le *Gassendi* et le *Phare* viennent opérer une descente dans l'île. Les troupes et les matelots de débarquement qu'ils mettent à terre, s'emparent de la plage, puis de la batterie du centre de l'île, où trois cent vingt hommes, Maures et Kabyles, bien embusqués derrière des murailles et des rochers se défendent avec le courage du désespoir. Un grand nombre est tué; cent quarante d'entre eux, renfermés dans une mosquée, finissent par se rendre. Les pertes de la flotte dans cette journée, s'élèvent à quatorze tués dont un lieutenant d'artillerie, M. Pottier, et soixante-quatre blessés.

Le 16, au matin, le prince fait enclouer et démanteler les batteries de l'île. Dans la journée ordre est donné de détruire également les batteries de la ville qui regardent la rade. Notre canon les a déjà bien endommagées, il faut les mettre complètement hors de service. Sous les feux croisés de trois bateaux à vapeur et de deux bricks, le *Cassard*, le *Pluton*, le *Pandour*, l'*Asmodée* et le *Rubis*, cinq cents hommes sont jetés le même jour, 16, sur le débarcadère du port; ils s'en emparent sans la moindre résistance; cent vingt canons sont en notre pouvoir. La plupart sont des pièces en bronze magnifiques, moitié espagnoles, moitié anglaises. Quelques canons seulement sont emportés, les autres sont encloués et jetés à la mer. Les magasins à poudre sont noyés, les barques emmenées ou défoncées et six grands pavillons marocains enlevés.

Sous le coup des deux succès de l'escadre française et

de la défaite continentale que son armée a éprouvée à Isly, l'Empereur du Maroc fait la paix, le 10 septembre 1844.

Les hostilités recommencent en 1845 dans l'Uruguay et le Parana que Rosas prétend fermer au commerce européen. Le capitaine, depuis vice-amiral Tréhouart, reçoit le commandement de cinq bâtiments français destinés à agir, de concert avec une flottille anglaise, contre la république Argentine.

Combat d'Obligado (1845).

Rosas a concentré des forces à l'embouchure du Parana; le fleuve est barré par une estacade de vingt-quatre navires et quatre batteries armées de pièces de gros calibre sont établies à Obligado. Ces obstacles n'arrêtent pas l'escadre anglo-française. Le 20 novembre, les chaînes de fer qui lient entre eux les navires de l'estacade sont brisées, les batteries emportées par les compagnies de débarquement. Un corps de nouvelle création, l'infanterie de marine, y reçoit, avec la plus grande crânerie, le baptême du feu.

Au milieu de l'action, le capitaine Holham, commandant des forces anglaises, écrit ces lignes à son collègue: — Si le titre de braves a jamais été mérité, c'est par vous et par vos équipages.— Le brick *le Saint-Martin*, que monte Tréhouart, a sa mâture et son gréement hachés ; le grand mât est percé de onze boulets et plus de cent vingt pénètrent dans la coque. Sur les cent hommes de l'équipage, douze sont tués et quatorze grièvement blessés.

En 1847, le canon français se fait entendre sur les côtes de Cochinchine. Le commandant Lapierre, avec les frégates françaises *la Gloire* et *la Victorieuse*, est attaqué par surprise dans la baie de Tourane, le 15 avril, par cinq corvettes annamites et une multitude de jonques. Notre division se défend avec énergie, bientôt les cinq corvettes sont brûlées et coulées ; les jonques prennent la fuite. Plus de mille Annamites périssent dans cette affaire. Nos pertes s'élèvent seulement à quelques hommes et à un officier M. de Las Cases blessé.

C'est la dernière affaire navale du règne de Louis-Philippe.

Sous la Restauration et sous le dernier règne, plusieurs voyages d'explorations maritimes dignes de mémoire ont lieu.

La corvette *l'Uranie*, commandant de Freycinet, part en 1817 pour un voyage de circumnavigation ; elle sombre à son retour, en février 1820, aux îles Malouines, après avoir fait de nombreuses et nouvelles reconnaissances à la côte d'Australie et découvert plusieurs petites îles de la mer du Sud. Heureusement tout son équipage est sauvé.

De 1822 à 1825, la corvette *la Coquille*, conduite par le savant capitaine Duperrey, fait à son tour un voyage de circumnavigation.

En 1830, la corvette *la Favorite*, commandant Laplace, fait d'importantes découvertes dans un voyage de circumnavigation.

En 1837, l'infatigable Dumont d'Urville entreprend un nouveau voyage ayant pour but de déterminer la position du pôle magnétique austral et de découvrir de nouvelles terres australes. Il réussit dans ses recherches, mais il est à peine de retour depuis un an, récompensé de ses travaux par le grade de contre-amiral, qu'il périt, avec toute sa famille, en un jour de fête, à deux lieues de Paris, dans l'affreuse catastrophe du chemin de fer de Versailles, le 8 mai 1842. Le Ciel aurait bien plutôt dû lui accorder la mort dans une tempête.

Matelot (1840).

Premier bombardement de Sébastopol (1854). L'amiral Hamelin sur la dunette de la *Ville-de-Paris*

CHAPITRE XXII

BOMARSUND. SÉBASTOPOL.

Dupuy de Lôme. — Le *Napoléon*. — La guerre d'Orient. — Le vice-amiral Hamelin. — Bombardement d'Odessa. — Prise de Bomarsund. — L'expédition de Crimée. — Débarquement sur la plage du Vieux-Fort. — Siège de Sébastopol. — Bombardement du 17 octobre 1854. — La France vous regarde. — La *Ville-de-Paris*. — Les batteries de la marine. — L'aspirant Michel. — Le commandant Penhoât. — L'aspirant de Leuze. — Première attaque de Petropaulowski. — Reconnaissance de la passe du port de Sébastopol. — Attaque d'Eupatoria. — Expédition de la mer d'Azof. —Bombardement de Sweaborg. — Un tir heureux. — Expédition de Kinburn. — Les batteries flottantes. — Mort de l'amiral Bruat. — Sa carrière maritime. — Le lieutenant Bellot.

Dès le début du règne de Napoléon III, une immense découverte vient révolutionner l'art naval. Notre célèbre savant Dupuy de Lôme, crée le premier grand navire de guerre à vapeur à grande vitesse. Le premier type de navire et le plus parfait est le *Napoléon*, qui fait sensation en remorquant le vaisseau de l'amiral Hamelin pendant la guerre de Crimée, au passage des Dardanelles, alors que l'escadre anglaise entière ne peut en remonter le courant.

En 1853, la question d'Orient amène une rupture entre la Russie et la Turquie. Les Russes envahissent les principautés danubiennes et détruisent la flotte ottomane à Sinope.

C'est alors qu'un fait inouï dans nos annales se produit : les drapeaux de France et d'Angleterre, adversaires constants depuis des siècles, s'unissent tout à coup pour combattre le même adversaire et protéger l'étendard de Mahomet contre l'une des plus puissantes nations qui révèrent la croix.

La guerre une fois résolue, la France confie son armée au maréchal Le Roy de Saint-Arnaud ; l'Angleterre place la sienne sous les ordres de Lord Raglan. Les troupes débarquent à Gallipoli, et, le 3 janvier 1854, les flottes françaises et anglaises, sous les ordres du vice-amiral Hamelin et de Lord Dundas, quittent leur mouillage de Beïcos pour entrer dans la mer Noire.

Dans la soirée du 10 avril, les flottes alliées reçoivent l'ordre de commencer les hostilités et témoignent leur joie par une illumination de tous les vaisseaux.

Cinq frégates à vapeur anglaises et quatre frégates à vapeur françaises jettent l'ancre, le 20 avril, à trois mille à l'est d'Odessa.

Le 22, à sept heures du matin, les deux frégates françaises, le *Vauban*, capitaine d'Herbinghen et le *Descartes*, capitaine Darricau, réunies à deux frégates anglaises arrivent à neuf ou dix encâblures de distance devant la batterie du Port Impérial qui ouvre le feu ; les frégates ripostent vivement. En même temps la frégate à vapeur française le *Mogador*, capitaine de Wailly, et les trois autres frégates anglaises s'avancent en seconde ligne.

Il est midi. Les obus des sept frégates pleuvent comme grêle sur les batteries du Port Impérial, l'incendie se déclare dans les magasins et casernes dont les toitures s'écroulent. A une heure la poudrière de la batterie de ce port saute en l'air, aux acclamations réitérées de nos matelots.

Le soir, la destruction du port est complète, les établissements de l'amirauté russe sont dévastés.

Dans les premiers jours de mai, l'escadre de l'Océan est réunie à celle de la Méditerranée, sous les ordres immédiats et directs du plus ancien des vices-amiraux, le vice-amiral Hamelin, commandant en chef. Le vice-amiral Bruat en devient le commandant en second ; les autres amiraux Charner et Lugeol, continuent à y commander en second.

La même année, une escadre franco-anglaise, sous les ordres du vice-amiral Parseval-Deschênes et de sir Charles Napier pénètre dans la Baltique, et va croiser devant Bomarsund, dans le golfe de Finlande.

Nos troupes, sous les ordres du général Baraguay-d'Hilliers, un glorieux mutilé de Leipzick, débarquent le

8 août dans les îles d'Aland. Le 15 août, les escadres ouvrent le feu de leurs pièces de gros calibre sur les fameuses murailles de granit.

Bientôt les dégâts se manifestent de toutes parts. Sous les coups répétés de nos boulets les murailles se crevassent.

Dans la journée du 16, le gouverneur russe effrayé des dégâts, causés par notre artillerie, arbore le drapeau blanc et capitule. La garnison, forte de deux mille quatre-cents hommes, met bas les armes ; cent quatre-vingts canons et des approvisionnements considérables tombent en notre pouvoir.

Le 2 septembre, nos troupes se rembarquent et font sauter ces forteresses de Bomarsund réputées naguère imprenables.

Pendant ce temps, l'armée d'Orient se concentre à Varna d'où le maréchal de Saint-Arnaud a résolu de la transporter en Crimée afin d'attaquer la Russie sur son propre territoire. Nos troupes s'embarquent et les deux flottes alliées, portant ensemble soixante mille hommes, se rallient le 8 septembre à l'île des Serpents.

Le 13 septembre, les flottes mouillent devant Eupatoria, et la nuit suivante quittent ce mouillage pour jeter l'ancre devant la plage du Vieux-Fort.

Le 14, à sept heures du matin, l'amiral Hamelin signale aux vaisseaux que l'escadre mouillera suivant le plan convenu, et à sept heures dix minutes la *Ville-de-Paris* larguant ses remorques, laisse tomber l'ancre au poste assigné devant la plage.

A huit heures dix minutes, l'ordre de commencer la mise à terre des troupes est donné, et les chalands conduits par les embarcations, poussent vers la plage ; chacun rivalise d'ardeur pour arriver au but le premier. Une baleinière devance rapidement toute cette longue ligne ; sous l'effort de ses rameurs, elle semble voler sur les flots. Bientôt elle accoste au rivage ; le contre-amiral Bouët-Willaumez, le général Canrobert et le capitaine de vaisseau Anne Duportal sautent à terre les premiers. Seize marins creusent le sol et à huit heures trente minutes plantent un mât au haut duquel flotte sur la terre de Crimée le pavillon tricolore. C'est à pareil jour, en 1812, que la grande armée, commandée par Napoléon, entrait à Moscou.

Les Russes ne cherchent nullement à s'opposer au débarquement. Nos troupes, après avoir emporté à l'escalade les falaises escarpées de l'Alma, marchent sur Sébastopol, pendant que les flottes côtoient le littoral.

Le 23 septembre, nos vaisseaux mouillent à l'embouchure de la Katcha. La flotte russe reste immobile dans le port de Sébastopol et afin d'en mieux barricader l'entrée y coule cinq vaisseaux et deux frégates dont on n'aperçoit au-dessus de l'eau que les mâts majeurs.

Le siège en règle de Sébastopol commence. L'escadre prend part aux opérations à terre et débarque trente bouches à feu et mille marins. Le capitaine de vaisseau Rigaud de Genouilly, de la *Ville-de-Paris*, en prend le commandement.

Le 17 octobre, à six heures et demie du matin, commence le premier bombardement de Sébastopol par mer et par terre.

Il règne un calme plat. Quatorze vaisseaux français remorqués par autant de frégates s'embossent devant les forts du Sud, pendant que les vaisseaux anglais se placent devant les forts du Nord.

A onze heures cinquante minutes, le vice-amiral Hamelin donne le signale: Branle-bas de combat! — et celui de: La France vous regarde! — C'est une courte, mais belle proclamation qu'il fait là à ses marins qui répondent par des acclamations frénétiques dont le bruit enthousiaste retentit au loin sur les flots. Les sept vaisseaux de la première ligne française s'avancent à sept encâblures (1,400 mètres) de distance, des batteries de la quarantaine, du fort d'Alexandre, et du fort Nicolas, armés de 347 bouches à feu.

A une heure, le vaisseau amiral donne le signal: Commencez le bombardement! — Des explosions formidables partent de chaque vaisseau, couvrant au loin la côte de fumée, les forts de boulets. L'air est promptement obscurci d'épais nuages de fumée, que sillonnent de rapides éclairs, et au milieu desquels grondent comme des coups de foudre les détonations de l'artillerie.

Les batteries russes ripostent avec une extrême énergie. Nos équipages montrent du reste dans cette lutte un héroïsme qu'exalte le voisinage des Anglais, leurs rivaux séculaires. Soutenir à tout prix l'honneur du pavillon français, telle est la pensée de chaque matelot.

Le vaisseau-amiral la *Ville-de-Paris* reçoit cinquante boulets dans sa muraille dont trois au-dessous de la flottaison, et cent boulets dans le gréement. Le vice-amiral Hamelin est sur le pont avec son état-major, à une heure trente-cinq minutes, lorsque deux boulets arrivent coup sur coup et qu'une bombe, éclatant dans la chambre du capitaine, fait sauter le pont de la dunette. Un lieutenant de vaisseau, M. Sommerville, officier d'ordonnance, est coupé en deux et lancé à la mer; un aspirant est également tué. Trois aides de camp de l'amiral, le commissaire d'escadre et plusieurs aspirants sont blessés. L'un des aides de camp, le lieutenant de vaisseau Zédé, a les deux jambes fracassées par les éclats de bois.

Par bonheur, l'amiral, son chef d'état-major et le commandant de la *Ville-de-Paris* ne sont pas atteints. L'amiral, bien que soulevé par l'explosion sur son banc de quart, reste, sans rien perdre de son calme, sur les débris de la dunette et continue à donner ses ordres. Son fils aîné, Emmanuel, jeune enseigne à bord du *Primauguet*, qu'il a appelé auprès de lui, se montre digne de son père par son courage et son sang-froid.

Le *Montebello* et le *Charlemagne* reçoivent de graves avaries. A bord du premier, un enseigne a les deux jambes brisées et un aspirant de marine, M. de La Bourdonnaye, a la tête emportée par un boulet.

L'action dure jusqu'à la nuit et c'est un spectacle magique que de voir un calme profond succéder au bruit terrible du combat, les étoiles scintiller dans un ciel sans nuages, et se refléter dans une mer calme, sur laquelle filent comme d'autres étoiles errantes, les feux allumés aux grands mâts des vaisseaux.

Les marins débarqués à terre se signalent le même jour dans leurs batteries et éprouvent des pertes cruelles au fort de la canonnade. Un aspirant de première classe du *Henri IV*, M. Michel, sorti le premier de l'École navale de Brest, en 1852, et attaché à une batterie du siège sur sa demande, a la jambe droite emportée par un boulet. Sans trahir la moindre souffrance, il crie tranquillement à ceux qui viennent le relever : — Bah ! ce n'est rien, mes amis. Vive la France !

La batterie d'obusiers établie contre les ruines du fort Génois sous les ordres du lieutenant de vaisseau de Penhoât excite l'admiration de toute l'armée. Bientôt toutes les pièces sont démontées, à l'exception d'une seule que manœuvrent quelques rares survivants. — L'intrépide Penthoât, assis sur un débris d'affût, dirige le tir de cet obusier, qui dure jusqu'au lendemain, et refuse de quitter son poste. — Je tiendrai ma position, dit-il, tant qu'il me restera un servant et une gargousse!

Le général Canrobert va lui-même donner à ce brave officier l'ordre de cesser le feu et le trouve noir de poudre, au milieu des marins qui lui restent. Le général en chef met à l'ordre du jour la batterie n° 6 du fort Génois.

Pendant le siège, un obus russe met un jour le feu à la poudrière d'une batterie de marine. Sans s'inquiéter du danger, l'aspirant de Leuze et un brave canonnier du nom de Michel sautent dans le réduit enflammé, en sortent tous les obus chargés et préservent ainsi la batterie d'une destruction certaine.

Pendant cette guerre, nos marins vont chercher leurs adversaires jusqu'au Kamtschatka en Sibérie. Une division, celle-ci sous le commandement des contre-amiraux Price et Fébvrier-Despointes arrive le 29 août devant la baie d'Avatscha et pénètre dans la passe, les canonniers à leur poste-combat, mèches allumées, les ambulances établies, les soutes ouvertes.

Le 4 septembre, les compagnies de débarquement sont jetées à terre et marchent rapidement sur les retranchements pendant que nos vaisseaux bombardent les magasins de Petropaulowski.

Nos marins arrivent au pas de course sur les batteries russes que l'ennemi évacue en toute hâte, les canons sont encloués; mais des forces énormes accablent nos troupes; les marins, qui se battent en désespérés, éprouvent des pertes cruelles : les lieutenants de vaisseau Bourasset et Lefebvre, de l'*Eurydice*, tombent tués. En présence de la lutte disproportionnée qui s'est engagée, on ordonne aux troupes de se rembarquer.

Pendant toute la durée du siège de Sébastopol, les Russes ne tentèrent qu'une fois, le 6 décembre, de troubler la sécurité profonde des escadres alliées. A une heure vingt minutes, deux bâtiments russes, la frégate le *Wladimir* et la corvette à vapeur *la Chersonnèse* sortent de la rade de Sébastopol afin de reconnaître les positions françaises.

Aussitôt l'aviso *la Mégère* (capitaine Devaulce) signale l'ennemi : notre escadre se met en mouvement ; mais les Russes, intimidés par cette démonstration, se retirent en toute hâte.

Cette petite expédition a prouvé qu'il existe une passe dans le port de Sébastopol. Il prend fantaisie à l'amiral Bruat de la connaître, et un soir faisant appeler dans sa cabine plusieurs officiers :

— Messieurs, leur dit-il, nous allons visiter cette nuit la passe de Sébastopol et nous rendre compte de son véritable état.

Cette proposition est accueillie avec joie, par tous ceux auxquels elle est adressée. Il s'agit d'un grand péril à braver et d'un grand service à rendre, double raison pour que tous les cœurs battent à l'unisson de celui de l'amiral. Des chaloupes, parmi lesquelles se trouve celle du *Charlemagne*, sont aussitôt réunies, et l'on part.

L'obscurité de la nuit favorise cette expédition. On approche de Sébastopol, en étouffant autant que possible le bruit des rames ; on atteint et on traverse la passe en silence, et la chaloupe de l'amiral parvient jusqu'à la chaîne qui ferme l'entrée du port militaire et que l'amiral Bruat peut toucher de sa main.

Pas une vedette n'a jusque-là aperçu les chaloupes. Mais le jour commence à poindre et l'alarme est bientôt donnée sur toute la ligne des fortifications de la passe : c'est à travers un feu terrible, sous une grêle de projectiles, tous dirigés sur les frêles embarcations de nos marins, que la petite expédition de l'amiral doit opérer son retour : elle l'exécute heureusement. La chaloupe du *Charlemagne* est endommagée par la mitraille russe; mais pas un officier, pas un matelot n'est atteint.

Cette entreprise, si hardiment tentée, si heureusement accomplie, fait l'admiration de toute la flotte.

Peu de jours après, le vice-amiral Bruat est appelé à la direction de l'escadre, en remplacement du vice-amiral Hamelin, nommé amiral.

Le 17 février 1855, lors de l'attaque d'Eupatoria par les Russes, les canonniers du *Henri IV*, sous les ordres du lieutenant de vaisseau Las Cases, ainsi que les fuséens, déciment les colonnes d'assaut du général Osten-Sacken.

Le soir même de l'attaque sanglante du 23 mai, une partie des flottes part pour une expédition depuis longtemps projetée dont le but est d'entraver le ravitaillement de Sébastopol par la mer d'Azof.

Le vice-amiral Bruat dirige l'expédition, assisté du contre-amiral Charner.

Le 24, à onze heures du matin, l'escadre mouille dans la baie de Kamysch-Bouroun. Les marins se jettent sur la plage, commandés par le lieutenant de vaisseau Giovannelli, du *Montebello*, des enseignes Imbert et Aragin, des aspirants Julien et Baratier.

De son côté, le vice-amiral Bruat, qui a arboré son pavillon à bord de la corvette *Laplace,* guide toute une flottille de petits bâtiments vers le cap Saint-Paul, et s'avançant avec précaution, pénètre dans la passe de la mer d'Azof, malgré de nombreuses bouées explosibles, qui ne nous causent aucun dommage.

Craignant d'être pris à revers par nos troupes les Russes évacuent les batteries du cap Saint-Paul et d'Ak-Bournou, dont les poudrières sautent avec d'épouvantables explosions.

A huit heures du soir, les Russes évacuent et font sauter la forteresse d'Ienikalé; de son côté la garnison de Kertch, se retire après avoir incendié d'immenses magasins de blé, et farines et de poudres ainsi que plusieurs navires.

Une escadrille pénètre dans la mer d'Azof, sous le commandement du capitaine Béral de Sedaiges, du *Lucifer,* incendie, le 26 mai, les dépôts de froment de Berdiansk, faire sauter le 28, la poudrerie du fort d'Arabat. Le 3 septembre elle arrive à travers la vase à bonne portée de canon, de Taganrog. Le lieutenant de vaisseau Jaurès va sommer le gouverneur, et sur son refus, nos bâtiments avec leurs pièces à la Paixhans et leurs fusées à la Congrève incendient tous les magasins. Le 5 juin, même œuvre de destruction à Marianpol et le 6 juin à Gheisk. Le 14 juin toute l'escadre rentre à son mouillage de Kertch.

Aussitôt qu'on apprend en avril 1855, le commencement du dégel de la Baltique, les escadres françaises et anglaises sous les ordres du contre-amiral Pénaud et de l'amiral Dundas, arrivent à la hauteur d'Elseneur et sont obligées plusieurs fois d'avoir recours à leur artillerie pour se frayer un passage à travers le grand Belt, encore obstrué par les glaces qu'y amènent les courants.

L'apparition des vaisseaux alliés répand l'inquiétude sur tout le littoral russe.

Les premières hostilités commencent par la capture et la destruction de quelques caboteurs russes et plusieurs reconnaissances. Malgré ces provocations, la flotte russe reste immobile à son mouillage de l'île Kotlin, sous les ordres des contre-amiraux de Schany, de Rosen et Tinrdoff.

L'hiver qui survient si vite dans les parages de la Baltique décide nos amiraux à frapper un grand coup avec toutes leurs forces réunies, pour marquer le terme de la campagne. Le bombardement de Sweaborg, le Gibraltar du nord est décidé.

Le 6 août nos escadres paraissent devant cette ville; à onze heures du soir, on débarque sur l'îlot Abraham, de nombreux sacs de sable destinés à former les épaulements d'une batterie de mortiers qui sera placée à 2,200 mètres des forts russes.

Le feu général commence donc à sept heures et demie dans la nuit du 7 août. Bientôt l'incendie se déclare à bord des bâtiments russes ancrés dans le port et trois poudrières sautent successivement avec un fracas épouvantable.

Le bombardement dure quarante-cinq heures et détruit tous les magasins de l'État.

Dans la nuit du 12 au 13 août, nos marins évacuent l'îlot Abraham, en ne laissant à terre qu'un traîneau sur lequel ils ont gravé cette inscription : *Prière de conserver pour l'année prochaine.* En outre les canonniers ont gravé sur un rocher une autre inscription ainsi conçue :

9, 10 et 11 août 1855.
Batterie française armée par
les matelots canonniers
commandés par le capitaine Sapia.

Sur des mers plus lointaines, les alliés ont obtenu sans coup férir un autre avantage. Le 15 mai, l'escadre anglo-française, sous les ordres des contre-amiraux Bruce et Fourrichon, occupe Petropaulowski. qui a été évacuée conformément à des ordres venus des généraux russes de Sibérie, et en font sauter les arsenaux, les magasins, les édifices publics et les remparts.

Le jour du grand assaut de Malakoff, le 8 septembre 1885, le gros temps empêche les vaisseaux d'agir ; néanmoins quatre bombardes françaises, commandées par le capitaine Bacheu, secondent efficacement nos colonnes d'attaque en ouvrant le feu contre les batteries de la quarantaine.

A terre, les batteries de marine se font remarquer pendant la vigoureuse canonnade qui dura trois jours afin de préparer l'assaut des ouvrages ennemis. Du 5 au 9 septembre, ces batteries comptent cent-quarante-cinq hommes hors de combat et trois officiers blessés.

Comme toujours, nos marins sont admirables d'énergie, de dévouement et d'habileté pour les mouvements de leurs pièces.

Pendant l'assaut, ces batteries contribuent à protéger la retraite du général de Salles. Au moment où elles suspendent le feu pour laisser passer les colonnes d'assaut, les parapets du bastion central se couvrent de fusiliers; les pièces brisées sont remplacées par des pièces de campagne, et une formidable grêle de mitraille et de balles rend le fossé infranchissable pour les assaillants. Pendant qu'ils y ripostent avec un admirable sang froid, mais sans obtenir le moindre avantage, les artilleurs de la marine ont une inspiration hardie. Leurs batteries dominent la position ; les commandants, certains de l'habileté de leurs pointeurs, n'hésitent pas à faire tirer directement sur les Russes, qui garnissent l'épaulement à quelques mètres au-dessus de la tête des soldats du général de Salles. Ils parviennent ainsi à ralentir le feu de l'ennemi et les troupes peuvent se replier, sans trop de pertes, dans la tranchée.

A la suite de la prise de Malakoff, le vice-amiral Bruat est élevé à la dignité d'amiral.

La chute de Sébastopol donne une importance inattendue à Nicolaïeff ainsi qu'à la forteresse de Kinburn, située à l'embouchure du Dnieper.

Dans la soirée du 7 octobre, les escadres alliées appareillent pour aller détruire cette forteresse et emportent à leur bord neuf mille soldats français, sous les ordres du général Bazaine.

La force navale française est de :

Quatre vaisseaux : *Montebello*, monté par l'amiral Bruat ; *Ulm*, Labrousse ; *Wagram*, Larrieu ; *Jean-Bart*, Touchard, capitaines de vaisseau.

Six frégates à vapeur : *Vauban*, Rocquemaurel ; *Descartes*, Darricau, capitaines de vaisseau ; *Asmodée*, portant le pavillon du contre-amiral Pellion, capitaine Crosnier ; *Cacique*, Guesnet ; *Labrador*, Selva ; *Sané*, de Laplin, capitaines de frégate.

Cinq corvettes à vapeur : *Primauguet*, Vrignaud ; *Berthollet*, de La Guéronnière ; *Tissiphone*, de Montour ; *Laplace*, Caboureau ; *Roland*, Périgot, capitaines de frégate.

Quatre avisos à vapeur : *Milan*, Huchet de Cintré ; *Lucifer*, Béral de Sedaiges, capitaines de frégate ; *Brandon*, Cloué ; *Dauphin*, Robillard, lieutenants de vaisseau.

Trois batteries flottantes : *Dévastation*, Montaignac de Chauvance ; *Tonnante*, Dupré ; *Lave*, de Cornulier-Lucinière, capitaines de frégate.

Cinq bombardes à voiles et à vapeur : *Cassini*, Bachm, capitaine de vaisseau; *Ténare*, Krantz; *Vautour*, Causse; *Palinure*, Moret; *Sésostris*, de Saly, lieutenants de vaisseau.

Cinq canonnières à vapeur : *Alarme*, Hulot d'Osery; *Flamme*, Palasne de Champeaux; *Flèche*, Morier; *Grenade*, Jauréguiberry; *Mitraille*, Bouchet-Rivière, lieutenants de vaisseau.

Six chaloupes-canonnières : *Bourrasque*, Renin ; *Rafale*, Thomassy, lieutenants de vaisseau ; *Stridente*, Caubet; *Meurtrière*, Lemazurier; *Mutine*, Ollivier, enseignes de vaisseau; *Tirailleuse*.

La direction de l'escadre est Kinburn, mais la brise de terre, qui souffle avec violence, contraint les bâtiments à prendre le large et à se séparer les uns des autres, après que les deux amiraux ont échangé le signal : « Le rendez-vous est à Odessa, à cinq milles dans le sud-est. » En effet, le 9, ils se réunissent devant Odessa, où leur apparition jette le trouble et l'effroi.

Après avoir croisé six jours devant cette ville, l'escadre alliée arrive le 14 octobre au soir devant Kinburn.

Le lundi 15 octobre, les troupes débarquent sur l'isthme de ce nom qui, large de deux kilomètres environ, se compose d'une succession de dunes et de flaques d'eau salée.

Le 16, une forte houle retarde les opérations. Dans la nuit, le vent change. L'anniversaire du bombardement de Sébastopol (17 octobre) promet d'être un beau jour.

Dès le point du jour, l'escadre s'embosse, les batteries flottantes en première ligne, devant le fort de Kinburn, qui présente trois tours bastionnées, reliées les unes aux autres par des chemins couverts.

L'escadre ouvre le feu vers neuf heures du matin; la garnison russe riposte avec énergie. L'eau fouettée par les boulets et les obus ennemis, jaillit autour des batteries flottantes. Une de ces batteries, qui cause de grands ravages, sert d'objectif au point de mire des Russes; elle est des plus rapprochées de la côte et nour-

Bombardement de Kinburn (1855).

rit un feu d'enfer. Vingt-cinq boulets viennent donner en plein sur ce bâtiment, et toute cette canonnade n'aboutit à enlever, sur la surface des parois extérieurs de la batterie, qu'une plaque de fer d'un pouce et demi de diamètre.

Ces batteries, blindées de plaques de fer, sont le premier essai des bâtiments cuirassés et prouvent aussitôt dans cette affaire que le temps des bâtiments de guerre en bois est terminé.

A onze heures, un incendie se déclare dans la principale caserne : les bombes et les boulets pleuvent sur la citadelle et des explosions réitérées forcent les artilleurs russes à quitter leurs pièces. Les remparts démantelés, s'écroulent et remplissent les fossés de leurs débris.

Les Russes tirent toujours, quoique comptant environ deux cents hommes tués et neuf cents blessés. Le pavillon écartelé de la croix bleue de Saint-André, qui flotte au point culminant de la citadelle, disparaît emporté par un boulet parti d'une batterie flottante. Les artilleurs abandonnent leurs canons hors de service. D'un commun accord, les amiraux Bruat et Lyons font cesser le feu, et bientôt la garnison, forte du 29e régiment de ligne russe et d'une compagnie d'artilleurs, met bas les armes.

La prise de cette redoutable forteresse terrifie les Russes qui, dans leur désespoir font, dès le lendemain sauter le fort d'Otchakoff et trois batteries rasantes qui l'entourent. Kinburn entre nos mains devient une menace importante contre Nicolaïeff et Cherson.

Dès le 19 octobre, nos marins tentent immédiatement de remonter le Dnieper et le Bug, et une division de six canonnières françaises, sous les ordres de M. de Kersauson, premier aide de camp du contre-amiral Pellion, explore, sonde les bouches de ce fleuve et enlève un immense radeau destiné à l'arsenal de Nicolaïeff.

Dans divers engagements, notre flottille, commandée par le capitaine de vaisseau Pâris, fait éprouver des pertes sérieuses à l'ennemi.

Le 7 novembre, la division de l'escadre de la Méditerranée, qui rentrait en France, sous les ordres de l'amiral Bruat, quitte Kamiesch. Le vice-amiral Tréhouart est appelé au commandement de l'escadre de la mer Noire.

Le 13, l'amiral Bruat arrive à Constantinople. Encore quelques jours il va débarquer en France où l'attend sa jeune femme, quand, le 19 novembre, le vaillant marin est emporté par une attaque de choléra et meurt à bord du *Montebello*, dans les bras de son chef d'état-major, le contre-amiral Jurien de la Gravière.

Armand-Joseph Bruat était entré à l'école navale de Brest en 1811. Lieutenant de vaisseau en 1827, il est officier de manœuvre sur le *Breslau*, à Navarin, et ses brillantes manœuvres restent dans les traditions de l'arme.

A la croisière d'Alger, en 1830, le brick *le Silène*, qu'il commande, et le brick *l'Aventure*, commandé par M. d'Assigny, se perdent près du cap Bengut. Les deux commandants français et leurs équipages sont incarcérés dans le bagne d'Alger. Du fond de sa prison, Bruat trouve moyen de faire parvenir d'utiles renseignements à l'amiral Duperré. Sa constance et son énergie ne faiblissent pas un instant jusqu'au jour de la délivrance par notre glorieuse expédition d'Afrique.

Capitaine de vaisseau en 1833, il anéantit, avec un courage héroïque une insurrection générale fomentée par les chefs canaques de la Nouvelle-Calédonie.

En 1846 il est contre-amiral; nous avons vu quelle a été sa conduite, comme vice-amiral, pendant la guerre de Crimée.

A côté des noms des héros tombés glorieusement pendant la guerre d'Orient, citons celui du jeune lieutenant de vaisseau Bellot, qui, victime de son dévouement, disparaît, à la même époque, dans les glaces du pôle nord.

René Bellot était né à Paris en 1826. Aspirant de marine à dix-sept ans et demi, il se distingue peu après sa sortie de l'école, dans une expédition contre l'île de Madagascar. Pendant l'attaque dirigée contre Tamatave, le jeune élève fait preuve du plus brillant courage en pointant lui-même une des pièces de débarquement. Tout à coup un chef malgache suivi de quelques guerriers, fond sur Bellot et le blesse à la cuisse, mais celui-ci décharge sur son adversaire ses deux pistolets et lui fait sauter la cervelle.

En récompense de cette action d'éclat, Bellot, qui n'a pas encore vingt ans, est nommé enseigne de vaisseau et décoré de la Légion d'honneur.

Il passe alors sur la frégate la *Belle-Poule* où il est attaché en qualité d'aide de camp à M. Romain-Desfossés. Après plusieurs voyages dans l'Océanie (1847-1848), il revient en France et est attaché à la compagnie du dépôt à Rochefort. Mais l'inaction lui pèse.

Tout à coup, en 1851, Bellot apprend qu'une expédition se prépare en Angleterre pour aller à la recherche de l'amiral Franklin, qui était parti en 1845 pour une expédition au pôle nord et dont, depuis plusieurs années, on n'a reçu aucune nouvelle.

Il sollicite aussitôt du ministre de la marine, M. Ducos, de faire partie de cette expédition.

La 13 mai 1852, il part vers le nord à bord du *Prince-Albert*, que commande le capitaine Kennedy. Il prend part à toutes les explorations accomplies par cette goélette. A son retour il est nommé lieutenant de vaisseau.

En 1853, il s'embarque à Woolwich sur le *Phénix*, pour une seconde entreprise ; c'est, hélas! la dernière. Le 12 août, accompagné de quatre matelots, il se dirige sur la glace vers le cap Belcher. A ce moment commençait la débâcle des glaces. Tout à coup un grand craquement se fait entendre, et Bellot et deux de ses compagnons, réfugiés sur un grand glaçon, sont entraînés par un courant des plus rapides.

Les trois naufragés abandonnés ainsi, se taillent un abri dans la glace pour y passer la nuit. Ils sont refugiés dans cette espèce de grotte, quand Bellot sort pour aller voir, dit-il, comment flottait la glace.

Plusieurs minutes se passent : il ne revient pas. Ses compagnons inquiets sortent à sa recherche. Plus rien. On l'appelle; pas de réponse. Contre une crevasse ils aperçoivent seulement son bâton. Il est à croire qu'il tomba dans cette fente et que son paletot étant boutonné il ne put nager pour revenir à la surface.

L'intrépide jeune homme, riche de tant d'avenir, avait disparu dans le gouffre. Il comptait à peine vingt-sept ans.

Matelot (1855).

Prise de Canton (1857).

CHAPITRE XX

CHINE — COCHINCHINE — MEXIQUE.

Les navires cuirassés. — La *Gloire*. — Campagne d'Italie. — La flotte française devant Venise. — Bombardement de Tetouan. — La guerre de Chine. — Prise de Canton. — Prise des forts du Peï-Ho. — Explosion du fort du Nord. — Traité de Tien-Tsin. — Guet-apens du Peï-Ho. — Le commandant Tricault. — Expédition de Chine. — En Cochinchine. — Occupation de Tourane. — Prise de Saïgon. — Combats en avant de Tourane. — L'amiral Page. — L'amiral Charner. — Prise des lignes de Ki-Hoa. — Prises de Mythô, de Bien-Hoa, de Vinh-Long et de Micuï. — Traité de Hué. — Expédition du Mexique. — Première attaque de Puébla. — Bombardement d'Acapulco. — Prises de Tampico et de Mazatlan. — Mort de l'amiral Protet. — Les marins au Sénégal. — Désastre de la *Gorgone*. — Mort du lieutenant Mage.

Ainsi que nous l'avons déjà dit dans le précédent chapitre, l'apparition de nos batteries cuirassées à Kinburn amène toute une révolution dans les constructions navales.

En 1856, Dupuy de Lôme présente les plans de la première frégate cuirassée. Cette frégate, *la Gloire*, est aussitôt mise en chantier, et terminée l'année suivante.

Ce fut un étonnement universel, même après la surprise du *Napoléon*, le premier grand navire du guerre à vapeur à grande vitesse, découverte due déjà au célèbre ingénieur.

En demandant les fonds nécessaires à la construction de la *Gloire*, Dupuy de Lôme disait : — Un seul bâtiment de cette espèce, lancé au milieu d'une flotte entière de vos anciens vaisseaux, y serait comme un lion au milieu d'un troupeau de moutons. — L'avenir a confirmé cette audacieuse prophétie.

Tous les États du monde se mettent dès lors à construire sur les données de la *Gloire* leurs flottes militaires cuirassées, remplaçant partout les anciens vaisseaux en bois.

Pendant la campagne d'Italie, en 1859, notre flotte sous les ordres du vice-amiral Romain Desfossés, secondé par les contre-amiraux Jurien de la Gravière et Bouet Willaumez, assure le blocus effectif de Venise. Le 1er juillet, nos vaisseaux quittent le mouillage d'Antivari, et s'emparent de l'île de Lossini où commencent les préparatifs de l'attaque des côtes de la Vénétie. Les batteries flottantes sont prêtes : de puissants pétards sous-marins sont essayés par le commandant Bourgeois, du *Mogador*, afin de faire sauter les estacades qui barrent l'entrée des trois ports de Venise : Chioggia, Malamocco et le Lido. Tout est prêt : le 8 juillet, au matin, la flotte est sous vapeur, et sort de Lossini pour aller attaquer les défenses extérieures de l'antique cité des doges, quand l'*Eylau* arrive à toute vapeur et remet une dépêche annonçant qu'une suspension d'armes vient d'être signée à Voleggio. La flotte continue néanmoins sa marche, et le 9, au lever du soleil, nos quarante-cinq bâtiments de guerre de tout rang, mouillent sur cinq lignes parallèles à la côte, en vue des dômes de Saint-Marc.

La présence de ce redoutable armement naval contribue pour beaucoup à hâter la signature du traité de paix de Villafranca.

En novembre de la même année, les Marocains ayant insulté le pavillon français, un prompt et terrible châtiment leur est infligé par notre marine.

Le 19 novembre, le vaisseau *le Saint-Louis*, en croisière de santé est canonné par un fort de Tétouan, à l'entrée de la rivière de ce nom. Informé de ce lâche attentat, le vice-amiral Romain-Desfossés se rend devant cette place avec la *Bretagne*, le *Saint-Louis*, la *Foudre* et la *Tysiphone*, canonne deux forts de la ville, les détruit complètement, et tire ainsi une éclatante satisfaction de l'insulte.

A la même époque, de graves événements se passent en Chine. Le traité de Nankin, conclu en 1843 avec l'Angleterre, et les traités que la France avait obtenus en 1844, recevaient déjà depuis plusieurs années des atteintes nombreuses de la part des autorités chinoises, qui sont d'une insigne mauvaise foi. Les persécutions avaient recommencé contre les chrétiens. Les Chinois semblaient en outre disposés à fermer les cinq ports de Canton, Amoy, Fou-Tcheou, Ningpo, et Shanghaï, ouverts aux Européens.

La France, qui s'est mise d'accord avec la Grande-Bretagne pour demander de revision des traités de 1843 et de 1844, se montre disposée à prendre part à la guerre.

Le 27 décembre 1857, les forces combinées de France et d'Angleterre, sous les ordres du vice-amiral Rigault de Genouilly et de Lord Seymour, se présentent devant

Canton. Les navires français le *Phlégéton*, la *Dragonne*, la *Mitraille*, la *Fusée*, l'*Avalanche* et le *Marceau*, s'embossent sous les murs de la ville, dans le sud, et à très petite portée.

Le 28, au point du jour, nos marins ouvrent un feu terrible sur l'orgueilleuse cité. Les troupes débarquent à dix heures et demie. Le vice-amiral Rigault de Genouilly et le général anglais Straubenzée, qui se sont déjà rencontrés sur les champs de bataille de Crimée, se placent à leur tête. Fusiliers marins et infanterie de marine courent sur les Chinois, qui fuient de tous côtés. Le sergent-major Martin des Pallières, qui commande le 1er peloton de la 5me compagnie du 4me régiment d'infanterie de marine, poursuit les Chinois, avec ses vingt-cinq hommes, la baïonnette dans les reins, jusque sous les murs du fort Lyn, y pénètre par les embrasures et arbore sur le parapet les couleurs de la France.

Le 29, toute la ligne alliée se déploie en avant du fort Lyn.

A huit heures et demie, les clairons sonnent en avant. Notre brigade navale, lancée par l'amiral Rigault de Genouilly, qui s'expose comme le dernier des matelots, monte à l'assaut avec un entrain et une ardeur incomparables : en moins de quinze minutes les murailles sont escaladées et les remparts couverts de troupes.

Le matelot Théau, le second maître Pelissier, le chef de pièce Laurin et le lieutenant de Vautré pénètrent les premiers dans la ville chinoise, où notre drapeau, arboré sur le corps de garde, est salué par les acclamations des troupes et des escadres.

Cette vigoureuse action nous rend les maîtres absolus de la ville; il n'y a plus à s'occuper que des forts du nord que les Anglais tournent dans la soirée, et que les Chinois évacuent, en faisant sauter les poudrières.

Lord Elgin, ambassadeur anglais, et le baron Gros, plénipotentiaire français, entament ensuite les négociations, résolus d'aller chercher la paix jusqu'à Pékin. Pour se rendre dans cette capitale, il faut remonter le fleuve du Peï-Ho, qui se jette dans le golfe de Pë-Tchè-li; ils se dirigent avec les escadres vers l'embouchure de ce fleuve et exigent pour leur sécurité la remise entre les mains des alliés des forts établis sur les rives. Les Chinois refusent, pleins de confiance dans leurs remparts que défendent cent quatre-vingts pièces excellentes de tous calibres.

Le 20 mai 1858, à dix heures du matin, l'action va s'engager.

La *Mitraille*, la *Fusée*, l'*Avalanche* et la *Dragonne* prennent leurs postes de mouillage et le feu commence. La mitraille et la mousqueterie des hunes font de cruels ravages. Mais les servants ne manquent pas aux pièces de l'ennemi. De nouveaux combattants remplacent ceux qui tombent. Il est impossible de lutter avec plus d'acharnement; les canonnières ne sont pas à deux cents mètres des forts; tous nos coups portent. Les servants de la plupart des pièces chinoises doivent être renouvelés jusqu'à cinq fois au moins.

Courage inutile. Le sang-froid de nos chefs de pièces et la précision de leur tir, rend la partie inégale; chacun de nos boulets brise un affût et met une pièce hors de service.

De notre côté nous éprouvons des pertes cruelles. La *Mitraille* reçoit un boulet dans sa machine; ne pouvant plus marcher, elle s'échoue à une encâblure du fort du Sud, et reçoit plusieurs boulets dans sa coque. Un d'eux, en traversant le carré, tue le commissaire, qui est à son poste. Un autre de ces projectiles emporte la tête de l'enseigne Bideau, qui se trouve sur la dunette. La canonnière, heureusement, peut se relever en peu de temps.

Sur la *Fusée*, le second, M. Porquet est coupé en deux.

Sur la *Dragonne* l'élève Baratier est enlevé par un boulet des bastingages sur lesquels il se tenait.

Deux officiers et vingt hommes sont en outre blessés à bord de nos canonnières.

Les navires ont ouvert le feu à dix heures dix minutes; à onze heures les forts sont déserts, et les Chinois fuient au loin, emportant leurs morts et leurs blessés. Nos marins, après avoir encloué les canons du fort de gauche, traversent le Peï-Ho et entrent dans un fort de droite.

Les hommes se mettent en devoir d'enclouer les pièces, quand une explosion formidable retentit.... le fort vient de sauter. Des flammèches provenant de tentes incendiées au pied des parapets ont été portées par le vent dans l'intérieur du fort et tombant sur un amas de poudre ont occasionné cette terrible catastrophe. Cinquante-cinq hommes et trois officiers, couverts de brûlures, sont rapportés à bord des navires. Un officier et plusieurs marins succombent bientôt à ces cruelles blessures.

Les ambassadeurs sous la protection de nos canonnières s'avancent jusqu'à Tien-Tsin (juin 1858), où est signé le traité de ce nom qui ouvre enfin l'intérieur de la Chine aux Européens, et permet aux missionnaires de circuler librement et de prêcher leur religion. Les puissances signataires, obtiennent le droit d'avoir un ambassadeur permanent à Pékin.

Le traité de Tien-Tsin, qui semblait la fin de la guerre, n'était qu'un leurre. L'échange des ratifications devait avoir lieu à Pékin dans le délai d'un an.

Au mois de juin 1859, les plénipotentiaires français et anglais se présentent à l'embouchure du Peï-Ho pour remonter ce fleuve et se diriger vers la capitale du Céleste-Empire ; le fleuve est barré par de solides estacades ; les forts enlevés l'année précédente, ont été augmentés et offrent un développement considérable.

L'amiral Hope demande aux autorité militaires des forts, la faculté de faire franchir par ses canonnières l'entrée du Peï-Ho. On lui répond que les ordres de Pékin prohibent à qui que ce soit l'entrée de la rivière.

MM. de Bourboulon, ministre de France en Chine, et Bruce, commissaire extraordinaire anglais, enjoignent alors à l'amiral de forcer le passage.

L'escadre anglaise se compose de deux frégates, trois corvettes, deux avisos et neuf canonnières. Deux navires français, l'aviso *le Duchayla*, commandant Tricault et une corvette escortent seuls le ministre de France.

Le 25, l'action s'engage : vu le peu de profondeur de l'embouchure du Peï-Ho, les canonnières anglaises et le *Duchayla* peuvent seuls prendre part au combat.

La première estacade est forcée : au moment où la canonnière de tête, touche au second barrage, quarante canons du calibre de 32, ouvrent un feu croisé et terrible sur l'escadrille alliée. La canonnière, sur laquelle l'amiral Hope a mis son pavillon, est criblée de projectiles : son équipage tout entier est mis hors de combat ; l'amiral lui-même est blessé et persiste à soutenir la lutte. A côté de lui et en qualité de premier aide de camp, le brave commandant Tricault, du *Duchayla*, soutient dignement l'honneur de notre pavillon. Deux canonnières sont désemparées, deux autres coulées à fond.

Toutefois, à six heures et demie, le feu des forts ayant cessé presque complètement, on tente un débarquement en face du bastion extérieur du fort du Nord.

Les compagnies d'attaque dans lesquelles se trouvent quarante-quatre marins du *Duchayla* que le commandant Tricault dirige en personne, se voient forcées de traverser sous une grêle incessante de projectiles, six cents mètres de vase et de boue, avant de toucher au terrain solide sur lequel s'élèvent les forts.

Une cinquantaine d'hommes seulement atteignent le pied des fortifications : mais leurs cartouches sont mouillées, leurs armes hors de service. Les commandants alliés se voient dans la douloureuse nécessité d'ordonner la retraite.

Les Anglais perdirent dans cet affaire près de cinq cents hommes. Sur cinquante-huit hommes d'équipage et quatre officiers, le *Duchayla* eut six tués et dix blessés dont le commandant Tricault et l'élève Bary.

Cet échec retentit douloureusement en France et en Angleterre. C'est une insulte au pavillon : c'est une odieuse violation des traités de Tien-Tsin.

Napoléon III se met d'accord avec le gouvernement britannique pour infliger aux fils du Ciel un châtiment dont ils se souviendront.

Un corps expéditionnaire composé de dix mille Français, commandés par le général Cousin-Montauban, et de vingt-trois mille Anglais, sous les ordres du général Grant, débarque à l'embouchure du Pé-Thang, le 1er août 1860, et le 21 août attaquent par terre les forts du Peï-Ho. L'attaque est vigoureuse et la défense désespérée. Le colonel O'Malley, le commandant Testard, de l'infanterie de marine, et le lieutenant de vaisseau Rouvier entraînent les soldats à leur suite dans l'enceinte des forts sur les remparts desquels flotte bientôt le drapeau français.

Les canonnières du contre-amiral Page bombardent les forts du Peï-Ho (1860).

En même temps, la division des chaloupes canonnières du contre-amiral Page, bat les forts chinois du Nord où ses obus font sauter plusieurs poudrières et coupe l'armée tartare de sa base d'opérations et de son point de retraite.

Le 22, les canonnières entrent dans le Peï-Ho, détruisent la quadruple estacade et arrivent à Tien-Tsin sous les ordres du vice-amiral Charner.

Après le guet-apens de Tung-Chaou et la bataille de Palikao, les alliés entrent à Pékin où la paix est définitivement conclue par le traité de ce nom, (25 octobre 1860).

La guerre de Chine terminée, permet enfin au commencement de 1861 d'entreprendre contre la Cochinchine des opérations sérieuses.

La France jusqu'au règne de Napoléon III n'avait aucune possession sérieuse en Asie : les immenses établissements de l'Angleterre, l'extension de la Sibérie russe, lui faisaient un devoir de ne pas abandonner ce vaste continent, à l'ambition des puissances ses rivales.

Depuis longtemps, la France avait des griefs contre

l'empereur d'Annam, Tu-Duc, despote barbare qui persécutait les nombreux chrétiens établis dans ses États : l'Espagne avait aussi des griefs particuliers contre Tu-Duc et désirait venger la mort d'un évêque espagnol, supplicié en 1857. Elle joignit quelques bâtiments à notre escadre et un régiment des Philippines à nos troupes de débarquement. Ce fut en 1858, que la guerre commença.

L'empereur Tu-Duc n'ayant pas satisfait aux réclamations de la France et de l'Espagne, notre division navale, sous les ordres du vice-amiral Rigault de Genouilly, paraît le 1ᵉʳ septembre 1858 dans la baie de Tourane.

Après une vigoureuse canonnade qui dure une demi-heure, les forts qui défendent le mouillage sont éteints. Les compagnies de débarquement de la *Nemesis*, du *Phlégéton*, et du *Primauguet* sont aussitôt jetées à terre, sous le commandement du capitaine de vaisseau Reynaud, escaladent ces fortifications et les enlèvent à la baïonnette. L'amiral Rigault de Genouilly, avec son courage et son entrain habituels, marche en tête de cette colonne.

En même temps, trois de nos canonnières, la *Mitraille*, la *Fusée*, l'*Alarme* et l'aviso espagnol *El Cano*, canonnent les forts de l'entrée de la rivière de Tourane.

Bientôt un de ces forts, celui de l'est, saute en l'air, sous les coups de nos boulets rayés avec un horrible fracas. Une compagnie de *cazadores* (chasseurs) espagnols court s'établir sur les décombres, ainsi que les fusiliers marins du capitaine de frégate Ribourt.

La nuit suivante, le commandant Reynaud, assisté du sous-ingénieur hydrographe Ploix, sonde la partie sud-ouest de la baie, pour pouvoir le lendemain rapprocher les canonnières du fort de l'ouest, qui tient encore, et qui, le 2 septembre, saute à son tour, sous le tir admirablement dirigé de nos marins.

Aussitôt, le commandant Jauréguiberry pénètre dans la rivière à la tête d'une flottille d'embarcations armées en guerre et détermine la fuite de l'armée annamite.

Dans les forts de Tourane, nous trouvons cent cinquante pièces en bronze provenant toutes de la fonderie impériale de Hué, construite vers la fin du dix-huitième siècle par les officiers français Dayot, Chaigneau et Vannier.

On avait d'abord cru, sur les assertions des missionnaires, qu'une expédition en Cochinchine serait chose très facile. Mais le vice-amiral Rigault de Genouilly ne tarde pas à juger tous les périls de la situation. Il n'a pas de troupes suffisantes pour marcher sur Hué, capitale de l'Annam, et il doit se borner à conserver ses positions.

Nos marins passent tout l'hiver dans l'attente des renforts et luttent contre les fièvres pernicieuses qui font de grands ravages sur les côtes de la Cochinchine.

Cependant, le vice-amiral Rigault de Genouilly résout de s'emparer de Saïgon, entrepôt de riz qui nourrit en partie Hué et l'armée annamite, denrée qui devait remonter vers le nord au mois de mars.

La division navale quitte Tourane le 2 février 1859 et arrive le 9 à l'embouchure du fleuve de Saïgon.

Le 10, dans la matinée, les forts qui défendent le mouillage sont attaqués et détruits.

Le 11, le fort du Cangio est canonné, enflammé par les obus du *Phlégéton* et saute.

L'amiral remonte alors le fleuve, qui peut porter des bâtiments de guerre. Du 11 au 15, toutes les redoutes dont les feux défendent les tournants du fleuve, toutes les estacades sont détruites et, dans la soirée du 15, l'amiral arrive devant les deux forts construits par des ingénieurs français, forts qui couvrent Saïgon au sud, comme la citadelle le défend au nord.

Le 16 février, ces deux forts sont attaqués et enlevés. Reste la citadelle située à huit cents mètres de la rivière dont les faces, présentant chacune un développement de 475 mètres, sont masquées par des bois, des jardins et des maisons.

Le 17, au point du jour, tous les bâtiments prennent position et leurs obus réduisent bientôt au silence les batteries ennemies. Le moment de l'assaut est venu, les troupes jetées à terre, sont formées en colonne à l'abri des maisons sous la protection des obusiers et des tirailleurs placés dans les hunes.

Le commandant des Paillères se lance au pas de course avec deux compagnies d'infanterie de marine et les compagnies du *Phlégéton* et du *Primauguet :* les sapeurs du capitaine Galimard courent en avant, porteurs de pétards.

Nos soldats, aux cris mille fois répétés de : « Vive l'Empereur ! » le sergent Henri des Paillères en tête, s'élancent à l'assaut sur les échelles d'escalade. A dix heures tout est terminé, la citadelle est en notre pouvoir. On trouve dans la place de Saïgon d'immenses approvisionnements d'armes, de munitions, de vivres et deux cents bouches à feu.

Pendant cette expédition, les Annamites se sont rapprochés de nos positions de Tourane et ont élevé à deux kilomètres de notre ligne et sur une lieue de longueur, des ouvrages en terre, entourés de fossés profonds taillés à pic et défendus par de nombreuses batteries dont quelques-unes casematées.

Le 8 mai, le vice-amiral Rigault de Genouilly, revenu de Saïgon, croit devoir prendre l'offensive.

Pendant que nos canonnières criblent les ouvrages d'obus, nos troupes se lancent sur trois colonnes, traversent de fortes palissades en bambou que les Annamites défendent pied à pied.

Bientôt, les Français, bravant tous les dangers, surmontant tous les obstacles, envahissent en peu de temps les fortifications, et là triomphent à la baïonnette de la résistance acharnée des ennemis. Au premier rang, le commandant du génie Déroulède et le chef de bataillon Martin des Pallières ont fait preuve de la plus grande bravoure.

Les ouvrages ennemis sont brûlés ou détruits, et l'armée de Tu-Duc, afin de couvrir toujours Hué, se retire dans une autre ligne de travaux en terre qu'elle a élevés à trois kilomètres plus loin dans l'intérieur du pays.

Comme il importe d'assurer, avant la saison des pluies, la tranquillité de nos positions, l'amiral Rigault de Genouilly décide d'attaquer de nouveau les lignes ennemies dans lesquelles l'ennemi s'est retiré depuis le 8 mai, et de détruire son artillerie.

Cette attaque préparée, par des reconnaissances que le commandant du génie Déroulède a aussi vigoureusement qu'habilement exécutées, a lieu le 15 septembre.

A la petite pointe du jour, trois colonnes, sous les ordres du capitaine de vaisseau Reynaud, du lieutenant-colonel Reybaud et du commandant Breschen, de l'infanterie de marine, arrivent sur les ouvrages ennemis et se lancent aussitôt à l'escalade.

Rien ne peut arrêter l'élan de nos hommes et les lignes annamites sont rapidement envahies. Les défenseurs prennent la fuite.

Trop faible pour entreprendre une expédition dans l'intérieur des terres contre Hué, l'amiral demande des renforts au ministre de la marine. La guerre d'Italie préoccupe alors le gouvernement français. On répond qu'il faut attendre, se maintenir, négocier au besoin et évacuer la Cochinchine puisque la conquête ne paraît pas si aisée qu'on l'a cru.

Le vice-amiral Rigault de Genouilly, pénétré de l'importance d'un établissement dans le pays, fait savoir qu'il se maintiendra.

L'échec des Français et des Anglais au Peï-Ho, le 25 juin 1859, vient encore accroître les embarras de la situation. Nos forces vont être obligées de se porter contre la Chine. Il faut que nos braves marins attendent toute l'année 1859, toute l'année 1860, résistant aux Annamites, qui, enhardis par notre inaction, enlacent par des lignes fortifiées, les points que nous occupons.

Dans le mois de septembre 1859, le contre-amiral Page, afin de maintenir l'ennemi, décide qu'une attaque sera tentée sur les forts annamites qui commandent la route de Hué.

Le 18 septembre, à quatre heures du matin, la frégate *Némésis*, le *Phlégéton* et trois canonnières quittent le mouillage sous la conduite de l'amiral Page et s'embossent devant les fortifications ennemies qui ouvrent aussitôt le feu.

La *Némésis*, portant pavillon de l'amiral, est particulièrement le point de mire des pièces ennemies et la dunette a fort à souffrir durant les premiers moments de l'attaque. Un timonier a la tête emportée à côté de l'amiral; quelques moments après, un chef de bataillon du génie recevant un ordre est coupé en deux; le commandant de la frégate reçoit en même temps une blessure à la tête, un enseigne de vaisseau, M. de Fitz-James, est atteint par un éclat de bois, un élève est blessé au bras.

Après avoir répondu au premier feu des batteries annamites, l'amiral Page charge son chef d'état-major, M. de Saulx, d'opérer la descente à terre et de s'emparer du fort principal. Cet officier, à la tête d'une colonne de trois cents hommes exécute rapidement cet ordre, qui nous rend maîtres de la route de Hué.

A l'issue de la campagne de Chine, le vice-amiral Charner, qui a commandé la flotte pendant cette guerre, reçoit, au commencement de 1861, des pouvoirs complets, pour réduire l'empire d'Annam. Ses équipages sont bons, ses officiers excellents ; tous rompus par quatre ans de guerre, usés si l'on veut, mais non à bout, animés d'un souffle héroïque.

Une partie du corps expéditionnaire de Chine est mise à la disposition du vice-amiral Charner, avec un millier de fusiliers marins et la garnison de Saïgon. On forme un effectif d'environ quatre mille hommes, commandés par le général de Vassoigne, de l'infanterie de marine.

Le 7 février 1861, le vice-amiral Charner arrive à Saïgon. Les troupes à peine arrivées, entrent aussitôt en campagne. Le contre-amiral Page reçoit le commandement de la flottille qui doit remonter le fleuve de Saïgon. Le vice-amiral Charner se met à la tête du corps expéditionnaire qui doit attaquer les lignes de Ki-Hoa, auxquelles les travaux des Annamites, depuis deux ans, ont donné un énorme développement qui atteint seize kilomètres.

Le 24 février, à cinq heures et demie du matin, l'armée se met en marche et se dirige vers les fameuses lignes qui apparaissent comme une barre jaunâtre sur le fond vert des rizières.

L'ennemi court aussitôt aux armes et garnit tumultueusement ses lignes. On entend le bruit de ses gongs et le sifflement très reconnaissable de son artillerie qui est en fer et de moindre calibre que la nôtre.

Deux colonnes d'assaut sont formées : à droite, le génie et l'infanterie de marine, sous les ordres du commandant du génie Alizé de Matignicourt, à gauche, les fusiliers-marins, commandés par le capitaine de frégate Desvaux, et dirigés par le capitaine du génie Gallimard.

L'on part au pas de course sous un feu épouvantable. Partout où le vice-amiral Charner, son état-major et son escorte de chasseurs d'Afrique s'arrêtent, les balles, ainsi que les boulets, se croisent et sifflent par milliers.

Nos pertes augmentent à vue d'œil. Nos pièces de quatre sont venues, à découvert, battre audacieusement l'ennemi à demi-portée et perdent de nombreux servants. Le général de Vassoigne, l'aspirant Leseble, l'adjudant Joly sont grièvement blessés.

Enfin, marins, fantassins de marine, sapeurs du génie arrivent au pied des retranchements. En tête de tous, marche le peloton des marins abordeurs qui portent leurs échelles, leurs grappins emmanchés, leurs gaffes, leurs grenades. Ces braves gens s'élancent et écartent les bambous entrelacés, marchent à petits pas sur la crête des trous de loup, enjambent les chevaux de frise, sautent dans le fossé et, se frayant un passage à travers les branchages épineux, les mains et le visage en sang, les vêtements en lambeaux, paraissent victorieux sur ce dernier obstacle.

Le sous-lieutenant Thénard, du génie, et l'enseigne

Berger arrivent les premiers de toute l'armée au sommet du parapet, aux deux points où la ligne ennemie a été rompue.

Le lendemain, à cinq heures, la lutte décisive s'engage. L'artillerie française, sous les ordres du lieutenant-colonel Crouzat, porte ses pièces par des élans rapides et brillants à cinq cents mètres, puis à deux cents mètres des retranchements ennemis qu'elle couvre de mitraille.

Nos marins, vaillamment enlevés par le capitaine de vaisseau de Lapelin, se précipitent vers l'obstacle de terre et de bambous percé de meurtrières qui blanchissent à toute seconde. Les assaillants tombent dans une série de défenses accessoires, disposées avec un art consommé : trous de loup, piquets acérés et aigus, fossés remplis de bambous pointus recouverts par trois pieds d'eau vaseuse, escarpe en hérisson haute de quinze pieds, etc.

N'importe, les fusiliers-marins s'engagent au milieu de ces obstacles, pendant que le feu ennemi redouble de précision et d'intensité. Les balles tombent littéralement, comme une nappe de plomb, et partout cassent, avec un bruit sec, les branches de bambous. La plupart des porteurs d'échelles tombent au fond des trous à loups dissimulés par de légers clayonnages d'herbes et se blessent dangereusement sur les fers de lances qui en garnissent le fond. Leurs échelles sont transformées en passerelles, mais se brisent bientôt sous le poids de ceux qui s'en servent.

Enfin on arrive au pied de l'escarpe. Là, la lutte prend un caractère d'acharnement sauvage. Les premiers marins qui parviennent sur le sommet de l'obstacle, soit en montant sur les trois dernières échelles qui leur restent, soit en s'aidant des épaules de leurs camarades, sont tués à bout portant, ou brûlés au visage, ou rejetés à coups de lance.

La position devient critique; ordre est donné de lancer les grenades. Vingt de ces projectiles éclatent heureusement au milieu des rangs ennemis. Profitant du désordre causé par ces explosions meurtrières, trois marins parviennent à lancer leurs grappins qui s'accrochent solidement en dedans du rempart. Trois brèches sont ainsi pratiquées, à dix ou vingt pieds de distance les unes des autres, et chacune d'elles ne pouvant donner passage qu'à un combattant. Des

Prise des lignes de Ki-Hoa (1861).

trois hommes qui s'y présentent les premiers, l'un, qui est de la *Résolue*, est tué; les deux autres sont blessés; leurs corps, rejetés violemment en arrière, tombent dans le fossé. D'autres, suivant de près, escaladent enfin l'obstacle en sautant sur la banquette qui est glissante de sang. Tout ce qui se trouve de ce côté périt par le fer ou par le feu.

L'on court ensuite sur le camp du Mandarin, où l'on trouve la même résistance.

L'amiral Charner se tient à cheval, très exposé devant les premiers trous de loup. Les chasseurs d'Afrique de son escorte ont presque tous été touchés. Près de lui se trouvent son chef d'état-major, le capitaine de vaisseau

Laffon de Labeda et le chef d'escadron d'état-major de Cools. Nos marins se ruent sur la porte du camp du Mandarin et au centre de la courtine. Le terrain se couvre de morts et de blessés sous des feux étudiés d'avance. Le vénérable abbé Trégaro, aumônier de la flotte, court d'un mourant à l'autre, leur donnant les dernières consolations. Là, sont blessés mais restent debout où se relèvent le lieutenant de vaisseau de Foucault, l'enseigne Berger, les aspirants Noël et Froslin ; le quartier-maître Rolland, qui, ayant la cheville fracassée se panse lui-même et se traîne au feu ; le clairon Pazier qui, dans le commencement de l'action, est atteint au front, se relève et continue à sonner la charge. Près de là, tombe l'enseigne de vaisseau Jouhanneau-Lareguère, qui a le flanc gauche emporté, et engage les hommes qui veulent le relever, à le laisser et à continuer de combattre. Cet héroïque jeune homme meurt dans la journée de sa blessure, ainsi que le lieutenant-colonel Testard, de l'infanterie de marine.

Enfin la porte est défoncée à coups de hache par quelques hommes intrépides que le lieutenant de vaisseau Jaurès, deuxième aide de camp de l'amiral, a ralliés ; en même temps, les chasseurs, l'infanterie de marine et le génie, entraînés par le chef de bataillon Delaveau, débouchent avec impétuosité par la gauche. Tous les Annamites qui ne peuvent s'enfuir sont massacrés.

Les lignes fameuses de Ki-Hoa sont en notre pouvoir avec cent cinquante canons, de nombreuses armes et munitions.

Une province tout entière, la plus riche de la basse Cochinchine, est conquise, la province de Giading ou de Saïgon (10 mars 1861).

Les Annamites concentrent dès lors leur résistance à

Mythô, sur le Cambodge. L'amiral Charner, voyant la saison des pluies approcher, résout de briser au plus vite ce centre de résistance.

Le 27 mars, les opérations sont reprises. Un cours d'eau secondaire, l'arroyo de la Poste débouche dans le Cambodge juste en face de Mythô. Il est assez profond pour porter nos canonnières, mais les Annamites l'ont hérissé de barrages et semé de forts tout le long de son cours.

Nos marins font preuve d'un courage indomptable et d'une énergie surhumaine. Les paniers de pierres qui garnissent les barrages sont enlevés, les pierres une à une. Les pieux, les araquiers enfouis profondément dans le lit de l'arroyo sont arrachés souvent à coups de palans. Il faut établir des points fixes sur la rive, passer les poulies dans l'eau fangeuse. Dans cette lutte incessante, le capitaine de frégate Bourdais périt frappé par un boulet, lorsque depuis huit jours il excite l'admiration de tous par sa bravoure. Tous les obstacles étant brisés, l'escadrille du contre-amiral Page vient mouiller devant Mythô. Les Annamites se sentant pressés de tous côtés, évacuent aussitôt la citadelle.

En novembre, le vice-amiral Charner remet le commandement au contre-amiral Bonard, nommé gouverneur de nos nouvelles possessions en Cochinchine. Cet officier général entreprend la soumission de la province du Nord, dite de Bien-Hoa.

Le 15 décembre, les forts du barrage de Co-gong sautent sous les obus de nos canonnières dirigées par le lieutenant de vaisseau Harel, commandant l'*Avalanche*.

Le 16, le contre-amiral Bonard remonte le fleuve à bord de l'aviso à vapeur l'*Ondine*, sur lequel flotte son pavillon, et suivi de la canonnière n° 31, commandée par le lieutenant de vaisseau Jonnart. A peine aperçoit-on la citadelle de Bien-Hoa, qui est masquée par les arbres. La canonnière Jonnart ouvre le feu, et au troisième coup les pièces Annamites se taisent, pendant qu'un vaste embrasement apparaît au-dessus de la citadelle.

Le 17, nos troupes débarquent et occupent Bien-Hoa, que l'ennemi, fuyant vers les montagnes, a évacué pendant la nuit, et où elles trouvent quarante-huit pièces de canon, quinze jonques royales et malheureusement de nombreux indigènes chrétiens crucifiés ou brûlés vifs par ordre des mandarins.

La situation, dégagée du côté du nord à Bien-Hoa, l'amiral Bonard entreprend une autre expédition dans le sud, contre la forteresse de Vinh-Long, située sur le Cambodge, et d'où les Annamites partaient pour inquiéter les environs de Mythô. La colonne expéditionnaire, composée de turcos et d'infanterie de marine, sous les ordres du colonel Reboul, s'avance sur la forteresse de Vinh-Long, pendant que les petites canonnières, sous les ordres du lieutenant de vaisseau Dol, attaquent les ouvrages ennemis.

Notre avant-garde, en arrivant sur la rivière qui la sépare des retranchements annamites, trouve le pont coupé. Grâce à l'énergie du commandant Piétri, des turcos, et du sergent Lefaucheux, qui vont enlever une barque sous le feu meurtrier de l'ennemi, le pont est rétabli et la colonne, s'avançant au pas de charge et à la baïonnette, enlève successivement sept forts.

Sur un autre point, les canonnières *la Fusée, la Dragonne* et trois autres petites canonnières, sous les ordres du capitaine de vaisseau Desvaux, s'emparent de six autres forts démantelés, après un feu qui a duré de dix heures du matin jusqu'à sept heures du soir.

On se prépare à attaquer la citadelle le lendemain de bonne heure, quand, au petit jour, une forte explosion se fait entendre. C'est l'ennemi qui vient d'évacuer Vinh-Long, en faisant sauter ses magasins de poudre. Les tirailleurs annamites, tout récemment créés, conduits par le commandant Loubère, entrent dans la citadelle où ils trouvent soixante canons et de grands approvisionnements de riz.

Après ce brillant succès, le contre-amiral Bonard, résout une expédition contre les forts de la rivière Micuï, qui sont enlevés à la baïonnette par les turcos du commandant Piétri, le 29 mars 1862.

Le contre-amiral Bonard bloque ensuite les rivières qui portent le riz à Hué et force enfin Tu-Duc à la paix. Un traité signé le 5 juin 1862, accorde une indemnité de guerre, stipule pour les missionnaires et les chrétiens la liberté du culte et cède en toute propriété à la France les trois provinces de Saïgon, de Bien-Hoa et de Mythô. Trois ports du Tonkin sont en outre ouverts au commerce.

Pendant que la France s'emparait définivement de la Cochinchine, l'expédition du Mexique commençait dans les premiers jours de l'année 1862.

Le 7 janvier, la division navale française, commandée par le vice-amiral Jurien de La Gravière arrivait devant la Vera-Cruz, et débarquait, le 9, les troupes du général de Lorencez.

On connaît l'histoire de cette expédition. Dès le début, les Français, abandonnés par leurs alliés les Anglais et les Espagnols, restent seuls au nombre de cinq mille en face de l'ennemi. Ils ne reculent pas.

Cette poignée d'hommes s'enfonce dans le Mexique, occupe Orizaba, s'empare des Cumbrès, et, le 5 mai, va se briser dans un assaut sublime, mais insensé, contre les murailles du Puebla. Les fusiliers-marins se font remarquer dans ces différents combats, et à l'attaque du fort Guadalupe, un jeune aspirant du nom de Fournier, bien que blessé à la tête, aide à sauver l'aigle de l'infanterie de marine.

De nombreux renforts sont envoyés de France pour venger cet échec.

Le 8 janvier 1863, la division navale du Pacifique, sous les ordres du contre-amiral Bouet, se présente devant Acapulco. Elle se compose de la *Pallas*, frégate à hélice, commandant Thierry, portant le pavillon du contre-amiral Bouet; des deux corvettes à voiles, *la Galathée*, commandant Cornullier-Lucinière, *la Cornélie*, commandant Levesque, et de l'aviso *le Diamant*, capitaine Lebris.

Le 10 janvier, après deux jours d'observation, les navires pénètrent dans la passe et sont accueillis par le feu de quatre batteries mexicaines. Les équipages sont rapidement au poste de combat et prennent en écharpe, ainsi qu'en enfilade, les batteries ennemies, dont, au bout d'une heure de feu, toutes les pièces sont réduites au silence.

A midi, l'amiral envoie les compagnies de débarquement enclouer les canons et jeter à la mer les affûts des batteries Rouge et des Cocotiers.

La guerre du Mexique continuant toujours, le gouvernement français résout de faire occuper les différents ports du Mexique, qui, par leurs revenus de douane, fournissent à Juarez les moyens de continuer la guerre.

En conséquence, le 6 août 1863, le contre-amiral Bosse se dirige vers Tampico, avec sa division navale. Le 8, vers onze heures, tous les bâtiments mouillent devant l'entrée de la rivière de Tampico. Les bâtiments les plus légers, le *Milan*, le *Brandon* et la *Tempête*, dirigés par le capitaine de frégate Duburquois, s'approchent le plus près possible

Prises des batteries d'Acapulco (1863).

de la terre, et, malgré la grosse mer, ouvrent un feu d'une justesse remarquable sur les retranchements ennemis qui sont promptement réduits au silence et évacués.

Le 9, au matin, les troupes débarquent dans les canots et, protégées par les embarcations de la *Bellone*, armées en guerre, franchissent heureusement la barre, sous la direction du capitaine de vaisseau d'Elissalde, et occupent Tampico sans coup férir.

En 1865, les restes du brave contre-amiral Protet, tué en 1862 en réprimant en Chine les rebelles taïpings, à l'attaque de Né-Kiao, sont ramenés en France et inhumés à Saint-Servan, sa ville natale.

Le 13 novembre 1864, la frégate *la Victoire*, la corvette *d'Assas*, les avisos *le Lucifer* et *le Diamant*, sous les ordres du capitaine du vaisseau le Normand de Kergrist, s'emparent de la ville de Mazatlan, sur le Pacifique.

Le peu de dimension de notre cadre nous force à abréger l'histoire de la conquête du Sénégal où nos troupes de terre et de mer se sont couvertes de gloire.

Pendant l'expédition du Rip, à l'attaque de la forêt de Paouos, le lieutenant de vaisseau Duplessis, commandant les compagnies de débarquement de la flottille locale, reçoit quatre coups de feu à bout portant en chargeant avec un élan irrésistible les guerriers du Maba. L'enseigne de vaisseau des Portes, attaché à l'état-major, est également blessé.

La dernière année de la marine impériale est marquée par une épouvantable catastrophe.

Presque aux portes de Brest, se trouvent les sinistres écueils connus sous le nom des *Roches Noires* et qui ont tout un historique de légendes funèbres.

Dans la nuit du 19 au 20 décembre 1869, une affreuse tempête se déchaîna sur les côtes de Bretagne. L'aviso *la Gorgone*, venant de Toulon et faisant route pour Cherbourg, se trouvait en ce moment dans l'Atlantique. Surpris par la tempête et pensant trouver un abri dans la rade de Brest, les pauvres marins voulurent passer à côté d'Ouessant, et pénétrer dans le détroit qui s'ouvre au sud du cap Saint-Mathieu. L'obscurité était complète. La *Gorgone*, poussée par la mer en furie, dût être entraînée et brisée en mille morceaux sur les terribles *Roches Noires*.

Toutes les recherches pour retrouver la *Gorgone* demeurèrent vaines. On retrouva seulement, flottant au pied des *Roches Noires*, de nombreux débris parmi lesquels quinze bérets de marins avec le nom à jamais fatal de la *Gorgone*.

L'équipage de ce malheureux navire se composait de quatre-vingt-treize hommes. L'état-major comprenait le lieutenant de vaisseau Mage, commandant; le lieutenant de vaisseau, Le Brouster, second; les enseignes de vaisseau Doulier et Napias, l'officier d'administration Banon; et un médecin de 2e classe, chirurgien du bord.

Le lieutenant Mage était un officier d'un mérite exceptionel; grâce à une énergie peu commune, il avait su, en peu d'années, conquérir le premier rang parmi les voyageurs français. Il n'avait pas trente-deux ans. Il était officier de la Légion d'honneur, lieutenant de vaisseau depuis 1861 et porté sur le tableau d'avancement pour le grade de capitaine de frégate; il eût été amiral à quarante ans.

Marins et soldats de l'expédition de Cochinchine (1861).

Prise de Sfax par les fusiliers marins (1881).

CHAPITRE XXIV

CAMPAGNE DE FRANCE, TUNISIE, TONKIN, CHINE.

Campagne de 1870. — La marine à Paris. — Nos amiraux. — Prise de la gare aux Bœufs. — Mort du commandant Desprez. — Le Bourget. — Prise du Père-Lachaise. — Bombardement du fort de Montrouge. — Désespoirs héroïques. — Les marins aux armées de province. — Naufrage de l'*Arrogante*. — M. Savorgnan de Brazza. — Tabarca. — Sfax. — Les torpilleurs. — Combat dans les rues. — Gabès. — Prise de Mentzel. — Francis Garnier au Tonkin. — Mort du commandant Rivière. — Thuan-An. — Les canonnières au Tonkin. — Fou-Tchéou. — Tamsui. — Formose. — Sheipoo. — Les Pescadores. — Mort des amiraux Courbet et Pierre. — Sinistre du *Renard*. — *Honneur et Patrie!*

Pendant la néfaste campagne de France, le courage de la marine atteint à son apogée.

D'un côté, le manque de canonnières, et de l'autre les premiers revers qui nous accablent dès le commencement de la guerre, empêchent notre flotte de tenter le moindre effort sur les côtes de la Baltique.

Le 7 août 1870, dès la nouvelle de nos défaites sur le Rhin, l'amiral Rigault de Genouilly sollicite pour la marine l'honneur de défendre les forts de Paris. Les canonniers marins sont répartis dans les forts de Romainville, Noisy-le-Sec, Rosny, Ivry, Bicêtre et Montrouge, aux deux batteries de Saint-Ouen et de Montmartre.

La conduite et la bravoure des marins pendant le siège sont restées légendaires parmi la population parisienne.

Quels noms plus populaires que ceux des amiraux La Roncière le Noury, Saisset, Pothuau, Fleuriot de Langle, etc.

Le 29 novembre 1870, les fusiliers-marins du contre-amiral Pothuau, vaillamment enlevés par le capitaine de vaisseau Salomon, s'emparent de la gare aux Bœufs, en avant de Choisy-le-Roi; dans cet engagement ils perdent le capitaine de frégate Desprez, mortellement blessé, que le caporal d'armes Lelièvre va relever et emporte sous une grêle de balles.

Dans cette même affaire, signalons la brillante conduite du lieutenant de vaisseau Gervais, du sergent d'armes Pazzy, du fusilier breveté Chicot, et du capitaine d'infanterie de marine Soulié, grièvement blessé.

Tout le monde connaît l'attaque héroïque du bataillon de fusiliers-marins du capitaine de frégate de Lamothe-Henet, au Bourget, le 21 décembre 1870. Dès le début de l'action, ils enlèvent le cimetière, puis se ruent à la baïonnette sur le village où ils font prisonniers une centaine d'hommes de la garde royale prussienne.

Pendant trois heures, les marins, qui se montrent plus que personne dignes de la vieille garde française, défendent les maisons du Bourget. Un enseigne de vaisseau, M. Caillard, cerné dans une maison avec quinze matelots, force les Prussiens à démolir les murailles pour triompher de sa résistance. Sur les six cents marins de cet héroïque bataillon, deux cent soixante-dix-neuf manquent à l'appel le soir du combat. Quatre officiers de marine sont tués, et quatre blessés. L'un deux, M. Bouesset, reçoit deux balles au front en observant l'attaque de l'ennemi. Le commandant Lamothe-Henet voit tomber à ses côtés ses deux officiers d'ordonnance, et a son cheval tué sous lui.

Citons aussi la conduite brillante du capitaine d'armes Joachim, de la 2ᵉ compagnie des fusiliers-marins de Saint-Denis, qui fait l'admiration de tous par sa bravoure au combat de l'Epinay.

Le 10 janvier 1871, dans une reconnaissance de nuit, en avant du fort d'Issy, et dirigée sur le Moulin-de-Pierre, une poignée de fusiliers-marins, conduits par un enseigne enlève un poste de vingt et un Bavarois.

Les marins, aussi industrieux que braves, prêtent également un précieux concours pour la fabrication des ballons qui se fait à la gare d'Orléans.

Sur la proposition de l'amiral La Roncière le Noury, on recrute l'école aéronautique parmi les marins des forts habitués à tous les périls de la navigation ; ces braves gens ne font que changer d'élément et de milieu. Le personnel de cette école se composait de trente marins, renouvelés au fur et à mesure des départs, et choisis parmi les plus intelligents et les plus courageux. En suivant les détails de la fabrication de l'aérostat, en opérant le gonflement et tous les préparatifs accessoires de la construction et du départ, ils se trouvèrent bien vite en état d'en diriger l'embarcation.

C'est encore un marin, le capitaine de frégate Trevès, qui entre le premier à Paris par la brèche du Point-du-Jour, en mai 1871 ; ce sont également les fusiliers-marins de l'amiral Bruat qui donnent le coup de grâce aux débris des hordes des bandits de la Commune réfugiées au Père-Lachaise.

Les canonnières Farcy, la *Claymore* et le *Sabre* rendent aussi de très grands services pendant le premier siège, en opérant de nombreuses reconnaissances sur la Seine, au-delà du viaduc du Point-du-Jour.

Les marins au fort de Montrouge (1871).

Pendant le bombardement, le fort de Montrouge, devenu l'objectif des batteries prussiennes de la rive gauche, reçoit plus d'un millier d'obus. Pas une défaillance ne se produit parmi les vaillants canonniers marins, qui subissent des pertes cruelles. Trois capitaines de frégate y sont tués, entre autres le fils du vice-amiral Saisset. Un quatrième, M. Larret de Lamaligne, commandant en second du fort, se brûle la cervelle le jour de la capitulation pour ne pas voir, lui vivant, son fort occupé par les Prussiens.

Pour en finir avec cette sombre histoire du siège de Paris, rappelons la fin héroïque du vieux canonnier breton François Deldroux, qui, lui aussi, se tue sur sa grosse pièce, plutôt que de l'abandonner aux mains de l'ennemi.

Les marins font preuve, en province, du même héroïsme qu'à Paris. Partout, les fusiliers-marins sont au premier rang dans les armées de la Loire et du Nord, sous les ordres des amiraux Jauréguiberry, Jaurès, Du Temple, Goujeard, etc.

Dans ma grande HISTOIRE ANECDOTIQUE DE LA GUERRE DE 1870-71, je donnerai dans tous ses détails cette longue suite d'actes héroïques, qui, à proprement parler, doivent plutôt rester dans le domaine des armées de terre.

En 1876, un nouveau sinistre maritime vient jeter le deuil dans le corps si fraternellement uni de nos officiers de marine.

Le 17 mars de cette année-là, la batterie flottante *l'Arrogante*, annexe du vaisseau canonnier *le Souverain*, est surprise par un coup de vent de l'est, dans la rade des îles d'Hyères et s'échoue au mouillage de la Badine. Sur cent trente hommes qui se trouvent à bord, une quarantaine sont noyés. Parmi les morts, on compte tous les officiers, ce sont : les lieutenants de vaisseau Ribes, Paturel, d'Aunoville, Paul et l'aide-médecin Thoir. Tous ces officiers détachés à bord de l'*Arrogante*, étaient embarqués depuis quelques jours à peine sur ce navire.

Rappelons aussi, que c'est à un lieutenant de vaisseau, M. Savorgnan de Brazza, que nous devons de magnifiques explorations en Afrique, qui surpassent de beaucoup celles de l'américain Stanley.

En 1881, notre marine prend une part active à la campagne de Tunisie. Les remparts de Tabarca, ce refuge des pirates Meknas, s'écroulent sous le tir des grosses pièces de l'escadre de l'amiral Conrad.

Le 28 juin 1881, la population musulmane de Sfax, se révolte. Notre agent consulaire, M. Matteï, est entouré par une foule furieuse; un coup de bâton lui brise le bras droit; enfin, il parvient à se jeter à la mer et à atteindre la baleinière de la canonnière *le Chacal*, qui le recueille à son bord.

Cette insulte au pavillon français demande un châtiment exemplaire. L'amiral Cloué, ministre de la marine, donne l'ordre à l'escadre de la Méditerranée, que commande l'amiral Garnault, d'appareiller pour Sfax, devant laquelle croise déjà la division cuirassée du Levant, sous les ordres de l'amiral Conrad.

Le 15 juillet, le bombardement de la cité rebelle commence. Le 16, les compagnies de débarquement du *Colbert*, de la *Revanche*, du *Friedland*, du *Trident*, de la *Surveillante*, du *Marengo*, de la *Galissonnière*, de l'*Alma*, de la *Reine-Blanche*, montent dans leurs canots armés en guerre. A l'avant des embarcations, sont installés les canons-revolvers Hotchkiss.

En tête, les baleinières du commandant de Marquessac, du commandant supérieur Marcq de Saint-Hilaire, du commandant Maréchal.

Les canots sont déjà près du port. Soudain le drapeau vert de la révolte paraît sur la batterie rasante. Les Arabes, retranchés derrière cette batterie et des ballots d'alfa, ouvrent un feu très nourri.

On accoste : Un enseigne de vaisseau du *Trident*, l'intrépide Couturier, qui a déjà été blessé et décoré en Cochinchine en 1873, paraît le premier sur l'épaulement de la batterie et renverse d'un coup de pied un Arabe qui le manque à bout portant et que les marins achèvent à coups de baïonnette.

A ce même moment, le fusilier breveté Martin amène l'étendard vert, et un quartier-maître plante sur le parapet le pavillon tricolore du canot du *Trident*.

Les marins de la *Surveillante* arrivent bientôt sous les ordres du lieutenant de La Motte, puis les autres compagnies.

On se lance au pas de course sur la porte de la ville franque, qu'un pétard fait sauter. Chaque maison est enlevée d'assaut. Les matelots, armés de haches, brisent les serrures ; quand celles-ci résistent, on fait donner le corps de débarquement des torpilleurs.

Cette petite troupe, sous les ordres du lieutenant de vaisseau Lafont, du *Colbert*, s'engage dans la Strada-Reale et arrive devant la porte de la Kasbah. Derrière cette porte, quarante Arabes attendent. Aussitôt que nos matelots ouvriront les battants, ils feront feu. Mais ils ont compté sans les pétards.

Une torpille est fixée au battant de fer, on déroule cinquante mètres de fil et la porte vole en éclats. Il a suffi de presser le bouton de la pile. Les quarante Arabes sont écrasés, broyés, en lambeaux.

La guerre des rues recommence dans la ville arabe.

L'aspirant de 1re classe Léonnec est mortellement frappé d'une balle en pleine poitrine, en voulant s'emparer d'une maison qu'on est obligé d'enfumer avec des bottes d'alfa pour en faire sortir les Arabes qui la défendent.

A droite de la ville, les compagnies du *Trident* et de la *Surveillante* enlèvent à la baïonnette le grand magasin d'alfa. Là, un brave matelot, Sebastiani, abat successivement deux Arabes, dont l'un va frapper d'un coup de sabre le commandant Maréchal.

A dix heures du matin, tout est fini. Le pavillon français flotte sur les remparts et les mosquées.

De Sfax l'escadre se dirige vers le golfe de Gabès, où les révoltés arabes se sont rassemblés de nouveau.

Le 24 juillet, les compagnies de débarquement s'avancent vers la plage : les canots s'échouent à cent mètres de la terre.

— A l'eau ! à l'eau !

C'est à qui arrivera le premier : les marins arrivent au pas de course devant la ville de Mentzel, dont la porte est barricadée. Le grand Hiart, second-maître torpilleur de la *Surveillante*, le même qui périt plus tard dans une explosion de torpille à bord d'un canot de l'*Océan*, place un pétard avec la plus grande tranquillité, et sans s'inquiéter des coups de fusil que les Arabes lui tirent dans les jambes par-dessous la porte. Celle-ci saute et nos soldats entrent dans la ville. Là, un second-maître du *Trident*, bien que blessé à la tête, saisit un chef arabe et l'étouffe dans ses bras nerveux.

On se rembarque, après avoir fait sauter le fort de Mentzel. Les marins transportent leurs pièces de 65 dans les canots, malgré les volutes de la plage. Un brave canonnier de la *Surveillante*, Renaud, marche, solide comme un roc, au milieu des vagues qui déferlent contre sa large poitrine, portant sur l'épaule son canon du poids de 95 kilogrammes.

En 1873, un lieutenant de vaisseau, Francis Garnier, avec 274 marins et soldats d'infanterie de marine, enlève la citadelle de Hanoï que défendent sept mille Annamites. A la tête de cette poignée d'hommes, il conquiert tout le Delta tonkinois et renouvelle les exploits fabuleux de Fernand Cortez au Mexique et de Pizarre au Pérou. Les officiers sont dignes de leur chef : ce sont MM. Balny d'Avricourt, Bain de La Coquerie, Esmez, Hautefeuille, Perrin, Bouxin et de Trentinian.

A l'assaut de Namh-Dinh, un matelot du nom de Robert se jette le premier sur un madrier dressé contre la muraille et dont les bras pointus qui le hérissent lui servent d'échelons.

— Tu passes le premier, lui dit son commandant, c'est bon pour une fois ; mais que cela ne t'arrive plus !

L'aspirant de Hautefeuille, presque un enfant, il n'a pas encore vingt ans, s'empare avec sept marins de la forteresse de Haï-Dzuong, défendue par deux mille Annamites.

Malheureusement, le 21 décembre 1873, Francis Garnier tombe dans une embuscade de Pavillons-Noirs aux portes de Hanoï; le sergent-fourrier Dagorne qui l'accompagne est frappé d'une balle à la poitrine : Garnier se défend longtemps et finit par succomber. L'arme inconsciente et lâche d'un routier chinois aux gages de l'Annam tranche la tête de ce jeune héros, de l'explorateur du Me-Kong et du fleuve Bleu.

Le même jour et à peu de distance, M. Balny d'Avricourt tombe près de la pagode qui porta désormais son nom.

En 1882, le commandant Rivière arrive à son tour au Tonkin pour y rétablir le prestige de la France. Le 27 mars 1883, il reprend Namh-Dinh après une lutte acharnée où périt le lieutenant-colonel Carreau, de l'infanterie de marine.

Prise de Namh-Dinh par le commandant Rivière (1883).

Le pauvre commandant Rivière tombe à son tour le 19 mai, sous les coups des Pavillons-Noirs, à la funeste affaire du Pont-de-Papier.

Le lieutenant de Brisis est tué, l'enseigne Le Bris, blessé à la cuisse, et l'officier d'ordonnance Clerc atteint au bras gauche. Nos marins battent en retraite, traînant leurs canons à bras.

Au Pont-de-Papier la lutte s'engage de nouveau. L'aspirant Moulun est tué. Le commissaire Ducors est atteint de trois balles. Le commandant Berthe de Villers est frappé d'une balle au bas-ventre. Transporté à l'ambulance de Hanoï, ce brave officier meurt le soir même : —

Écrivez à ma femme que je meurs en soldat et en chrétien. — Telles sont ses dernières paroles.

Le commandant Rivière tombe à son tour, l'épaule gauche trouée : on veut le secourir.

— Sauvez les pièces, s'écrie-t-il, et je meurs content. — Quelques pas plus loin une nouvelle balle l'atteint, et il retombe pour ne plus se relever. Le capitaine Jacquin est tué presque sur lui. Là encore tombent blessés le lieutenant de vaisseau Sentis, l'ingénieur hydrographe Garnier, le lieutenant Marchand.

Le cadavre du pauvre commandant Rivière et ceux de vingt-huit officiers et soldats ne peuvent être arrachés aux barbares Pavillons-Noirs qui les mutilent de la façon la plus horrible.

La France entière s'émeut à la nouvelle de ce sinistre événement : elle veut venger ses nobles enfants. De grands renforts sont envoyés au Tonkin.

Dans mes deux ouvrages : *Au Tonkin* et *L'Amiral Courbet*, j'ai relaté avec le plus grand soin toutes les actions d'éclat, et elles sont nombreuses, à l'actif du pavillon de la marine.

On trouvera dans ces deux livres le récit de tous ces splendides faits d'armes.

La prise de Thuan-An, 20 août 1883, premier exploit de l'amiral Courbet au Tonkin, l'attaque des forts par nos compagnies de débarquement, l'héroïsme du commandant Parrayon, du capitaine de génie La Bastide, du lieutenant de vaisseau Gourdon, de l'enseigne Olivieri, de l'aspirant Barbier, du contre-maître Cornic et du clairon Olivier, qui entrent les premiers dans le grand fort central.

A la prise de Sontay, les fusiliers-marins du commandant Laguerre sont les héros de la journée.

A la prise des forts du Dap-Cau, sous Bac-Ninh, l'enseigne de Marliave pénètre le premier dans l'ouvrage, suivi de près par le quartier-maître Morel qui plante sur l'épaulement le drapeau tricolore.

Il faudrait tout un chapitre à part, pour raconter le dévouement de nos chaloupes canonnières, qui sillonnèrent pendant de longs mois les nombreux cours d'eau du delta tonkinois.

Citons la défense de la chaloupe l'*Antilope*, sous les ordres de l'enseigne Troplong.

La reconnaissance du *Mousqueton* sur le canal des Rapides, sous les ordres du lieutenant Fortin. Un brave canonnier nommé Bénistan reçoit dans cette affaire une balle au pied gauche en dirigeant le tir d'un canon-revolver. Malgré la douleur et le sang qui coule à flots de sa blessure, il reste impassible à son poste et continue à manœuvrer sa pièce.

Le combat de Yen-Dinh, où les canonnières l'*Aspic*, le *Lynx* et le *Léopard* détruisent les forts de Naou.

La reconnaissance du Loch-Nan, où les canonnières la *Hache*, la *Massue*, le *Mousqueton* voient leurs équipages décimés, et le lieutenant de vaisseau Challier mortellement blessé.

La canonnière Farcy le *Revolver*, qui, sous les ordres de l'enseigne Testu de Balaincourt, force les barrages de la rivière Claire ; sur ses quinze hommes d'équipage, treize sont tués ou blessés. Bien qu'ayant quatre balles dans le corps, son capitaine doit prendre la roue et a encore la force de faire cinq heures de barre pour mettre son navire hors de l'atteinte des Chinois.

Pendant le siège de Tuyen-Quan, la canonnière la *Mitrailleuse*, partage les dangers et la gloire de la garnison du commandant Dominé et a son capitaine, l'enseigne Senez, blessé.

Et la bataille de Fou-Tchéou (août 1884), où l'intrépide amiral Courbet, entouré par de formidables ouvrages et une flotte chinoise, détruit les navires et les retranchements avec sa flottille.

Qui ne se rappelle l'attaque audacieuse des torpilleurs 45 et 46 sous la direction des lieutenants de vaisseau Latour et Douzans, la destruction des forts des passes de Kimpaï et Mingan, où le lieutenant de vaisseau Bouet-Willaumez est tué sur le gaillard-d'avant de la *Vipère*.

Au mois d'août 1884, l'occupation de l'île Formose par notre escadre est décidée en principe.

En observation.

Le 3 du même mois, le contre-amiral Lespès bombarde Kélung. Nos compagnies débarquent sous les ordres du commandant Martin, du *La Galissonnière*, et occupent les hauteurs. Entourée par des forces énormes de réguliers rouges et bleus, notre poignée de fusiliers-marins bat en retraite. Là, le quartier-maître Morel, bien qu'atteint de trois coups de feu, se retire tranquillement sans aucun soutien, bien qu'une balle l'ait traversé de part en part. Le second-maître Julaude, du *Bayard*, en voulant sauver le pavillon de débarquement, culbute dans un ravin et reste caché, près de vingt-quatre heures, dans les broussailles au milieu des Chinois, qui ne peuvent le découvrir.

Faute d'un corps sérieux de débarquement, on doit

remettre à une époque ultérieure l'occupation définitive. Elle a lieu le 1er octobre. Le même jour, le contre-amiral Lespès bombarde le port de Tamsui, situé non loin de celui de Kelung. Le 5 octobre, une attaque est dirigée par nos marins contre le poste d'inflammation de la ligne de torpilles qui protège l'entrée de Tamsui. Une nombreuse infanterie chinoise, embusquée dans les fourrés, oblige à la retraite nos marins qui, sous les ordres du commandant Boulineau, du *Château-Renaud*, se battent héroïquement.

Le lieutenant de vaisseau Fontaine, du *La Galissonnière*, est blessé à la jambe; quatre marins l'emportent vers les canots, quand les Chinois l'enlèvent avec son escorte, et lui tranchent la tête : son corps décapité est retrouvé dans les broussailles ; le lieutenant de vaisseau Dehorter, de la *Triomphante*, est mortellement blessé; l'aspirant Roland reçoit coup sur coup deux balles dans les hanches ; l'enseigne Demain, du *Château-Renaud*, est également atteint de deux blessures ; l'aspirant Diacre, du *Bayard*, a le bras cassé par une balle ; le fusilier Berthelot, qui est entré un des premiers dans Thuan-An, reçoit trois coups de lance.

Enfin les aspirants Rattyé, du *Bayard*, Graut et Marsay, de la *Triomphante*, rallient les marins, qui se replient vers les embarcations. Le clairon du *Château-Renaud* en voulant sonner la retraite, reçoit trois balles à la fois dans son instrument, qui a l'embouchure et la branche brisées ainsi que le pavillon troué.

Pendant l'hiver de 1884 à 1885, notre escadre, bravant les coups furieux de la mousson, maintient le blocus de Formose. L'amiral Courbet se faisait, chaque matin, hisser dans une baille, à la pointe du grand mât, afin d'examiner les positions ennemies.

Le 5 février 1885, l'amiral quitte le mouillage de Kelung sur le *Bayard* et, suivi de la *Saône*, de l'*Éclaireur* et de l'*Aspic*, se lance à la recherche de l'escadre chinoise qui veut forcer le blocus de Formose.

Le 13, au matin, cette escadre est aperçue : trois croiseurs peuvent se dérober. La frégate le *Yu-Yen* se réfugie en compagnie de la corvette le *Tcheng-King* dans la baie de Sheïpoo où elle est torpillée avec une audace sans pareille, dans la nuit du 14 au 15 février par deux canots à vapeur du *Bayard*, armés en porte-torpilles, et que dirigent le commandant Gourdon et le lieutenant de vaisseau Duboc.

Le lieutenant Ravel, qui a été déjà blessé à Fou-Tchéou, guide cette hardie expédition à travers les passes de Sheïpoo.

Le 29 mars, l'escadre de l'amiral Courbet, composée du *Bayard*, de la *Triomphante*, du *d'Estaing*, du *Duchaffaut*, de la *Vipère* et de l'*Annamite*, entre dans la rade de Makung, la capitale des îles Pescadores, et en détruit les fortifications.

Le lendemain, nos compagnies de débarquement jetées à terre marchent sur cette ville. En tête, la compagnie du *Bayard*, dirigée par le lieutenant de vaisseau Gourjon du Lac, et les canons de 65, sous l'habile direction du lieutenant Amelot. Partout les Chinois sont enfoncés à la baïonnette. Le second-maître Morel, du *Bayard*, tue à lui seul douze réguliers et entre le premier dans le fort du Nord.

La prise des Pescadores est la dernière victoire de l'amiral Courbet, qui, emporté par une rapide attaque de fièvre algide, meurt dans la nuit du 9 au 10 juin, en rade de Makung, à bord du *Bayard*, où tant de fois son pavillon a été salué par les hourrahs vainqueurs de la flotte.

Déjà, presque à la même époque, un autre vaillant marin, le contre-amiral Pierre avait succombé aux suites d'une douloureuse maladie après sa campagne contre les Hovas de l'île de Madagascar.

Pour comble de malheur la même année 1885 voit également le sinistre de l'aviso *le Renard*, qui, surpris par un cyclone dans la mer Rouge, disparaît corps et biens, avec son équipage de vaillants officiers et d'intrépides matelots.

Nous terminons ici notre ouvrage, qui, je l'espère, démontre amplement que le marin français, sous tous les règnes, qu'il combatte sous le drapeau blanc de Duquesne, de Tourville et de Suffren ou sous le pavillon tricolore de Linois, de Bruix, du prince de Joinville, de Bruat et de Courbet est toujours le type le plus pur et le plus achevé de l'honneur et de la discipline, et que toujours, il a pris pour but de sa vie entière, cette belle devise inscrite sur la dunette de nos vaisseaux, et qui est profondément gravée dans le cœur de nos équipages : « *Honneur et Patrie !* »

Après Fou-Tchéou (1884).

TABLE DES MATIÈRES

	Pages.
Chapitre I. — Gaulois et Francs	1
Chapitre II. — Les Normands	10
Chapitre III. — Saint Louis et les Croisades	21
Chapitre IV. — Les guerres de Cent ans	29
Chapitre V. — Les ordres religieux et militaires	47
Chapitre VI. — La Renaissance	75
Chapitre VII. — Les grands explorateurs de la Renaissance. — Les flibustiers	94
Chapitre VIII. — Richelieu et la Rochelle	106
Chapitre IX. — Les guerres de la Méditerranée	115
Chapitre X. — Colbert et Duquesne	129
Chapitre XI. — D'Estrées. — Jean Bart	144
Chapitre XII. — Tourville. — Forbin	157
Chapitre XIII. — Duguay-Trouin	170
Chapitre XIV. — La marine sous Louis XV	181
Chapitre XV. — D'Estaing. — Du Couëdic	189
Chapitre XVI. — De Grasse, Suffren, les explorateurs	204
Chapitre XVII. — Le *Vengeur*	230
Chapitre XVIII. — Aboukir	259
Chapitre XIX. — Algesiras	297
Chapitre XX. — Trafalgar	327
Chapitre XXI. — Navarin et Tanger	360
Chapitre XXII. — Bomarsund, Sébastopol	380
Chapitre XXIII. — Chine. — Cochinchine. — Mexique	400
Chapitre XXIV. — Campagne de France, Tunisie, Tonkin, Chine	426

PARIS. — IMP. CHAIX (S.O.). — 28222-5.

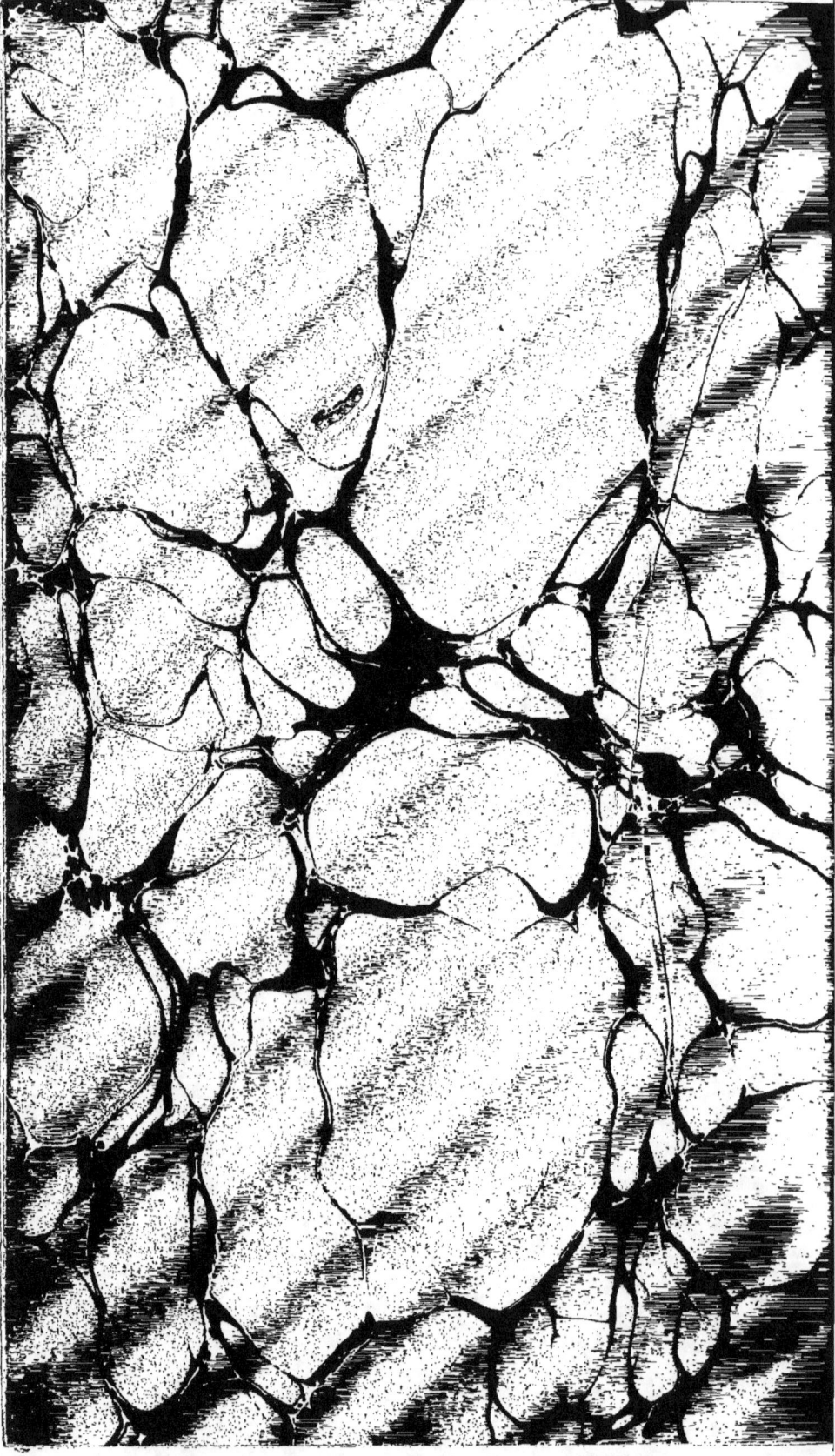

www.ingramcontent.com/pod-product-compliance
Lightning Source LLC
Chambersburg PA
CBHW070536230426
43665CB00014B/1704